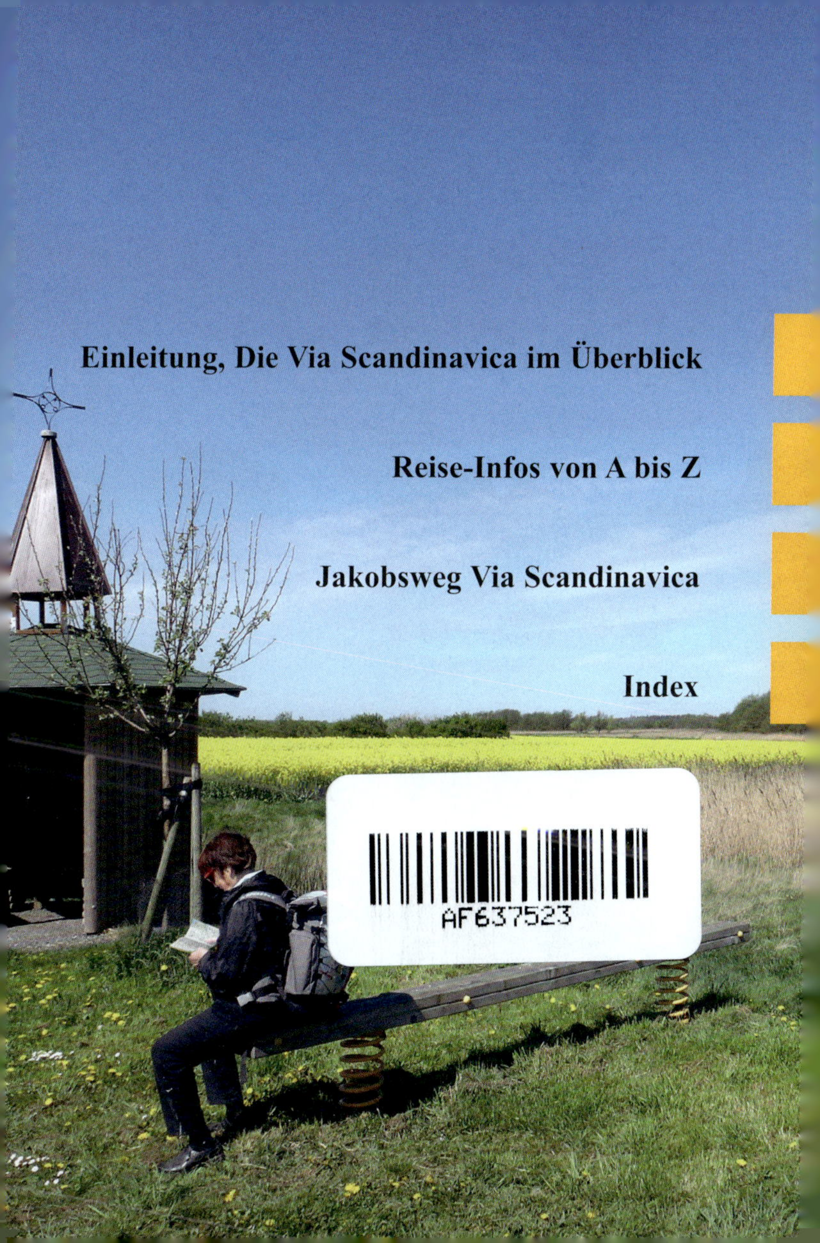

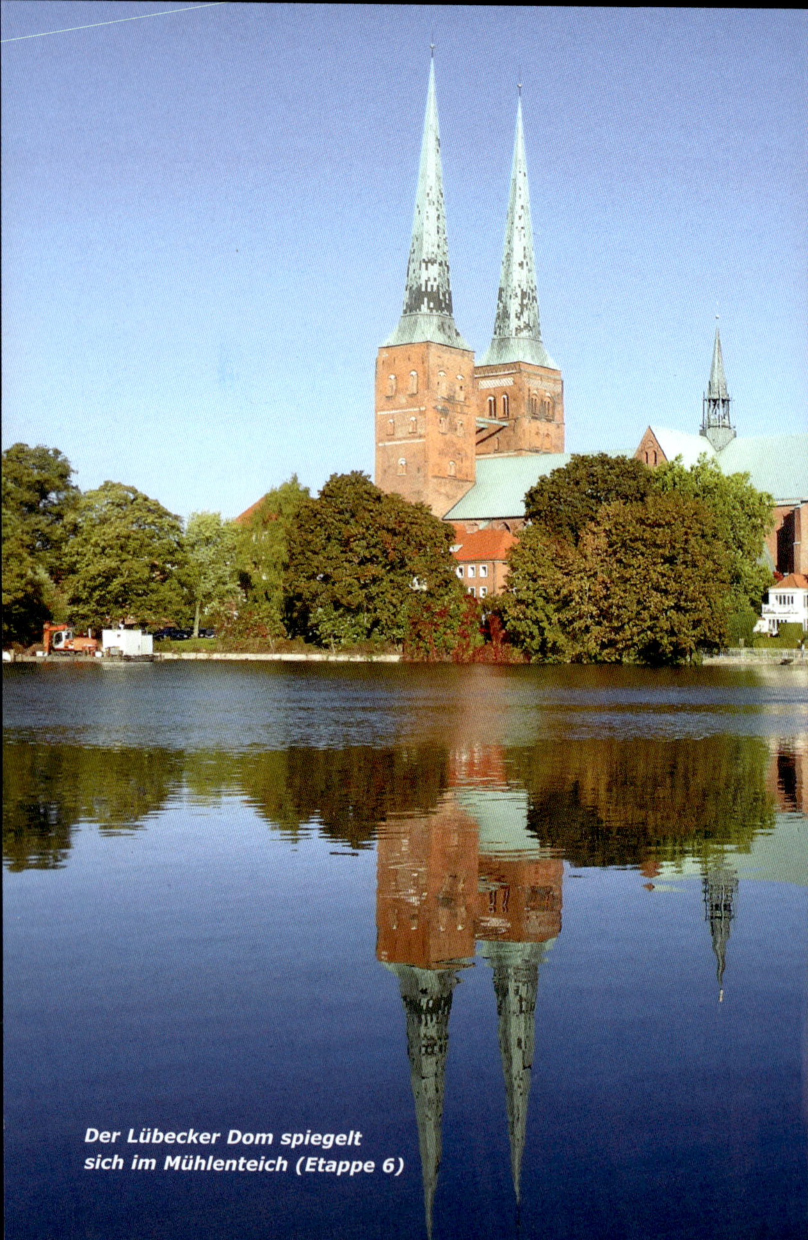

Der Lübecker Dom spiegelt
sich im Mühlenteich (Etappe 6)

Band 367

OutdoorHandbuch

Martin Simon

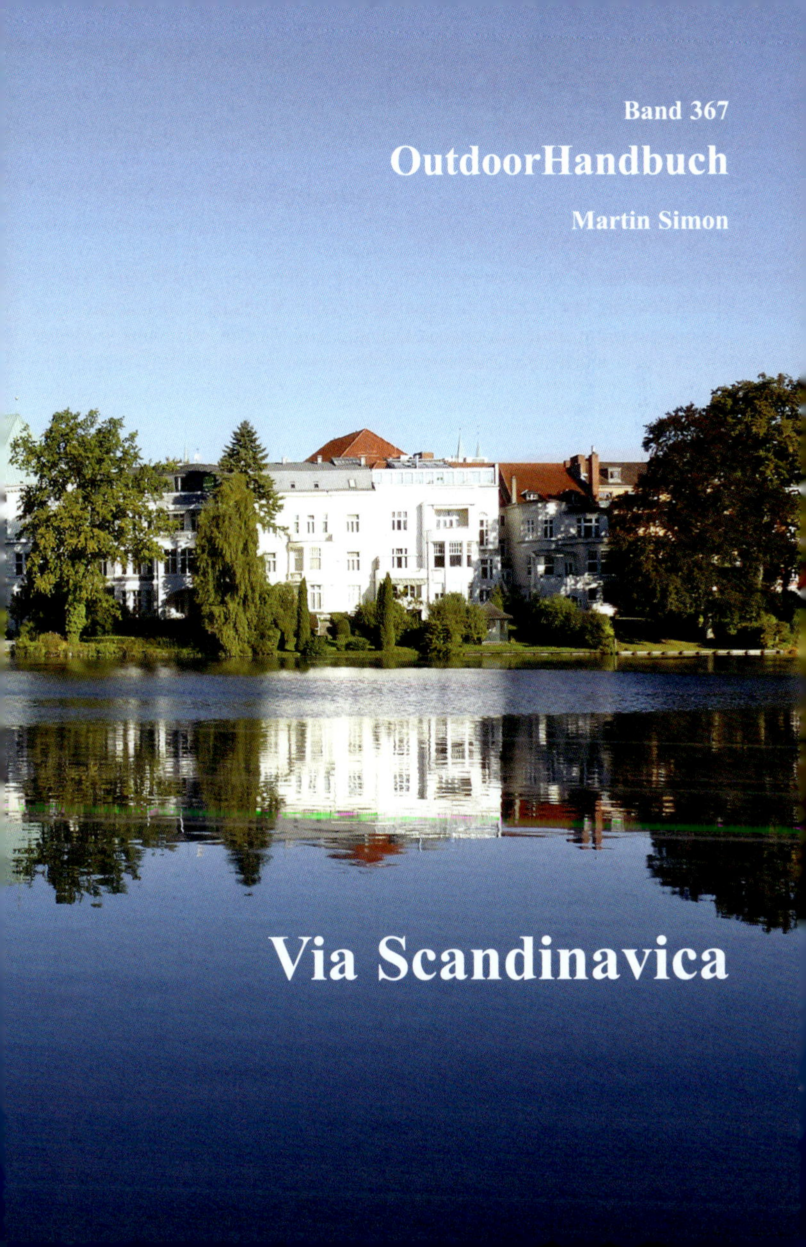

Via Scandinavica

Via Scandinavica

Alle Informationen, schriftlich und zeichnerisch, wurden nach bestem Wissen zusammengestellt und überprüft. Sie waren korrekt zum Zeitpunkt der Recherche. Eine Garantie für den Inhalt, z. B. die immerwährende Richtigkeit von Preisen, Adressen, Telefon- und Faxnummern sowie Internetadressen, Zeit- und sonstigen Angaben, kann naturgemäß von Verlag und Autor – auch im Sinne der Produkthaftung – nicht übernommen werden.

Autor und Verlag freuen sich über Ihr Feedback. Schreiben Sie Ihre Tipps und Verbesserungen an info@conrad-stein-verlag.de oder nutzen Sie unsere Social-Media-Kanäle. Bitte nennen Sie dabei den Titel, die Auflage und die Seitennummer.

Dieses OutdoorHandbuch hat 288 Seiten mit 85 farbigen Abbildungen sowie 34 farbigen Kartenskizzen im Maßstab 1:137.000, 11 farbigen Höhenprofilen, 5 farbigen Stadtplänen und einer farbigen, ausklappbaren Übersichtskarte. Es wurde auf chlorfrei gebleichtem Papier gedruckt, in Deutschland klimaneutral hergestellt und transportiert und wegen der größeren Strapazierfähigkeit mit PUR-Kleber gebunden.

Klimaneutral
Druckprodukt
ClimatePartner.com/53106-2208-1009

Dieses Buch ist im Buchhandel und in Outdoor-Läden erhältlich und kann im Internet oder direkt beim Verlag bestellt werden.

OutdoorHandbuch Band 367

ISBN 978-3-86686-765-9 2., überarbeitete Auflage 2022

Text und Fotos: Martin Simon
Karten: Heide Schwinn
Lektorat: Anna-Lena Ebner
Layout: Manuela Dastig, Ulrich Clasen

Gesamtherstellung: AZ Druck und Datentechnik GmbH, Kempten

Dieses OutdoorHandbuch wurde konzipiert und redaktionell erstellt vom:

Conrad Stein Verlag GmbH, Kiefernstr. 6,
59514 Welver, ☎ 023 84/96 39 12,
info@conrad-stein-verlag.de,
www.conrad-stein-verlag.de

Besuchen Sie uns bei Facebook & Instagram:

www.facebook.com/outdoorverlag

www.instagram.com/outdoorverlag

Titelfoto: Unterwegs auf der im Original erhaltenen Alten Salzstraße bei Mölln (Etappe 9)

Inhalt

☺ Eine **Übersichtskarte** des Weges, **Autorenprofil** sowie eine Liste aller verwendeten **Symbole** in diesem Buch finden Sie auf den vorderen und hinteren Umschlagseiten bzw. -klappen.

Einleitung

Sich auf den Weg machen, den ersten Schritt tun – mehr braucht es nicht, um eine Pilgerin oder ein Pilger zu sein. Jedenfalls ist Ingeborg Helms davon überzeugt. Die erfahrene Pilgerin hat mich bereits im Jahr 2014, zur ersten Auflage dieses Buches, auf diesem langen Weg begleitet – oder ich sie, je nachdem wie man das sehen will. Jahr für Jahr war die langjährige, ehemalige Vorsitzende der Deutschen St. Jakobusgesellschaft Region Norddeutschland auf der Via Scandinavica unterwegs, die wegweisenden Zeichen, die gelben Muscheln auf blauem Grund und immer wieder gelbe Pfeile aus der Sprühdose, zu setzen und zu erneuern. Niemand kennt den Weg so gut wie sie – in Gänze – und es kam immer wieder vor, dass sich eine neue, schönere oder plausiblere Wegführung fand. Klebe- sowie Nagelschilder und Farbe hatte sie ja immer dabei. Und sie hat den Überblick. In großen Teilen und in jahrelanger Arbeit hat sie im Verein mit vielen Aktiven vor Ort den Weg erforscht, den die Pilgerinnen und Pilger nahmen, die nachweislich seit dem 12. Jh. aus Skandinavien über die Insel Fehmarn nach Deutschland kamen, sie hat Archivunterlagen studiert und historische Quellen aus dem Lateinischen übersetzt.

Wo genau verliefen die alten Wege über das Land? An welchen Stellen haben die Pilgerinnen und Pilger die Flüsse überquert? Wo fanden sie Unterkunft und Betreuung im Krankheitsfall? Das waren Fragen, die es zu lösen galt, um die strengen Kriterien für eine wissenschaftliche Anerkennung durch die Historikerinnen und Historiker der Deutschen St. Jakobusgesellschaft zu erreichen. Und dann galt es ja noch, für die heute häufig von modernen Straßen überbauten alten Wege Fußwegalternativen zu finden, Wege, die moderne Pilgerinnen und Pilger auch gerne gehen, Wege, die die landschaftlichen Schönheiten und Besonderheiten miteinbeziehen, aber vor allem auch historisch korrekt bleiben.

Mit der Eröffnung der Via Scandinavica am Jakobustag des Jahres 2010 war nicht nur eine bedeutende Nord-Süd-Verbindung für Pilgerinnen und Pilger aus dem Norden Deutschlands fertiggestellt, sondern auch eine weitere Anbindung an die skandinavischen Pilgerwege geschaffen. Über die dänischen Inseln Zealand, Falster und Lolland erreichen Pilgernde über den Sjællandske pilgrimsvej (Wickman's rute) den Fehmarnbelt in Rødby. Die Via Scandinavica führt sie zunächst weiter nach Lübeck, dann über Lüneburg, Hannover, Hildesheim und Göttingen bis nach Creuzburg bei Eisenach, in die geografische Mitte Deutschlands und an die weiterführenden mitteldeutschen und süddeutschen Wege.

Die Hansestadt Lübeck, die von Fehmarn aus in nur sechs Tagesetappen erreicht wird, war für Pilgerinnen und Pilger, die aus Skandinavien und auch aus den baltischen Ländern kamen, ein bedeutender Sammelpunkt. Auch heute sammeln und kreuzen sich hier die norddeutschen Wege der Jakobspilgerinnen und -pilger. Über die Via Baltica nähern sich Pilgernde aus dem baltischen Raum der Stadt. Sie hat zuvor auch diejenigen aufgenommen, die aus Schweden über Rügen oder Usedom nach Deutschland kamen. Aus Dänemark trifft ein Zweig des jütländischen Weges (Jyske Pilgrimsvej, Via Jutlandica oder Ochsenweg) auf Lübeck.

Jakobuspilgerinnen und -pilger aus dem Norden – jedenfalls legen einzelne Pilgerwegsbeschreibungen des 15. Jh. dies nahe – haben ihren weiteren Weg häufiger auf Köln und Aachen ausgerichtet, was auch der heutigen Hauptroute im Norden, der von Lübeck zu den nordrhein-westfälischen Wegen führenden Via Baltica, entspricht. Die Nationalheilige Birgitta von Schweden allerdings, die im Jahre 1341 über Stralsund Deutschland erreicht hat, soll die schon damals bedeutendste Nord-Süd-Verkehrsachse aus Königs- (Via Regia), Heer- und Handelsstraßen gewählt haben, an der sich die Via Scandinavica orientiert.

St. Jakobus segnet die Pilger, Wandmalerei in der Mölner Kirche (Etappe 8)

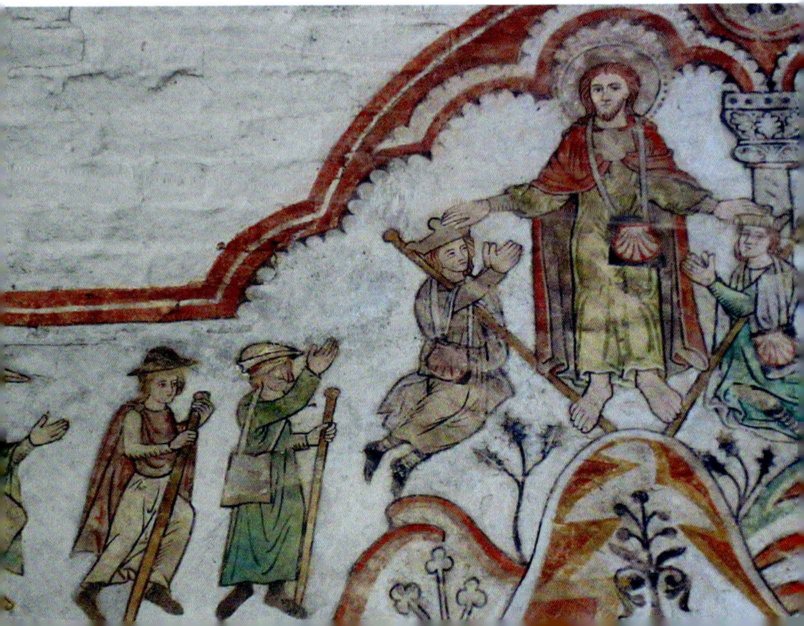

Ich wünsche allen, die sich auf diesen schönen Weg begeben, sei es nun mit dem fernen Ziel am „Ende der Welt" im Blick oder um ausgewählte Regionen vom hohen Norden bis zur Mitte Deutschlands zu erleben, einen guten Weg. Das Handwerkszeug, vor allem eine ausführliche Wegbeschreibung, ergänzt durch genaue Karten und Höhenprofile sowie Angaben zu den Übernachtungsmöglichkeiten, Infos zu Bus- und Bahnanbindungen und Tipps für Radwanderinnen und -wanderer, finden Sie in diesem Band zusammengestellt. Hinweise zu den reichen kulturellen Hinterlassenschaften vergangener Zeiten, zu alten Pilgerstätten sowie zu den Besonderheiten der durchwanderten Landschaft ergänzen die Beschreibung, sodass nach dem ersten Schritt – der Entscheidung, sich auf den Weg zu machen – der zweite Schritt ein leichter wird und das Unterwegssein zu einem unvergesslichen Erlebnis werden kann.

Für die hier vorliegende zweite Auflage des Pilgerführers habe ich 2021 den gesamten Weg ein weiteres Mal erlaufen und in Teilen auch mit dem Rad erkundet, die Wegbeschreibungen auf Plausibilität überprüft und wo nötig verändert. Die Wegführung selbst fand ich nur in ganz kleinen Teilen abgewandelt. Weitreichende Veränderungen ergaben sich im Übernachtungsverzeichnis. Ergänzen konnte ich Informationen zu den Stempelstellen, aber auch zu Bus- und Bahnanbindungen. Sämtliche Hinweise der Leserinnen und Leser, die im Laufe der Jahre auf Veränderungen am Weg oder auch auf Fehler im Buch verwiesen haben, konnte ich einarbeiten. Ich freue mich auch weiterhin auf Zuschriften und Erfahrungen mit dem neuen Buch und zur Via Scandinavica. Was sollte Ihrer Meinung nach ergänzt werden und wo hat sich die Sachlage verändert?

Ingeborg Helms hat inzwischen die Betreuung des Weges an eine jüngere Generation weitergegeben. Ein ehrenamtlich arbeitendes Team aus Wegkoordinatorinnen und -koordinatoren sowie Wegpatinnen und Wegpaten in der Deutschen St. Jakobusgesellschaft Region Norddeutschland sorgt für die Aufrechterhaltung einer ordentlichen Markierung und einer eventuell notwendig werdenden Anpassung der Wegführung (☞ Informationen).

Die Via Scandinavica im Überblick

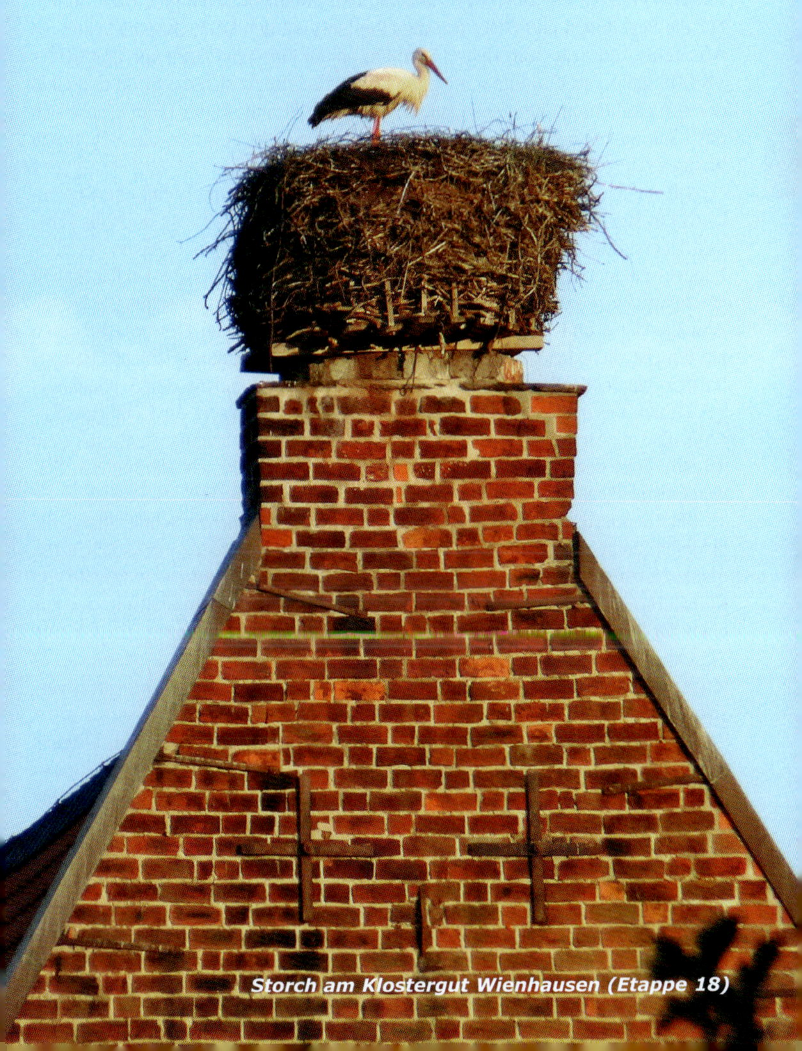

Storch am Klostergut Wienhausen (Etappe 18)

Im Nordosten von Schleswig-Holstein, dem nördlichsten aller deutschen Bundesländer, streckt sich die Ostseehalbinsel Wagrien zwischen Kieler und Lübecker Bucht mit der vorgelagerten Insel Fehmarn dem dänischen Lolland entgegen. Die Zugvögel nutzen die Meerenge zwischen den Inseln auf ihrem Weg nach Süden. Für die Pilgerinnen und Pilger war die Überfahrt mit den Fischerbooten schon ein Abenteuer. Über die Sonneninsel Fehmarn, in der jüngsten Eiszeit vor 12.000 bis 18.000 Jahren als Grundmoräne plattgedrückt, erstreckt sich das Grün und Gelb der von Gräben durchzogenen Felder bis an den Strand. Kaum 10 m erhebt sich das Land aus dem Meer. Nur ganz im Süden der Insel bewirken die Höhen von bis zu 27 m schon einen Hauch von Steilküste.

Mit mehr eiszeitlichem Material bedacht wurde das ostholsteinische Küstenland. Ein steinzeitlicher Höhenweg, der in sehr viel jüngerer Zeit auch als Post- und Heerstraße diente, führt Sie durch das wellige Moränenhügelland bis nach Lübeck. Nicht nur die stets von Knicks (☞ S. 50) umgrenzte Feldlandschaft erscheint hier reizvoll. Kleinere und größere Seen fügen sich zwischen die Hügel. Alte Gutshöfe und Herrenhäuser wechseln sich mit kleinen Dörfern ab, deren Höfe meist dicht beieinanderliegen. In der christlichen Kulturgeschichte ist Ostholstein ein vergleichsweise junges Land. Erst 1138/39 gelang den Schauenburger Grafen die militärische Unterwerfung der hier ansässigen slawische Bevölkerung. Die meisten der vielen schönen Kirchen am Weg stammen erst aus dem 13. Jh. Zwei der ältesten, noch romanischen Feldsteinkirchen, die auf den Slawenapostel Vicelin zurückgehen, stehen eindrucksvoll am Weg.

Eine Fundgrube lebendiger Bilder sind die mittelalterlichen Schnitzaltäre, die in vielen Kirchen und auch im Kloster Cismar, einer bedeutenden christlichen Pilgerstätte, zu sehen sind. Lübeck als führende Hansemacht bot einer Vielzahl von Künstlern ideale Arbeitsbedingungen, was sich auch in der Ausstattung der Kirchen der Umgebung zeigt. Im Lübecker St.-Annen-Museum können Sie sich zum Abschluss des ersten Wegabschnitts, nach sechs Tagen Ostholstein, einen vertiefenden Einblick in die schönsten Arbeiten der sakralen Kunst des Mittelalters verschaffen.

Über die historische Salzstraße, die in einigen Teilstücken noch im Original erhalten ist und auch als Teil der nassen Salzstraße im Elbe-Lübeck-Kanal weiterlebt, erreicht der Weg das Hohe Elbufer bei Lauenburg. Ostholstein haben Sie über Lübeck verlassen und nun den Kreis Herzogtum Lauenburg durchquert. Die vielen Flussschifferkirchen am Weg zeugen noch von der alten Zeit der Salzprähme, Lastkähne, die das für die Konservierung von Hering so wichtige Gut nach Lübeck brachten. Sie begegnen der touristisch wenig beachteten ältesten Kirche des Herzogtums, die auf dem Georgsberg vor den Toren Ratzeburgs steht. Von ihr ging die Eroberung und Christianisierung der slawischen Bevölkerung aus. Im bis heute viel beachteten stolzen Bau des Ratzeburger Doms auf der Altstadtinsel fand die endgültige Unterwerfung ihren Ausdruck.

Jenseits der Elbe durchquert der Weg, nun in Niedersachsen, das ehemalige Überschwemmungsland im Urstromtal, das noch immer ein feuchtes, von den Flussläufen der Ilau, Neetze und Ilmenau sowie einigen Kanälen durchzogenes Land ist.

Die schmucke Salzstadt Lüneburg liegt bereits am Geestrand und ganz im Norden der Lüneburger Heide, die zunächst einmal im Uelzener Becken mit fruchtbaren, von der Landwirtschaft dominierten Talböden, weiter im Süden dann mit ausgedehnten Wäldern überrascht. Einnehmend schön orientiert sich der Weg an den Heideflüsschen Ilmenau, Gerdau und Hardau und an den Heideklöstern Lüne, Medingen, Ebstorf und Wienhausen, vier der insgesamt sechs Klosteranlagen, die sich im Lüneburger Raum aus vorreformatorischer Zeit bis in die Gegenwart entwickeln konnten. Die Landeshauptstadt Hannover im Leinetal wird nach 413 km und 19 Tagesetappen erreicht. Die Marktkirche St. Georgii et Jacobi ist für Pilgerinnen und Pilger ein bedeutendes Zwischenziel.

Nicht viel weiter südlich liegt die Welterbestadt Hildesheim mit ihren 1.000 Jahre alten Kaiserkirchen aus der Frühromanik am Rande der Mittelgebirgsschwelle. Wieder weit in die vorchristliche Zeit zurück reichen die späteren Kaiser- und Königswege, die durch das Leinebergland zuletzt bis nach Göttingen führen. Hier, im südlichsten Niedersachsen, endet der Zuständigkeitsbereich des Freundeskreises der Jakobswege in Norddeutschland und bis September 2014 war Göttingen nach 550 km auch Schlusspunkt der Via Scandinavica. Eine Initiative der Göttinger Jakobus-Pilgergemeinschaft hat den fehlenden Anschluss an die weiterführenden Wege inzwischen ergänzt. So gibt es fünf weitere, mit der gelben Muschel auf blauem Grund markierte Tagesetappen, die auf rund 100 Wegkilometern in den Naturpark Eichsfeld-Hainich-Werratal führen. In großen Teilen ist dieser Wegabschnitt ein Grenzweg im ehemaligen Sperrgebiet der DDR. Das heutige Grüne Band führt Sie auch an die bedeutendste Pilgerstätte im thüringischen Eichsfeld, hoch oben auf dem Hülfensberg, und endet mit dem Eintreffen auf den von Eisenach aus markierten Elisabethpfad an der Creuzburg, einer mittelalterlichen Residenz des thüringischen Adelsgeschlechts der Ludowinger. Die heilige Elizabeth von Thüringen hat hier sowie auf der heute weitaus bekannteren Wartburg in Eisenach gelebt.

Reise-Infos von A bis Z

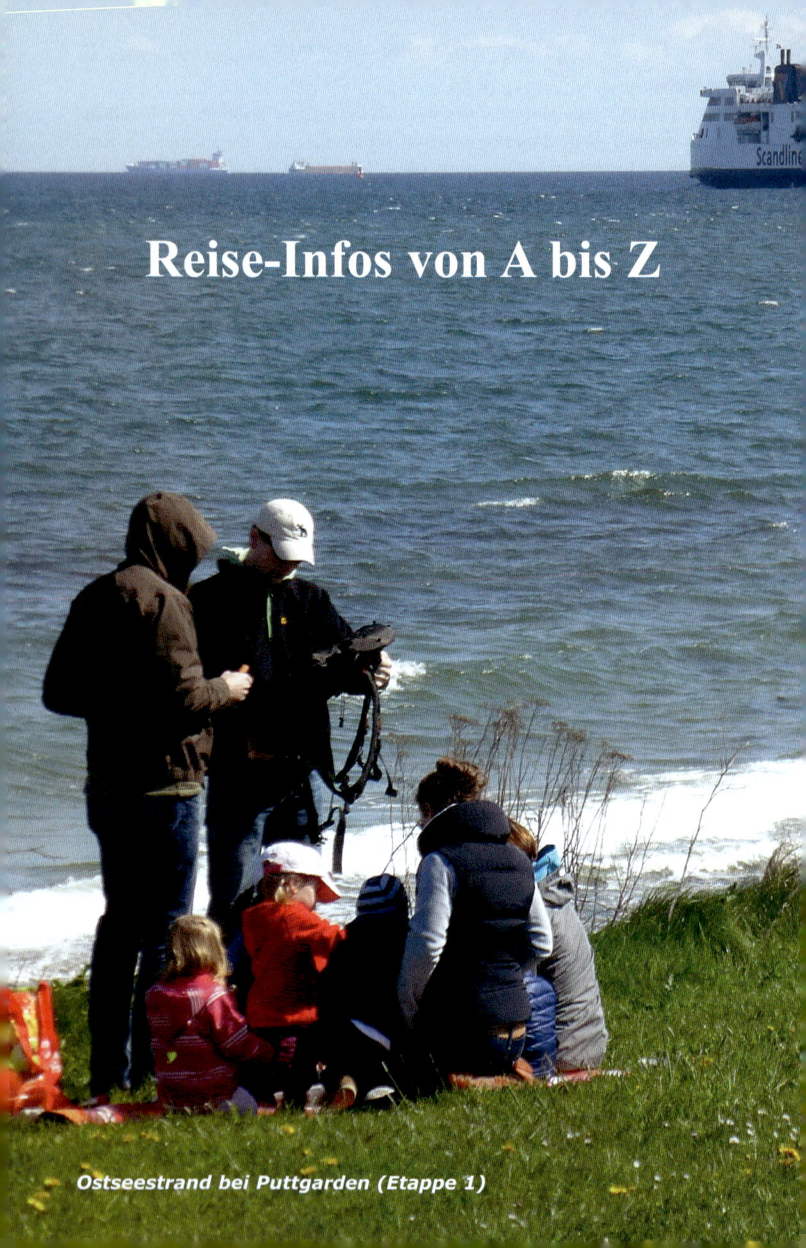

Ostseestrand bei Puttgarden (Etappe 1)

An- und Abreise

Anreise mit dem Zug

Die Anreise zum Start des Pilgerwegs aus Deutschland sowie aus Dänemark und Schweden mit dem Zug ist denkbar einfach. Ausgangspunkt ist der Nahverkehrshalt Puttgarden, Fährbahnhof an der Vogelfluglinie (Hamburg –) Lübeck – Kopenhagen, nach wie vor eine der wichtigsten Verkehrsverbindungen zwischen Skandinavien und Deutschland, auch wenn die Fernzüge seit Anfang 2020 nur noch über Schleswig fahren. Gleisbauarbeiten auf dänischer Seite zur Anbindung des im Bau befindlichen Fehmarnbelttunnels werden als Begründung angeführt.

Informationen zu Ihren individuellen Anreisemöglichkeiten erhalten Sie über die **Internetseite** der Bahn (💻 reiseauskunft.bahn.de), an einem der **Reisezentren** der Bahn AG in den Bahnhöfen sowie in vielen Reisebüros.

☺ Laden Sie sich die App DB-Navigator auf Ihr Smartphone und richten Sie ein Konto ein. Dann sind Sie immer gut informiert und können auch spontan notwendig werdende Fahrten von unterwegs buchen und bezahlen.

Anreise mit dem Bus

Fernbus-Reisen können möglicherweise eine gegenüber der Bahn günstigere Anreisemöglichkeit sein.

💻 Zentrale Fahrplanauskunft: www.busliniensuche.de

Europaweit agierende Unternehmen mit Fernbuslinien in bzw. durch Deutschland sind:

💻 www.flixbus.de
💻 de.blablabus.com
💻 www.eurolines.de

Anreise mit dem Auto

Mit dem Auto erreichen Sie Fehmarn über die A1 (Hamburg und Lübeck), die bei Heiligenhafen ihren nördlichen Abschluss findet. Sie setzt sich in der B207 über die Fehmarnsundbrücke bis Puttgarden Fährhafen fort. Auf der Insel Fehmarn gibt es einen Abzweig nach Burg. Am Fährhafen befindet sich ein großer Pendlerparkplatz, auf dem Sie das Auto für unbegrenzte Zeit stehen lassen können (€ 12/Tag). Alternativ könnten Sie Ihr Auto auch in einer der ruhigen Nebenstraßen von Burg abstellen. Mit dem Bus/Zug fahren Sie dann zum Fähranleger (☞ Burg).

Anreise mit dem Schiff

Aus Dänemark, Schweden und Norwegen kommend erreichen Pilgerinnen und Pilger den Ausgangspunkt der Via Scandinavica in Puttgarden, Fährbahnhof mit den Schiffen der Vogelfluglinie (☞ Puttgarden).

Abreise

Der Pilgerweg verläuft in der Nähe einer der bedeutendsten Nord-Süd-Verkehrsachsen Deutschlands. So gibt es von vielen Orten und Städten unterwegs Rückreisemöglichkeiten. Auch am Ziel des Weges in Eisenach oder Hörschel finden Sie einen Nah- und Fernverkehrsbahnhof zur Rückreise.

Ausrüstung

Wer viel oder häufig unterwegs ist, weiß eigentlich, was er anzieht und mitnehmen muss. Mit zunehmender Erfahrung kristallisieren sich bestimmte Kleidungsstücke oder Gegenstände als wertvoll oder unwichtig heraus. Hilfreich ist eine persönliche **Packliste**, die man irgendwo abspeichert und nach dem Packen durchgehen kann.

Eine Packliste kann in der Regel aber nur eines sein: eine Gedächtnisstütze. Sie weiß nicht, wohin es geht, wie lange man unterwegs sein wird und zu welcher Jahreszeit. Denn daraus ergeben sich unterschiedliche Ansprüche.

Recht zuverlässig kann man heute die Wettertendenz schon für etwa 14 Tage vorhersehen. So wissen Sie zumindest, ob es eher kühl, warm, heiß, regnerisch oder sonnig werden wird. Mit unterschiedlichen Klimazonen wie z. B. im Alpenraum brauchen Sie im norddeutschen Raum nicht zu rechnen.

In der Hauptwanderzeit (Mai bis Ende Oktober) tragen Sie eher leichte Kleidung mit der Möglichkeit, einen dünnen Pullover und eine dünne Windjacke überzuziehen. Im April/Mai und im Oktober ist vor allem im Ostseeküstenbereich, aber auch in den Bergregionen südlich von Hildesheim noch mit windigen und kühlen Tagen zu rechnen, sodass Sie an etwas Warmes zum Unterziehen denken sollten. Wer empfindlich ist, kann dann eventuell auch Mütze, Schal und vielleicht sogar Handschuhe brauchen.

Packliste (inklusive der Dinge, die Sie anziehen):

☐ Rucksack mit gutem Tragesystem (30 bis maximal 40 l, wer einen Schlafsack und eine Isomatte zur Übernachtung in Pilgerherbergen mitnimmt, kommt mit 50 l zurecht). Die meisten Rucksackhersteller bieten gewichtsparende Light-Modelle an. Ultralight-Modelle sparen oft am Tragesystem und sind für Gesamtgewichte unter 8 kg geeignet.

- ☐ Regenhülle für den Rucksack
- ☐ leichte Windjacke
- ☐ Wanderhose mit wenigstens einer aufgesetzten Beintasche (bei Männerhosen üblich, bei Frauenhosen seltener die Norm) ist praktisch für alles, was man griffbereit haben will, wie zum Beispiel den Wanderführer oder die Karte. Es gibt aber auch passende Taschen, die sich am Beckengurt des Rucksacks befestigen lassen.
- ☐ eine leichte Ersatzhose für abends (für Touren länger als drei bis fünf Tage)
- ☐ Wanderhemd, Shirt (mit langem Arm als Sonnenschutz)
- ☐ bequeme, eingelaufene Wanderschuhe, evtl. leichte Ersatzschuhe für abends (man kann aber auch mit Wanderschuhen essen gehen)
- ☐ ein bis zwei Hemden, Shirts
- ☐ ein dünner Pulli
- ☐ zwei Garnituren Unterwäsche
- ☐ zwei Paar Wandersocken, davon einmal etwas dünnere
- ☐ Mütze, Schal, Handschuhe im Winter, Sonnenhut im Sommer
- ☐ Schlafanzug (bei Bedarf)
- ☐ Badehose, -anzug
- ☐ Stoffbeutel o. Ä. für kurze gepäckfreie Touren, z. B. Stadterkundungen etc.
- ☐ Geld, Geldkarten, Ausweis, Schüler-/Studentenausweis, Pilgerausweis, Jugendherbergsausweis, Bahncard, Fahrkarten. Ihr Portemonnaie sollten Sie bedingungslos ausmisten, überflüssige Karten etc. zu Hause lassen, Kleingeld vermeiden.
- ☐ Wanderkarten, diesen Wanderführer
- ☐ Buch, Tagebuch, Stift (nach Bedarf)
- ☐ Brille, Sonnenbrille
- ☐ Becher, Löffel (nur wenn Sie vorhaben, sich selbst zu verpflegen, z. B. um das Müsli anzumischen; gewichtsparend sind die To-go-Pappen)
- ☐ Taschenmesser für Apfel, Apfelsine, Brötchen etc.
- ☐ Apotheke: Blasenpflaster, Pflaster, Nagelschere, Nadel, Faden, Toilettenpapier (eine Portion für Notfälle), evtl. persönliche Medikamente, Insektenschutz, Papiertaschentücher
- ☐ Zahnbürste und Zahncreme, Kamm oder Haarbürste, Fußcreme, Sonnencreme, Shampoo (auch zum Waschen der Wäsche), portioniert in beschrifteten Filmdöschen oder kleinen Salbenbehältern aus der Apotheke bzw. in kleinen Probepackungen. Wer in Hotels übernachtet, braucht keine Seifenprodukte mitzunehmen, da diese dort in der Regel vorhanden sind.
- ☐ Handtuch, Waschlappen (in Pilgerunterkünften müssen Sie damit rechnen, dass einmal keine Dusche vorhanden ist)

- ☐ Taschenlampe für Übernachtungen in Herbergen, wenn man nachts das Licht nicht anknipsen will. In der lichtarmen Zeit kann man auch unterwegs schon mal von der Dunkelheit überrascht werden.
- ☐ Kompass (ein einfacher Kompass hat mich schon so manches Mal vor der Orientierungslosigkeit bewahrt; im Smartphone enthalten)
- ☐ Fotoapparat (evtl. Ladegerät oder zweiter Akku)
- ☐ Trekkingschirm, der auch bei Wind zu gebrauchen ist (kann bei vorhersehbar regenarmer Zeit entfallen, wenn die Windjacke auch regendicht ist)
- ☐ Wecker oder Smartphone (+ Ladegerät), damit Sie zum Frühstück auch aufwachen. Eventuell wollen Sie auch Unterkünfte von unterwegs aus vorbestellen oder über die Buchungsportale suchen. In Pilgerunterkünften müssen Sie sich mindestens ein bis zwei Tage im Voraus anmelden. Vielleicht erwischen Sie nur den Anrufbeantworter und brauchen dann eine Nummer für den Rückruf.
- ☐ evtl. Verpflegung für die Anfahrt und für unterwegs, Teebeutel, eine Portion Kaffee, falls mal ein Wasserkocher zur Verfügung steht
- ☐ Wasserflasche 1 l (sehr große und stark schwitzende Menschen benötigen evtl. eine größere Einheit). Es gibt unterwegs immer wieder Friedhöfe mit Wasseranschluss vom öffentlichen Netz zum Nachfüllen. Zur Not fragen Sie in einem der Häuser unterwegs, im Zweifel am Pfarrhaus.

Abwägen kommt von wiegen: Bei der Auswahl der Kleidungsstücke zieht man im Zweifel (aber auch, um eine realistische Einschätzung zu bekommen) eine Waage zurate und nimmt das Leichtere. Falls Sie sich bei einem Bekleidungsstück unsicher sind, ob Sie es brauchen werden, lassen Sie es zu Hause. Sie haben notfalls unterwegs immer wieder Gelegenheit zum Einkaufen.

Aus sportlichem Interesse macht es Sinn, die Stöcke mit den Gummifüßen mitzunehmen. Der Weg ist überwiegend auch gut zum Walken geeignet. Wer will, kann Wanderstöcke zur Entlastung der Knie und Beine, zum Halten des Gleichgewichts auf sehr unebenem Gelände oder als Anstiegshilfe eventuell ab Hildesheim einsetzen. Ein zünftiger Pilgerstab lässt sich bei Bedarf aus einem Haselstrauch o. Ä. schneiden.

Einkaufen, Essen und Trinken

Die vorhandene Infrastruktur am Weg bezüglich der Einkaufsmöglichkeiten und der Gastronomie lässt sich durchweg als günstig beschreiben. Für etwas Unterwegsverpflegung sollten Sie allerdings trotzdem sorgen, gibt es doch immer wieder schöne Rastplätze für ein ausgiebiges Picknick. Nicht immer lassen sich Café, Gastronomie oder Supermarkt zur passenden Zeit erreichen. In vielen Dörfern Niedersachsens haben die Läden lange Mittagspausen, Hofcafés sind manchmal nur an Wochenenden geöffnet. Im Bergland südlich von Hildesheim gibt es an einigen Tagen keine Versorgung unterwegs und in einem Fall auch am Etappenziel nicht (Hülfensberg). In einigen Orten mit Pilgerunterkünften befinden sich weder Einkaufsmöglichkeiten noch Gastronomie, sodass Sie für das Frühstück und das Abendessen vorsorgen oder es auf unterwegs verschieben müssen. Der Infoblock am Beginn jeder einzelnen Etappe verschafft eine erste Übersicht.

In unterschiedlichen Landschaftsräumen werden traditionell auch unterschiedliche Ernährungsgewohnheiten gepflegt, die sich aus den vor Ort vorhandenen bzw. erzeugten Lebensmitteln sowie aus kulturellen Einflüssen ergeben. Landestypische Eigenheiten und Spezialitäten werden Sie im gastronomischen Bereich, in Bäckereien oder Metzgereien kennenlernen. Vielleicht lassen Sie sich ja mal verführen, etwas Neues zu probieren. Eine kleine Auswahl stelle ich Ihnen im Folgenden vor:

Im ostseeküstennahen Bereich sind es vor allem die Fischspezialitäten, die das Angebot bestimmen. Ein altes Seemannsgericht aus Pökelfleisch, Kartoffeln, Hering, Gewürzgurken und Rote Bete ist der Labskaus. Auch Panfisch, eigentlich ein Resteessen, finden Sie gastronomisch aufgewertet im Angebot. Eine saisonale Spezialität ist knusprig gebratener Stint, ein kleiner Speisefisch der Ostseeküstengewässer. Holsteiner Sauerfleisch ist eine Spezialität der Schleswig-Holsteiner Küche. Hierzu wird nicht zu mageres Schweinefleisch (meist Bauch oder Nacken) zusammen mit Gewürzen, Zwiebeln und sauren Gurken in Weißweinessig gekocht. Es ergibt sich eine ähnliche Konsistenz wie bei der Sülze. Aus der niedersächsischen Teichwirtschaft stammen Karpfen und diverse Räucherfischarten.

Niedersächsische Gemüsespezialitäten sind saisonal Spargel und Grünkohl. In Bäckereien findet sich bis in den Lüneburger Raum das in Hamburg während der französischen Besatzungszeit erfundene Franzbrötchen, ein dem Croissant nachempfundenes Gebäck mit Zimt und manchmal Rosinen. Die Lüneburger Heide bringt auch gerne die für ihren feinen Wildgeschmack bekannten Heidschnucken auf den Teller. Aus Göttingen und dem Eichsfeld sind Wurstspezialitäten wie Feldkieker, Stracke und Blase, welche durch Lufttrocknung und einen langsamen Reifeprozess ihr typisches Aroma erhalten, nicht wegzudenken.

Vegetarier oder gar Veganer haben es auf Reisen nicht so leicht, etwas Passendes zu finden. Immerhin gibt es in Lübeck, Lauenburg, Hannover und Göttingen gastronomische Fachbetriebe. Ansonsten werden sie eher in der mediterranen Küche fündig (italienisch, griechisch, türkisch), aber auch Chinarestaurants bieten hervorragende, zumindest vegetarische Gerichte an.

Etappen

Die rund 650 Wegkilometer habe ich in 30 Tagesetappen eingeteilt, die sich aus der Beschäftigung mit dem Weg ergeben haben. Am Tagesziel finden Sie Unterkunftsmöglichkeiten, in der Regel auch Gastronomie und eine Einkaufsgelegenheit. Betrachten Sie meine Einteilung bitte nur als Vorschlag. In vielen Fällen ist aufgrund der guten Infrastruktur auch jeweils ein längeres oder kürzeres Tagespensum möglich.

Von Fehmarn bis zur Mittelgebirgsschwelle bei Hildesheim durchläuft der Weg die Norddeutsche Tiefebene, die nur geringe Höhenunterschiede aufweist. Auf Höhenangaben und -profile habe ich in diesem Bereich (Etappe 1 bis 21) verzichtet, da sie keine Informationen zur erforderlichen Leistungsfähigkeit beitragen. Entscheidend für Ihre individuelle Etappeneinteilung sind hier allein die Tageskilometer.

Feiertage

In Schleswig-Holstein, Niedersachsen und Thüringen ist zusätzlich zu den neun bundeseinheitlichen Feiertagen auch der Reformationstag (31. Okt) gesetzlicher Feiertag. Die mit den Feiertagen oft verbundenen längeren arbeitsfreien Wochenenden bieten sich selbstverständlich für kürzere Pilgertouren an. Bedenken sollte man allerdings, dass ein Teil des Weges auch durch touristisch höchst attraktive Regionen führt, sodass es auch schon mal zu Engpässen im Übernachtungsangebot kommen kann. Dies betrifft vor allem den Ostseeküstenbereich (Etappe 1 bis 6) einschließlich der Hansestadt Lübeck, aber auch die interessanten Städte Lüneburg, Hildesheim und Göttingen. Das Vorbuchen der Quartiere ist in diesen Zeiten empfehlenswert, mitunter allerdings für nur eine Nacht nicht möglich. Insbesondere die Buslinie zwischen Neustadt i. H. und Heiligenhafen mit Anschluss nach Fehmarn ermöglicht dann ein Zurückkehren in ein für zwei bis drei Tage festgelegtes Quartier (☞ Pilgern ohne Gepäck).

Zusätzlich können im Bereich der Ostseeküste während der touristischen Hochzeiten, wozu der Sommer und insbesondere die Ferienzeiten gehören, die Wege zumindest in Teilen von Radfahrerinnen und Radfahrern stärker frequentiert sein.

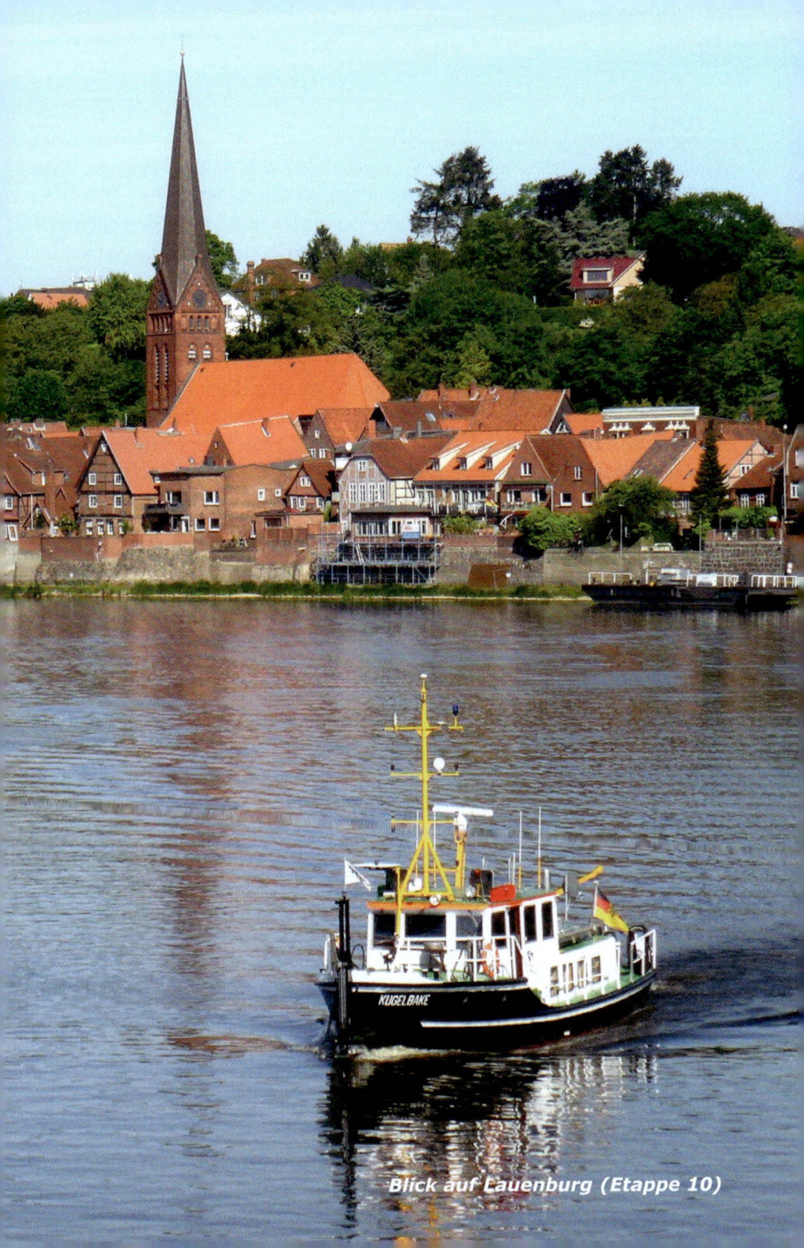

Blick auf Lauenburg (Etappe 10)

Geld

Geldautomaten, insbesondere der Sparkassen und Volksbanken, finden Sie nahezu täglich am Weg, sodass Sie immer nur kleinere Bargeldbeträge mit sich führen müssen. In Hotels und Pensionen werden Girokarten in der Regel akzeptiert, Kreditkarten aufgrund der höheren anfallenden Gebühren für Vermieterinnen und Vermietern nicht immer.

GPS

Die moderne Form der Orientierung im Gelände wird durch das vom US-Militär entwickelte Satellitennavigationssystem GPS (Global Positioning System) ermöglicht. Es besteht aus rund 30 Satelliten, die die Erde in einer Höhe von etwa 20.000 km umkreisen. Durch die Abfrage der Daten von mehreren Satelliten kann ein GPS-fähiges Gerät seine Position bis auf wenige Meter genau bestimmen. Diese Technik, die in den meisten Last- und Personenkraftwagen inzwischen Standard ist, gewinnt auch bei Wanderinnen und Wanderern zunehmend an Beliebtheit, zumal die meisten Menschen einen solchen Empfänger im Smartphone ständig bei sich tragen.

Der große Vorteil gegenüber der Orientierung mithilfe von Papierkarten ist die jeweils mögliche genaue Positionsbestimmung. Ein Nachteil bleibt der in der Regel sehr kleine sichtbare Kartenausschnitt auf tragbaren Geräten. Die Orientierung in der weiteren Umgebung ist somit erschwert. Voraussetzung für eine Nutzung sind elektronische Karten, die erstens offline verfügbar sind, zweitens außer den Straßen auch die Wanderwege abbilden, und drittens müssen Sie wissen, wo es jeweils weitergehen soll. Der Weg muss also auf der Karte abgebildet sein.

Auf der Verlags-Homepage 💻 www.conrad-stein-verlag.de finden Sie zu diesem Zweck unter dem entsprechenden Buchtitel einen GPS-Track (aus den Positionspunkten zusammengesetzte Linie, die den Weg abbildet) zum Download für Ihr GPS-Gerät oder Smartphone.

Wer erste Erfahrungen mit dem Handy sammeln will, ist z. B. mit der für alle Betriebssysteme geeigneten, sehr schnellen und zuverlässigen Smartphone-App Guru Maps gut beraten. Vergessen Sie nicht, bereits zu Hause oder im WLAN eines Hotels, an Bahnhöfen oder der Touristinformation etc. die passenden Wanderkarten herunterzuladen.

💻 gurumaps.app

Wesentlich detailliertere Karten bietet ein tschechischer Routenplaner, den es im Web und als Smartphone-App für Android-Systeme in deutscher Sprache gibt. Auf einer personalisierten Seite legen Sie sich im Web die benötigten GPS-Tracks durch einfaches Hochladen und Speichern an. Sie werden automatisch mit der Smartphone-App synchronisiert. So haben Sie die Tracks vom Weg immer dabei. Auch bei dieser Anwendung laden Sie die benötigten Karten für unterwegs im Vorfeld oder in einem Hotel auf Ihr Handy. Dann sind sie immer verfügbar, kosten unterwegs keine Daten und die App funktioniert auch im Funkloch. Die Via Scandinavica (sowie viele weitere Wanderwege) sind auch bereits auf den wählbaren Wanderkarten eingezeichnet. Die Anwendung ist kostenfrei und die angekündigte Werbung habe ich nach einem halben Jahr Gebrauch noch nicht festgestellt.

www.mapy.cz

Meine wichtigste Navigationsapp ist immer noch die Entwicklung des Spaniers Jose Vazquez mit dem Namen OruxMaps. Sie ist nur für Android-Telefone verfügbar und kostet wenige Euro. Leider ist diese Anwendung nur denjenigen zu empfehlen, die Einarbeitungszeit nicht scheuen. Aufgrund sehr vieler Funktionen ist sie wenig übersichtlich, mit den Gratis-Wanderkarten (OSM) von www.openandromaps.de meiner Meinung nach aber unschlagbar im Gebrauch und komplett offline handhabbar.

Informationen

Viele Wege führen nach Rom, sagt ein altes Sprichwort. Entsprechend könnte man sagen: Viele Wege führen nach Santiago zum Grab des Apostels Jakob. In der Tat überzieht heute ein schon fast unübersichtliches Netz von Jakobswegen den europäischen Kontinent. Mit Bezug auf die zunehmende Zahl der modernen Pilgerinnen und Pilger, die vor der eigenen Haustür starten, gehen manche sogar so weit zu sagen: Jeder Weg ist ein Jakobsweg, sofern er nur das ferne Galizien zum Ziel hat.

Licht ins Dunkel der unscharfen Begrifflichkeit brachte bereits 1985 eine internationale, vom Europarat eingesetzte und heute in der autonomen Region Galizien angesiedelte Expertenkommission. Diese bestimmte: Es gibt nur einen Jakobsweg, den Camino de Santiago, den spanischen Hauptweg und die einzige mittelalterliche Route im Norden Spaniens von den Pyrenäen bis Santiago, auch als Camino Francés bekannt.

Der Grund ist ein einsehbarer: Alle europäischen Wege mündeten (und tun es weitgehend noch) in diesen einen Hauptweg, dem alle Pilgerinnen und Pilger folgten und dessen Hauptzweck das Pilgern war. Alle anderen heranführenden

Routen waren sogenannte Altstraßen wie z. B. Handels- oder Heerwege, denen die Pilgernden folgten. Sie werden heute korrekt als Wege der Jakobspilgerinnen und -pilger bezeichnet – es waren Wege, die auch Pilgernde nutzten, aber nicht überwiegend.

Seit in den 1970er- und 1980er-Jahren die moderne Pilgerbewegung erwacht ist, richtete sich auch das institutionelle Interesse auf das religiöse und kulturelle Erbe der alten Pilgerbewegung. Papst Johannes Paul II. rief 1982 bei einem Besuch der Kathedrale in Santiago dazu auf, die Pilgerwege neu zu beleben. 1987 erhob der Europarat die Wege der Jakobspilgerinnen und -pilger in ganz Europa zu europäischen Kulturrouten und deklarierte ihren „symbolischen Wert für die Entstehung Europas". Er empfahl, die alten Wege aufzuspüren und eine einheitliche Kennzeichnung vorzunehmen.

In Deutschlands Norden hat sich der Freundeskreis der Jakobswege in Norddeutschland, der sich in der Deutschen St. Jakobusgesellschaft Region Norddeutschland organisiert, in rein ehrenamtlicher Tätigkeit um das Aufspüren der Wege der Jakobspilgerinnen und -pilger bemüht und in enger Anlehnung an die historischen Wege neue, landschaftlich schöne und zum Wandern geeignete Routen festgelegt, markiert und auch beschrieben.

- www.jakobswege-norddeutschland.de – auf der Website gibt es umfassende und laufend aktualisierte Informationen zur Via Scandinavica und zu den anderen norddeutschen Wegen. Hier finden Sie auch Informationen zu den heranführenden Pilgerwegen in Skandinavien, Polen und dem Baltikum.
- www.deutsche-jakobswege.de – diese Seiten informieren über das Pilgerwegenetz in ganz Deutschland und Europa.
- www.elbpilgerweg.de – der Verein Internationale Pilgerstadt Lüneburg e. V. hat nicht nur den Wegabschnitt Artlenburg – Lüneburg konzipiert, sondern bietet auch geführte Pilgerwanderungen im Stadtbereich sowie in der Umgebung an.
- www.lueneburger-heide.de → Suche: Jakobusweg – die Lüneburger Heide GmbH hat ein Netz von Wanderwegen mit einem eigens entworfenen Muschelsymbol durch die Nord- und Südheide markiert.
- www.celle-tourismus.de → Suche: Pilgern auf dem Jakobsweg
  Ein Teilstück der Lüneburger Heide-Wege wird auch von der Celle Tourismus und Marketing GmbH vermarktet. Zwischen Eschede und Altencelle ergibt sich eine die Via Scandinavica überlagernde Wegführung. Hier werden Sie auch auf die etwas anders gestalteten Muschelsymbole treffen.

jakobuspilger-goettingen.de – die Verantwortung für den Weg zwischen Göttingen und Creuzburg liegt bei der Jakobus-Pilgergemeinschaft Göttingen e. V., c/o Kath. Kirchengemeinde St. Michael, Kurze Straße 13, 37073 Göttingen, 01 74/279 30 44, Eine Wegbeschreibung für das Teilstück Göttingen – Creuzburg können Sie über die E-Mail-Adresse jakobus-pilgergemeinschaft-goettingen@gmx.de anfordern.

Auskunft zu allen touristischen Fragen geben die **Tourist-Informationen** vor Ort sowie die Tourismusverbände der Länder.

- Tourismusverband Schleswig-Holstein e. V., Wall 55, 24103 Kiel, 04 31/560 10 50, info@tvsh.de, www.tvsh.de
- Tourismusverband Niedersachsen e. V., Lindenallee 1, 26441 Jever, 044 61/919 25 10, s.janssen@landkreis-friesland.de, www.tourismusverband-niedersachsen.de
- Thüringer Tourismus GmbH, Willy-Brandt-Platz 1, 99084 Erfurt, 03 61/374 20, service@thueringen-tourismus.de, www.thueringen-tourismus.de

Öffnungszeiten der Kirchen unterwegs sind immer dann angegeben, wenn ich genaue Informationen dazu bekommen konnte. Das bedeutet aber nicht zwingend, dass da, wo diese Informationen fehlen, die Kirchen auch geschlossen haben.

Klima und Reisezeit

Die Via Scandinavica ist in ihrer Gesamtheit ganzjährig begehbar. Mit größeren Schneemengen, die das Vorankommen erschweren könnten, ist auch im Bereich der Mittelgebirge südlich von Hildesheim nur selten zu rechnen. Im Einzelnen entnehmen Sie die aktuelle Wetterlage den Vorhersagen.

Grundsätzlich ist im Ostseeküstenbereich immer mit etwas kühleren Temperaturen und sehr windigen Tagen zu rechnen. Mit entsprechender Kleidung können Sie sich dafür wappnen.

Neben der Hauptwanderzeit von Mai bis Ende Oktober sind im Winter die Monate Februar und März besonders empfehlenswert, da die Tageslänge schon ausreicht und dies die durchschnittlich (im langjährigen Mittel) regenärmste Zeit ist.

Im September und Oktober versprechen oft länger andauernde Hochdruckwetterlagen klare Weitsicht. In den Muschelkalkhöhen südlich von Hildesheim und Göttingen wird in der Zeit von Mai bis in den September die Blütenpracht auch dem botanisch ungeschulten Auge nicht entgehen. Hochzeit der Blütenvielfalt, auch vieler Orchideen, ist der Juni.

Markierungen

Alle Jakobswege in Norddeutschland (Schleswig-Holstein, Niedersachsen und Mecklenburg-Vorpommern) sollen im Laufe der nächsten Jahre (seit 2021) einheitlich mit neuen 10x10 cm großen Wegzeichen ganz neu markiert werden. Das Wegzeichen selbst, die gelbe Muschel auf blauem Grund, wird dann nicht mehr richtungsweisend (☞ unten) eingesetzt. Es wird ergänzt durch gelbe Pfeile als Aufkleber, aber auch weiterhin aus der Sprühdose. Bis zur Umsetzung gelten die hier folgenden Ausführungen.

Markiert ist die Via Scandinavica durchgängig mit der stilisierten, vom Europarat empfohlenen gelben Muschel auf blauem Grund. Ergänzt werden Folienaufkleber und Nagelschilder durch gelbe Pfeile, die aus der Sprühdose stammen oder aus Aufklebern bestehen können. Relativ neu sind die gelben Kreuze auf blauem Grund. Dieses Zeichen ist aus dem französischen Markierungssystem entlehnt und bedeutet: Halt, stopp, hier geht es nicht lang! Im Bereich Celle und Lüneburg geben von der Grundform abweichende Kreationen Orientierung (☞ Informationen).

Die auf ein Zentrum (Santiago de Compostela) gerichteten Strahlen (Wege der Jakobspilgerinnen und -pilger) geben Anlass dazu, dieses Kennzeichen an geeigneten Untergründen in der Landschaft so anzubringen, dass es auch die Richtung weist, das vom Strahlenbündel gebildete Zentrum also je nach Wegverlauf nach rechts, links oder vorne (an Laternenmasten, Verkehrsschildern o. Ä. nach oben) auszurichten.

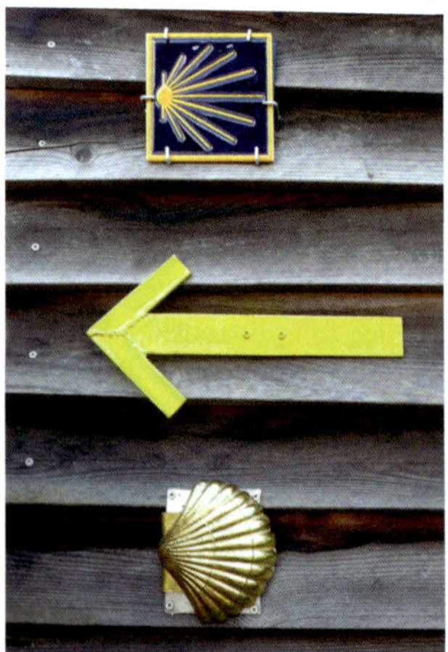

Pilgerwegsmarkierungen in Neuhof (Etappe 22)

Im Bereich der Via Scandinavica ist dieses Prinzip nicht überall, aber in großen Teilen (Lübeck – Göttingen) umgesetzt. Zwischen Puttgarden und Lübeck und südlich von Göttingen finden Sie auch immer wieder nicht richtungsweisende Zeichensetzungen. Richtungsänderungen werden dann durch Pfeile angezeigt.

Neben den Muschelsymbolen mit dem Schriftzug „Deutsche St. Jakobus-Gesellschaft e. V." sind auch noch Zeichen mit dem kleinen Schriftzug **„Gestiftet von Soroptimist International"** gebräuchlich. Soroptimist International ist die weltweit größte Service-Organisation für berufstätige Frauen. Die Clubs der Soroptimistinnen in Norddeutschland haben die Arbeit des Freundeskreises der Jakobswege in Norddeutschland immer wieder durch großzügige Spenden unterstützt und so die aufwendige durchgängige Markierung erst ermöglicht.

Wenn ein Wegabschnitt für längere Zeit ohne Richtungswechsel bleibt, kann es vorkommen, dass auch an Querwegen oder Abzweigen nicht markiert ist. Insbesondere in Schleswig-Holstein war das noch 2021 in manchen Bereichen so. Ziel ist es allerdings auch, die Markierung stetig zu verbessern und komfortabler zu gestalten. Begrenzender Faktor ist die Finanzierbarkeit. Durch Spenden könnten auch Sie die ehrenamtliche Arbeit unterstützen (www.jakobswege-norddeutschland.de).

Gut ist es jedenfalls, über den Wegverlauf Bescheid zu wissen und sich nicht ausschließlich auf die Markierungen zu verlassen. Es gibt auch vereinzelt „kritische Stellen", an denen Markierungen entweder immer wieder von Unbekannten entfernt werden oder das Gelände keinen passenden Untergrund zur Markierung liefert bzw. aufgestellte Pfähle bei Arbeiten in der Landwirtschaft beschädigt werden. Achten Sie auch auf Markierungen am Boden auf Steinen oder Teerstraßen.

Mitunter gibt es eine parallele Wegführung mit anderen bedeutenden Fernwegen. In Schleswig-Holstein sind dies die dort manchmal parallel verlaufenden Europäischen Fernwanderwege E1, E6 und E9 (weißes Andreaskreuz). Im Eichsfeld folgt der Pilgerweg für 2 ½ Tage dem Eichsfeld-Wanderweg (rotes, sechsspeichiges Mainzer Rad). Die jeweiligen Markierungen geben dann eine zusätzliche Orientierung. Im Einzelnen finden Sie dies in der Beschreibung vermerkt.

Im städtischen Bereich ergibt sich manchmal das Problem, das trotz vorliegender Markierungsgenehmigung und regelmäßiger Erneuerung der Zeichen diese dann doch mal an entscheidender Stelle fehlen. Das ist auf die Arbeit der Stadtreinigung zurückzuführen, die mit Hochdruckreinigern dem Wildwuchs der Aufkleberflut begegnet und dabei auch schon mal die Muschelzeichen mit wegfegt.

Für die Stadt Hannover, die Celler Stadtteile Altencelle und Westercelle sowie für kleinere Naturschutzgebiete liegen keine Ausschilderungsgenehmigungen vor. Somit gibt es dort auch keine offizielle Markierung (☞ Hannover und Etappe 19).

Notruf

In ganz Europa und somit auch auf der Via Scandinavica gilt einheitlich die Notrufnummer 112.

Pilgerpass und Stempelstellen

Der Pilgerpass (auf Spanisch „credencial"), oft verbunden mit einem Empfehlungs- oder Geleitschreiben, war das wichtigste Dokument für Pilgerinnen und Pilger des Mittelalters. Nur so konnten sie in Herbergen und Hospitälern auf Aufnahme oder mit Hilfe in der Not rechnen. Das ist heute wieder ähnlich, zumindest im Norden Spaniens, auf dem Hauptweg. Die Infrastruktur der preisgünstigen Herbergen, die dort seit den 1950er-Jahren wieder entstanden sind, ist allein denjenigen vorbehalten, die zu Fuß, mit dem Rad und zu Pferd pilgern. Die Stempel im Pass dokumentieren den zurückgelegten Weg und belegen, dass man berechtigt ist, in einer Herberge zu übernachten. Personen, die einzeln wandern, haben Vorrang vor Gruppen. Wer ein bestimmtes Reglement einhält, bekommt am Ziel im Pilgerbüro der Kathedrale von Santiago de Compostela eine Urkunde, die Compostela, ausgehändigt.

Die in Spanien gängige Praxis konnte auf die norddeutschen Hauptrouten der Jakobspilgerinnen und -pilger übertragen werden. Freunde der Jakobuspilgerschaft und vor allem viele Kirchengemeinden haben sich bereit erklärt, Pilgerinnen und Pilgern auf ihrem Weg Gastfreundschaft zu gewähren. Voraussetzung zur Aufnahme ist die Vorlage des offiziellen Credencials, des Pilgerbriefs oder Pilgerpasses. Ausgestellt wird dieser, zumeist gegen eine kleine Gebühr oder Spende, von allen Jakobusgesellschaften.

💻 www.jakobus-info.de – auf dieser Internetseite finden Sie eine Liste der Jakobusgesellschaften. Vielleicht ist ja auch ein Büro in Ihrer Nähe dabei. Sie können aber auch über die Internetseiten einiger Gesellschaften ein Antragsformular direkt ausfüllen und absenden und natürlich auch per Brief einen Pass beantragen. Rechnen müssen Sie zum Teil mit einer Bearbeitungszeit von bis zu drei Wochen. Eine Adresse sei hier beispielhaft genannt:

♦ Deutsche St.-Jakobus-Gesellschaft, Tempelhofer Straße 21, 52068 Aachen, ☏ 02 41/510 00 62, 💻 www.deutsche-jakobus-gesellschaft.de

Im Pilgerpass dokumentieren Sie Ihre Reise. Stempel ⊙ bekommen Sie in den Unterkünften, Kirchen oder auch Klöstern am Weg. Sie müssen nicht zwingend täglich in Pilgerherbergen übernachten oder ein Gemeindebüro aufsuchen. Der Stempel eines Hotels o. Ä. reicht zwischendurch auch. Die Stempel im Pass dienen auch der Erinnerung an Ihren ganz persönlichen Weg.

Eine Urkunde bekommen Sie am Ziel der Via Scandinavica und der anderen norddeutschen Wege nicht ausgestellt. Der Pass soll lediglich die nicht kommerziell betriebenen Pilgerunterkünfte vor Missbrauch (der Inanspruchnahme durch Nicht-Pilgerinnen und -Pilger) schützen.

Radpilgern

Der für Fußpilgerinnen und -pilger ausgewählte und markierte Pilgerwegverlauf ist überwiegend auch zum Befahren mit dem Fahrrad geeignet. Sollte es aber bequemere Alternativen geben, auf denen Sie z. B. Schieben vermeiden können, wird an gegebener Stelle mit dem Symbol 🚲 darauf hingewiesen. Zwischen Göttingen und Eisenach allerdings empfiehlt es sich für Radlerinnen und Radler, nicht den Fußweg über die Berge zu wählen. Hier vertrauen Sie sich besser gleich dem ausgeschilderten Leine- und Werratal-Radweg an.

Für die Packtaschen an Ihrem Fahrrad gilt dasselbe wie für den Wanderrucksack – je weniger Gewicht, desto besser. Wenn Sie die Pilgerunterkünfte in Anspruch nehmen wollen, ist ein Pilgerausweis auch für die radelnde Zunft obligatorisch. Geben Sie schon in Ihrem Antrag das Fahrrad mit an.

In Ortschaften, denen das Symbol 🔧 zugeordnet ist, gibt es eine Fahrradwerkstatt. Eine Grundausstattung, um kleinere Reparaturen selbst ausführen zu können, sollten Sie dabeihaben.

Pilgerherberge im Umwelthaus Neustadt (Etappe 4)

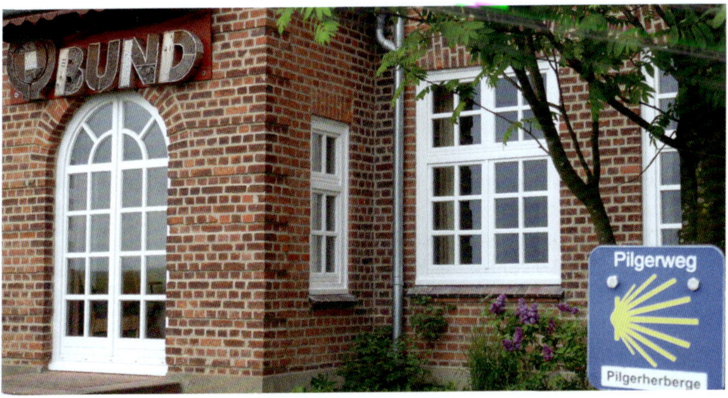

Unterkunft

Streckenwandern ist in Deutschland meistens ein recht teures Unternehmen. Rabatte der Übernachtungsbetriebe werden oft erst nach mehreren Tagen Aufenthalt wirksam und günstige Ferienwohnungen stehen häufig für nur eine Übernachtung nicht zur Verfügung. So ist es erfreulich, dass es auf diesem Weg preisgünstige Pilgerunterkünfte () gibt und somit auch Menschen mit kleinerem Budget in den Genuss einer Pilgerreise kommen können. Viele Pilgerinnen und Pilger verzichten aber auch freiwillig auf den gewohnten Komfort, um durch ein einfaches Leben vielleicht ein neues Verhältnis zu eingeschliffenen Gewohnheiten zu finden. Wer in den Pilgerunterkünften übernachten will, braucht neben dem oben erwähnten Pass häufig auch eine weiche Schlafunterlage (Isomatte) und einen warmen Schlafsack, da manchmal nur der Fußboden eines Gemeindesaals o. Ä. angeboten werden kann.

Insbesondere viele Kirchengemeinden am Weg setzen sich für die Unterbringung von Pilgerinnen und Pilgern ein. Es gibt aber auch einige Privatpersonen, die Pilgernden Unterkunft in nicht mehr benötigten ehemaligen Kinderzimmern o. Ä. bieten. Kosten für den Unterhalt (Reinigung) und den Ausbau entstehen in Höhe von € 10-20 pro Übernachtung. Manchmal wird eine Spende erbeten. Ganz wichtig ist die vorherige Anmeldung spätestens ein bis drei Tage, wenn möglich auch früher, vor Ankunft. Es sollte selbstverständlich sein, vorgebuchte Übernachtungsplätze so frühzeitig wie möglich wieder abzusagen, falls Ihre Pläne durch irgendwelche Umstände dann doch durchkreuzt worden sind.

Manchmal gewähren auch Hotel- und Gastronomiebetriebe Pilgerinnen und Pilgern Rabatte.

Leider stehen entlang der Via Scandinavica noch nicht genügend Pilgerunterkünfte zur Verfügung, sodass Sie auch auf kommerzielle Beherbergungsbetriebe angewiesen sein werden. Eine Anfrage in einem der Pfarrhäuser am Weg, die keine offizielle Pilgerunterkunft stellen können, führt allerdings auch nicht in jedem Fall zu Ablehnung. Einer freundlichen Hilfe und Unterstützung jedenfalls können Sie sich sicher sein.

Im Unterkunftsverzeichnis habe ich Betriebe aufgeführt, die auch an Wanderinnen und Wanderer bzw. Radfahrerinnen und Radfahrer für nur eine Nacht vermieten. Das sind in der Regel Hotels und Pensionen sowie private Zimmervermietungen. Ferienwohnungen und -häuser werden meist nur für einen längeren Zeitraum angeboten (ab 2-3 Übernachtungen). Allerdings schließt das nicht aus, dass insbesondere außerhalb der Hochsaison leer stehende Zimmer auch gerne für einen kurzen Zeitraum vermietet werden. Bei Bedarf fragen Sie sich durch oder planen, auch mithilfe der Tourist-Informationen oder der Internetsuche, diese Möglichkeiten mit ein. Auf den Websites der Gemeinden finden Sie in der Regel ein umfassendes Übernachtungsverzeichnis.

In den städtischen Bereichen oder Ferienhochburgen habe ich auf eine detaillierte Auflistung der Beherbergungsbetriebe verzichtet. Es macht keinen Sinn, sich durch eine lange Liste zu telefonieren. Ihr erster Ansprechpartner ist dort die jeweilige Tourist-Information.

In den ausgesprochen touristischen Gebieten müssen Sie sich auf Saisonpreise einstellen. (Preise können sich ändern. Die Angaben geben aber Auskunft über das Preisniveau eines Beherbergungsbetriebs.) In den Tourismusregionen sowie in einigen Städten wird zum Übernachtungspreis noch die Kurtaxe bzw. eine Abgabe an die Stadtkasse fällig (€ 1 bis 2).

Im Großraum Hannover kann es während der Messezeiten zu einer extremen Verknappung des Bettenangebots und den damit verbundenen, bis zu dreifach höheren Preisen kommen.

Jugendherbergen bieten heute häufig einen hotelähnlichen Standard. Es gibt Doppel- und Einzelzimmer, aber auch immer noch die bekannten preiswerteren Mehrbettzimmer mit Doppelstockbetten. Hauseigene Bettwäsche ist obligatorisch und im Übernachtungspreis enthalten, muss in den meisten Fällen aber eigenhändig auf- und wieder abgezogen werden. Der den Preis reduzierende, eigene Herbergsschlafsack hat ausgedient. Eine Mitgliedschaft im Jugendherbergsverband ist Voraussetzung für die Aufnahme. Ähnlichen Standard, allerdings ohne Herbergsausweis, bieten in den zu durchwandernden Städten die Hostels.

Mitunter finden Sie Beherbergungsbetriebe, die sich besonders auf die Bedürfnisse der wandernden sowie Rad fahrenden Gäste eingestellt haben. Gütesiegel wie z. B. bett+bike vom ADFC (Allgemeiner Deutscher Fahrrad-Club e. V.) garantieren den Wanderinnen und Wanderern vor allem ein Bett auch für nur eine Nacht, den Radfahrerinnen und -fahrern auch die Umsorgung ihres Fahrrads (www.bettundbike.de).

Wer mit dem Zelt unterwegs ist, hat im holsteinischen Küstenland reichlich Auswahl an Campingplätzen, aber auch in Niedersachsen und Thüringen liegen immer wieder schöne Plätze am Weg. Außerhalb dieser Einrichtungen ist das Zelten nur auf privatem Gelände (nach Rücksprache mit den Eigentümerinnen und Eigentümern) erlaubt.

Updates

Der Conrad Stein Verlag veröffentlicht Updates zu diesem Buch, die direkt vom Autor oder von Leserinnen und Lesern dieses Buches stammen. Bitte suchen Sie vor Ihrer Abreise auf der Verlags-Homepage 💻 www.conrad-stein-verlag.de diesen Titel. Unter dem Punkt „Updates" finden Sie alle wichtigen Informationen. Der abgebildete QR-Code führt Sie direkt zu der richtigen Seite.

Verkehrsmittel unterwegs und Pilgern ohne Gepäck

Eine Pilgerreise in früheren Zeiten war von vornherein auf das Ziel ausgerichtet. Sie fand mit dem Berühren des Heiligen ihre Vollendung. Das ist heute nicht mehr zwangsläufig so. Der Fokus der Pilgernden ist häufiger auf den Weg selbst ausgerichtet, auf die Erfahrungen mit sich selbst und anderen und auf das kulturelle Erleben einer Region. Die modernen Verkehrsmittel ermöglichen es, Start und Ziel einer Wallfahrt frei zu wählen und Etappenlänge und Reisedauer an die individuellen Lebensumstände und Bedürfnisse anzupassen. Ein paar Tage, eine Woche oder zwei lassen sich oft leichter organisieren als eine längere Pilgerreise.

In den Etappenbeschreibungen finden Sie auch immer Detailinformationen zu den vor Ort vorhandenen öffentlichen Verkehrsmitteln. Im Fokus der Beschreibungen stehen dabei die Nutzungsmöglichkeiten zur Unterbrechung der Tour, zur Rückreise zum möglicherweise abgestellten Pkw oder zur Verkürzung oder Teilung einer Etappe sowie Möglichkeiten zu Abstechern in nicht direkt am Weg liegende, aber sehenswerte Städte.

Auch zum Aufsuchen von eventuell benötigten Ausweichquartieren können Bus und Bahn vielleicht einmal nützlich werden. Die Auflistung der Telefonnummern örtlicher Taxiunternehmen hilft in Notfällen oder wenn z. B. an Wochenenden die Busse nur eingeschränkt oder gar nicht fahren.

Sich Schritt für Schritt vom Alltag lösen, sich aus dem Bekannten in das unbekannte Neue aufmachen, Tun und Denken auf das Vorausliegende richten und dabei jeden Tag dem Ziel ein Stückchen näher kommen, das entspricht dem Pilgergedanken. Folglich übernachten Pilgerinnen und Pilger jeden Tag an einem anderen Ort. Manchmal kann es die Reise aber auch sehr entspannen, wenn man sein Gepäck für einen oder sogar mehrere Tage zurücklassen kann und die Sorge um die tägliche Quartiersuche entfällt. Vielleicht wollen Sie am Abend auch noch

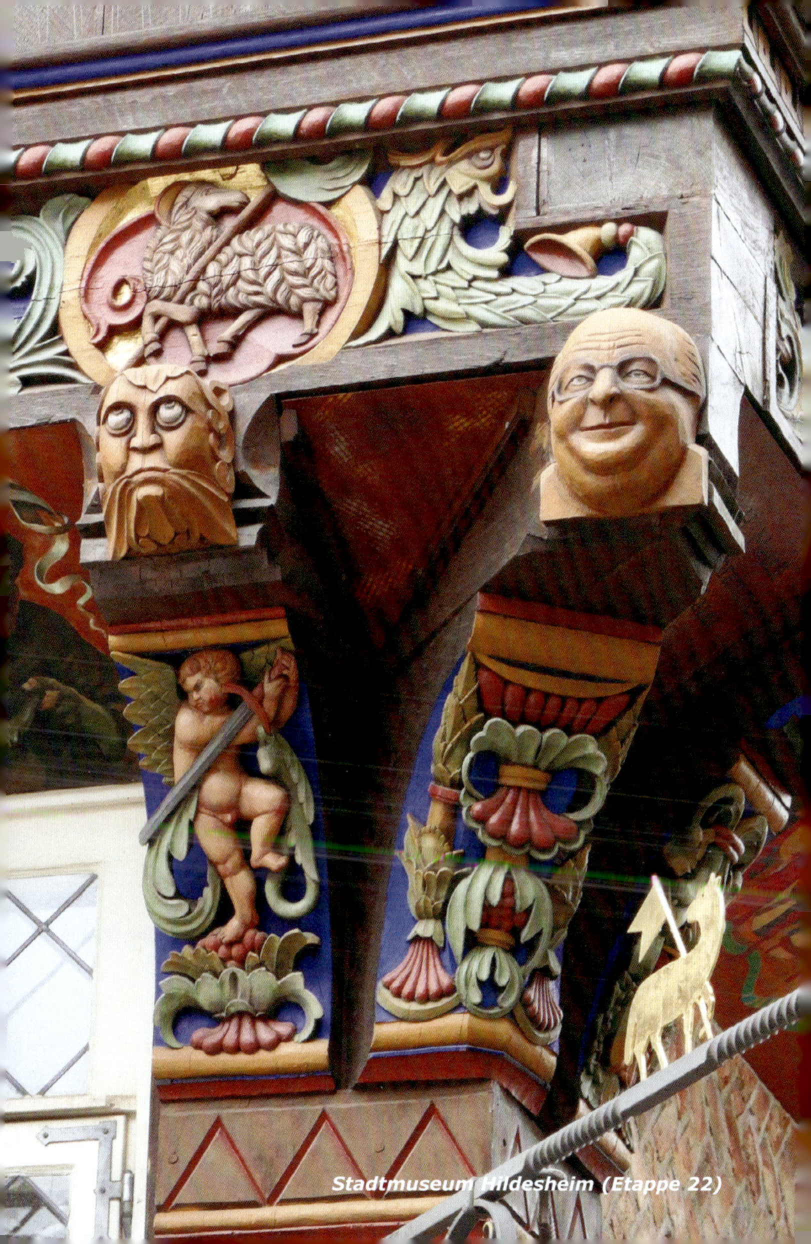

Stadtmuseum Hildesheim (Etappe 22)

einmal in eine schöne Stadt zurück? Nicht immer lässt sich alles an einem Tag oder gar in der verbleibenden Zeit nach der Ankunft erkunden. Bei mehrtägigem Aufenthalt lassen sich oft auch günstigere Ferienwohnungen anmieten. Mitunter gibt es schon ab zwei Tagen Aufenthalt einen Rabatt.

Insbesondere die häufig den Weg begleitenden Bahnstrecken (kurze Fahrtzeiten), aber auch immer wieder gute Busanbindungen ermöglichen es, bestimmte Wegabschnitte von einem festen Standort aus mit nur leichtem Tagesgepäck zu begehen. Mit der Bahn oder dem Bus kommen Sie morgens zum jeweiligen Startpunkt und abends auf gleiche Weise wieder zurück.

In jedem Fall sollten Sie für Ihre individuelle Tourenplanung eventuell benötigte Bus- oder Zugverbindungen möglichst zeitnah vor Antritt der Reise heraussuchen. Fahrpläne sind ständigen Veränderungen unterworfen. Vor Ort, an den Bushaltestellen und Bahnhöfen, sind in der Regel auch Fahrpläne angebracht. Die Unterkunftsbetriebe sind auf Fragen zu den öffentlichen Verkehrsmitteln meist eingerichtet. Für Smartphones gibt es kostenlose Apps der Länder oder Verkehrsverbünde, die eine spontane und schnelle Verbindungssuche ermöglichen.

Generell bieten die Seiten der Deutschen Bahn AG (☞ Anreise mit dem Zug) die umfassendsten Auskünfte zu den bestehenden Zug- und Busverbindungen im öffentlichen Nah- und Fernverkehr (keine Fernbusse). Die Priorität bei den Auskünften liegt aber meist bei den schienengebundenen Anschlüssen. Die Verbindungssuche über die Informationsplattformen der Länder behandelt den Busverkehr gleichberechtigt. Zu beachten ist die Eingabe der genauen Bezeichnung einer Haltestelle. Die Smartphone-Apps finden aber auch selbständig die am nächsten liegende Haltestellen und stellen sogar eine Karte zum Auffinden bereit.

▷ Nahverkehr Schleswig-Holstein: 💻 www.nah.sh

▷ Verkehrsverbund Niedersachsen/Bremen: 💻 www.vbn.de (Smartphone App: Fahrplaner)

▷ Wartburgkreis Thüringen: 💻 www.bus-bahn-thueringen.de

☺ Eine weitverbreitete und viel gelobte länderübergreifende Fahrplan-App für Smartphones heißt Öffi: 💻 oeffi.schildbach.de.

Wanderkarten

Zum reinen Auffinden des Weges sollten diese Wegbeschreibung, die Karten im Buch sowie die Pilgermarkierungen vor Ort Wanderkarten eigentlich überflüssig machen. Zum Einordnen der durchwanderten Orte in die weitere Umgebung ist eine zusätzliche Übersichtskarte allerdings zu empfehlen.

Wanderkarten enthalten vielfältige Informationen, im Idealfall bilden sie, je nach Maßstab, alle Details eines Landschaftsraumes ab, eine Wegbeschreibung aber immer nur eine Linie. Immer dann, wenn Sie einmal von dieser Linie abweichen müssen oder wollen, z. B. wegen zu schlechten Wetters, lässt sich der kürzeste Weg zur nächsten Hauptstraße (an der die Busse fahren) oder zu einem Talort anhand der Karte überblicken. Sollten Sie sich wirklich einmal verlaufen, können Sie mithilfe der Karten auch wieder zum Weg zurückfinden.

Die aktuellsten und genauesten Karten liefern in ganz Deutschland die jeweiligen Landesvermessungsämter. Für den Bereich des hier beschriebenen Weges gibt es allerdings nur für Schleswig-Holstein und Thüringen passende Wander- und Freizeitkarten (Ausgabe mit Wanderwegen). Für Niedersachsen gibt es leider nur noch die Topografischen Karten in verschiedenen Maßstäben. Aufgrund des südlich von Alfeld nicht zum Weg passenden Blattschnittes und (nach meinem Wissen) fehlenden Alternativen anderer Verlage kann ich für die Etappen 23-25 keine Vorschläge machen. Für den Raum Hannover empfiehlt sich das Kompass Kartenset.

Außer im Buchhandel bekommen Sie die im Folgenden genannten Karten auch in den Online-Shops der Verlage.

Landesamt für Vermessung und Geoinformation Schleswig-Holstein (💻 www.schleswig-holstein.de → Landesvermessung → Service):

📖 Wander- und Freizeitkarten 1:50.000, Blatt 10, Fehmarn – Lütjenburg, ISBN 978-3-89130-736-6, € 7,50, Etappen 1 bis 3. Der Pilgerweg ist als grüne Linie, versehen mit dem Muschelsymbol, eingezeichnet.

- Wander- und Freizeitkarten 1:50.000, Blatt 11, Lübeck – Neustadt, ISBN 978-3-89130-291-0, € 7,50, Etappen 4 bis 7
- Wander- und Freizeitkarten 1:50.000, Blatt 12, Ratzeburg – Lauenburg, ISBN 978-3-89130-292-7, € 7,50, Etappen 8 bis 10

Alternativ zum Blatt 12 der oben genannten Wander- und Freizeitkarten kann auch nachfolgend genannte Karte genutzt werden. Die Topografische Karte Blatt C2726 können Sie dann auch einsparen:

- Kompass Wanderkarte 722 Herzogtum Lauenburg, Sachsenwald, Elbe, ISBN 978-3-99121-297-3, € 11,90, Etappen 8-12

Landesvermessungsamt und Geobasis-Information Niedersachsen (💻 www.lgn.niedersachsen.de):

📖 Topografische Karte 1:100.000, Blatt C2726, Hamburg-Wandsbeck, ISBN 978-3-89130-198-2, € 5, Etappe 11/12

♦ Topografische Karte 1:100.000, Blatt C3126, Uelzen, ISBN 978-3-89435-558-6, € 5, Etappe 13-17

♦ Topografische Karte 1:100.000, Blatt C3526, Celle, ISBN 978-3-89435-565-4, € 5, Etappe 18/19

Kompass Verlag (💻 www.kompass.de):

📖 Kompass-Kartenset 848: Hannover und Umgebung, 1:50.000, ISBN 978-3-99044-998-1, € 10, Etappe 20-23. Die Via Scandinavica ist eingezeichnet.

ADFC (💻 www.adfc-radtourismus.de)

♦ ADFC-Regionalkarte Göttingen, Oberes Leinetal 1:75.000, ISBN 978-3-96990-060-4, € 9,95, Etappen 24-27

KKV-Verlag (💻 www.kk-verlag.de)

📖 Rad- und Wanderkarte Landkreis Eichsfeld 1:50.000, ISBN 978-3-86973-217-6, € 6, Etappen 26A-28

♦ Rad- und Wanderkarte Wartburgkreis 1:50.000, ISBN 978-3-86973-191-9, € 6, Etappen 30/31

☺ Die Kartenempfehlungen wurden von der Geobuchhandlung Kiel überprüft.
💻 www.geobuchhandlung.de

Wandern mit Hund

Menschen, die mit ihrem Hund unterwegs sind, finden im Übernachtungsverzeichnis auch immer wieder Hinweise auf hundefreundliche Beherbergungsbetriebe. Gekennzeichnet sind diese mit dem kleinen Symbol 🐕 und ergänzt – soweit bekannt – mit den für den Hund anfallenden Kosten. Nicht bei allen Unterkünften wird auf der Website ausdrücklich auf die Unterbringungsmöglichkeit eines Vierbeiners hingewiesen. Das bedeutet aber nicht, dass dieses in jedem Fall kategorisch ausgeschlossen ist. Auf Anfrage erhalten Sie Auskunft. Bei meinen Recherchen bin ich immer wieder auf die Aussage gestoßen, dass insbesondere kleine Hunde kein Problem darstellen. Der Weg selbst wird in tierischer Begleitung sicher an Qualität gewinnen.

Jakobsweg Via Scandinavica

Von Puttgarden auf Fehmarn nach Creuzburg bei Eisenach

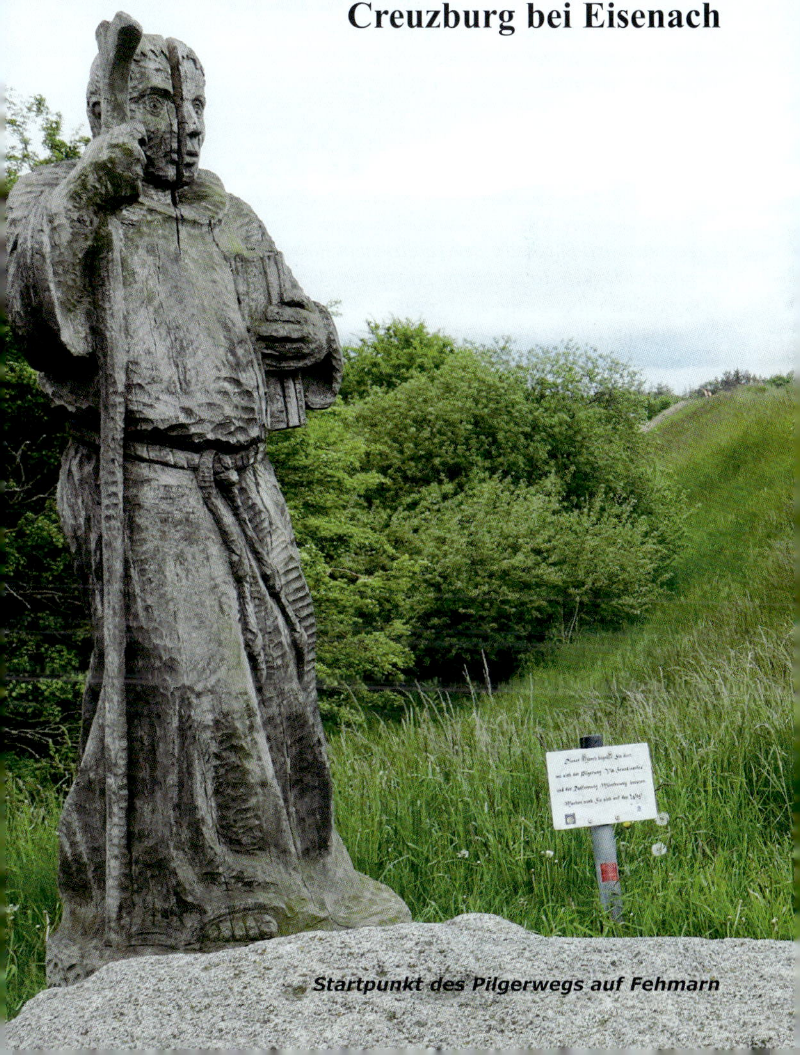

Startpunkt des Pilgerwegs auf Fehmarn

Etappe 1: Puttgarden – Burg auf Fehmarn

16,8 km, 5 Std.

0,0 km	Puttgarden, Fährbahnhof
3,3 km	St.-Peter-und-Paul-Kapelle
4,5 km	Johannisberg
7,0 km	Todendorf
12,6 km	Niendorf
15,9 km	Burg auf Fehmarn, St.-Jürgen-Kapelle
16,8 km	Burg auf Fehmarn, St. Nikolai BANK

Pilgerinnen und Pilger, die den Fährbahnhof Puttgarden mit dem Zug erreichen, wenden sich dem Treppenturm zu, steigen hinauf zum Brückengang, der das Hafengelände überspannt, und gelangen so zum Startpunkt des Pilgerwegs, der Skandinavien mit der Mitte Deutschlands verbindet. Nach einer kurzen Stippvisite am Strand von Puttgarden wendet sich Ihr Weg dem Landesinneren zu, passiert den historischen Anlandungsplatz der Pilgerinnen und Pilger und durchkreuzt das weite, offene Land auf bequem zu gehenden, manchmal allerdings auch geteerten Wegen. Mit Burg auf Fehmarn erreichen Sie am Tagesziel ein freundliches und kurzweiliges Städtchen, das zum Flanieren einlädt.

Puttgarden 23769, 043 71

FF&E Hotel Dania, Fährhafenstraße 1001, 86 60,
Preise auf telefonische Anfrage oder über diverse Buchungsportale,
450 m, ganz in der Nähe des Fährhafens

Campingplatz Puttgarden, Strandweg 1, 34 92,
puttgardencamping@gmail.com, www.camping-puttgarden.de,
Ü Preise auf Anfrage, April-Okt, am Weg, 850 m vom Fährbahnhof

Burg

Burg

Burg

Puttgarden ist insbesondere für sein Fährterminal an der Vogelfluglinie bekannt, hat aber auch einen weitläufigen Strand und nahezu immer gute Windverhältnisse für die verschiedenen Surfsportarten zu bieten. Alle drei Attraktionen sorgen vor Ort für die vielen Besucherinnen und -besucher, die in aller Regel nur für einen Tag kommen. Puttgarden ist aber auch eine Siedlung, in der Menschen dauerhaft wohnen.

Mit dem Rad folgen Sie vor dem Bahnhof links der Fährhafenstraße und überqueren mit ihr nach 600 m rechts die zum Hafen führende B207 (E47). Am auffälligen Hotelkomplex **Dania** fahren Sie rechts zum Strand von Puttgarden und folgen dort links dem Weg über den Landesschutzdeich.

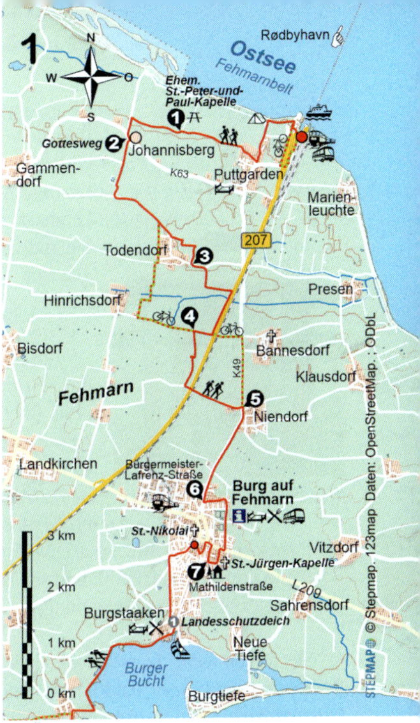

Sie wenden sich vom Bahnhofseingang nach rechts und steigen die Stufen zur hohen Holzbrücke hinauf, auf der Sie das Fährhafengelände sicher überqueren. Erst geradeaus und dann links laufen Sie über den Parkplatz, überqueren an der Ampelanlage die Straße und gehen rechts zum Beginn der Westmole (Hafenbegrenzung). Hier biegen Sie links in den Weg auf dem Landesschutzdeich ein.

Gleich am Beginn des Deichweges steht eine aus einem Baumstamm grob geschnitzte Figur eines Mönches mit Pilgerstab und Buch. Er symbolisiert eigentlich Anfang und Endpunkt des Mönchswegs in Deutschland, steht aber auch stellvertretend für den Beginn der Via Scandinavica. (Der Mönchsweg ist ein Radweg auf den Spuren der Christianisierung des Nordens zwischen Bremen und Puttgarden. Eine Fortsetzung gibt es über Rødbyhavn nach Roskilde in Dänemark.)

Nur 250 m bleibt Ihr Weg am Strand, dann biegen Sie links in den Strandweg Richtung Puttgarden ein und nach 750 m wieder rechts in die Straße Op de Wie, die zum Rastplatz an der ehemaligen Peter-und-Paul-Kapelle ❶ führt.

Am vermuteten Standort der **Felsenkirche Peter und Paul** steht heute zum Gedenken ein Kapellchen, das auch als Wetterschutzhütte taugt. Im Dachreiter hängt eine geweihte Glocke, die bei Andachten erklingt. Das Eisenkreuz obendrauf umfasst die den Apostel Petrus symbolisierenden, gekreuzten Schlüssel.

Eine Tafel informiert über die Geschichte und die Bedeutung des ersten christlichen Gotteshauses auf Fehmarn. Aufgrund einer päpstlichen Bitte an König Knud VI. von Dänemark, die Schiffswege zu den heiligen Stätten der Christen

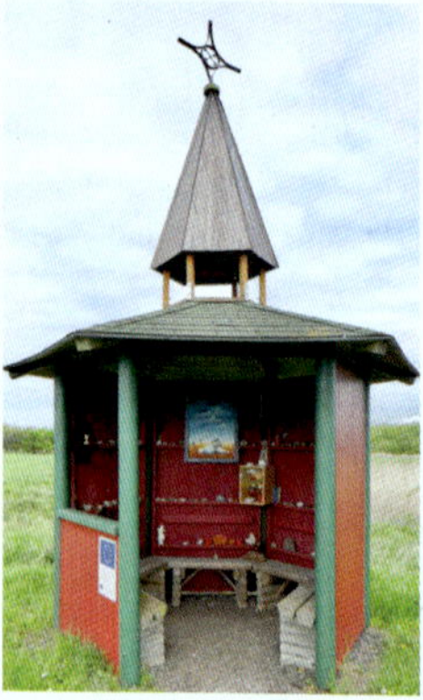

Kapellchen auf Fehmarn

(Rom, Jerusalem und Santiago de Compostela) für Pilgerinnen und Pilger aus Skandinavien zu sichern, veranlasste dieser auch den Bau von Opfer- und Dankeskapellen an den Fährstellen Puttgarden auf Fehmarn und Dragsminde (heute Rødbyhaven) auf Lolland. Beide wurden den Heiligen Peter und Paul geweiht. Die erste urkundliche Erwähnung der Fehmarner „capella sanctori Petri et Pauli" war im Jahr 1198.

Ankommende Wallfahrerinnen und Wallfahrer, die von den Fischern zu einem festgesetzten Fährpreis über den Belt gesetzt worden waren, dankten hier ihrem Herrgott für die glückliche Überfahrt. Ein eichener Opferstock, der neben der Kapelle am offenen Strand platziert war und deshalb Strandblock hieß, ist bis heute erhalten. Er steht aktuell in der St.-Jürgen-Kapelle in Burg auf Fehmarn. Gut vorstellbar ist es, dass die an den Rastplatz grenzende, feuchte und schilfbewachsene Niederung vor Errichtung des Schutzdeiches eine zur Anlandung gut geeignete Hafenbucht gewesen sein mag.

Sie folgen dem Teersträßchen am Rastplatz vorbei Richtung Johannisberg, dessen wenige Häuser bald linker Hand, auf einer kleinen Anhöhe stehend, auftauchen. Gehen Sie bis zum querenden Krögenweg (führt rechts zum Badestrand) und dort links hinauf zur K63. Links wandern Sie nur 100 m nach Johannisberg.

Auf dem **Johannisberg** gab es im Mittelalter eine Pilgerherberge. Aufgrund seiner leicht erhöhten, vor Sturmfluten geschützten Lage war dies schon lange eine beliebter Siedlungsplatz. Bereits vor 7.000 Jahren siedelten hier die sogenannten Kjöddenmöddinger oder Austernesser, die ersten sesshaften Ostseefischer, die in Erdhöhlen lebten. Jedenfalls belegen dies die dort entdeckten Berge von Muschelschalen, die sie zurückgelassen haben. Auch ein Langgrab der Megalithkultur stand hier. Im Jahr 1848 musste es einer Hofanlage weichen.

Dann biegen Sie von der Straße rechts Richtung Todendorf in den Wirtschaftsweg ab. Im Volksmund wird dieser Weg Gottesweg ❷ genannt. Wiederholt wurden hier Silbermünzen und Pilgerzeichen aus früheren Zeiten gefunden.

An der Klärschlammdeponie biegt der Weg links und wieder rechts ab und erreicht einen Querweg, an dem Sie links bis an den Ortsrand von **Todendorf** gehen.

🚲 Mit dem Rad folgen Sie bereits 350 m vor den ersten Häusern rechts dem Wegweiser Richtung Hinrichsdorf und passieren Todendorf am Dorfrand, bis es am Südrand des Dorfes nicht mehr geradeaus weitergeht. An dieser T-Kreuzung fahren Sie nach rechts und biegen gleich wieder links in den Wirtschaftsweg ab, der, ein paar Haken schlagend, in südlicher Richtung verläuft und schließlich an einem allein stehenden Stallgebäude auf einen Querweg trifft. Hier fahren Sie links bis zur B207, über die Bannesdorfer Brücke und noch bis zur Kreisstraße, der Sie rechts Richtung Niendorf und Burg folgen. Ein empfehlenswerter Abstecher könnte vorher zur ✞ St.-Johannis-Kirche im nahen Örtchen Bannesdorf führen.

Hinweis: Der bereits für 2015 angestrebte Baubeginn für eine festen Fehmarnbeltquerung ist im Januar 2021 mit sechs Jahren Verspätung zur Realität geworden, zumindest auf dänischer Seite. Im deutschen Puttgarden und dem weiteren Hinterland bin ich noch nicht auf Zeichen des beginnenden Ausbaus der nötigen Zuwegung gestoßen. Geplant und zur Probennahme gebohrt wird allerdings. Nach wie vor künden aber auch die blauen Kreuze vom nicht nachlassenden Protest der betroffenen Einheimischen. Der Ausbau der Eisenbahnanbindung und der B207 ist aber nun nicht mehr vermeidbar. Auch der Pilgerweg wird vermutlich davon betroffen sein. Bisher ist vorgesehen, ihn im Falle des Baubeginns auf die oben angegebene Radroute zu verlegen. 400 m vor der Bannesdorfer Brücke geht es dann weiter wie bisher und unten beschrieben rechts in den Feldweg.

Fußpilgerinnen und -pilger biegen am Beginn der Bebauung von Todendorf links auf einen unbefestigten Fußweg ab, der um die Ortschaft herumführt. Dieses hängt damit zusammen, dass man in alten Zeiten die Fremden nicht in der Ortschaft haben wollte, erläutert Rainer Loosen von der Stadtverwaltung.

Ihr Weg biegt nach rechts und wieder nach links zu einem querenden Feldweg. Wieder rechts gehend erreichen Sie eine Straße am Ortsausgangsschild von Todendorf ❸. Dieser folgen Sie links nur 230 m. Eine Granitstele mit der Muschelmarkierung und fünf junge Kastanienbäume zeigen Ihnen dort den Abzweig in den Feldweg rechts.

Der Weg zielt auf den Kirchturm von Burg. Linker Hand ist der Kirchturm von Bannesdorf zu sehen. Dann biegt der Feldweg nach links und erreicht die Bundesstraße. Etwa 800 m pilgern Sie geschützt durch Hecken rechts an der Straße entlang bis zu einer Straßenbrücke (Bannesdorfer Brücke). Sie bleiben auf dieser Seite, biegen rechts in den Wirtschaftsweg und ✋ nach 400 m links in den abzweigenden Feldweg ❹ (2021 war hier keine Markierung zu sehen).

Wieder ist der Turm der Nikolaikirche von Burg voraus zu sehen. Vor einem Graben weicht Ihr Weg rechts aus und führt wenig weiter wieder links in die alte Richtung bis an die Niendorfer Brücke, mit der nun Bundesstraße und Bahnlinie überquert werden. Dem Radweg an der knapp 1 km weiter erreichten K49 in **Niendorf ❺** folgen Sie rechts bis in den Norden von Burg.

Nach dem auffälligen Backsteingebäude, der ehemaligen Realschule, biegen Sie links in die Bürgermeister-Lafrenz-Straße ❻ ab.

☺➪ Wer aus irgendeinem Grund direkt nach Burg möchte, folgt dem Niendorfer Weg weiter geradeaus und folgt an der zweiten Kreuzung geradeaus der Osterstraße. Die Verlängerung heißt Badstaven und entspricht wieder dem Pilgerweg.

Vor den letzten drei Siedlungshäusern (am Haus Nr. 25) biegen Sie rechts in den neu gestalteten Parkweg ab. Über eine erste Querstraße hinweg folgen Sie nun immer geradeaus der Pappelreihe (Espen). Sie passieren die Sporteinrichtungen einer Schule (Inselschule Ost), gehen am Sportplatzende ohne Richtungswechsel in die Siedlung und zu einem Wendeplatz und schließlich am Haus Hubertus vorbei den Hubertusweg entlang bis zu einer Querstraße (Sahrensdorfer Straße, Ortsdurchgangsstraße, führt rechts in das Zentrum).

Hier biegen Sie, nach 70 m, am 🛏 ✕ Hotel Hasselbarth rechts ein, aber dann schon wieder links in die St.-Jürgen-Straße, der Sie zur **St.-Jürgen-Kapelle** am querenden Kapellenweg folgen.

✞ ⊙ Die schlichte, gotische Backsteinkapelle **St. Jürgen** entstand zusammen mit zwei Siechenhäusern aufgrund einer Anordnung aus Lübeck nach einer verheerenden Pestepidemie im 14. Jh. Mit Pflegeeinrichtungen außerhalb der Städte sollte die Ansteckungsgefahr bei schweren Krankheiten, zu denen auch Lepra zählte, gemindert werden. Erhalten ist bis heute die Kapelle mit sehenswerten Wandmalereien aus dem 15. Jh. und selbstverständlich müssen Sie auch den gotischen Strandblock aus Puttgarden sehen. In der Kirche steht eine Figur des Schutzheiligen St. Jürgen, der als Drachentöter dargestellt ist. Für Nicht-Norddeutsche ist dies ein ungewohntes Bild. Der Drachentöter wird allgemein mit dem hl. Georg in Verbindung gebracht. St. Jürgen spielt die Hauptrolle in der niederdeutschen Adaption der Georgslegende und gilt wie andernorts St. Georg als Beschützer der Kranken und Schwachen.

Auch Pilgerinnen und Pilger kamen, falls sie mit ansteckenden Krankheiten infiziert waren, hier unter. Alle anderen konnten sich für einen Tag im Heilig-Geist-Hospital der Stadt versorgen lassen, bei Krankheit auch länger. So waren die Hospitäler, insbesondere die Heilig-Geist-Hospitäler, wichtige Anlaufstationen während einer beschwerlichen Pilgerreise.

täglich 11:00-17:00, ⊙ Der Stempel liegt in der Kapelle.

Rechts führt Sie der Kapellenweg zur Mathildenstraße ❼, über die Sie 150 m weiter links die ⊙ Jugendherberge erreichen würden. Der Pilgerweg biegt rechts ein und strebt Richtung Norden zurück zur Sahrensdorfer Straße. Für 120 m folgt er ihr links Richtung Ortsmitte, auch vorbei an dem ehemaligen Standort des Heilig-Geist-Hospitals. Heute steht am selben Platz das Feuerwehrhaus. Dann biegt der Jakobsweg wieder nach links Richtung Süden in die von eingeschossigen Backsteinhäusern gesäumte und vielleicht schönste Straße von Burg mit dem Namen **Badstaven** (= Badezimmer).

Diese mündet in die Süderstraße, der Sie rechts zum Straßendreieck an dem von alten Linden umstandenen Kirchplatz mit der **St.-Nikolai-Kirche** folgen. Rechts (am Heimatmuseum vorbei) kämen Sie hier über die Breite Straße zum Markt und weiter zum Bahnhof. Links setzen Sie auf der nächsten Etappe den Pilgerweg über den Priesterweg und den weiterführenden Blieschendorfer Weg fort.

Burg auf Fehmarn

BANK ✝ ⊙ ⌘ 23769, 043 71

Tourismus-Service Fehmarn, Bahnhofstraße 30, Information: 50 63 58 und 50 63 59, burg@fehmarn.de, www.fehmarn.de, Mo-Fr 9:00-18:00, Sa, So, Fei 10:00-15:00, eingeschränkte Öffnungszeiten im Winter, zentrale Zimmervermittlung: 50 63 33, info@fehmarn.de, Mo-Fr 9:00-15:00, am Weg

⊙ **Stadt Fehmarn, OT Burg**, Rathaus, Am Markt 1, Ansprechpartner: Frau Burow, 50 66 54, umweltrat@stadtfehmarn.de, www.stadtfehmarn.de → Stadt → Stadtverwaltung → Umweltrat. Die Planung, Ausgestaltung und Pflege des Pilgerwegs auf Fehmarn liegt in der Verantwortung der Stadtverwaltung, Mo-Fr 8:00-12:00, Di zusätzlich 13:30-18:00, am Weg

⊙ **Jugendherberge Fehmarn**, Mathildenstr. 34, 21 50, fehmarn@jugendherberge.de, www.jugendherberge.de → Fehmarn, ÜF ab € 26,50, bett+bike-Service, eher freundliche Familienherberge als von großen Gruppen belegt, 150 m, zentral

Hotel-Restaurant Schützenhof, **OT Burgstaaken**, Menzelweg 2, 500 80, info@hotel-restaurant-schuetzenhof.de, www.hotel-restaurant-schuetzenhof.de, ÜF EZ € 55-95, DZ € 69-145, € 5, am Weg, im Süden der Stadt, Nähe Hafen, 1,4 km vom Zentrum

♦ **Hotel, Restaurant, Pizzeria Doppeleiche**, Breite Straße 32, 99 20, info@doppeleiche.com, www.doppeleiche.com, Ü EZ/DZ ab € 100, F Preis auf Anfrage, am Weg

🛏 **Hotel Hasselbarth**, Sahrensdorfer Str. 39, ☏ 861 80, ✉ info@hotel-hasselbarth.de, 💻 www.hotel-hasselbarth.de, ÜF EZ/DZ € 43-52 p. P., DBZ € 114-120, VBZ € 144-152, bei nur 1 Übernachtung € 5 p. P. Zuschlag, ➲ am Weg

♦ **Wisser's Hotel**, Am Markt 21, ☏ 31 11, ✉ wissershotel@t-online.de, 💻 www.wissers-hotel.de, ÜF EZ € 78-99, DZ € 98-135, 🐕 € 20, ➲ 400 m, Zentrum

♦ **Heidis Gästehaus**, Staakensweg 2, ☏ 86 47 39 u. 21 81, 📱 01 57/58 36 61 70, ✉ hmohrenz@t-online.de, Ü EZ € 36-40, DZ € 66-70, F auf Wunsch gratis, ➲ 560 m

FehMare, Zur Strandpromenade 6, 💻 www.fehmare.de, Strandbad und Meerwasserwellenbad, Saunaanlage, 🚪 Mo-Fr 13:00-18:00, Sa, So 10:00-18:00, Saunabereich bis 22:00 (außer So), ➲ 2,5 km von Burg, am Südstrand auf der Nehrung Burgtiefe.

In Fehmarn-Burg halten die Regionalzüge zwischen Puttgarden-Fährbahnhof und Lübeck Hbf. Der Fernverkehr zwischen Hamburg und Kopenhagen führt seit Ende 2019 über Schleswig.

Von den zentralen Haltestellen Niendorfer Platz und Stadtpark fahren Busse Richtung Puttgarden Bf. (über Todendorf und Niendorf) und nach Heiligenhafen oder Oldenburg in Holstein (über Fehmarnsundbrücke, Großenbrode, Lütjenbrode). Fahrpläne finden Sie unter 💻 www.dbregiobus-nord.de → Fahrplan → Fahrplandownload (☺ hier gilt Bahncardrabatt). Über die insgesamt sechs Linien des Bürgerbusses auf Fehmarn informiert die Webseite 💻 www.buergerbus-fehmarn.de.

Vom Fährhafen am Bf. Puttgarden legt alle 30 Min. ein Fährschiff für Autos und Fußpassagiere ab. Rund um die Uhr wird so die Verkehrsverbindung über den Fehmarnbelt zwischen Deutschland und Rødby auf der dänischen Insel Lolland gewährleistet. Nach den Zugvögeln, die diese Meerenge auch gerne nutzen, wird die Route Vogelfluglinie genannt. 💻 www.scandlines.de

Taxi Barnasch, ☏ 33 49; Insel Taxi, ☏ 888 92 22

✝ **Ev.-luth. St.-Nikolai-Kirche**. Backsteinhallenkirche erbaut ab 1230, auf der Rückseite eines Nebenaltars (St.-Blasius-Altar) befindet sich auch eine Darstellung von Jakobus d. Ä., der auch als Schutzpatron der Seefahrt und Getreidehändlerinnen und -händler gilt.

🚪 April-Okt täglich 10:00-16:00, Gottesdienst So 10:00

⌘ **Peter-Wiepert-Museum.** Geologie, Geschichte, Handwerk und Seefahrt auf Fehmarn

♦ Breite Straße 49, neben der St.-Nikolai-Kirche, ☏ 62 57, ✉ kd.blanck@t-online.de, 💻 www.museum-fehmarn.de, 🚪 um Ostern und ab 3. Juni-Okt Di-So 11:00-16:00

Burg auf Fehmarn ist mit 6.000 Einwohnerinnen und Einwohnern der größte Ort der Insel und Verwaltungssitz der Stadt Fehmarn, zu der alle Gemeinden zusammengeschlossen sind. In den übrigen 42 Ortschaften wohnen rund 8.000 weitere Menschen. Hinzu kommen rund 300.000 Gäste pro Jahr.

Etappe 2: Burg auf Fehmarn – Neukirchen

24,6 km, 7 Std.

0,0 km	Burg auf Fehmarn, St. Nikolai
2,2 km	Jacht- und Fischereihafen Burgstaaken
5,6 km	Wulfener Berg, zweithöchste Erhebung der Insel
9,2 km	Fehmarnsundbrücke
14,9 km	Großenbrode, St.-Katharinen-Kirche
18,3 km	Lütjenbrode
20,6 km	Gut Seekamp,
22,1 km	Sütel,
24,6 km	Neukirchen

Unverwechselbare Landmarken waren für die Pilgerinnen und Pilger des Mittelalters, die weder Kompass noch Karten hatten, wichtige Orientierungsmerkmale auf ihrem langen Weg. Hier in Ostholstein waren dies sicher die Küsten, denen man in angemessener Entfernung entlang der benachbarten Höhen folgen konnte, aber auch einige der jahrtausendealten, oft in exponierten Lagen angelegten Steingräber wurden zu Fixpunkten und später auch die Kirchtürme, die im flachen Land schon von Weitem sichtbar waren. Heutzutage reichen Landmarken alleine zur Orientierung nicht mehr aus. Zu viele Wege führen durch das Land und es gilt ja die schönen Fuß- oder auch Radwege möglichst abseits der Straßen zu finden. Bewusst oder unbewusst nehmen Pilgerinnen und Pilger diese Merkmale aber auf, um ihre Position im Land zu finden. Gestern war z. B. der Kirchturm in Burg, auf den es zuging, eine Bestätigung, auf dem richtigen Weg zu sein.

Heute wird die Fehmarnsundbrücke, die gleich am Ortsrand von Burg das erste Mal sichtbar wird, Ihr erstes Etappenziel. Immer wieder ist sie vom weiteren Weg aus voraus zu sehen. Über einen wunderschönen Küstenweg finden Sie dorthin, überqueren den Sund bei weiter Aussicht und erreichen Großenbrode auf der Oldenburger Halbinsel. Für einige Tage werden Sie dann, wie die Pilgerinnen und Pilger von damals, in angemessener Entfernung über die ostseeküstennahen Moränenhöhen stetig in südliche Richtung wandern. Ihr Weg orientiert sich an einem steinzeitlichen Höhenweg, der in sehr viel jüngerer Zeit auch als Post- und Heerstraße diente.

Dem Priesterweg und dem weiterführenden Blieschendorfer Weg folgen Sie über den Kreisverkehr hinweg geradeaus bis zum Ortsrand, auch vorbei an der katholischen Kirche. Am Ortsrand biegen Sie links in den heutigen Rad-/Fußweg, der über die alte Trasse der Inselbahn Richtung Fehmarnsund und Wulfen führt.

An einer Gabelung am Hotel Schützenhof gehen Sie noch geradeaus. Danach ist der Landesschutzdeich ❶ erreicht, auf den Sie rechts einbiegen können. Markiert ist aber ein kleiner Schlenker durch den Hafen. So oder so folgen Sie nun dem schönen Deichweg um die **Burger Bucht (Burger Binnensee)** bis an eine Straße (Wulfener-Hals-Weg) vor einem Golfplatz. Rechts laufen Sie auf dem begleitenden Radweg nach **Wulfen** und biegen dort links in die Straße Bargmöhl (= Bergmühle).

🚲 Radfahrerinnen und Radfahrer, die den nun anstehenden 26,5 m hohen Wulfener Berg nicht bewältigen und auf dem sich anschließenden Sandweg am Strand entlang nicht schieben wollen, bleiben auf dem gleich wieder rechts abbiegenden Radweg Richtung Fehmarnsundbrücke.

Mit der Straße steigen Sie auf den Berg. Voraus ist bereits das **rekonstruierte Langbett** zu sehen, das hier an historischer Stelle von der Arbeitsgemeinschaft Schönes Wulfen e. V. neu errichtet worden ist. Die hier am **Wulfener Berg** einmal zahlreich vorhandenen Großsteingräber der Trichterbecherkultur sind im 18. und 19. Jh. komplett abgetragen und unter anderem für den Deichbau verwendet worden.

Sie folgen der Straße bis hinunter zum Steilufer an der Ostseeküste ❷ (öffentliches WC, ⛼ 🏊) und rechts dem Fußweg (Radfahren verboten) entlang der Küste.

Wenn der Weg sich am schmalen Strand verläuft, halten Sie sich auf dem Wiesenpfad halb rechts und durchqueren das Campingareal Miramar.

⛺ ✕ **Camping Miramar** GmbH & Co KG, Fehmarnsund 70, 23769 Fehmarn, ☎ 043 71/32 20, ✉ campingmiramar@t-online.de, 💻 www.camping-miramar.de, Ü Zelt € 14, € 7,50 p. P., 🚪 25. April-Ende Okt, ✕ täglich 12:00-14:00 und 18:00-22:00, Ladestation für E-Bikes, öffentliche Toiletten, 🚿

Mit der weiterführenden Zufahrt erreichen Sie eine Straße (Lemkenhafen). Ihr folgen Sie nach links. Sie führt wieder nahe an das Wasser heran ⛼ und zum kleinen Jachthafen von **Fehmarnsund**.

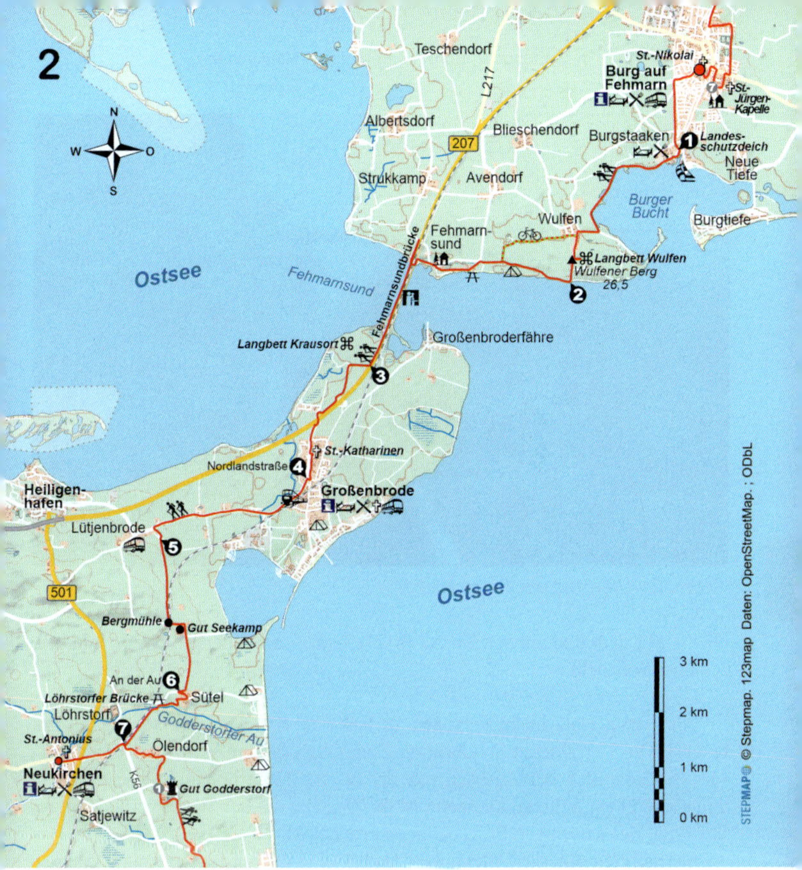

Haus Fembre, Fehmarnsund 13, ☏ 043 71/883 99 71, 01 70/282 20 11, info@hausfembre.de, www.hausfembre.de, der Jakobus-Pilgerschaft aufgeschlossene Menschen stellen hier für Pilgernde mit Ausweis ein DZ zur Verfügung, Ü als EZ € 20, DZ € 30, am Weg, bitte am Tag der Anreise oder einen Tag vorher anmelden, keine Reservierung möglich.

Hinter dem Jachthafen weichen Sie halb links in den Schotterweg ab und unterqueren wenig später die **Fehmarnsundbrücke**. Zum Brückenaufgang müssen Sie nun etwa 430 m an der Auffahrrampe entlangwandern. Dort beginnt ein bequemer Aufstieg.

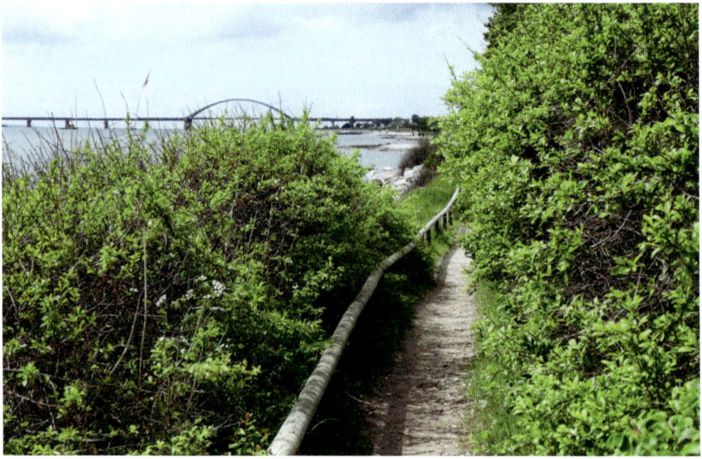

Schmaler Uferpfad zur Sundbrücke

🚲 Mit dem Rad müssen Sie zur Brücke hinauf- und über die Brücke hinüberschieben (offiziell).

Nur wenig Platz bleibt Personen zu Fuß oder mit dem Rad auf der 963 m langen, 1963 eröffneten Sundbrücke. Zum Glück fahren Autos und Züge langsam. So lässt sich der Ausblick von der bis zu 23 m hohen Brücke trotzdem genießen. Einen weiteren Kilometer ist Ihr Weg eng mit der Straße verbunden, bis das Ende der jenseitigen Brückenrampe erreicht ist.

Sie betreten nun die Oldenburger Halbinsel in Ostholstein, die auch Wagrien genannt wird, durch eine Pforte im Schutzzaun der Straße ❸. Das slawische Volk der Wagrier beherrschte dieses Land mindestens seit dem 8. Jh. Die zentrale Burg war die Oldenburg in Holstein und sie ist heute noch in Resten erhalten.

Der Radweg entfernt sich von der Straße. Nach 400 m gehen Sie an der Gabelung links auf dem geteerten Wirtschaftsweg weiter. (Rechts kämen Sie zum Weststrand und auch in die Nähe einer der längsten megalithischen Grabanlagen Deutschlands, das Langbett Krausort. Es liegt inmitten der Felder und ist mit Büschen und Bäumen überwachsen.)

Ihr Weg führt wieder in die Nähe der Europastraße und hinter einer Tankstelle (Shop, ☕) entlang bis zu einer Brücke, mit der Sie die Straße überqueren, um dann in südlicher Richtung nach Großenbrode zu wandern (Nordlandstraße).

Großenbrode

23775, 043 67

Tourismus Service Großenbrode, zentrale Zimmervermittlung, Teichstraße 12, 99 71 13, info@grossenbrode.de, www.grossenbrode.de, Mo-Fr 9:00-17:00, am Weg, südlich der Kirche

♦ **MeerHuus**, Südstrand 10, 97 88 30, Mo-Fr 10:00-13:00, Sa, So, Fei 11:00-15:00, 1,1 km vom Weg, Wegbeschreibung

Hotel Restaurant Großenbrode, Teichstraße 17, 996 68 30, info@hotel-grossenbrode.de, www.hotel-grossenbrode.de, Ü EZ € 65, DZ € 80, DBZ € 95, F Preis auf Anfrage, € 8, 50 m, östlich der Kirche

Renate Fiebig, Am Norderfeld 7, 01 77/561 33 74, vermifie23@web.de, oh-grossenbrode-urlaub.de, 1. Mai-30. Sep, 1 EZ, 2 DZ, ÜF € 28 p. P., 150 m, Ortseingang

Camping-Strandparadies-Großenbrode, Südstrand 3, 86 97, camping@strandparadies-grossenbrode.de, www.camping-strandparadies-grossenbrode.de, April-Okt, Zelt € 8-13, € 5-6 p. P., 1 km, am Südstrand

Großenbrode liegt an der Bahnstrecke Lübeck – Puttgarden (Bäderbahn). Etwa alle 1-2 Std. fahren Züge in beide Richtungen.

Häufiger gibt es Busverbindungen von Großenbrode (Burg auf Fehmarn).

Sie verlassen die Straße an der frühgotischen **St.-Katharinen-Kirche** (auch wenn die Markierung an der Straße verbleibt, ist es so viel schöner), gehen auf den hölzernen Glockenturm zu und vom Südportal wieder rechts über den Friedhof bis in ein kleines Zentrum mit Rathaus, Touristen-Information und dem Hotel/Restaurant Großenbrode. Geradeaus folgen Sie der Teichstraße am Dorfplatz vorbei (Parkanlage mit Sitzgelegenheiten). Der südliche Bereich wird Thingplatz genannt. Hier erinnert ein Findling an das beim Bau der Rampe zur Fehmarnsundbrücke verschüttete sogenannte Königsgrab aus der Jungsteinzeit. Nach der Apotheke biegen Sie rechts in die Straße Hinter den Höfen ein und erreichen wieder die Nordlandstraße ❹, der Sie links folgen (Imbiss,).

Am Kreisverkehr zweigt links die Strandstraße ab. Diese erreicht nach 1,3 km den Südstrand Großenbrode mit Promenade, Seebrücke und Kurklinik.

Sie aber wandern geradeaus 3 km entlang der Hauptstraße auf dem begleitenden Radweg stadtauswärts, passieren den Bahnhof und die Ortsteile Lütjenhof und Mittelhof.

100 m nach dem Ortseingangsschild von **Lütjenbrode** biegen Sie links in den nach Großenbrode ausgeschilderten, feinschottrigen Weg ein. Nach 250 m zeigt die Markierung aber rechts vom schönen Weg ab und biegt nach bereits 50 m links in einen anderen Radweg, der Richtung Neukirchen und Sütel ❺ ausgeschildert ist.

Knick und Redder

Die norddeutsche Heckenlandschaft ist im Wesentlichen infolge einer Neuaufteilung der landwirtschaftlichen Flächen im 18. und 19. Jh. entstanden. Die bis dahin vorherrschenden, sogenannten Gewannfluren wurden verkoppelt, d. h., die in langen und schmalen Streifen angelegten Felder wurden zu größeren Einheiten zusammengefasst. Die neuen Flächen wurden zum Schutz der Feldfrüchte vor Wildtieren mit Wällen umgeben, welche wiederum mit heimischen, gerne auch dornenbewehrten Hölzern bepflanzt wurden. Auch an Viehweiden entstanden grüne Umzäunungen. In Niedersachsen und Westfalen werden diese Umfriedungen Wallhecken genannt, in Schleswig-Holstein aber Knick. Entstanden ist der Begriff aus der Pflegetätigkeit: Die Sträucher wurden geknickt oder umgebogen, um einen dichteren Wuchs zu erreichen.

Während die Verwendung des Begriffes Knick noch heute allgemeiner Sprachgebrauch ist, findet sich das niederdeutsche Wort Redder inzwischen vor allem (das aber recht häufig) in Straßennamen wieder. Mit der Verkoppelung wurden auch die Wege zwischen den Feldern festgelegt und oft beidseits mit Hecken befestigt (z. B. um den Viehtrieb zu erleichtern). Diese Wege nannte man Redder. Heute sorgt vor allem das Wissen um die ökologische Bedeutung der Knicks und Redder für deren Erhalt, wobei die selteneren Redder eine vielfach höhere Artendichte aufweisen als ein einfacher Knick.

Im Schatten zwischen Hecken, immer wieder mit Durchblick zur Ostsee, wandern Sie immer näher an die Bahnstrecke heran. Am Bahnübergang **Bergmühle** überqueren Sie diese dann nach links. Benannt sind Straße und Bahnübergang nach der Kornwindmühle, die hier bis 1944 stand. Wohnhaus und Stallgebäude des Müllers sind (100 m rechts herüber) noch zu sehen.

Sie wandern am **Gut Seekamp** vorbei und biegen danach wieder rechts in südliche Richtung ab.

Wenig weiter zweigt links eine Straße zum Campinggelände Seekamp ab.
Campingplatz Seekamp, 23779 Neukirchen, ☎ 043 65/456,
info@camping-seekamp.de, www.camping-seekamp.de,
Ü Zelt € 7, Erwachsener € 5 p. P., April-Okt, 1 km

Der herrliche Höhenweg durch die Felder mit weitem Blick zur nahen Ostsee führt immer geradeaus nach **Sütel**. An der Verzweigung biegen Sie links in die Straße An der Au ❻ ab, die durch das Dorf führt.

Am Landhaus Sütel biegen Sie rechts in die Sandstraße ab.

Links führt die Straße zum Campingplatz Sütel am Strand.

Campingplatz Sütel, 23779 Sütel, ☎ 043 65/451 (Winter: 043 65/73 55), info@campingplatz-suetel.de, www.campingplatz-suetel.de, kleines Zelt € 10-12, € 5-7 p. P., Ende März-Okt, 1,4 km

An den letzten Häusern geht es weiter über einen gepflegten Feldrandweg, in Bögen zur Dazendorf-Godderstorfer Au hinunter und daran entlang zur **Löhrstorfer Brücke**. Die schöne Steinbogenbrücke überspannt den Bach seit über 400 Jahren. 2007 wurde eine grundlegende Restaurierung abgeschlossen. Die Brücke war am Standort einer Mühle errichtet worden und ist in Schleswig-Holstein eine der letzten ihrer Art. Einst gehörte sie zu einer alten Landstraße.

Sie überqueren die Brücke und folgen dem Schotterweg, der zur Bahnstrecke und an ihr entlang bis zur K56 ❼ führt. Links setzen Sie hier Ihren Weg (morgen) fort. Zur Übernachtung in Neukirchen queren Sie rechts die Bahnstrecke und folgen der Straße links nach Neukirchen (Radweg). Sie überqueren die Bundesstraße am Ortsrand und wandern geradeaus bis zur Kirche. Gleich am Ortseingang linker Hand befinden sich der Busbahnhof (ZOB) und die Touristik-Information. Unterkunft, Frischemarkt und Gasthof gruppieren sich um die Kirche.

Löhrstorfer Brücke

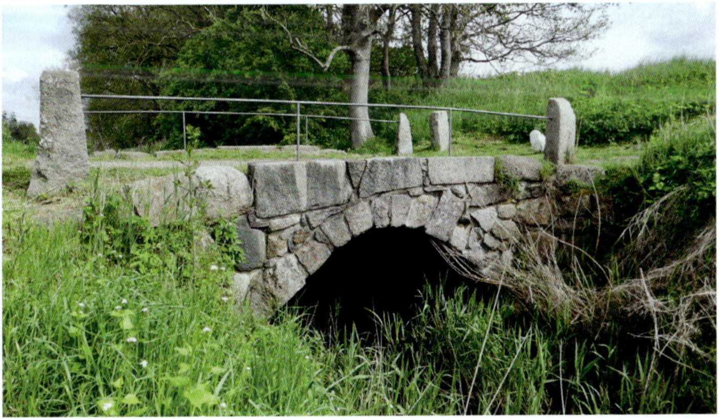

Neukirchen bei Oldenburg i. Holstein

23779, 043 65

Touristik-Information, Am Busbahnhof, 12 12, info@holsteiner-land.de, www.holsteiner-ostsee-land.de, Juli/Aug Mo-Sa 10:00-12:00, telefonisch täglich und ganzjährig, Radverleih, Ferienunterkünfte

Landhaus Timm, Dorfstraße 18, 15 82, 01 70/754 01 84, landhaus-timm@gmx.de, www.landhaus-timm.de, Ü ab € 35 p. P., am Weg

Taverna Zeus, An der Kirche 16, 01 76/86 75 89 69, täglich 12:00-23:00

Am ZOB in Neukirchen halten die Busse zwischen Neustadt i. Holstein und Heiligenhafen. Komfortable Umsteigeverbindungen gibt es auch nach Burg auf Fehmarn (Fahrtzeit etwa 40 Min.), sodass Sie die zweite Etappe auch mit nur leichtem Tagesgepäck pilgern könnten (zwei Übernachtungen in Burg, ☞ Burg a. F.). Verbindungssuche auch über bahn.de

Die ev.-luth. **St.-Antonius-Kirche** steht inmitten des fast kreisrunden, lindenumsäumten Kirchplatzes. Gegründet wurde sie im Jahr 1244/45. Im Inneren besticht die Backsteinkirche durch romanische und gotische Wandmalereien, die nach Übermalung 1952/53 wieder freigelegt wurden. Zu den ältesten Einrichtungsgegenständen gehören das Altarkreuz und der Taufstein, der um 1250 entstand.

tagsüber geöffnet

Ein Pilgerstempel ist im Sekretär, auf dem das Gästebuch liegt, untergebracht.

Neukirchen ist das Kirchdorf für viele der umliegenden Dörfer. Am Weg lagen Lörstorf, Sütel und Seekamp, voraus durchwandern Sie noch Ölendorf, Goddersdorf, Michaelisdorf und Kraksdorf.

Etappe 3: Neukirchen – Cismar

22 km, 6 Std. 30 Min.

0,0 km	Neukirchen
1,9 km	Ölendorf
2,6 km	Gut Godderstorf
4,3 km	Michaelsdorf
6,8 km	Siggen
9,1 km	Süssau
13,5 km	Oldenburger Graben
14,5 km	Grube, St. Jürgen BANK ⌘,
18,5 km	Guttau
20,5 km	Friedrichsruh ⌘
22,0 km	Cismar, Kloster (Grömitz) ⌘

Alte Landgüter, gewaltige Gutshöfe und Herrenhäuser, die im Verein mit den Wohnbauten der Bediensteten den Eindruck selbstständiger ländlicher Siedlungen erwecken, geben bis heute der ostholsteinischen Hügellandschaft ein unverwechselbares Aussehen.

Rund 300 dieser manchmal bis in das 13. Jh. zurückgehenden Anwesen sind bis heute in Schleswig-Holstein erhalten und in einigen Fällen auch noch im Besitz der alten Familien. Die Grabsteine an den Friedhöfen und in den Kirchen erzählen von den Ahnen.

Heute liegen gleich drei dieser Güter an Ihrem Weg und immer wieder wandern Sie durch freundliche, von der Landwirtschaft geprägte Dörfer. Das Kirchspiel Grube, auf einem flachen Höhenrücken am Oldenburger Graben gelegen, wirkt trotz seiner nur 1.000 Bewohnerinnen und Bewohner kleinstädtisch. Weiter geht es auf kleinen Sträßchen und landwirtschaftlichen Wegen bis zum alten Kloster Cismar.

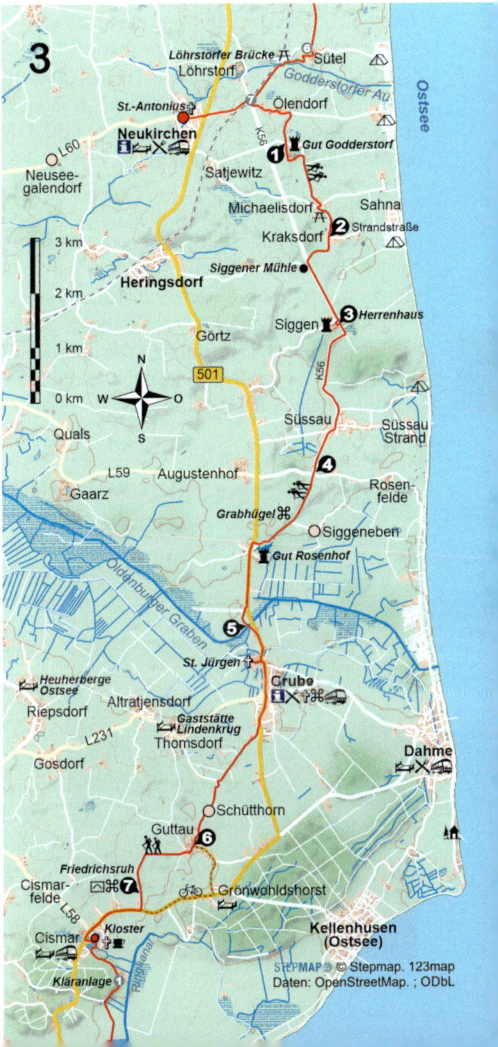

Sie gehen zurück zum Bahnübergang, queren ihn und laufen noch 100 m auf der Straße geradeaus. Dann biegen Sie links in die Straße Suhrenkamp. Es geht nach **Ölendorf**. Ausgeschildert ist Richtung Strand und Campingplatz (für Wohnwagen und Mobilhome).

⊙ In Ölendorf, am Haus Nr. 31 (Lafrentz), bekommen Sie, sofern jemand zu Hause ist, einen Pilgerstempel (die Pilgermuschel klebt am Gartentor).

Noch nicht am letzten Haus weichen Sie rechts in die Straße Am Hut ab. Am **Gutshof Godderstorf ❶** quert ein Sträßchen.

☺ Wenn Sie dem Sträßchen etwa 100 m nach links folgen würden, hätten Sie einen schönen Blick auf das Torhaus vom Gutshof. Ein Betreten des Hofes und der Durchgang sind nicht erlaubt, um die Privatsphäre der Urlauberinnen und Urlauber (FeWo) nicht zu stören.

Ihr Weg führt geradeaus weiter, jetzt auf Schotter, um das Gut herum. 50 m nach dem Stall und Speicher biegt der Weg linksherum und erlaubt einen Einblick in den Gutspark. Am geteerten Weg, der vom Gut kommt, wandern Sie rechts durch die Eschenallee über eine kleine Höhe nach **Michaelsdorf**.

An der Querstraße gehen Sie rechts und nach 70 m links durch die wellige Wiesenlandschaft ⩚ Richtung **Kraksdorf**. Dort behält der Weg die Richtung bei. Die links abbiegende Strandstraße ❷ (führt zum Costa Sahna Camping, keine Zeltwiese) bleibt unbeachtet.

Oldenburger Graben

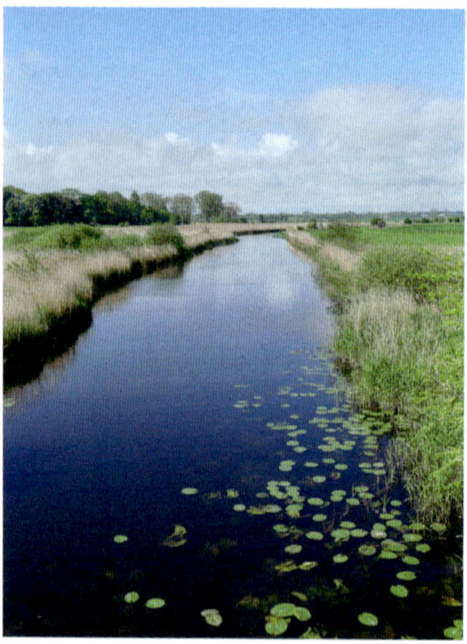

Am Ortsende führt die Straße rechts in eine Niederung zur **Siggener Mühle** an der K56. Die Mühle gibt es längst nicht mehr, das Müllerhaus blieb erhalten. Links folgen Sie dem Radweg entlang der Straße nach Siggen. Ein Blick zur Ostsee ist möglich.

In **Siggen** lohnt ein Blick auf den prächtigen ♜ Holsteiner Gutshof und das Herrenhaus ❸. Er gehört heute zur Freiherr-vom-Stein-Gesellschaft e. V.

Geradeaus passieren Sie einen Bruchwald. Danach biegen Kreisstraße, Rad- und Pilgerweg nach rechts. Am Ortseingang von Süssau gibt es ein Hinweisschild zum Campingplatz und den Weg zum Strand. Ihr Weg führt hier weiter geradeaus durch das Dorf.

Süssau 23777, 043 65

Camping-Park Süssau, Campingstraße, 289, info@campingpark-suessau.de, campingpark-suessau.de, Ü Zelt € 6, € 4 p. P., April-Okt, 1,6 km vom Weg

Hinter Süssau steigt die Alte Landstraße zu einer Kreuzung an ❹. Sie folgen hier geradeaus dem Radweg Richtung Grube und Rosenthal, jetzt befreit vom Autoverkehr.

Auf der Höhe voraus erscheint der jungsteinzeitliche Grabhügel auf dem **Eiskellerberg bei Siggeneben**, der in früheren Zeiten auch als Landmarke diente. Der namensgebende, in den Berg gegrabene Eiskeller des Augustenhofes diente zur Lagerung von im Winter aus den Teichen gewonnenen Eisblöcken.

Sie gehen geradeaus, bis Sie auf die B501 treffen. Hier folgen Sie dem begleitenden Radweg nach links, passieren das Gut Rosenhof und dann einen Sportflugplatz. Danach entfernt sich der Radweg von der Straße und erreicht den Oldenburger Graben ❺.

Wie ein Riss durchzieht der **Oldenburger Graben** die gesamte Halbinsel Wagrien. Entstanden ist er als Schmelzwasserrinne in der letzten Eiszeit. Im Mittelalter war er nur mithilfe einer Fähre zu passieren. Der Flurname Fährkamp erinnert noch daran. Heute führen eine Holz- und natürlich auch die Straßenbrücke über den Graben.

Grube erreichen Sie am Restaurant Akropolis (11:30-14:15 und 17:00-22:00). Der Pilgerweg folgt der Hauptstraße bis kurz vor die Verbrauchermärkte am Ortsausgang. Aber vorher empfiehlt sich der kleine Abstecher zur frühgotischen Backsteinkirche St. Jürgen, die aus dem 13. Jh. stammt. Sie ist rechts herüber in 200 m Entfernung bereits zu sehen.

Grube BANK 23749, 043 64

In Grube gibt es außer Ferienwohnungen keine Übernachtungsmöglichkeiten. Möglich wären bei Bedarf aber Abstecher zu Unterkünften (siehe unten).

Gasthof Landkrug Gruber Hof, Hauptstraße 55, 470 95 85, landkrug-gruber-hof.de, Di-So 11:30-14:00 und ab 17:00, im Winter mittags nur Fr, Sa und So

Von der Haltestelle Gruber Hof (am Weg) fahren 1-2x in der Stunde (auch am Wochenende) Busse in das Ostseebad Dahme. Die Busse fahren weiter Richtung Oldenburg oder Neustadt. Fahrpläne Burg a. F., Verbindungssuche auch über reiseauskunft.bahn.de

Taxi-Service Grube, 67 90 und 08 00/303 40 04

✞ Die ev.-luth. **St.-Jürgen-Kirche** zu Grube gehört zu den ältesten Backsteinkirchen auf der wagrischen Halbinsel. Herausragende Bedeutung hat der dreiflügelige, spätgotische Altar. Es handelt sich um eine für das 15. Jh. typische, künstlerisch anspruchsvolle und sehr gut erhaltene Arbeit, die aus zwei beweglichen und einem feststehenden Flügel besteht. In der Passions- und Adventszeit des Kirchenjahres werden die Flügel geschlossen. Statt der prunkvollen Schnitzseite erscheinen die Tafelmalereien der Rückseite.

Die Kirche ist in der Regel tagsüber geöffnet.

⌘ **Dorfmuseum Grube**. Das Museum zeigt eine volkskundliche und vor- und frühgeschichtliche Sammlung. Eine Attraktion ist die Standbildleitung in das Gruber Storchennest.

♦ Hauptstraße 18, ☎ 481 80 und 74 18,
museum@gemeinde-grube.de und hahahe@gmx.de,
www.gemeinde-grube.de/dorfmuseum.php, Mai-Sep Mi und Fr 16:00-18:00

In Thomsdorf befindet sich eine Unterkunft (➲ 2 km, am Gruber Hof rechts der L231 folgen).

Gaststätte Lindenkrug, Dorfstraße 12, 23738 Riepsdorf, OT Thomsdorf,
☎ 043 66/400, 01 60/884 45 22, info@lindenkrug-thomsdorf.de,
lindenkrug-thomsdorf.de, ÜF EZ € 55, DZ € 80, € 4

Eine preisgünstige Übernachtungsmöglichkeit gibt es in der **Heuherberge Ostsee**, ➲ 5,2 km (Taxi), Radfahrerinnen und Radfahrer biegen am Gruber Hof rechts in die L231 und fahren über Thomsdorf nach Altratjensdorf. Dort weichen Sie geradeaus von der Straße ab und erreichen ohne weiteren Richtungswechsel über Totenweg und Triangel den Finkenbusch.

Heuherberge Ostsee, Hans-Jürgen und Ute Wendt, Am Finkenbusch 1, 23738 Riepsdorf, ☎ 043 63/14 42, 017 24 04 75 59, heuherbergewendt@aol.com, www.heuherberge-ostsee.de, ÜF € 17 bis 19, eigener Schlafsack erforderlich, kann aber auch gegen Gebühr geliehen werden. Für Allergikerinnen und Allergiker gibt es separate Schlafräume.

☺ Empfehlung einer Leserin! Die Unterkunft Haus Miramar erreichen Sie per Bus.

Haus Miramar, Haakestraße 7, 23747 Dahme, ☎ 043 64/88 05,
hausmiramar-hotel.de, ÜF EZ ab € 60, DZ ab € 86, Lunchpaket und eine Flasche Wasser für Radfahrerinnen und Radfahrer sowie Wandernde inklusive,
➲ 4 km (Bus ☞ Grube)

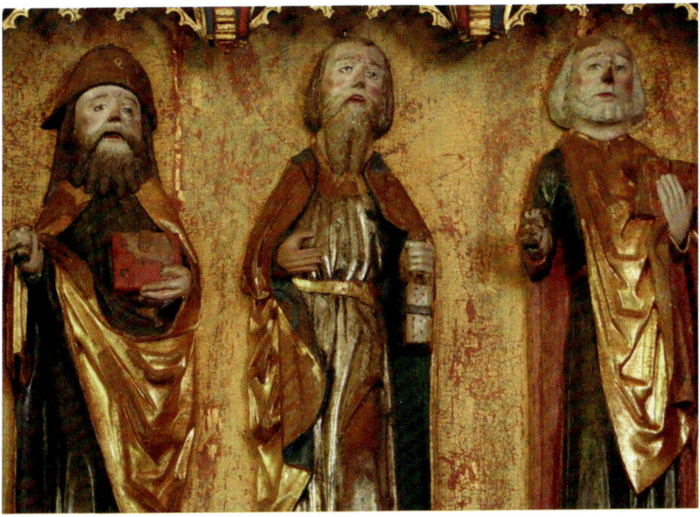

St. Jakobus der Ältere, dargestellt im gotischen Schnitzaltar der Gruber Kirche (links)

Das Gruber Ortsbild entlang der Hauptstraße ist durch überwiegend kleinbürgerliche Rotbacksteinhäuser des 19. Jh. geprägt. Am Dorfmuseum, dem Haus des Gastes (Toiletten), einem Imbiss, dem Gruber Hof und noch am Friedhof und der Gärtnerei vorbei passieren Sie die Bushaltestelle „Weberkamp". 50 m danach biegen Sie rechts in den Wirtschaftsweg Gruberfelde ab.

An einem Wegdreieck biegen Sie links ab. Durch die Ansiedlung Schütthorn gehen Sie weiter bis zur Ortsmitte von **Guttau** (Wegdreieck mit Linde und Findling) ❻.

Radfahrerinnen und Radfahrer, welche die nun in kleinen Teilen etwas holprigen Wege meiden wollen, fahren hier links und an der nächsten Gabelung rechts zur B501. Rechts folgen Sie ihr nach Cismar.

Sie wählen den geradeaus führenden Flöhnbergweg. Nach 130 m biegt das Sträßchen nach rechts durch das schöne Dorf. Wieder kommen Sie an eine Gabelung. Dort geht es links Richtung Wintersberg. Am letzten Haus endet der Teer. Ihr Weg heißt weiterhin Flöhnbergweg.

An einer Pausenbank biegen Sie mit dem Hauptweg links zwischen die Hecken ab und passieren wenig weiter ein kleines Anwesen. Ohne weiteren Richtungswechsel, kurz vor dem Erreichen der Hauptstraße (B501), treffen Sie auf die Schutzhütte **Friedrichsruh ❼**.

Doppeleiche

Die Schutzhütte steht neben einem Prachtexemplar einer aus einem Wurzelstock in zwei Stämmen hochgewachsenen Eiche. Diese in der Botanik Zwiesel genannten zweistämmigen Bäume wurden Mitte des 19. Jh. zum Symbol für die Zusammengehörigkeit der Herzogtümer Schleswig und Holstein. Der danebenstehende Gedenkstein erinnert an ein geschichtliches Ereignis, den Vertrag von Ripen vom 4. April 1460, der die Basis der 400-jährigen Zugehörigkeit der Gebiete Schleswig und Holstein zum dänischen Königreich bildete. Der Passus „Up ewig ungedeelt“ (auf ewig ungeteilt) aus diesem nach so langer Zeit längst bedeutungslos gewordenen Vertrag wurde zur politischen Parole im Bürgerkrieg von 1848, der 1864 mit der Loslösung der gesamten Gebiete Schleswigs und Holsteins von Dänemark endete. Die Symbolik findet sich bis heute in den Namen einiger Gaststätten und Vereine wieder. Auch tragen viele Gemeinden in Schleswig-Holstein die Doppeleiche im Wappen.

Die dann erreichte B501 überqueren Sie und folgen dem Radweg rechts bis zu einem Parkplatz in Cismar. An der Friedenseiche von 1870/71 weichen Sie links von der Ortsstraße ab und folgen der Pflasterstraße zum Kloster (auch Landesmuseum).

Doppeleiche mit Gedenkstein

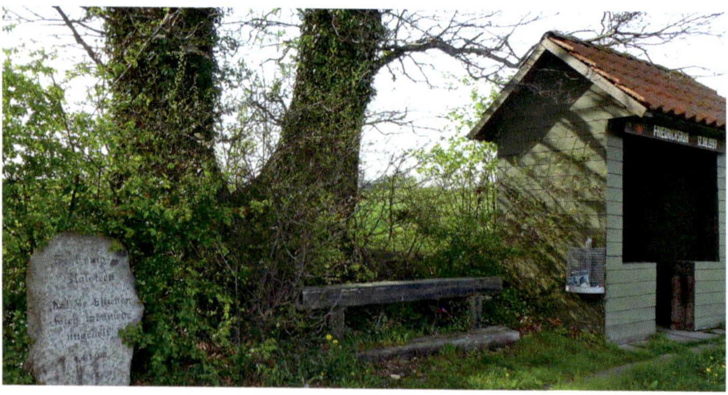

Cismar (Grömitz) 23743, 043 66

Familie Domnik, Op de Horst 39, OT Grönwohldshorst, ☏ 381, 01 72/722 90 95, www.op-de-horst.de, ÜF € 40 p. P., als DZ € 60, am Weg, 1, 3 km östlich vom Klosterdorf Cismar an der B501

♦ **Elke und Dietrich Scheil**, Werner-Boeck-Stieg 2, ☏ 452, 01 72/516 21 41, scheil-cismar@t-online.de, 1 DZ mit F, Preise auf Anfrage, am Weg

Etwa stündlich (So alle 2 Std.) fahren Busse von Cismar über Grömitz nach Neustadt i. Holstein (Fahrtzeit 33 bis 38 Min.) Da es in Cismar zu Engpässen beim Bettenangebot kommen kann, lässt sich der Bus 5800 zum Aufsuchen eines Quartiers in Grömitz oder Neustadt (nächste Etappe) nutzen.
In der Gegenrichtung fährt der Bus auch nach Dahme (☞ Grube). Wer in Neustadt ein Bett für zwei Nächte bucht, kann einen Tag mit nur leichtem Tagesgepäck pilgern. Der Pilgerweg passiert drei der vier Haltestellen in Cismar: „Gut Henriettenhof", „An der alten Meierei" (Ortseingang) und „Klosterkrug", Fahrpläne ☞ Burg a. F., Verbindungssuche auch über bahn.de.

Kloster Cismar. Beginnend mit den Benediktinermönchen, die 1246 aus Lübeck nach Cismar übersiedelten, entwickelte sich das Kloster im Mittelalter zu künstlerischer und geisteswissenschaftlicher Blüte. Auch der Landwirtschaft kam große Bedeutung beim Ausbau der Stellung des Klosters zu. Eine Blut-Christi-Reliquie und die Johannes-Quelle, die 1249 als Heilquelle geweiht worden war, ließen Cismar zu einem bedeutenden Wallfahrtsort werden. Im Zuge der Reformation wurde das Kloster 1561 aufgelöst.
Zu besichtigen ist heute noch der Chor der ehemaligen Klosterkirche, der als Gemeindekirche dient. Er beherbergt einen der ältesten Schnitzaltäre (gotisch) Norddeutschlands und zeigt Szenen aus dem Leben Christi, des Ordensgründers Benedikt von Nursia und des Klosterpatrons Johannes.
Ein Teil der Klostergebäude wurde im 18. Jh. in ein Herrenhaus, das heute Kunstmuseum ist, umgebaut.

♦ Bäderstraße 42, ☏ 10 80, kloster-cismar@schloss-gottorf.de, www.cismar.de, 12. April-21. Okt Di-So 10:00-17:00, Führungen durch Klosteranlage und Kirche im Sommerhalbjahr ab 2. April Mi und Sa 17:00, außerhalb dieser Zeit Führungen durch Marita Bergeest, ☏ 648, oder Dietrich Scheil, ☏ 452, vorzugsweise für Gruppen nach Anmeldung möglich

⊙ Pilgerstempel gibt es im Klostercafé oder an der Museumskasse.

Cismar besteht aus Siedlungsbereichen, die sich am Kloster Cismar entwickelt haben. Die relative Nähe zum Ostseestrand ermöglicht einigen Bewohnerinnen und Bewohnern die Vermietung privater Zimmer.

Etappe 4: Cismar – Neustadt in Holstein

23,7 km, 7 Std.

0,0 km	Cismar, Kloster
4,4 km	Lensterstrand
7,3 km	Grömitz, Seebrücke BANK
8,2 km	Grömitz, St. Nicolai
11,2 km	Taleinschnitt Kagelbusch
13,3 km	Ruheforst
15,2 km	Gut Brodau
18,2 km	Rettin
23,7 km	Neustadt, Brücke BANK

Am Kloster Cismar weicht Ihr Weg von der küstennahen Linie entlang der alten Heer- und Poststraße ab. Diese ist heute durch die B501 besetzt, jedenfalls bis Bliesdorf. Dafür wandern Sie auf schönen und abwechslungsreichen Wegen direkt an der Küste entlang. Hinter Grömitz beginnt ein Uferweg entlang der Steilküste, die bis zum Ruheforst Ostseeküste/Brodau reicht. Dort schwenkt der Pilgerweg wieder in die historische, küstennahe Trasse ein. Die ehemals ausgedehnten Feuchtgebiete rund um den Pelzer Haken, einen scharfen Bogen, den die Küstenlinie hier vollzieht, waren in der alten Zeit nicht zu begehen. Heutzutage allerdings könnten Sie alternativ auch auf dem ab Pelzerhaken geteerten Küstenradweg nach Neustadt gelangen.

Den Klosterhof mit der schönen Kastanie verlassen Sie nach Süden durch das Tor, gehen links und weiter über die Brücke des Schutzgrabens. Dann schlendern Sie rechts durch den Park mit alten Bäumen.

An der 360 Jahre alten Stieleiche (gekennzeichnet) folgen Sie dem Pfad abwärts Richtung Lensterstrand. Er führt über eine kleine Bachbrücke aus der Parkanlage hinaus in die Wiese. Nach dem zweiten Bachgraben zeigt die Markierung nach links. Ein kleiner Damm führt Sie zwischen Wiese und Waldrand (bzw. anfangs Besiedlung) entlang. Weitere Wegweiser Richtung Lensterstrand folgen. Auch der Graben selbst bietet Orientierung. Das Wasser will ja schließlich zum Meer.

An der Kläranlage ❶ geht der schöne Dammpfad in eine Straße über. Sie behalten die Gehrichtung bei, bis vor einer Rechtskurve der Kläranlagenzufahrt Pausenbänke stehen. Hier biegen Sie links in den abgehenden Schotterweg ab, der die Wiesenniederung quert. An einer Feldzufahrt bleiben Sie auf dem breiten, deutlichen Hauptweg, der hier eine Rechts-links-Kurve vollzieht. An einer Scheune weichen Sie links vom weiter nach Lenste führenden Weg ab. Sie wandern entlang eines Grabens Richtung **Lensterstrand**.

Am Campingplatz gehen Sie links über die Brücke und dahinter rechts in den weiterführenden Dammweg. Am Kiosk Euer Ostseemarkt (täglich ab 7:30) und an der querenden Campingplatzzufahrt (Mittelweg) geht es rechts über die Brücke und weiter links über den Grabendamm. (Diverse Campinganlagen sind hier in Strandnähe angesiedelt.) An einer Freizeitanlage wird der Landesschutzdeich erreicht, den Sie erklimmen. Der Blick geht über die Lübecker Bucht bis zur Küste Mecklenburg-Vorpommerns.

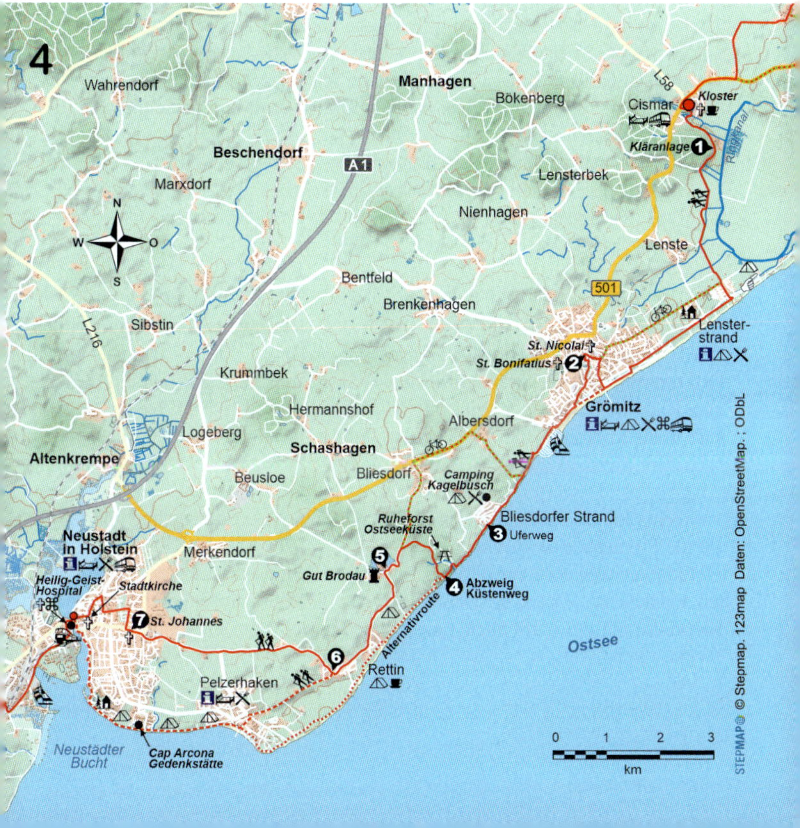

Lensterstrand ✉ 23743, ✆ 045 62

Tourismus Service Grömitz, Außenstelle Lensterstrand, Blankwasserweg 122, ☏ 266 56 26, Mo, Di, Do-Sa 10:00-12:00, So 14:00-16:00, Juli und Aug wochentags eine Stunde länger, ➲ am Weg

Lippisches CVJM-Feriendorf Grömitz, Blankwasserweg 107, ☏ 42 71, groemitz@cvjm-lippe.de, cvjm-lippe.de/cvjm-lippe-individualurlaub, Buchungsanfragen Andrea Nims/Sabrina Newill Mo-Fr 10:00-12:00 oder über die E-Mail-Adresse. Die christlich orientierte Ferieneinrichtung ist vielleicht für manche die passende Umgebung abseits vom Trubel des Massentourismus. Pilgerinnen und Pilger sind bei rechtzeitiger Voranmeldung auch für nur eine Übernachtung willkommen, ÜF € 50 p. P., ab zwei Übernachtungen gelten die Preise, die Sie auf der Homepage einsehen können, ➲ 200 m.

Ich habe mindestens neun verschiedene Campingplätze im Ortsteil Lensterstrand gezählt. Es sind vor allem Hütten- und Wohnmobil-/Wohnwagen-Siedlungen. Für Tagesgäste mit kleinem Zelt empfiehlt der Tourismus Service Grömitz den direkt am Strand, 1,8 km nordöstlich vom Weg gelegenen **Campingplatz Sonnenland** (Richtung Kellenhusen).

♦ **Campingplatz Sonnenland,** Blankwasserweg/Schleuse 2, ☏ 89 50, 01 73/512 90 04, sonnenland@groemitz.de, (Anmeldung) Mo-Sa 9:00-16:00, So 10:00-14:00, geöffnet April-Okt, Preise auf Anfrage

Radfahrerinnen und Radfahrer dürfen zwar auch auf dem Deich fahren, ruhiger ist es aber vor dem Deich. Auch lässt sich der bereits 350 m vor dem Deich querende Mittelweg für zügiges Vorankommen nutzen. Der mündet im Ortszentrum auf die Straße Brookgang. Sie fahren links und am Kreisverkehr geradeaus weiter auf der Wicheldorfstraße. Vor der Volksbank biegen Sie halb links in die Seestraße, die zur Seebrücke führt. Zur Kirche kommen Sie, wenn Sie nach dem Kreisverkehr in die erste Straße rechts abbiegen.

Rechts folgen Sie dem Deichweg nach Grömitz. Am Ortsanfang können Sie auf die Promenade wechseln.

Ein Pilgerweg wäre unvollständig, wenn er nicht an der wichtigsten, oft ältesten Kirche eines Ortes vorbeiführen würde. So führt auch dieser Weg an der Seebrücke mit der berühmten Tauchgondel zunächst zur Ortsmitte und zur St.-Nicolai-Kirche.

Wer das nicht will, geht einfach am Strand weitere geradeaus und spart so 1,3 km.

Der Weg zur St.-Nicolai-Kirche führt durch das wirtschaftliche Zentrum von Grömitz. Sie passieren viele Einkaufsmöglichkeiten, einen Imbiss und Restaurants. An der Seebrücke gehen Sie rechts über den kleinen Seebrückenvorplatz mit dem Grömitzer Windspiel und der Tourist-Information stadteinwärts entlang der Seestraße und der verlängernden Wicheldorfstraße bis etwa 70 m vor einen Kreisverkehr. Hier biegen Sie links in die Kirchenstraße ab, die zur Kirche führt.

Grömitz

23743, 045 62

Tourismus Service, Neuer Markt 1, 25 60, info@groemitz.de, www.groemitz.de, Mo-Fr 8:30-12:30 u. 14:00-16:00 (Mo bis 17:00), 150 m

♦ **Tourismus Service** Am Seebrückenvorplatz, Mo-Sa 10:00-16:00, So 10:00-14:00, am Weg

Über das umfangreiche Übernachtungsangebot informieren Sie sich bei Bedarf am besten an den oben genannten Stellen.

Am höchsten Punkt des heutigen Seebads Grömitz (seit 1830) steht die dem Bischof Nicolaus von Myra geweihte Feldsteinkirche **St. Nicolai** seit Mitte des 13. Jh. Weithin sichtbar war sie den Seefahrern eine wichtige Landmarke. Der wuchtige, aus Backsteinen errichtete Turmbau erhielt seine heutige Form vermutlich erst im 17. Jh. Die vorwiegend barocke Inneneinrichtung setzt klare Akzente im heute weiß getünchten, frühgotischen Hallenbau. Der Schutzpatron gilt nicht nur als Freund der Kinder und Bedrängten, sondern wurde ab dem 11. Jh. auch durch die Fischer sehr verehrt.

Am Turmportal der Kirche folgen Sie dem Wegweiser Richtung Nicolaiblick (Saal, Gemeindehaus). Im angrenzenden Kurpark biegen Sie links auf den Hauptweg ein. 70 m weiter zweigen Sie rechts in den Kurparkweg ab und durchqueren in südlicher Richtung den Park.

An der Sparkasse verlassen Sie den Park über ein paar Stufen und folgen ohne Richtungsänderung der Wicheldorfstraße. Vorher könnten Sie noch unterhalb des Parks rechts die katholische Kirche St. Bonifatius ❷ besuchen.

Schon wieder in Strandnähe biegen Sie halb links in die Uferstraße, von der Sie vor dem Strandhotel zur Promenade wechseln. Dort gehen Sie rechts weiter zum Jachthafen.

Hier steigen Sie über den Königsredder rechts zum Hohen Ufer hinauf (70 m), in das Sie links einbiegen (Rad-/Fußweg).

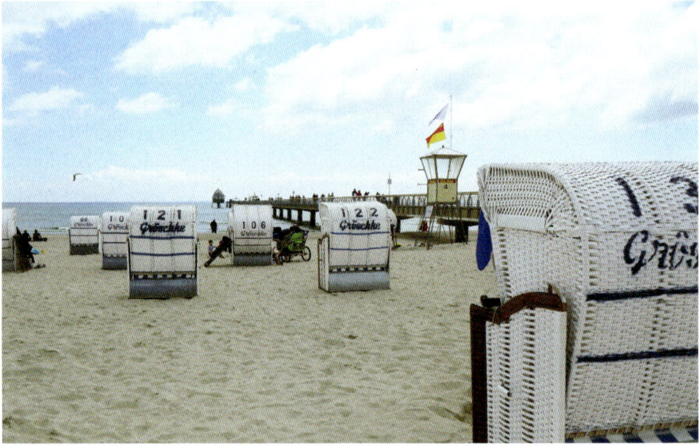

Die Seebrücke in Grömitz

☺ Zu Fuß können Sie auch erst noch etwas am Jachthafen entlangspazieren, bevor Sie rechts über eine Treppenanlage das Hohe Ufer erreichen und dort links dem Rad-/Fußweg folgen.

Rapsfelder und Mischwald reichen bis an die Steilküste. Immer wieder gibt es Ruhebänke mit Meerblick.

🚲 Nur 500 m nach dem Ende des Jachthafens führt der Uferweg in ein Waldstück mit dem Namen Kagelbusch. Radfahrerinnen und Radfahrern sei empfohlen, am Waldrand rechts von der Küste weg nach Albersdorf an die B501 zu fahren und dieser links bis Bliesdorf zu folgen. In Bliesdorf biegen Sie links in die Brodauer Straße ab, die Sie nach Brodau führt und damit wieder auf den Weg.

Nach 150 m Waldweg kommen Sie an eine Talschlucht, durch die Sie links an den Strand gehen. 800 m laufen Sie nun im Sand weiter (rechts).

⮱ Wer zum Campingplatz Kagelbusch oder dem dortigen Restaurant möchte, kann auch rechts und wieder links der Talschlucht ausweichen und am Hohen Ufer bleiben. Für alle anderen ist der Weg, der bald am Rande des Campingplatzes entlangführt, nämlich gesperrt. Für Radfahrerinnen und Radfahrer sind kaum passierbare Barrieren zementiert.

⛺ **Campingplatz Kagelbusch**, Scharberg 1, 23730 Bliesdorf-Strand, ☏ 045 62/71 22, ✉ info@ostseecamping.de, 💻 www.ostseecamping.de, Ü Zelt € 9-13, Erw. € 5,50-7, April-Okt, ➲ am Weg

✕ Ollex auf dem Campingplatz Kagelbuch, ☏ 045 62/397 14 74, ✉ ollex-restaurant@web.de, 💻 www.ollex-restaurant.de, Di ab 17:00, Mi-So 12:00-21:00

Am Ende des Sandstrandes führt eine durch Poller versperrte Straße herab. Hier gehen Sie rechts bis vor die ehemalige Gaststätte Seeräubernest und direkt davor wieder links in den Uferweg ❸.

Am Waldrand (Großkoppel) biegt Ihr Weg nach rechts und nach 70 m links in den Wald ab. Eine kleine Talschlucht mit Bachlauf wird gequert und es beginnt der **Ruheforst Ostseeküste/Brodau** (💻 www.ostseekueste-ruheforst.de). Dies ist ein offizieller Friedhof, auf dem Urnen unter Bäumen oder Feldsteinen beigesetzt werden. Halb links folgen Sie dem breiteren Weg zu einem **Eichenkreuz**. Für die Durchführung von Trauerzeremonien und für das stille Gedenken wurde direkt am Steilufer ein Andachtsplatz geschaffen, der sich auch als Rastplatz eignet.

In einem weiten Rechtsbogen (der nach links weisende, im Juni 2021 verblasste, aber durchaus lesbare gelbe Pfeil ❹, macht auf eine Alternativroute entlang der Küste aufmerksam), immer auf dem breiten Weg bleibend, gehen Sie bis zum Eingang des Friedhofs an einem Parkplatz. Sie folgen dem Zufahrtsweg und biegen an der Kreisstraße links ab. Nach 600 m – kurz vor dem sehenswerten Gutshof Brodau ❺ – biegt der Pilgerweg mit der Kreisstraße wieder links ab und führt auf einem Radweg an Campingplätzen vorbei in den Ort Rettin (2 km).

Rettin (Neustadt)

⛺ ☕ ✆ 045 61, ✉ 23730

⛺ **Campingplatz Rettin**, Strandweg 93, ☏ 70 70, 💻 www.camping-rettin.de, Ü Zelt € 15, € 6 p. P., 🐕 € 3, April-3. Okt, ➲ am Weg

Ab hier bietet der Pilgerweg zwei Varianten ❻.

Direkt nach Neustadt/Innenstadt folgen Sie weiter der Straße auf einem abgetrennten Radweg über einen aussichtsreichen Höhenrücken (so ist der Weg markiert). Sie sparen zwar 1,5 km, haben aber auch eine etwas langweilige Wegstrecke vor sich. Das ist eigentlich nur Radfahrenden und stramm Marschierenden zu empfehlen. Sie folgen dann erst der Hauptstraße durch Rettin und dann dem sich anschließenden Windberg und erreichen, bereits in Neustadt, einen Kreisverkehr. Hier biegen Sie links in den Rettiner Weg. Kurz nach der katholischen Kirche St. Johannes der Täufer ❼ biegen Sie rechts in die Straße Grasweg ab, passieren den Südfriedhof und biegen an der querenden Kirchhofsallee links ab.

↳ Am Ende der Straße könnten Sie geradeaus über die Parkplätze und die sich etwas links versetzt anschließende Reiferstraße zum Marktplatz gelangen. Markiert ist dort aber ein Haken rechts durch die Straße Rosengarten und am Ende links und durch das Kremper Tor. Am Markt gehen Sie geradeaus zur Stadtkirche und davor rechts durch die Brückstraße zur Brücke vor dem Brücktor.

↳ Wenn Sie am Abzweig in Rettin ❻ **über Pelzerhaken** gehen wollen, weichen Sie zwar von der historischen Route ab, könnten aber auch die Gedenkstätte Cap Arcona besuchen. Wer zur Pilgerherberge im Umwelthaus Neustadt will, folgt in jedem Fall der nun beschriebenen Route (falls er nicht bereits am Ruheforst der Küstenlinie gefolgt ist).

Sie laufen 500 m nach dem Ortseingang, am Seniorenheim Seehof, links in den Schaarweg und gehen bis zur querenden Wiesenstraße in Pelzerhaken. Hier geht es nach links und nach wenigen Metern wieder rechts durch die Strandallee zur Seebrücke.

Pelzerhaken 23730, ✆ 045 61

Tourist-Info Neustadt i. H., Dünenweg 7, **OT Pelzerhaken**, ☎ 045 03/779 41 80, neustadt@luebecker-bucht-ostsee.de, www.luebecker-bucht-ostsee.de, Mai-30. Sep Mo-Fr 9:00-17:00, Sa 10:00-14:00, So 10:00-12:00, im Winter nicht am Wochenende und Fr nur bis 13:00, am Weg der Variante über Pelzerhaken

Über das Bettenangebot informiert die Tourist Info.

Campingplatz Am hohen Ufer, Pelzerhakener Straße 47, ☎ 72 22, Ü Zelt (für 2 Pers.) 6,50, ab € 7 p. P., ab € 3,50, ganzjährig, am Weg der Variante über Pelzerhaken

Pelzerhaken ist ein bei Familien mit Kindern besonders beliebtes und relativ preisgünstiges Seebad. Es besitzt einen vor kalten Ostwinden geschützten Sandstrand.

An der Promenade gehen Sie rechts zu einer Plattform mit Ruhebänken. Über Treppenstufen geht es zum Küstenweg hinauf (Radfahren nicht erlaubt, es ist aber eine Parallele für Räder ausgeschildert) und dort links entlang des Heckenwegs am Steilufer bis zur **Gedenkstätte und dem Ehrenfriedhof Cap Arcona**.

Wenig weiter erreichen Sie eine Plattform mit weiteren Informationen zum Untergang der KZ-Häftlingsflotte am 3. Mai 1945.

Cap Arcona

Etwa 9.000 Häftlinge aus den Konzentrationslagern Neuengamme bei Hamburg, Auschwitz und weiteren Lagern wurden Ende April 1945 nach Neustadt in Holstein verfrachtet und von der SS ohne jeden Proviant auf fahruntüchtige Schiffe gesperrt. Bewusst wurden sie in der Neustädter Bucht dem hohen Risiko ausgesetzt, von alliierten Bomberverbänden angegriffen zu werden. Um einen schnellen Untergang bei „Feindannäherung" sicherzustellen, wurden die automatischen Schotten und Feuerlöscheinrichtungen zerstört und Treibstoffbunker mit explosivem Betriebsstoff gefüllt. Nur etwa 600 der Gefangenen überlebten das Inferno. Detailinformationen zu den Geschehnissen erhalten Sie im Museum am Kremper Tor in Neustadt.

Etwa 800 m weiter liegt das ⊙ Umwelthaus Neustädter Bucht des BUND e. V. am Weg. Noch 1,8 km laufen Sie dann vorbei am Jachthafen und den weiteren Hafenanlagen von Neustadt bis zur Neustädter Brücke vor dem Brücktor. Links über die Brücke setzen Sie den Weg fort und rechts kommen Sie in die Stadt und zum Marktplatz, an der die sehenswerte Stadtkirche steht.

Neustadt in Holstein

✉ 23730, ✆ 045 61

Tourist-Info Neustadt Hafen, Schiffbrücke 2-4, ☎ 045 03/779 42 90, 8. Mai-31.Okt Mo, Di, Do, Fr 10:00-13:00 u. 13:30-16:00, So 11:00-14:00, ➲ am Weg über Pelzerhaken, ➲ 110 m, vor dem Brücktor

⊙ **Umwelthaus Neustädter Bucht**, Am Strande 9, ☎ 505 65, umwelthaus@bund.net, www.bund-sh.de → Der BUND SH → der BUND vor Ort → Umwelthaus Neustädter Bucht, das Haus, das auch Pilgernden Betten und einen Pilgerstempel anbieten konnte, ist seit Okt 2021 für 1,5 Jahre geschlossen. Es wird umgebaut. Zum Frühjahr 2023 ist die Wiedereröffnung geplant. Fragen Sie ab dann nach den dann geltenden Konditionen für Pilgerinnen und Pilger. ➲ Am Weg über Pelzerhaken

✕ **Hotel Holländersruh**, Kremper Straße 13, ☎ 88 85, info@hollaendersruh.de, www.hollaendersruh.de, ÜF EZ ab € 85, DZ ab € 105, DBZ ab € 120, VBZ ab € 140, ➲ am Weg, zentral

Hamburger Hof, Lienaustraße 26, ☎ 515 70, hotel-hamburger-hof@t-online.de, hotel-hamburger-hof.de, ÜF EZ € 75-100, DZ € 85-110, DBZ € 110-135, VBZ € 135-155, ➲ 250 m, Nähe Bahnhof

♦ **Hotel Baltic**, Galgenberg 1, ☎ 51 99 90, info@hotel-baltic.de, www.hotel-baltic.de, März-Okt, Ü EZ ab € 50, DZ ab € 80, DBZ € 90, ➲ 250 m, Nähe Bahnhof

⛺ **Campingplatz Am Strande**, Sandberger Weg 94, ☏ 41 88, ✉ info@amstrande.de, 💻 www.amstrande.de, 🚪 April-Sep, Ü Stellplatz € 7-9, € 6-8 p. P., ✕ 🛒 🚲 Mietfahrräder, 🐕 € 5-8, ➲ am Weg. Von den vielen Campingplätzen habe ich nur diesen, dem Stadtbereich am nächsten liegenden, aufgeführt.

⊙ In Neustadt bekommen Sie einen Pilgerstempel außer im Umwelthaus des BUND auch in der Volkshochschule am Kremper Tor, Kremperstr. 32, 🚪 Mo-Fr ab 9:00, oder im Büro der ev.-luth. Kirchengemeinde, Kirchenstr. 7 (hinter der Stadtkirche), 🚪 Mo, Do 9:00-12:00 und 14:00-16:00, Fr 9:00-12:00.

🚆 Neustadt hat einen Nahverkehrsbahnhof an der Bahnstrecke Lübeck – Neustadt.

🚌 Busse fahren vom Busbahnhof am Bahnhof Neustadt Richtung Puttgarden, Lübeck und Kiel sowie in die Ostseebäder. Weitere Haltestellen im Stadtzentrum (für die Busse nach Grömitz, OT Cismar, ☞ Cismar) sind die Haltestellen „Post“ und „Waschgrabenallee“.

✝ ⌘ **Hospital zum Heiligen Geist**, Hospitalkirche. Eine Besichtigung (Kirche, Museum) ist nur nach Absprache mit Jürgen Hering möglich. Rufen Sie einfach an und vereinbaren Sie einen Termin (☏ 32 48). Es erwartet Sie eine interessante Führung.

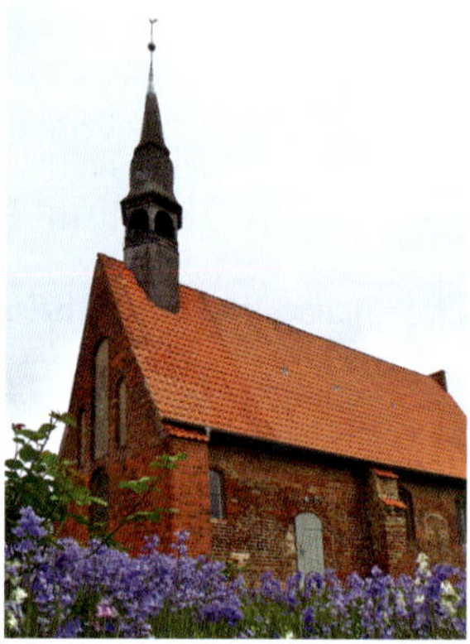

Hospitalkirche in Neustadt

⌘ **Stadtmuseum Zeittor** (von der Ur- und Frühgeschichte bis in das 20. Jh.) und Museum Cap Arcona am historischen Kremper Tor

♦ Zeittor: ☏ 61 93 05, Museum Cap Arcona: ☏ 61 93 41, 💻 www.zeittor-neustadt.de, 🚪 Ostern bis Okt Di-Sa 10:30-17:00, So u. Fei 14:00-17:00, im Winter Sa/So 14:00-16:00

Im Jahr 1244 gründete Graf Adolf IV. von Schauenburg und Holstein an der Engstelle zwischen dem tiefen Wasser der Förde und dem flachen Binnenwasser die neue Stadt, Nyge Crempe, nachdem die Schiffszufahrt zum weiter landeinwärts gelegenen heutigen Altenkrempe verlandet war. Die romanische Backsteinbasilika in Altenkrempe weist bis heute auf diesen viel älteren Siedlungsplatz hin. Die Stadtkirche von Neustadt stammt aus der Gründungszeit und wurde bereits im gotischen Stil erbaut. Kunsthistorisch wertvoll sind vor allem die Wandmalereien aus der Mitte des 14. Jh. Auch eine Darstellung Jakobus des Älteren ist zu entdecken.

Neustadt in Holstein ist heute eine viel besuchte Kleinstadt, belebt durch viele Ostseebadegäste. Entsprechend finden Sie hier ein umfangreiches Gastronomie- sowie Beherbergungsangebot. Sehenswert sind in Neustadt auch das klassizistische Rathaus am Markt, der Pagodenspeicher an der Hafenbrücke sowie das Kremper Stadttor aus der Gründungszeit.

Wenn Sie über die Hafenbrücke gehen, sehen Sie gleich linker Hand die heutige Wohnanlage für ältere Neustädter Bürgerinnen und Bürger. Basierend auf dem Grundriss des 1344 vor den Mauern der damaligen Stadt errichteten **Hospitals zum Heilig Geist** ist die zweiseitige Wohnanlage 1853 neu errichtet und inzwischen auch modernisiert worden. Die zunehmende Zahl der Pilgerinnen und Pilger, die sich auf dem Weg zum Kloster Cismar befanden, hatte die Einrichtung eines Krankenhauses notwendig gemacht, denn auch alte und geschwächte sowie kranke Menschen unterwarfen sich den Strapazen weiter Reisen, in der Hoffnung auf Linderung ihrer Leiden durch die wundertätige Quelle und das Berühren der Reliquie. Der schlichte Backsteinsaalbau der Hospitalkirche von 1408 sowie ein kleines Hospitalmuseum können besichtigt werden.

Etappe 5: Neustadt in Holstein – Pansdorf

19,8 km, 6 Std.

0,0 km	Neustadt, Hafenbrücke
3,8 km	Pohnsdorfer Mühle
6,1 km	Oevelgönne
8,0 km	Hof Altona
9,6 km	Stawedder
12,1 km	Gronenberg
14,5 km	Klingberg
15,7 km	Schürsdorf
19,8 km	Pansdorf, Mitte

Hinter Neustadt biegt der Pilgerweg wieder auf die Trasse der historischen Poststraße (Alte Lübecker Landstraße) ab. Aussichtsreich verläuft der Weg entlang der Pönitzer Seenplatte in rund 3 km Entfernung von der Ostseeküste in einer Höhenlage von rund 30 m. Radfahrerinnen und Radfahrer haben gute Karten, denn der stets nach Süden gerichtete Weg ist überwiegend geteert. Zu Fuß können Sie sich auf einige fußfreundlichere, abwechslungsreiche Varianten im seenreichen Moränenhügelland freuen. Die Wegführung entspricht überwiegend dem Verlauf der Europäischen Fernwanderwege E1 und E6 (weißes Andreaskreuz).

Sie gehen über die Brücke. Gleich nachdem Sie linker Hand das Hospital zum Heiligen Geist passiert haben, biegen Sie links in die Bahnhofstraße, überqueren am Bahnhof die Gleisanlage und zweigen dann rechts in die Wieksbergstraße ab. Wenn die Straße nach links abbiegt, folgen Sie geradeaus dem weiter parallel zu den Gleisen verlaufenden Fußweg.

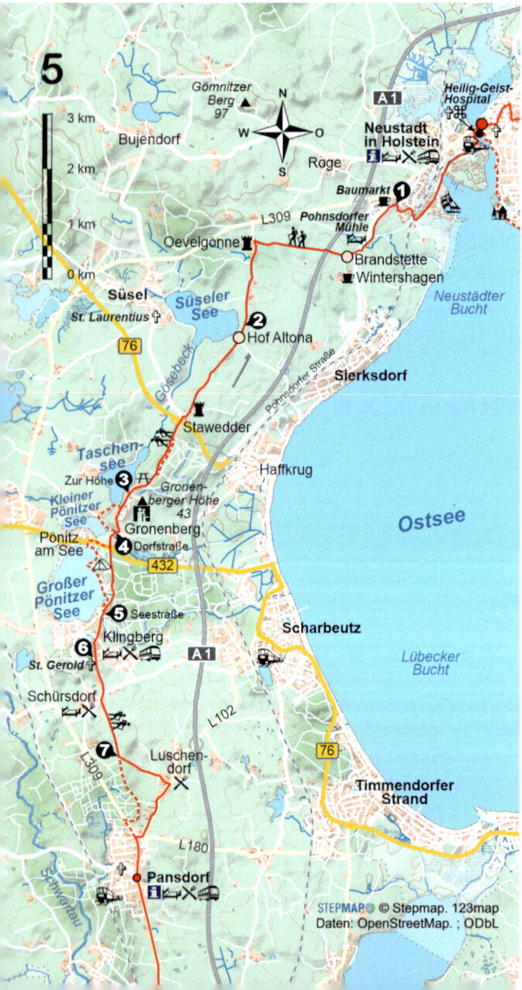

Der Weg mündet im Gewerbegebiet in eine Straße, der Sie links folgen. Ein Jachthafen liegt am Weg und dann treffen Sie auf den querenden Holmer Weg, in den Sie rechts einbiegen (Straßenverlauf, links führt er als Wanderweg zum Strand von Sierksdorf).

Sie überqueren wieder das Bahngleis und biegen an der folgenden Kreuzung links ein. An der T-Kreuzung gehen Sie rechts zum Wendeplatz und mit dem weiterführenden Fußweg (Hinterster-Holm-Weg) bis an die Straße vor den Verbrauchermärkten (☕ am Baumarkt) ❶.

Nach links erreichen Sie den Kreisverkehr, an dem Sie wieder links in den Radweg neben der Pohnsdorfer Straße einbiegen. Etwa 150 m nach der **Pohnsdorfer Mühle**, an der gleichnamigen Bushaltestelle, biegen Sie rechts in das abzweigende Sträßchen Richtung Wintershagen.

Pohnsdorfer Mühle, Pohnsdorfer Straße 11, 23730 Sierksdorf/Wintershagen, ☏ 045 61/ 594 99 15, 01 73/984 39 27, info@pohnsdorfer-muehle.de, ostsee-pension-pm.de, ÜF DZ € 86-132, EZ auf Anfrage, für die Hochsaison keine langfristige Vorbuchung für nur eine Nacht möglich, Getränkeverkauf, Radverleih für Gäste, ➲ am Weg

Nach der schmucken kleinen Siedlung Brandstette (ehemalige Landarbeiterhäuser) biegen Sie rechts in die abzweigende Straße ab.

Geradeaus kämen Sie zum **Gutshof und Café/Restaurant Wintershagen** (➲ 385 m, Mai-Aug täglich 14:00-22:00, So ab 12:00-21:00, März/April, Sep/Okt Mo Ruhetag, im Winter nur am Wochenende).

Unter der A1 hindurch erreichen Sie nach 1,8 km das **Gut Oevelgönne**. Hier können Sie das älteste erhaltene Fachwerktorhaus von Schleswig-Holstein betrachten.

Links wandern Sie entlang der Kastanien-/Eichenallee, bald bei schönem Blick über den Süseler See ❷, zum Dorf Süsel. Der Pilgerweg führt jetzt als Höhenweg an einer alten Poststraße entlang. Die nächste ländliche Ansiedlung, noch am Süseler See, heißt **Hof Altona** und gehört zu Sierksdorf. Am Straßendreieck gehen Sie rechts Richtung Stawedder weiter.

☺ In Höhe des Ortsschilds von **Stawedder** empfiehlt es sich, wenige Meter nach links vom Weg abzubiegen. Ein schöner Einblick in den Gutshof Stawedder ist möglich.

Der Pilgerweg folgt dem kleinen Sträßchen weiter geradeaus und trifft dann auf eine von Süsel kommende Straße, mit der Sie links einen Autobahnzubringer (B76) überqueren.

In **Süsel** steht eine der ältesten Kirchen Schleswig-Holsteins. Die romanische Feldsteinkirche St. Laurentius, eine der beiden Vicelinkirchen, die dieser Pilgerweg berührt (☞ Ratekau), ist mit dem Rad nach rechts entlang der Straße schnell zu erreichen. Zu Fuß müssen Sie etwa 1 Std. mehr Zeit (➲ 2 km) einrechnen.

♦ kirchengemeinde-suesel.de, die Kirche ist tagsüber geöffnet.

Nach dem Ortsausgangsschild entwickelt sich wieder Wald am Straßenrand. Der alte Postweg folgt der Straße nach **Gronenberg**.

☺ Sehr viel angenehmer ist es, nach der Bushaltestelle „Stawedder“ in den links abzweigenden und mit dem weißen Andreaskreuz markierten Waldweg einzubiegen. Nach wenigen Schritten wechseln Sie wieder rechts in den zur Straße parallelen Waldweg (auch weißes Hufeisen). Sie erreichen die Straße fast, können aber noch etwas im Wald bleiben, bis der Weg kurz vor Gronenberg die Straße endgültig wieder erreicht. Sie gehen links zum Dorf, in dem Sie auch einen schönen Rastplatz vorfinden.

Bei gutem Wetter lohnt ein Abstecher zur **Gronenberger Höhe** (⇧ 43 m). Die Sicht geht weit über die Lübecker Bucht. Über den Stichweg Zur Höhe ❸ (linker Hand) kommen Sie dorthin (➲ 160 m).

An der Bushaltestelle „Gronenberg Schulkoppel“ halten Sie an.

Graugänse und Stockenten an einem der zahlreichen Seen der Region

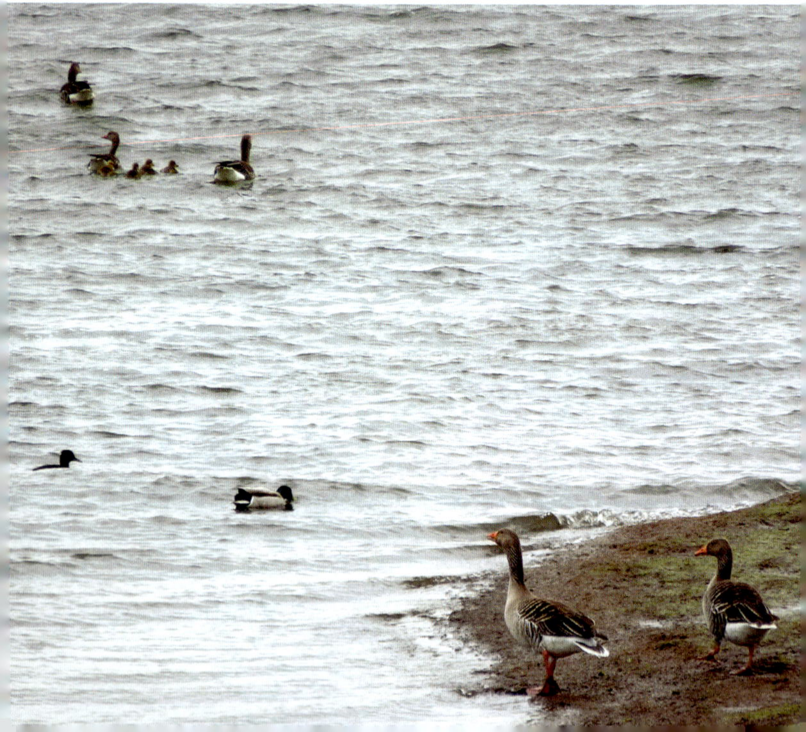

Pilgerinnen und Pilger der alten Zeit folgten selbstverständlich den damals vorhandenen, bequemen Wegstrukturen, wie sie hier die Poststraße bot. Dies entspricht (und so ist es auch historisch korrekt markiert) in Gronenberg der Dorfstraße und der in direkter Linie nach Süden weiterführenden Seestraße. Mit dem Rad wählen Sie diese Trasse.

Zu Fuß jedoch können Sie hier erfreulicher dem nur 300 m weiteren, mit weißem X markierten Fernwanderweg rechts die Treppenanlage hinunter zum **Taschensee** folgen. Am Abfluss des Taschensees angekommen gehen Sie links durch den botanisch interessanten, tief eingeschnittenen, künstlich angelegten Geländegraben (Dänischer Kanal).

Der Bach Gösebek (= Gänsebach), der zuvor Süseler See und Taschensee durchflossen hat, ist in einem unterirdisch verlegten Rohr verschwunden. Der Kanal führt zum **Kleinen Pönitzer See**. Auch das Bachwasser erblickt hier wieder das Tageslicht.

Dem Sträßchen (Am Redder) folgen Sie links entlang des Seeufers und treffen wieder auf die Dorfstraße ❹, in die Sie rechts, jetzt wieder mit der Pilgerwegsmarkierung, einbiegen. Nach 300 m wird die B432 erreicht. Die Alte Poststraße (Pilgerweg) quert hier geradeaus die Bundesstraße und führt auf der Seestraße über Margarethenhöhe und Vierlinden weiter auf Teer und auf kürzestem Weg nach Klingberg.

Wieder ist ab der Kreuzung mit der Bundesstraße (diesmal auch für Radfahrerinnen und -fahrer geeignet) eine 800 m längere, fußfreundliche Variante möglich.

Sie gehen rechts etwa 430 m an der Bundesstraße entlang (Radweg). Kurz vor dem Landhaus am See (Appartementhaus) weicht der mit weißem X markierte Weg dann links zum Seeufer hin ab. Dort biegen Sie links in den Uferweg und wandern nun 1,6 km am **Großen Pönitzer See** entlang.

Campingplatz Margarethenhöhe, Margarethenhöhe 1, 23684 Pönitz am See, ☏ 742 24, info@campingplatz-margarethenhoehe.de, April-Okt, Ü Zelt ab € 8, € 4 p. P., € 1, Bootsvermietung, am Weg

Nach dem Strandbad (Imbiss, Mi-Fr 17:00-21:00, Sa/So 12:00-21:00) treffen Sie auf die Seestraße ❺ und den offiziellen Pilgerweg.

Ohne Richtungswechsel wandern Sie entlang der Seestraße und der weiterführenden Uhlenflucht nach Klingberg.

Klingberg (Scharbeutz) 23684, 045 24

Sachsenhof Scharbeutz, Gärtnerstrasse 29, 70 99 71 32, 016 32 09 12 67, nehl@scharbeutz-sachsenhof.de, www.scharbeutz-sachsenhof.de, ÜF EZ/DZ ab € 75, 360 m

Restaurant zum Moorteich, Uhlenflucht 24, 97 75, Do-Di 11:00-14:00 und ab 17:00, am Weg

Von Klingberg fährt 3x täglich ein Bus (meist als Anrufsammeltaxi) nach Scharbeutz. Dort haben Sie Anschluss an die Bäderbahn Richtung Lübeck oder Puttgarden. Zu Fuß sind es 4 km zum Bahnhof.

Kurz vorm Scheitelpunkt der Straße steht rechter Hand die ev.-luth. St.-Gerold-Kirche ❻ am Weg.

☺ Hier weichen die mit weißem X markierten Europäischen Fernwanderwege vom Pilgerweg ab. Alternativ könnten Sie diesen durch die Schwartauwiesen führenden Weg bis Techau nutzen (plus 1,8 km).

Der Pilgerweg führt geradeaus nach **Schürsdorf.** Am Ortsrand biegt links eine Straße nach Scharbeutz ab. Sie gehen geradeaus weiter. 120 m weiter erreichen Sie eine Kreuzung. Rechts ist die Straße zum Hotel/Restaurant Butz und zum Gasthof Brechtmann ausgeschildert.

Schürsdorf (Scharbeutz) 23684, 045 24

Hotel/Restaurant Butz, Hackendohrredder 3, 200 99 88, kontakt@butz-ostsee.de, www.butz-ostsee.de, Ü EZ/DZ ab € 109, im August Mindestaufenthalt von 2 Nächten, 370 m

Landgasthof Brechtmann, Hackendohrredder 9, 99 52, info@brechtmann.de, www.brechtmann.de, Mi-So 11:30-14:30 und 17:30-22:30, 570 m

Sie folgen hier links der Luschendorfer Straße. Das ruhige, von Hecken gesäumte Sträßchen beschreibt nach 1,1 km eine deutliche Linkskurve ❼.

Radfahrerinnen und -fahrer werden auf jeden Fall dem Straßenverlauf entsprechend weiter nach Luschendorf (✕) fahren. So ist der Weg auch markiert. In Luschendorf biegen Sie rechts in den Radweg entlang der Straße (L102) Richtung Pansdorf ab.

In Pansdorf geht es rechts zur Kreuzung und Sie folgen dort links der Hauptstraße in südlicher Richtung.

Zu Fuß können Sie selbstverständlich auch der markierten Straßenroute folgen, doch empfehle ich, an der Linkskurve ❼ abkürzend geradeaus in den Feldweg abzuweichen. Zwischen Feldrand und Wald geht es sich doch angenehmer. Abzweigungen ignorieren Sie, bis Sie nach etwa 900 m auf eine Gabelung zweier gleich breiter Wege treffen. Hier gehen Sie rechts in den Wald. In Höhe des Betonwerks biegt der Weg nach rechts und führt am Waldrand entlang zur L309. Links wandern Sie nach Pansdorf (Radweg).

Achten Sie an der Informationstafel zum bronzezeitlichen Hügelgrab auch auf den historischen Wegweiserstein aus dänischer Zeit.

Pansdorf (Ratekau)

23689, 045 04

Haus des Gastes, Am Bahnhof 5, 71 50 55, tourismusbuero@ratekau.de, www.ratekau.de, Mai-Sep Mo-Fr 9:00-12:00, telefonisch: täglich 9:00-18:00, Zimmervermittlung für Ratekau mit den Ortsteilen Pansdorf, Techau, Offendorf, Kreuzkamp, ➲ 600 m

Gästehaus Tannenkrug, Ulrich Piper, Eutiner Straße 97, 16 02, 01 72/437 73 20, www.tannenkrug.de, 14 Betten, ÜF DZ ab € 64, EZ, DBZ auf Anfrage, Radverleih, ➲ 420 m, an der L309

♦ **Motel am Grellberg**, Zum Grellberg 3, 01 72/944 09 49, motelamgrellberg@aol.com, www.motel-am-grellberg.de, Ü EZ ab € 30, DZ ab € 50, DBZ ab € 60, VBZ ab € 65, ➲ 370 m, der L180 folgen. Schöne große, ebenerdige Zimmer mit Kühlschrank und Wasserkocher, Geschirr, ideal für Selbstversorgung

♦ **Das Radhaus**, Sarkwitzer Str. 19, 01 51/40 32 47 34, www.pensionradhaus.de, Ü EZ ab € 57, DZ ab € 75, DBZ ab € 115, VBZ ab € 135, F € 9,50, ➲ 250 m vom Weg, zentral, Nähe St.-Michaelis-Kirche

Etwa stündlich fahren Busse zwischen Timmendorfer Strand und Lübeck über Pansdorf, Techau, Ratekau und Bad Schwartau (auch am Wochenende)

Pansdorf hat einen Nahverkehrsbahnhof an der Bahnstrecke Lübeck – Kiel, ➲ 600 m vom Weg.

Taxi, 52 39

In Pansdorf haben Sie ein kleines wirtschaftliches Zentrum in Ostholstein, das der Nahversorgung der in vielen kleinen Dörfern zerstreut wohnenden Bevölkerung dient, erreicht. Es gibt einen Bahnanschluss, Gastronomie und verschiedene Unterkünfte und einen größeren Supermarkt. Trotz der relativen Nähe zur Ostsee hat Pansdorf allenfalls etwas Radtourismus. Urlauberinnen und Urlauber übernachten im nahen Scharbeutz oder am Timmendorfer Strand.

Etappe 6: Pansdorf – Lübeck

15,9 km, 4 Std. 30 Min.

0,0 km	Pansdorf
4,3 km	Ratekau, Vicelinkirche
6,2 km	Ratekau, Blüchereiche
9,2 km	Bad Schwartau, Markt
14,1 km	Lübeck, Travebrücke
14,6 km	Lübeck, Jerusalemsberg
15,9 km	Lübeck, St. Jakobi

Schon tief im Landesinnern, am Zusammenfluss von Wakenitz und Trave inselartig angelegt, wuchs Lübeck im hohen und späten Mittelalter zur bedeutendsten Macht in Deutschlands Norden heran. Gletscherzungen der Weichseleiszeit hatten einen tiefen Graben (Trave-Fjord oder Förde) hinterlassen und damit eine schiffbare Verbindung zur Ostsee geschaffen, beste Voraussetzungen also für den Seehandel, der Lübecks Reichtum begründete. Bis in diese alte Hauptstadt der Hanse führt Sie heute Ihr Weg.

Herausragendes Zwischenziel ist die romanische Feldsteinkirche in Ratekau aus der Frühzeit der ersten christlichen Besiedlung Holsteins.

Die Feldsteinkirche in Ratekau

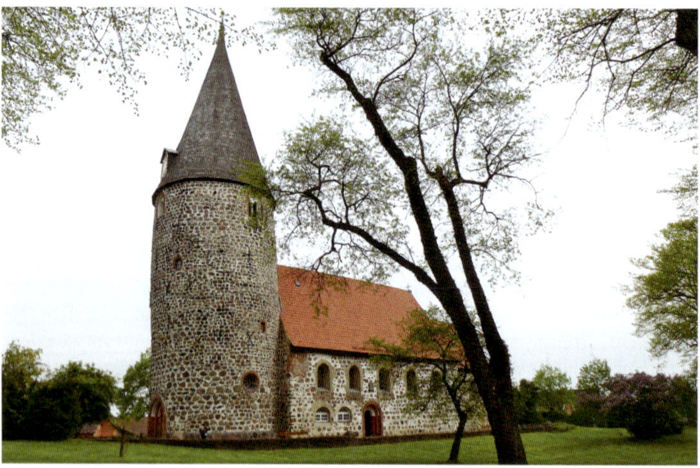

Der Pilgerweg folgt nun der stark befahrenen Eutiner Straße (L309) bis **Techau** (Radweg, Eichenallee). An der dortigen Straßenkreuzung ❶ biegen Sie links in die Straße (Hauptstraße) Richtung Ratekau ein. (Von rechts, über die Mühlenstraße, erreichen die Pilgerinnen und Pilger, welche die Fernwanderweg-alternative gewählt haben, die Kreuzung).

☺ Kurz vor Ratekau zeigt ein Wegweiser rechts zum Medizinwald Stückerbusch (➲ 50 m). Hier stehen 23 verschiedene Arten einheimischer Bäume und Büsche, die für medizinische Zwecke genutzt werden können. Es gibt einen Lehrpfad, auf welchem die Pflanzen, ihre Inhaltsstoffe und Verwendungsmöglichkeiten erklärt werden.

Wenig weiter sehen Sie linker Hand das interessante Dorfmuseum direkt am Weg und dann ist auch schon das Wahrzeichen Ratekaus, die romanische Feldsteinkirche mit dem schon von Weitem sichtbaren Rundturm, erreicht.

Ratekau 🛏 ✕ ☕ 🛒 ⚕ BANK 📯 ✝ ⌘ 🚌 ✉ 23626, ✆ 045 04

🛏 **Hotel zur Linde**, Hauptstraße 13, ✉ info@hotel-zur-linde-ratekau.de, 💻 www.hotel-zur-linde-ratekau.de, 🚪 nur im Winterhalbjahr Okt-März, 10 Zimmer, buchbar als EZ-VBZ, Tagespreise über 💻 booking.com, ➲ am Weg, Ortsmitte

✕ ☕ **Restaurant & Café Markt Stuben**, Poststr. 6 (am Markt), ☎ 714 73 59, 🚪 Di-So 11:30-14:30 und ab 17:30

☕ **Café Köster**, Alte Schulstraße 4 (gegenüber der Kirche), 🚪 Mo-Sa 6:00-18:00, So/Fei 7:00-18:00, bekannt für die sagenhaften Obsttorten

🚌 ☞ Ratekau/Ortsteil Pansdorf

🚗 Taxi, ☎ 81 02 22

✝ **Feldsteinkirche Ratekau** (Vicelinkirche)

♦ Ev.-luth. Kirchengemeinde, Hauptstraße 10, Kirchenbüro unterhalb (nördlich) der Kirche, ☎ 36 25, ✉ kg-ratekau@kk-oh.de, 💻 www.kirche-ratekau.de, 🚪 Mo, Mi und Fr. 9:00-12:00, Do 15:00-18:00. Den Schlüssel zur Kirche bekommen Sie im Kirchenbüro.

⌘ **Dorfmuseum Ratekau.** Reetgedeckte Rauchkate von 1780 mit Streuobstwiese, Bauerngarten, einer Sammlung landwirtschaftlicher Gerätschaften und Backhaus

♦ Hauptstraße 56b, ☎ 045 03/34 70, 🚪 So 10:00-12:00, im Sommerhalbjahr zusätzlich Mi ab 15:00, das Außengelände ist jederzeit öffentlich zugänglich

Nach der Eroberung der von den slawischen Wagriern beherrschten Oldenburger Halbinsel durch die Grafen von Holstein (1138/39) wurde Vicelin Bischof von Oldenburg. Überall im Land ließ er erste Kirchen bauen – wehrhafte Kirchen, die den neuen Siedlerinnen und Siedlern auch als Fluchtburgen dienten. Von manchen dieser Kirchen ist bekannt, dass sie auf den alten Kultplätzen der slawischen Bevölkerung errichtet worden sind. Die Ausrichtung der Kirche nach Osten geschah dadurch, dass man am Ostertag feststellte, an welchem Punkt – betrachtet vom vorgesehenen Altarplatz aus – die Sonne aufgeht. Diese Stelle wurde markiert und bildete für den Bau der Kirche den Orientierungspunkt.

Ratekau besitzt die am besten erhaltene **Vicelinkirche**, die zwar so heißt, aber schon dem Nachfolger Vicelins, Bischof Gerold von Oldenburg, zugeschrieben wird. Es ist eine aus Feldsteinen errichtete einschiffige Saalkirche mit Chor, Apsis und dem markanten, 48 m hohen Rundturm, erbaut ab 1156. Angegliedert an den lindenumfriedeten Kirchhof sind eine Weltkriegsgedenkstätte und ein hierher versetztes Megalithgrab. Eine Tafel informiert über das im Norden an das Dorf angrenzende Naturschutzgebiet Ruppersdorfer See. Eine inzwischen über 100 Jahre alte Stieleiche und ein Gedenkstein erinnern an den 100. Geburtstag Kaiser Wilhelms I. und an das Jahr 1897.

An der Kirche folgen Sie halb rechts der gepflasterten Hauptstraße BANK (Imbiss, Bushaltestelle „Dorfplatz") bis zur querenden Bäderstraße (L181) ❷, in die Sie rechts Richtung Lübeck und Bad Schwartau einbiegen. An den Schulen queren Sie die Fahrstraße mithilfe der Fußgängerampel und biegen wenig weiter links in den Sereetzer Weg ein. Nach 180 m zweigen Sie rechts in die Siedlungs- und bald Waldstraße Blüchereiche ❸ ab. Diese führt zur Raststätte **Blüchereiche** (Di-So 11:00-22:00) und an die L309 zurück.

In Ratekau unterzeichnete der preußische Generalfeldmarschall Blücher am 7. November 1806 nach der verlorenen Schlacht gegen die Truppen Napoleons bei Lübeck die Kapitulation. Unter der inzwischen nur noch als Stumpf vorhandenen Stieleiche (ein junger Baum wächst nach), die heute am Rande des Parkplatzes steht, soll er sich nach der Unterzeichnung des Dokuments in Ratekau mit seinem Gegner, dem französischen Marschall Bernadotte, getroffen haben.

Die Straße muss unterquert werden.

Noch vor dem Parkplatz am Rasthof zeigt die Markierung rechts in einen Pfad durch den Wald zu einem Tunnelgang. Über diesen Weg gelangen Sie treppenfrei in den Tunnel.

↳ Zu Fuß können Sie abkürzend halb rechts über den Parkplatz und über eine Treppenanlage zum Straßentunnel gehen.

Dem Radweg auf der anderen Seite folgen Sie links Richtung Lübeck und Bad Schwartau.

☺ ↳ Gleich nach dem Bahnübergang ❹ können Sie zu Fuß von der lauten Straße links in den schmalen Pfad abweichen. Der bleibt in der Nähe der Schienen und überquert eine Straße. Danach gehen Sie an einer Kreuzung geradeaus und treffen im Kurpark (⌂ Schutzhütte, ☞ unten) wieder auf den markierten Pilgerweg.

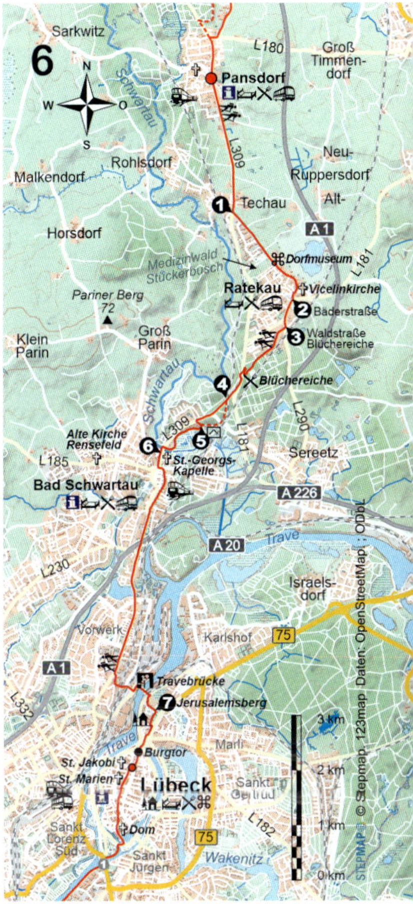

Der Pilgerweg ist weiter entlang der Straße markiert. Erst wenn auf der linken Seite der Wald endet, queren Sie die Straße und biegen links in den Fußweg ab.

Der beschrankte Weg mündet nach 50 m in einen geteerten Waldweg. Diesem folgen Sie nach links leicht abwärts zu einer Wegkreuzung mit ⌂ Schutzhütte ❺. Rechts führt Sie ein Kurparkweg Richtung Kurzentrum. Am Kiosk vor dem Flüsschen Schwartau gehen Sie nicht geradeaus über die Liebesbrücke, sondern rechts aus dem Park hinaus zurück zur Straße und überqueren dort den Fluss.

Wenige Schritte weiter steht Bad Schwartaus zweitältestes Bauwerk (die Alte Kirche Rensefeld ist noch älter), die **St.-Georgs-Kapelle ❻**, an der L309. Wie die St.-Jürgen-Kapelle in Burg auf Fehmarn ist die St.-Georgs-Kapelle Relikt eines Siechenhauses bzw. einer Leproseneinrichtung (Domus Leprosum). Die erste

Erwähnung der Einrichtung war das Jahr 1280. Auf den Fundamenten eines älteren Bauwerks wurde die jetzige, bis heute erhaltene zugehörige Kapelle im Jahr 1508 im gotischen Stil errichtet.

Nach der Tankstelle biegen Sie geradeaus von der Hauptstraße ab (WC, ⚕) und erreichen den Marktplatz ℹ.

Bad Schwartau

✉ 23611, ✆ 04 51

ℹ **Tourist-Info, Markt 15**, ☎ 20 00 23 34, ✉ christel.bernhard@bad-schwartau.de, 💻 www.bad-schwartau.de, 🚪 Mo-F 9:00-12:00, Mo auch 15:00-17:45, ➲ am Weg

🛏 ✕ **Waldhotel Riesebusch**, Sonnenweg 1, ☎ 29 30 50, ✉ info@waldhotel-riesebusch.de, 💻 www.waldhotel-riesebusch.de, ÜF EZ ab € 89, DZ ab € 119, 🐕 € 15, ➲ 650 m, noch vor Bad Schwartau, am Abzweig des Pilgerwegs in den Kurpark bleiben Sie an der B309 und biegen 350 m weiter rechts in den Sonnenweg.

🛏 **Pension Thiel**, Bahnhofstraße 17, ☎ 486 88 60, ✉ info@pension-thiel.de, 💻 www.pension-thiel.de, 5 EZ, 5 DZ, Ü EZ € 45, DZ ab € 70, F € 8, 🐕 € 5, ➲ 280 m, zentral

🚌 Bad Schwartau und Lübeck sind durch Busverbindungen mehrerer Linien eng verbunden. Detailauskünfte finden Sie auf der Internetseite zum Stadtverkehr Lübeck (☞ Lübeck).

🚆 Bad Schwartau hat einen Bahnhof an der Bahnstrecke Kiel – Lübeck.

🚕 Taxi Schöttler, ☎ 212 67

✝ **Ev.-luth. St.-Fabian-und-St.-Sebastian-Kirche** (Alte Kirche Rensefeld). In Bad Schwartau-Rensefeld steht ein weiteres Juwel der ältesten Kirchenbauten Holsteins. Vermutet wird eine erste Kirchengründung, ähnlich der Kirchen in Ratekau und Süsel, als Feldsteinbau durch den Slawenapostel Vicelin. Zu sehen ist heute ein spätromanischer Backsteinbau. Nur in den Turmmauern sind Feldsteine eingebaut. Wer die Kirche besichtigen will, meldet sich im Kirchenbüro an. Weg: ➲ 1,3 km, an der Südwestecke verlassen Sie den Markt über die Markttwiete, wenden sich an der nächsten Ecke nach rechts und wandern nun stetig Richtung Westen (Rathausgasse – ZOB – Ludwig-Jahn-Straße – Mittelstraße), bis nach etwa 1 km rechts die Kirchenstraße direkt zum Ziel führt. Vom ZOB fährt einmal in der Stunde auch ein Bus dorthin (Bus 9 Richtung Grillenweg/Lübeck ZOB).

♦ Alt Rensefeld 24, ☎ 213 21, ✉ kg-rensefeld@kk-oh.de, 💻 www.kirche-bad-schwartau.de, 🚪 Kirchenbüro: Mo, Mi, Fr 10:00-12:30, Di 17:00-18:00

⌘ **Museum der Stadt** Bad Schwartau. Volkskunde, Regional- und Stadtgeschichte, Entwicklung vom Luftkurort zum bedeutenden Jodsole-Heilbad

♦ Schillerstraße 8, ☏ 200 01 03, Di-Do 10:00-17:00, Do zusätzlich bis 19:00, So 14:00-19:00

Markiert ist am Markt links, am neoklassizistischen Bau des Amtsgerichts entlang, dann rechts über den Markt. Marktbrunnen und das neue Rathaus bleiben rechts liegen. Es gibt eine Einkaufsmöglichkeit. Links zweigt die Bahnhofstraße zum Bahnhof ab (➲ 400 m). Sie folgen geradeaus der Lübecker Straße, die hier Einkaufsstraße ist. 700 m weiter lassen Sie eine große Straßenkreuzung rechts liegen und gehen auf der linken Straßenseite geradeaus am Leibniz-Gymnasium vorbei zur stark befahrenen L309. Auf einer Länge von 3,2 km ist der Weg nun (alternativlos) an der vierspurigen, sehr lauten Straße entlanggeführt. Mit einer Busfahrt könnten Sie dieses Wegstück aussparen.

Alle 15 Min. (So alle 30 Min.) fährt der Bus 1 Richtung „Lübeck, Hochschulstadtteil" dieselbe Strecke. Einstieg ist „Bad Schwartau, Leibniz-Gymnasium", der Ausstieg nach 8 Min. „Lübeck, Hochstraße".

Sie bleiben an der Schwartauer Landstraße (L309), bis linker Hand (bereits auf Lübecker Gebiet) eine Ansammlung Verbrauchermärkte BANK auffällt. Gleich danach zweigen Sie links in eine Nebenfahrbahn ab, die auf die Hochstraße mündet.

An der Kreuzung gehen Sie links, jetzt in die Josephinenstraße, und am Straßendreieck zur Ampelanlage an der querenden Einsiedelstraße. Gegenüber geht es links zur Brücke, mit der Sie die Trave überqueren. Der wunderbare Blick auf die Türme der Stadt entschädigt für die Mühen der letzten Kilometer. St. Jakobi (ganz links), der Dom und die Marienkirche sind über die Hafenanlagen hinweg zu sehen.

Nach der Brücke überqueren Sie noch die Hafenstraße und folgen halb rechts dem Radweg in die Anlagen hinunter bis vor die Gebäude der Fa. Brüggen. Dort geht es links die Konstinstraße hoch auf den **Jerusalemsberg** ❼.

Einer der ältesten Kreuzwege Deutschlands findet an der künstlich aufgeschütteten Kuppe der heutigen Parkanlage von der Jakobikirche kommend sein Ziel. Die sieben Stationen wurden 1493 vom Lübecker Kaufmann Hinrich Konstin gestiftet. Der Weg ist genau 1.650 m lang und entspricht damit der Via dolorosa, der Strecke, die Jesus von seiner Verurteilung aus bis zum Ort der Kreuzigung gegangen sein soll.

Der gelbe Pfeil zeigt hier rechts, vorbei an der klassizistischen Villa, in der das ⌘ Brahms-Institut (Musikhochschule, wechselnde Ausstellungen zum Thema Brahms, www.brahms-institut.de) untergebracht ist, Richtung Jugendherberge.

An der Jugendherberge Vor dem Burgtor biegen Sie links in den Gertrudenkirchhof ab und folgen dann rechts der breiten Travemünder Allee zum Burgtor. Noch vor der Hafenbrücke am Burgtor steht rechter Hand eine Stele, die an den Todesmarsch der Häftlinge aus den Konzentrationslagern nach Neustadt in Holstein erinnert (☞ S.67).

Durch das Burgtor (ehemals auch Hospiz/Pilgerherberge) ziehen Sie in die Stadt ein und folgen der Burgstraße zum Heiligen-Geist-Hospital. Gegenüber steht die Jakobikirche zwischen Koberg und Jakobikirchhof. Geradeaus führt die Königsstraße weiter in den Süden der Altstadtinsel. Der Pilgerweg aber biegt rechts über den Jakobikirchhof ab zur Breiten Straße.

Hansestadt Lübeck

BANK ⌘ 23552, 04 51

Lübeck und Travemünde Marketing GmbH, Holstentorplatz 1, ☏ 889 97 00, info@luebeck-tourismus.de, www.luebeck-marketing.de, www.luebeck-tourismus.de, Jan-Ostern und Sep/Okt Mo-Fr 9:30-18:00, Sa/So/Fei 10:00-16:00, Juni-Aug u. Adventszeit zusätzlich werktags bis 19:00, Nov So geschlossen und werktags nur bis 17:00, ➲ 450 m

⊙ Pilgerstempel bekommen Sie in der St.-Jakobi-Kirche und im Pfarrbüro der Probsteikirche (eine katholische Kirche in Lübeck). Parade 4, Mi und Fr 9:00-12:00, Di 14:00-17:00, Do 15:00-18:00, ➲ am Weg, ☞ Wegbeschreibung

Jakobus-Herberge, St.-Jakobi-Kirchengemeinde, Jakobikirchhof 5, 01 52/02 88 98 37, info@st-jakobi-luebeck.de, max. 6 Personen in 2 DZ mit je einem Etagenbett u. ein DZ mit 2 Einzelbetten, , ➲ am Weg, zentral

♦ **Jugendherberge Lübeck Altstadt**, Mengstr. 33, ☏ 702 03 99, luebeck-altstadt@jugendherberge.de, www.jugendherberge.de → Schleswig-Holstein, ÜF ab € 27 p. P., ➲ 330 m, westl. Altstadtinsel, zentral

♦ **Jugendherberge Lübeck Vor dem Burgtor**, Am Gertrudenkirchhof 4, 23568, ☏ 334 33 und 388 59 81, luebeck@jugendherberge.de, www.jugendherberge.de → Schleswig-Holstein, ÜF ab € 27 p. P., ➲ am Weg, 500 m nördlich vom Burgtor

Hotel Excellent, Mühlenbrücke 7, ☏ 709 88 30, info@hotel-excellent.de, hotel-excellent.de, Ü EZ ab € 75, DZ ab € 95, ➲ 380 m

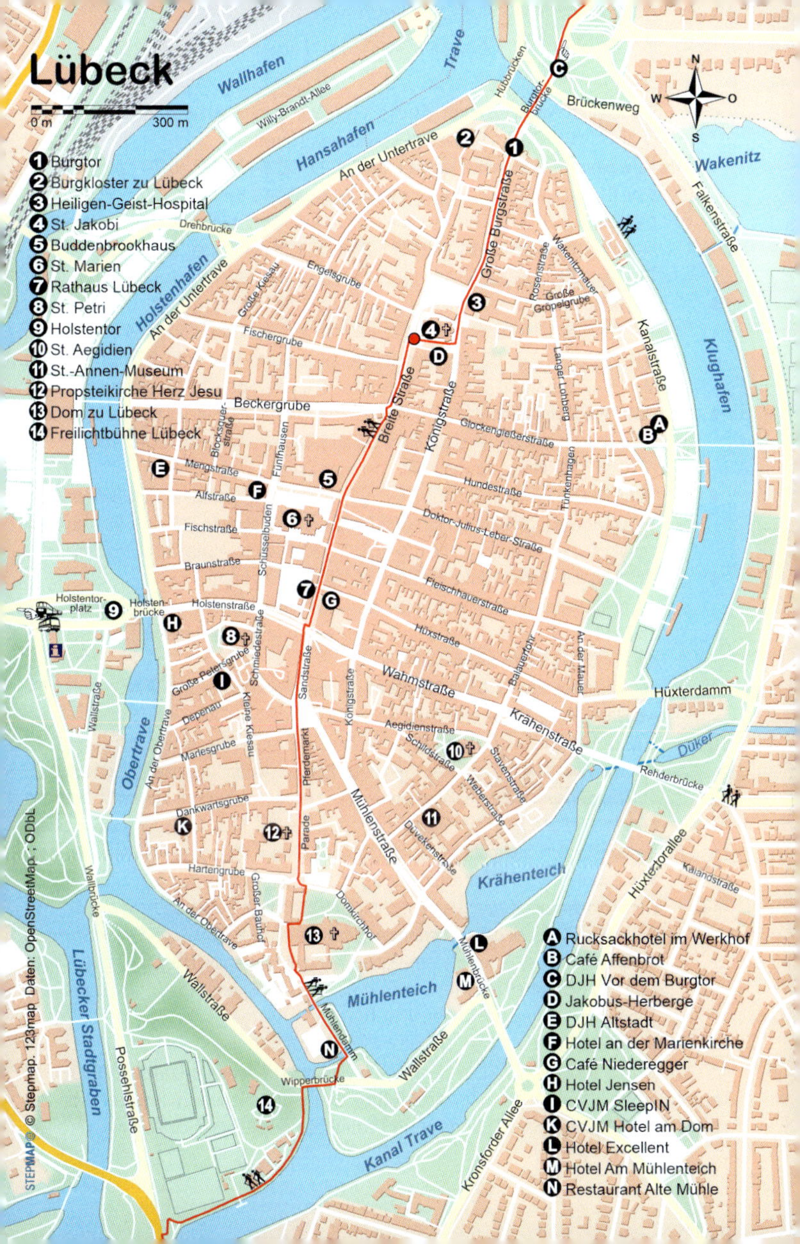
Lübeck
0 m
300 m
1 Burgtor
2 Burgkloster zu Lübeck
3 Heiligen-Geist-Hospital
4 St. Jakobi
5 Buddenbrookhaus
6 St. Marien
7 Rathaus Lübeck
8 St. Petri
9 Holstentor
10 St. Aegidien
11 St.-Annen-Museum
12 Propsteikirche Herz Jesu
13 Dom zu Lübeck
14 Freilichtbühne Lübeck
A Rucksackhotel im Werkhof
B Café Affenbrot
C DJH Vor dem Burgtor
D Jakobus-Herberge
E DJH Altstadt
F Hotel an der Marienkirche
G Café Niederegger
H Hotel Jensen
I CVJM SleepIN
K CVJM Hotel am Dom
L Hotel Excellent
M Hotel Am Mühlenteich
N Restaurant Alte Mühle
N
W
O
S
Wallhafen
Trave
Willy-Brandt-Allee
Hubbrücken
Burgtorbrücke
Brückenweg
Hansahafen
An der Untertrave
Wakenitz
Falkenstraße
Drehbrücke
Holstenhafen
Große Burgstraße
Engelsgrube
Große Kiesau
Rosenstraße
Wakenitzmauer
Große Gröpelgrube
Kanalstraße
Klughafen
Fischergrube
Breite Straße
Königstraße
Langer Lohberg
Beckergrube
Glockengießerstraße
Blocksquerstraße
Fünfhausen
Mengstraße
Alfstraße
Hundestraße
Tünkenhagen
Fischstraße
Schüsselbuden
Doktor-Julius-Leber-Straße
Braunstraße
Fleischhauerstraße
Holstentorplatz
Holstenbrücke
Holstenstraße
Schmiedestraße
Hüxstraße
Große Petersgrube
Sandstraße
Wahmstraße
Balauerfohr
An der Mauer
Hüxterdamm
Depenau
Kleine Kiesau
Krähenstraße
Wallstraße
Obertrave
An der Obertrave
Marlesgrube
Aegidienstraße
Schildstraße
Stavenstraße
Düker
Rehderbrücke
Pferdemarkt
Weberstraße
Dankwartsgrube
Mühlenstraße
Parade
Duvekenstraße
Hüxtertorallee
Kalandstraße
Krähenteich
Hartengrube
Großer Bauhof
Domkirchhof
Wallbrücke
Mühlenbrücke
Mühlenteich
Lübecker Stadtgraben
Mühlendamm
Possehlstraße
Wipperbrücke
Kanal Trave
Kronsforder Allee
STEPMAP © Stepmap, 123map Daten: OpenStreetMap ; ODbL

Rucksackhotel im Werkhof, Kanalstr. 70 (Ecke Glockengießerstraße), ☏ 70 68 92, 01 71/261 87 92, piias-rucksackhotel@t-online.de, www.rucksackhotel-luebeck.de, Ü EZ € 29, DZ € 46, MBZ ab € 17 p. P., Bettwäsche € 3, Handtuch € 1, Unterstellmöglichkeit, Küche, 520 m, Altstadtinsel

♦ **CVJM SleepIN**, Große Petersgrube 11, Kontakt: CVJM Hotel am Dom und www.altstadt-hostel.de, 40 Betten, Zwei- bis Achtbettzimmer, Ü MBZ € 24,50 p. P., 170 m, Altstadtinsel

♦ **CVJM Hotel am Dom**, Dankwartsgrube 43, ☏ 399 94 10, info@cvjm-luebeck.de, www.cvjm-luebeck.de, www.hotel-am-dom.eu, Rezeption 8:00-20:00, 29 Betten, Ü EZ € 34 (Jan-Mitte März € 25), DZ € 58 (Jan-Mitte März € 45), VBZ € 96 (Jan-Mitte März € 75), F € 7,50, Fön, 220 m, Altstadtinsel

♦ **Hotel Am Mühlenteich**, Mühlenbrücke 6, ☏ 771 71, hotel@muehlenteich.com, www.mühlenteich.de, Ü EZ € 75, DZ ab € 89, Jan-März ermäßigte Preise, F € 12,50, 380 m, Altstadtinsel, südl. vom Dom

♦ **Hotel Jensen**, An der Obertrave 4-5, ☏ 70 24 90, info@ringhotel-jensen.de, www.hotel-jensen-luebeck.de, 80 Betten, ÜF EZ ab € 65, DZ ab € 93, Jan-März ermäßigte Preise (außer an Fei), € 5, 290 m, westl. Altstadtinsel, Holstenbrücke

♦ **Hotel an der Marienkirche**, Schüsselbuden 4, ☏ 79 94 10, info@hotel-an-der-marienkirche.de, www.hotel-an-der-marienkirche.de, 18 Zimmer, ÜF EZ ab € 64, DZ ab € 94, saison- und zimmerabhängig, Jan/Feb Sparpreise, 120 m, zentral, Altstadtinsel

✕ vegetarisches Essen: **Café Affenbrot**, Kanalstr. 70, ☏ 721 93, Mo-So ab 9:00, werktags bis 22:00, Sa bis 23:00, So bis 21:00

Lübeck Hbf. ist sowohl Fern- als auch Nahverkehrsbahnhof, eignet sich also gut für An- und Abreisen, falls Sie den Weg unterbrechen wollen. Interessant für den weiteren Wegverlauf ist die Regionalbahnstrecke Lübeck – Lüneburg, die im Stundentakt bedient wird und auch für Pilgerwanderungen mit leichtem Tagesgepäck von einem festen Standort aus genutzt werden kann. Die vom Pilgerweg berührten Orte mit Bahnanbindung sind Ratzeburg, Mölln, Büchen und Lauenburg.

Detailinformationen zum Stadtverkehr in Lübeck finden Sie unter: www.sv-luebeck.de. Der zentrale Omnibusbahnhof ZOB liegt 150 m vor dem Haupteingang des Bahnhofs, erreichbar über das Holstentor. Die am Weg liegenden Orte Bad Schwartau (Bus 10) und Krummesse (Bus 16) sind in das Stadtbusnetz eingebunden.

Die Stadt der kurzen Wege lässt sich im Spazierengehen erkunden. Auch eine Stadtführung (Beginn am Touristenbüro) ist empfehlenswert, bevor man im Gewirr der Altstadtgassen, Stifts- und Wohnhöfe den Überblick verliert.

Lübeck wurde 1159 von Heinrich dem Löwen gegründet und mit Rom als Vorbild von italienischen Baumeistern errichtet. Im späten Mittelalter war Lübeck nach Köln die größte deutsche Stadt und Hauptort der Hanse (der Städtebund wurde 1266 zum Schutz der Kaufmannschaft gegründet). Das geschichtliche Erbe umfasst mehr als 1.000 denkmalgeschützte Häuser (oft mit markanten Treppengiebeln), die der Backsteinstadt zusammen mit den auf das Mittelalter zurückgehenden Wohnhöfen und Gängen (Twiete) und Monumentalbauten ihr unverwechselbares Antlitz geben. Im 16. Jh. nahm Lübecks Macht ab. Die von der Trave umschlungene Altstadt wurde 1987 in weiten Teilen von der UNESCO zum Weltkulturerbe erklärt.

Hinter den sieben Türmen Lübecks stehen seit alters fünf Kirchen, die jeweils einem Wohngebiet zugeordnet waren. Die ältesten sind der Bischofsdom und die Hauptpfarrkirche der Bürger, St. Marien.

✞ ⦿ **St. Jakobi**, im 13. Jh. erbaut, erhebt sich im Norden der Altstadt, wo zur Hansezeit alle diejenigen lebten, die mit Seefahrt zu tun hatten. Sie entwickelte sich so zur Schiffer- und Seefahrerkirche. Das Rettungsboot der 1957 südlich der Azoren gesunkenen Viermastbark Pamir, ausgestellt in der Pamir-Kapelle der Kirche, zieht Tausende Besucherinnen und Besucher aus aller Welt, vor allem aber auch viele Seeleute an.

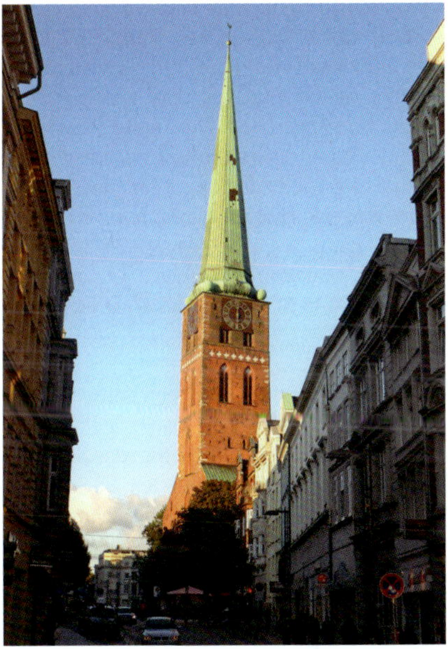

Der Turm der Jakobikirche ist leicht an den vier Kugeln am Fuß des Turmhelms zu erkennen

Durch das St.-Jakobus-Patronat wurde sie zu einer wichtigen Anlaufstelle der Pilgerinnen und Pilger auf dem langen Weg nach Santiago de Compostela. Auch heute ist sie wieder Pilgertreff mit einer Pilgerherberge nebenan. Etliche Jakobusdarstellungen sind in St. Jakobi zu entdecken, z. B.

in der Stuhlwange des hinteren Gestühls beim Südeingang, oberhalb davon an der Empore ein Bildnis mit Hut und Stab, eine Holzschnitzerei unterhalb des Aufgangs zur Orgel, eine an der Taufe und des Weiteren eine im Wandelaltar der Brömbsen-Kapelle sowie das Jakobusbildnis über der Kanzel. Von insgesamt zehn im Besitz der Kirche befindlichen Darstellungen sind sieben in der Kirche zu sehen.

♦ 💻 www.st-jakobi-luebeck.de, 🚪 Mai Mo-So 10:00-17:00, Juni-Mitte Okt Mo-So 10:00-18:00, übrige Zeit reduzierte Öffnungszeiten, ⊙ Pilgerstempel am Infostand in der Kirche

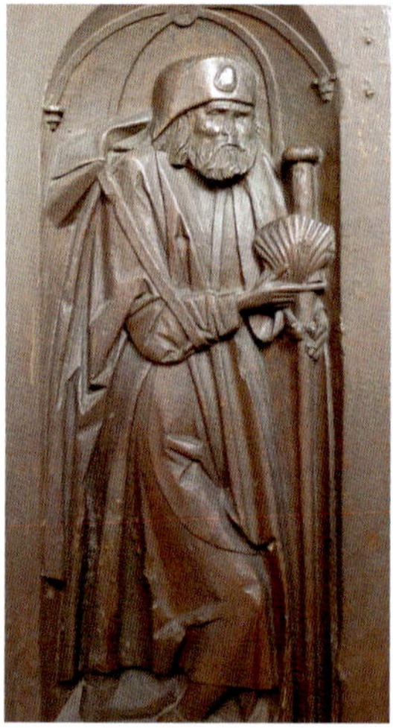

Aposteldarstellung in St. Jakobi

✞ Den Grundstein für den Bau des **Doms** (📷 ☞ Seite 2-3) zu Lübeck legte 1175 Herzog Heinrich der Löwe. Die Hallenkirche mit romanischem Mittelschiff und gotischen Seitenschiffen wurde im Zweiten Weltkrieg zerstört (wie überhaupt ein Fünftel der Altstadt) und danach wieder aufgebaut. Doch es gab schon einen Vorgängerbau. Der erste Dom, den Bischof Gerold errichten ließ, nachdem er den Bischofssitz von Oldenburg nach Lübeck verlegt hatte, war eine Holzkirche, die nur wenige Jahre Bestand hatte.

♦ 💻 www.domzuluebeck.de, 🚪 1. April-3. Okt 10:00-18:00, 4.-31. Okt bis 17:00, im Winter bis 16:00

✞ **St. Marien**. Vorbild der gotischen Backsteinkirchen im Ostseeraum mit einer Bauzeit von hundert Jahren, steht auf dem höchsten Punkt der Stadt – ein Kontrapunkt zum Dom, dem Sitz des Bischofs. Sie ist das drittgrößte Gotteshaus Deutschlands mit dem höchsten Backsteingewölbe der Welt, das im Rahmen einer Führung bestiegen werden kann. Ein weiterer Superlativ: Sie besitzt die größte mechanische Orgel der Welt.

♦ 💻 www.st-marien-luebeck.de, 🚪 ☞ Dom

✞ **St. Aegidien**. Die dreischiffige Hallenkirche aus dem 14. Jh. ist nach einem Abt aus Frankreich benannt und wurde als einzige der Lübecker Kirchen im Zweiten Weltkrieg nicht zerstört.

♦ 💻 www.aegidien-kirche-luebeck.de, 🚪 Di-Sa 10:00-6:00

✞ **St. Petri**, im 13. Jh. erbaut, ist eine fünfschiffige gotische Hallenkirche. Sie ist Lübecks einzige Innenstadtkirche ohne Gemeinde und heute ein Forum für Kunst und Kultur. Von der 50 m hohen Aussichtsplattform im Turm (Aufzug vorhanden) lässt sich Lübecks Altstadt gut überschauen.

♦ www.st-petri-luebeck.de, Mo-So 10:00-16:00

⌘ Das **Heiligen-Geist-Hospital** war eine Stiftung reicher Lübecker Kaufleute mit dem Zweck, kranke und arme Bürgerinnen und Bürger zu unterstützen. Besichtigt werden kann die dreischiffige Hallenkirche, die Kunst aus dem 13. Jh., wie holzgeschnitzte Altäre, beheimatet. Mit dem gut erhaltenen Bau wurde 1276 begonnen, zu der Zeit hat der Orden vom Heiligen Geist zahlreiche Hospitäler gegründet. Bis heute ist die mittelalterliche Stiftung als Stiftung des öffentlichen Rechts erhalten. Erst in jüngster Zeit wiederentdeckt und inzwischen unter den Schutz der UNESCO gestellt ist die mittelalterliche, in enger Verbindung zum Hospital stehende **Gertrudenherberge**, in der 140 Pilgerinnen und Pilger für bis zu drei Tage unterkommen konnten. Wieder freigelegte gotische Fresken zieren die Pilgerhalle und können besichtigt werden (Große Gröpelgrube 8).

♦ Am Koberg 11, www.stiftungsverwaltung-luebeck.de,
Di-So Sommerzeit 10:00-17:00, Winterzeit bis 16:00

⌘ Das **St.-Annen-Museum** im ehemaligen Augustinerinnen-Kloster, 1502 als Stift für ledige Töchter von Kaufleuten nahe der Stadtmauer südlich von St. Aegidien errichtet, beherbergt unter anderem 28 sehenswerte Lübecker und holsteinische Schnitzaltäre, die aus dem 13. bis 16. Jh. (erste Hälfte) stammen. Es sind auch viele schöne Jakobus-Darstellungen zu entdecken. Es ist äußerst spannend, sich dort einmal umzusehen, insbesondere dann, wenn durch den Besuch einiger Kirchen am Weg vielleicht bereits ein Interesse für die sakrale Kunst des Mittelalters erwacht ist. Die Altäre erzählen die Geschichten der Bibel und der Heiligen in ausdrucksstarken, bunten Bildern, ursprünglich gedacht für die des Lesens überwiegend unkundige Bevölkerung.

♦ St.-Annen-Straße 15, museumsquartier-st-annen.de,
April-Dez Di-So 10:00-17:00, sonst 11:00-17:00

⌘ Das **Rathaus**, Bauzeit 13. bis 16. Jh., vereinigt die Stilepochen Gotik und Renaissance. Das turmgeschmückte Backsteingebäude dokumentiert Stolz und Selbstbewusstsein der freien Reichsstadt. Im Rahmen einer Führung ist das Innere zu besichtigen.

Breite Straße 62, soweit keine Veranstaltungen stattfinden Mo 10:00-16:00, Di, Mi, Fr 9:00-16:00, Do 9:00-18:00

⌘ Das **Holstentor** ist das Wahrzeichen der Stadt und wurde im 15. Jh. als Symbol von Macht und Größe der damaligen „Königin der Hanse" erbaut. Dem wehrhaften Bauwerk, das mit seinen 3 m dicken Mauern auf Sumpf steht, dienten 20 Kanonen als Abschreckung, aus denen jedoch niemals ein Schuss abgefeuert wurde. Den Farben der Hanse entsprechend umlaufen rot-weiße Terrakottabänder italienischen Stils den doppeltürmigen Monumentalbau.

♦ Holstentorplatz, 💻 museum-holstentor.de, 🚪 April-Dez täglich 10:00-18:00, sonst Di-So 11:00-17:00

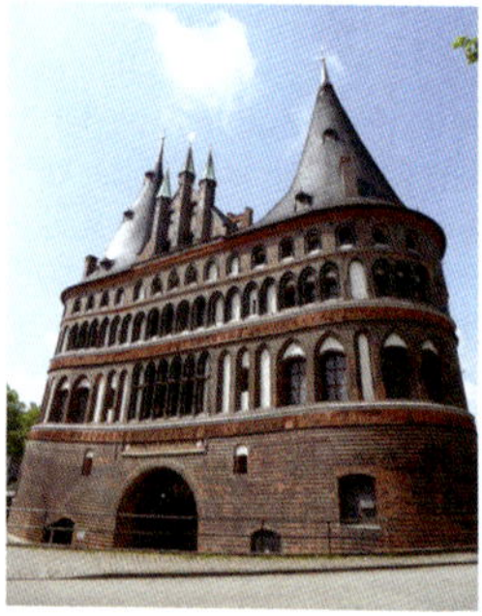

Holstentor

⌘ Das **Buddenbrookhaus** in der Mengstraße 4, das zeitweilig im Besitz der Familie Mann war, ist zu Ehren der Schriftstellerfamilie als Literaturmuseum eingerichtet worden. Seinen Namen erhielt es durch Thomas Manns Roman „Buddenbrooks", der dem Schriftsteller den Nobelpreis bescherte.

♦ Mengstraße 4, 💻 buddenbrookhaus.de, 🚪 April-Dez täglich 10:00-18:00, sonst 11:00-17:00

⌘ **Kulturforum Burgkloster**, archäologisches Museum. Es werden u. a. drei Jakobsmuscheln (13. bis 15. Jh.) und neun verschiedene Pilgerzeichen gezeigt, ferner Pilgerfläschchen, die vermutlich als heilkräftig geltende Flüssigkeiten oder geweihtes Wasser enthielten.

♦ Hinter der Burg 2-6, 💻 museen.de/kulturforum-burgkloster-zu-luebeck.html, 🚪 täglich 10:00-18:00

Es heißt, dass 1407 in der Stadt eine Hungersnot herrschte, den Bäckern das Mehl zum Brotbacken fehlte, die Lager aber mit Zucker und Mandeln gefüllt waren. Um die Menschen vor dem Hungertod zu bewahren, wies der Senat die Bäcker an, eben aus den vorhandenen Rohstoffen Brote zu machen.

Unbestritten ist das Marzipan Lübecks süßeste Attraktion. Die 1806 vom Konditormeister Johann Georg Niederegger gegründete Marzipan-Manufaktur, die noch heute im Besitz der Familie ist, hat es zu Weltruhm gebracht.

☕ Mitten im Zentrum, in der Breiten Straße 89, befindet sich das **Café Niederegger** mit dem Marzipan-Salon. 💻 www.niederegger.de, 🚪 Mo-Sa 9:00-18:00, So 10:00-18:00

Etappe 7: Lübeck – Berkenthin

19 km, 5 Std.

0,0 km	Lübeck, St. Jakobi
5,0 km	Geniner Brücke (Trennung von Via Baltica und Via Scandinavica)
8,6 km	Oberbüssau ⌘
12,9 km	Krummesse, St. Johannis
19,0 km	Berkenthin

Die folgenden vier Etappen orientieren sich an der Alten Salzstraße, die ihre größte Bedeutung im 12. bis 16. Jh. durch den Salztransport aus der Lüneburger Saline nach Lübeck erlangte, aber bereits in frühgeschichtlicher Zeit als Weg existierte. Zugleich war sie Teil der wichtigsten Nord-Süd-Verbindung in Deutschland. Kein Wunder also, dass die Pilgerinnen und Pilger des Mittelalters diese gesicherte und in regelmäßigen Abständen von Gasthäusern – die hier oft Krug heißen – gesäumte Straße nutzten. Zunächst wandern Sie entlang der nassen Salzstraße, dem heutigen Elbe-Lübeck-Kanal, auf dem ruhigen, beschaulichen Uferweg bis Berkenthin. Zwischen Lübeck und Lübeck-Moisling entspricht der Wegverlauf auch der Via Baltica, dem baltisch-westfälischen Jakobsweg. An der Geniner Brücke zweigt sie über Moisling und Reinfeld Richtung Hamburg führend wieder ab. Achten Sie nach der Querung der Geniner Brücke darauf, zum Kanalufer hinunterzusteigen und diesem in südlicher Richtung zu folgen.

Mit der Breiten Straße passieren Sie die Marienkirche und das Rathaus am Markt. Danach gabelt sich die Straße an einem Platz mit Brunnenanlage. Hier halten Sie sich halb rechts an die Straße Pferdemarkt und laufen zwischen Marienkrankenhaus und Probsteikirche Herz Jesu hindurch auf den Dom zu.

Am Dom teilt sich die Straße wieder. Sie können hier halb rechts entlang der Straßen Großer Bauhof und Mühlendamm spazieren oder ⇨ auch halb links und wieder rechts über den Domplatz und am Denkmal Heinrichs des Löwen und am Domportal vorbei die Stufen abwärts zur Mühlenstraße gehen.

Über den Mühlendamm und dann rechts über das Mühlenwehr erreichen Sie die Wallstraße. Nach rechts überqueren Sie die Trave und biegen nach der Brücke gleich links in den Fuß- und Radweg am Ufer ab.

Vor der nächsten Brücke (Possehl-Brücke) verlassen Sie den Uferweg, gehen hoch und überqueren die Brücke. Auf der anderen Seite steigen Sie ans Ufer der erreichten Kanal-Trave (Trave und Elbe-Lübeck-Kanal) hinab und wandern nun rechts am sogenannten Geniner Ufer ❶ entlang (Radweg Alte Salzstraße).

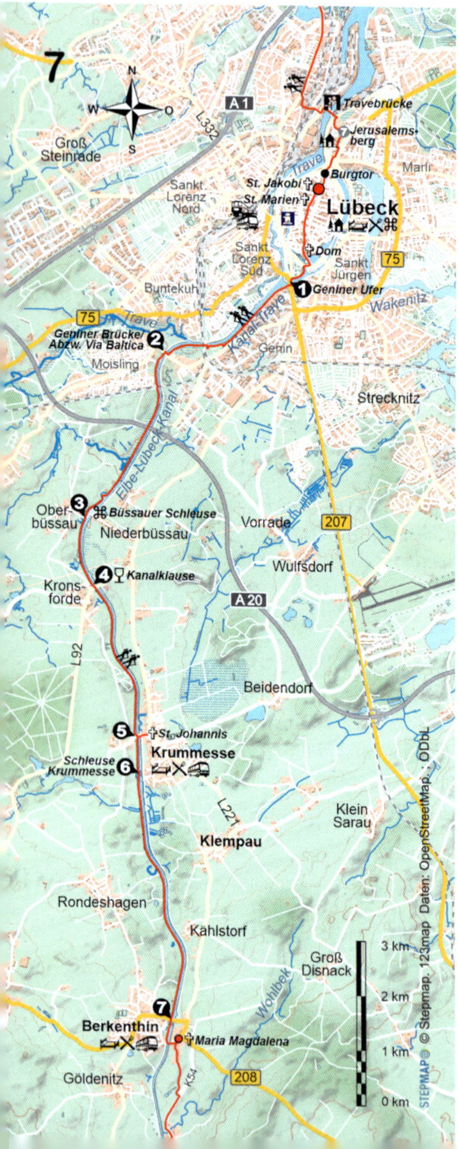

Dieser Weg wird erst an der Brücke zwischen Genin und Moisling (Geniner Brücke) verlassen und dort überqueren Sie die Kanal-Trave (nach 2,9 km und 700 m nachdem Sie die Geniner Eisenbahnbrücke von 1865 unterquert haben). Ein weiteres Merkmal ist der auf der gegenüberliegenden Kanalseite nach der Eisenbahnbrücke wahrzunehmende Zufluss der Trave in den Wasserweg, der in der Folge als Elbe-Lübeck-Kanal in südliche Richtung abbiegt.

Noch auf der Brücke trennen sich die Via Baltica und Ihr Weg ❷. Die Via Scandinavica führt nach dem Überqueren des Kanals rechts die Stufen zum anderen Ufer hinab. (🚲 Mit dem Rad finden Sie 100 m weiter rechts eine bequeme Abfahrt.) Die Via Baltica führt hier geradeaus nach Moisling 🛒 🚌 (➲ 400 m) und weiter nach Hamburg.

📖 **Jakobsweg Via Baltica** *von Usedom nach Bremen*, Martin Simon, Conrad Stein Verlag, Band 262, ISBN 978-3-86686-759-8, € 17,90

Unter der Brücke hindurch folgen Sie dem Kanal, der hier eher einem Fluss gleicht, in südliche Richtung. An den Ufern wächst Schilf. Es gibt über den Treidelweg hinaus keine hohen Dämme, die den Ausblick in die Landschaft versperren. So wirkt der Kanal in die

Landschaft eingebettet wie ein Fluss in sein Tal. Diesseits breiten sich Niederungswiesen, Wald und Feld aus. Jenseits vom Kanal entlang einer Höhe stehen immer mal wieder Häuser und Höfe im Hang. Auch die Landstraße, auf der der Bus fährt, ist anhand der Alleebäume zu erkennen. Bis Berkenthin folgen Sie dem schönen, ruhigen Uferweg.

Der heutige **Elbe-Lübeck-Kanal** ist in der Tat aus einer Flusslandschaft entstanden. Um die Vorherrschaft im Salzhandel zu erreichen, plante die Hansestadt Lübeck eine durchgehende Wasserstraße von der Elbe bis zur Trave, deren Bau im Jahr 1391 auch begann. Ein 11 km langer Kanal, der die Wasserscheide zwischen Nord- und Ostsee südlich von Mölln durchstach, sollte die beiden Flusstäler der Stecknitz und der Delvenau miteinander verbinden. Die Stecknitz entspringt dem Ziegelsee bei Mölln – Sie werden die Stelle noch sehen – und mündet bei Lübeck in die Trave. Die Delvenau beginnt ihren Lauf südlich von Mölln und fließt bei Lauenburg in die Elbe. Mit insgesamt 17 Schleusen versehen gelang das in der damaligen Welt einzigartige Bauwerk, das den Namen Stecknitzkanal (Stecknitzfahrt) bekam. Es begann die Zeit der Salzprähme (flache, etwa 10 m lange und 2,40 m breite Lastkähne ohne eigenen Antrieb), auf denen das für die Konservierung von Fisch so wichtige Salz aus der Lüneburger Saline nach Lübeck gezogen wurde. Die Stecknitzfahrt wurde zur nassen Salzstraße und löste den mühsamen Landtransport ab. 1896 begann der moderne Ausbau zum Elbe-Lübeck-Kanal. Bis heute wird er mit nur noch sieben Schleusen von Sportbooten und auch Lastkähnen befahren.

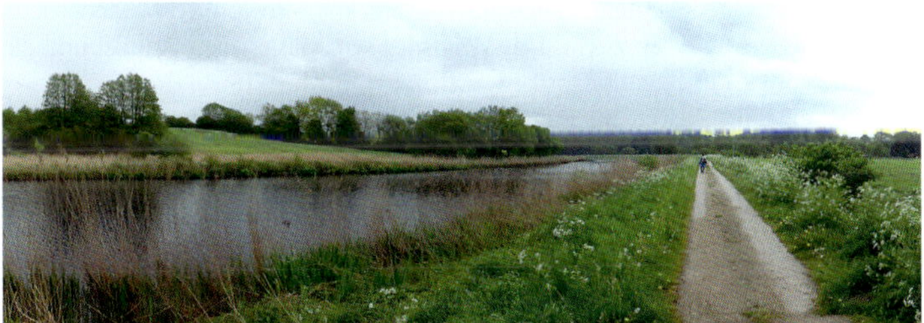

Landschaft am Elbe-Lübeck-Kanal

An einer ersten Schleuse, die rechts umgangen wird (einfach dem Weg entlang eines Nebenarms folgen), steht eine Information zur Alten Salzstraße. Die Schleusenstraße ⩫, die Sie queren, führt rechts nach Oberbüssau ❸.

⌘ Die Büssauer Schleuse arbeitet seit etwa 100 Jahren ohne Fremdenergie. Weder Strom noch Diesel werden für den Betrieb verbraucht, ausschließlich Kanalwasser sorgt für den Antrieb. Vielleicht haben Sie Glück und ein Schiff kommt vorbei. Beim Schleusen lässt sich der Mechanismus ergründen. Auch die Schleusen bei Krummesse und Berkenthin arbeiten nach diesem Prinzip. Das steigert die Chancen, diesen interessanten Vorgang mitzubekommen.

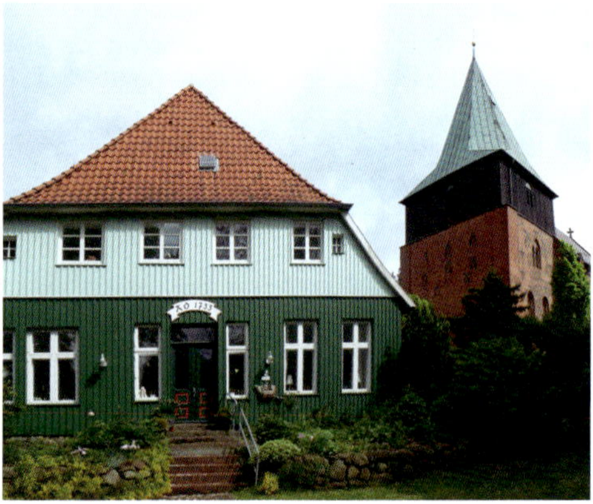

Pastorat und St.-Johannis-Kirche in Krummesse

Nach weiteren 1,4 km gibt es wieder eine Brücke bei Kronsforde. Die 🍷 König's Kanalklause ❹, die mit einem Biergarten lockt, ist nur an sonnigen Wochenenden ab 11:00 geöffnet.

Die nachfolgende Brücke ist neu und ersetzt eine ältere. Im Windspiel, einem modernen Kunstwerk von 2009, sind drei auf Hochglanz polierte Heringe zu sehen. Reiche Heringsschwärme bedeuteten auch für die Stecknitz-Region Wohlstand, denn dann wurde viel Salz gebraucht. Das Windspiel symbolisiert den Wandel und die Veränderlichkeit der Situation.

Ihr Weg führt weiter am Kanal entlang. Doch vorher sollten Sie über die Brücke ❺ hinübergehen und St. Johannis in Krummesse besuchen.

Krummesse

🛏 ✕ ✝ ⊙ 🚌 ✉ 23628, ✆ 045 08

🛏 ✕ **Hotel Thormählen**, Lübecker Str. 15, ☎ 79 94 70, ✉ kbockius@aol.com, 💻 www.hotel-thormaehlen.de, Ü EZ € 54,50, DZ € 80, DBZ € 114, VBZ € 120, F € 7,50, 🐕 € 9,50, ➲ 470

♦ **Landhotel Klempau**, Lübecker Str. 5, ☎ 264 (Restaurant: ☎ 777 48 20), ✉ info@hotel-klempau.de, 💻 www.hotel-klempau.de, ÜF EZ € 62, DZ € 94, ➲ 350 m

🚌 Von Krummesse fahren die Busse halbstündlich nach Lübeck Hbf. (am So reduzierte Abfahrtszeiten).

✞ ⦿ **St. Johannis.** Die frühgotische **Backsteinkirche St. Johannis**, die im Jahr 1270 fertiggestellt wurde, zeigt noch romanische Elemente. Eine Besonderheit ist der zweischiffige Aufbau mit zwei wuchtigen Mittelpfeilern. Eindrucksvoll sind die gotischen, erst in jüngerer Zeit wieder freigelegten Wandmalereien, wie die Posaune blasenden Engel unter der Mandorla, die, stark verwittert, eine Darstellung des Jüngsten Gerichts zeigen. Umgeben ist die mandelförmig gerahmte Zeichnung von den Symbolen für die vier Evangelisten: Matthäus als geflügelter Mensch, Markus als Löwe, Lukas als Stier und Johannes als Adler. Diese Symbolik ist in den Kirchen des Nordens häufiger zu sehen.

♦ Ev.-luth. Kirchengemeinde, Niedernstraße 2, ☎ 420, ✉ kirchengemeinde-krummesse@t-online.de, 🚪 Kirche: täglich 8:00-18:00, Kirchenbüro: Mo, Di, Do, Fr 10:00-12:00, ⦿ Pilgerstempel im Pfarrhaus, ➲ 240 m, das Pastorat ist gleich neben der Kirche in einem holsteinischen Haus von 1733 untergebracht.

Auch wenn die Transportschiffe, die das Salz aus Lüneburg brachten, immer im Besitz Lübecker Kaufleute waren und die Stecknitzfahrer lohnabhängig blieben, erreichten sie doch durch den Zusammenschluss in einer Gilde eine bedeutende gesellschaftliche Stellung. In den Kirchen hatten sie ihr eigenes Gestühl und einen eigenen Begräbnisplatz auf den Friedhöfen. Die wichtigste Kanalkirche der Stecknitzfahrer war der Lübecker Dom. An Ihrem Weg liegen aber auch die **Flussschifferkirchen** hier in Krummesse und weiter in Berkenthin, Mölln und Siebeneichen, die Marienkirche in Büchen-Dorf und die Maria-Magdalenen-Kirche in Lauenburg. In Berkenthin, dem Tagesziel, finden Sie auch einen alten, wiederhergerichteten Begräbnisplatz, abgesteckt durch vier mit den Schiffersymbolen versehene Granitsäulen.

☺ ↳ Falls Sie in Krummesse zum Bus oder Hotel wollen, folgen Sie dem Fußweg zwischen Pfarrhaus und Kirche zur Lübecker Straße. 300 m weiter links ist die 🚌 Bushaltestelle „Krummesse Moorweg“ erreicht. Auch die 🛏 Hotels finden Sie dort.

700 m nach der Krummesser Brücke erreichen Sie die Schleusenkammer von Krummesse ❻. An der dritten Schleuse quert die B208 ❼ den Kanal über eine Brücke. ↳ Rechts führt sie als Oldesloer Straße nach Berkenthin (➲ 230 m). Ihr Weg bleibt noch bis zur Kirchsteigbrücke (reine Fußgängerbrücke) am Kanal. Sie überqueren hier den Kanal zur Maria-Magdalenen-Kirche hin. Ein ausgehängter Ortsplan verschafft Orientierung.

Berkenthin 23919, 045 44

Klaus-Dieter Benn, Kirchenstr. 3, 285, 2 DZ, Dusche/WC, ÜF € 23 p. P., am Weg, die Unterkunft auf einem voll bewirtschafteten Bauernhof liegt direkt an der Kirche.

♦ **Gästehaus Clasen**, Kirchenstr. 13, 14 93, williclasen@t-online.de, www.haus-clasen.de, 30 Betten in 5 FeWo, Ü ab € 40 für 2 Pers., weitere Person € 8, buchbar ab einer Nacht (plus € 6 p. P.), am Weg, Wegbeschreibung

♦ **Bernd und Heidi Brinkmann**, Oldesloer Str. 58, 89 05 89, 01 51/15 55 01 55, b_brinkmann@t-online.de, FeWo mit 2 Betten, Ü € 40, 900 m, an der Kirchsteigbrücke rechts zur Oldesloer Straße, dort wieder rechts

Zum Grill-Eck, Oldesloer Str. 38, 89 01 00, Mo-Fr 12:00-14:00 und 17:00-20:00, Sa 14:00-21:00, So Ruhetag, 620 m, an der Schleusenbrücke rechts

♦ **Mediterrano**, Oldesloer Straße 5, 237 11 53, Di-So 11:30-21:00, 400 m, an der Schleusenbrücke rechts

Busse fahren werktags etwa stündlich nach Ratzeburg (Fahrtzeit 8-13 Min.), Sa/So nur 3 Fahrten auf Vorbestellung. Busverbindungen gibt es auch nach Krummesse mit Umsteigemöglichkeit nach Lübeck.

Die Backsteinkirche **Maria Magdalena** stammt aus dem 13. Jh. Wieder finden sich – hier besonders gut erhalten bzw. restauriert – gotische Fresken. Auffällig ist auch eine fast lebensgroße Figur der Maria Magdalena, die im 15. Jh. entstand. Die Schutzheilige der Kirche war auch Patronin der Flussschifffahrt. Der Begräbnisplatz der Stecknitzfahrer liegt an der Südseite der Kirche (neben der Weltkriegsgedenkstätte) und ist besonders gekennzeichnet. Nur ein einziger Flussschiffer fand hier am 12. Mai 1883 seine letzte Ruhestätte.

♦ ev. Kirchengemeinde Berkenthin, Kirchenstraße 4 (das größte Haus am Kirchplatz), 344, kirche_berkenthin@t-online.de, www.kirche-berkenthin.de, Kirche: täglich 8:00-16:00, Kirchenbüro: Mo, Di, Do 9:00-12:30

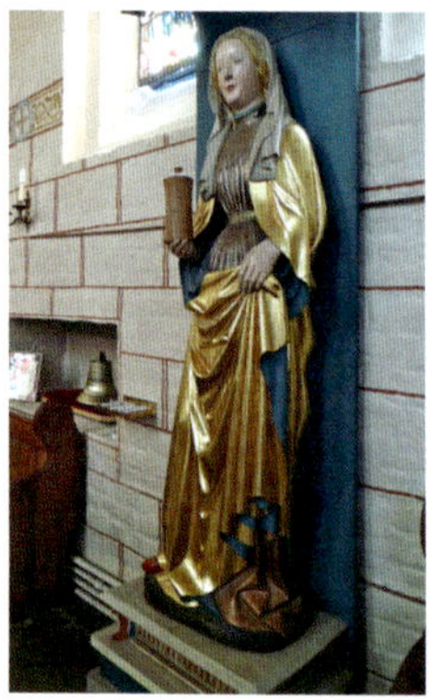

Bildnis der Maria Magdalena

Berkenthin war einmal im Besitz Lübecks. Einige alte Grenzsteine (Wegbeschreibung) weisen heute noch darauf hin. Heute ist der gut 2.000 Einwohnerinnen und Einwohner zählende Ort Verwaltungssitz des Kreises Herzogtum Lauenburg.

Etappe 8: Berkenthin – Mölln

24,2 km, 7 Std.

0,0 km	Berkenthin
1,9 km	Hollenbek
5,5 km	Kulpin
9,2 km	Ratzeburg, Bf.
10,7 km	St. Georg auf dem Berge
16,9 km	Fredeburg
21,3 km	Marienwohlde
24,2 km	Mölln, St. Nicolai

Hinter Berkenthin verlässt der Pilgerweg den Elbe-Lübeck-Kanal für einen Tag. Erst in Mölln wird er wieder erreicht. Bei Hollenbek rückt der Kanal noch einmal ins Blickfeld. Dann führt Ihr Weg nach Südosten. Sie wandern über aussichtsreiche, offene Höhen, mit der wunderschönen Alternative, am Behlendorfer See entlangzuschlendern. Die älteste und gleichzeitig die Mutterkirche des Lauenburger Landes, St. Georg auf dem Berge, ist ein wichtiges Zwischenziel. Von hier aus wurden die umliegenden Pfarrkirchen und auch der Ratzeburger Dom gegründet. Wer Ratzeburg nicht kennt, hat die Möglichkeit, bei einem Abstecher auf die Altstadtinsel den monumentalen Backsteinbau zu besichtigen oder die Etappe mit einer Übernachtung dort zu teilen.

Über Fredeburg und eine alte Wohnstätte der Birgittinnen, Marienwohlde, führt Ihr Weg weiter in die gemütliche Kleinstadt Mölln.

Gehen Sie an der Kirche vorbei bis zur Kirchenstraße. Hier biegen Sie scharf rechts ein (Richtung Behlendorf), passieren das Gästehaus Clasen und wandern zum Dorf hinaus in die wellige Landschaft bis zur K54. Dieser folgen Sie rechts nach **Hollenbek**.

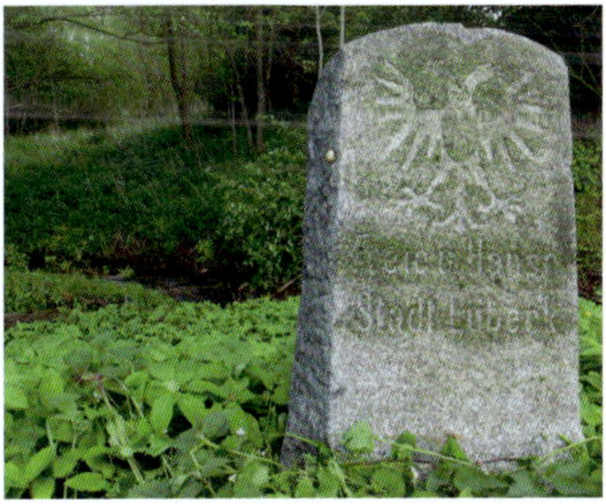

Historischer Grenzstein an der Salzstraße bei Hollenbek

Die Straße fällt in die Senke des Baches Wohlbek ab. Achten Sie genau am Übergang (ehemalige Bachfurt) auf den alten **Lübischen Grenzstein** (Doppeladler) ❶ linker Hand, der ehemals Lübecker Territorium markierte.

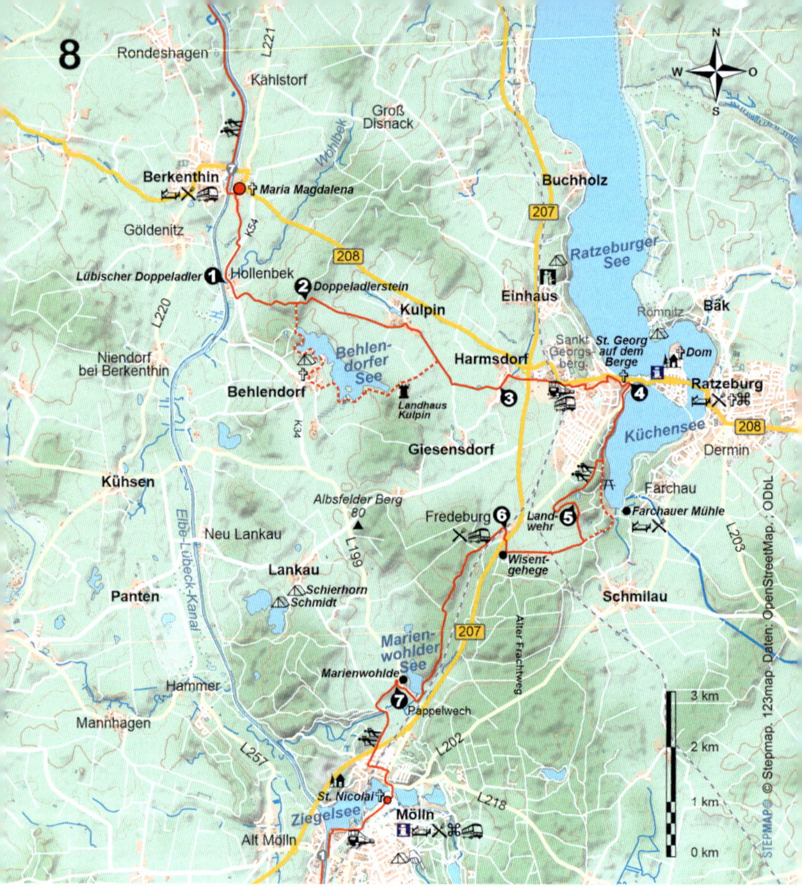

Am Ortsausgang von Hollenbek biegen Sie links von der Straße in einen geteerten Feldweg ab (Richtung Ratzeburg und Kulpin). Es beginnt ein sanfter Aufstieg durch einen Hohlweg auf eine Moränenhöhe. Fast oben gehen Sie an einer Verzweigung rechts, jetzt ohne Teer zu einer Kreuzung. Ab hier sind zwei Wegführungen vorgesehen. Markiert ist der durchaus auch attraktive Höhenweg über Kulpin. Für 🚲 Radfahrerinnen und Radfahrer sowie bei nassem Wetter auch Fußgängerinnen und -gängern ist er auch unbedingt zu empfehlen. Für die vielleicht schönere, allerdings auch 2 km weitere Variante über Behlendorf konnte keine Genehmigung für das Anbringen der Muschelsymbole erwirkt werden.

↳ **Variante über Behlendorf**: An der Kreuzung ist der rechts abzweigende Wanderweg nach Behlendorf ausgeschildert. Er führt durch Wald an den Behlendorfer See, dort links am Ufer entlang und nach dem Campingplatz rechts über die Seestraße zur Ortsmitte von **Behlendorf** (der Ort war über 25 Jahre Wohnort von Günther Grass).

Besonders beachtenswert (100 m rechts) sind die schöne Feldsteinkirche (um 1350) mit dem 1893 angebauten Glockenturm aus Backsteinen und die 800-jährige Eiche (im Absterben begriffen) gleich daneben.

⛺ **Behlendorfer Campingfreunde e. V.**, Seestraße 9a, 23919 Behlendorf, ☏ 045 44/230 98 24, ✉ info@campbcf.de, 💻 www.campbcf.de, Ü Zelt € 6, € 5 p. P., 🐕 € 1, ▤, 🏊, 🚪 April-Okt

An der Querstraße setzen Sie links Ihren Weg fort, biegen nach etwa 80 m links in die Straße Wiesengrund und geradeaus abweichend in den Fischerweg ab. Am Siedlungsrand führt dann links ein Wanderweg wieder an das Seeufer und weiter an ihm entlang. Vom Landhaus Kulpin folgen Sie dem Kastanienweg zurück zum markierten Pilgerweg, in den Sie rechts einbiegen.

Wer an der Kreuzung geradeaus geht, kann kurz danach, vor einer Linkskurve, rechter Hand versteckt unter Hainbuchengebüsch einen weiteren **Doppeladlerstein** ❷ entdecken. Bis 1937 gehörte Behlendorf noch zu Lübeck und heute zum Kreis Herzogtum Lauenburg.

130 m weiter steht eine ⛩ Pausenbank mit Aussicht vor einer Eiche. Dort zweigen Sie rechts ab. Entlang eines Knicks geht es aussichtsreich durch die Felder. Rechts herüber sind die Behlendorfer Kirche und das Waldgebiet um den Behlendorfer See zu sehen.

Vom Hof **Kulpin** (Ortseingang) führt die Straße Zum Gut zur Dorfstraße. In diese biegen Sie rechts ein und wandern zwischen Knick und Linden wieder in die Weite. Von rechts mündet bald der von Kastanien gesäumte Kastanienweg (Wegalternative über Behlendorf) ein. Wenig weiter ignorieren Sie einen zweiten rechts abzweigenden Weg.

In **Harmsdorf** treffen Sie auf die Giesensdorfer Straße ❸, der Sie links Richtung Ratzeburg durch eine Siedlung folgen. Noch bevor Sie tiefer in den älteren Ort eindringen (bevor die Giesensdorfer Straße zur Dorfstraße wird), weichen Sie rechts in die Ratzeburger Straße ab, erreichen ein Gewerbegebiet ☕ ✗, unterqueren geradeaus die B207 und erreichen schließlich die B208 am 🚌 🚆 🛒 ☕ Bahnhof Ratzeburg.

Nur 200 m folgen Sie der lauten Hauptstraße ohne Richtungswechsel und biegen dann rechts in die Matthias-Claudius-Straße ab. Im Zickzack wandern Sie durch ruhige Siedlungen, zunächst links durch die Berliner Straße. Am Ende gehen Sie rechts und wieder links entlang der Scheffelstraße und der verlängernden Eupener Straße, von der Sie nach 200 m scharf links in die Bergstraße abbiegen.

Bevor die B208 wieder erreicht ist, zweigen Sie rechts in den Wedenberg, der zur St. Georgsberger Kirche führt.

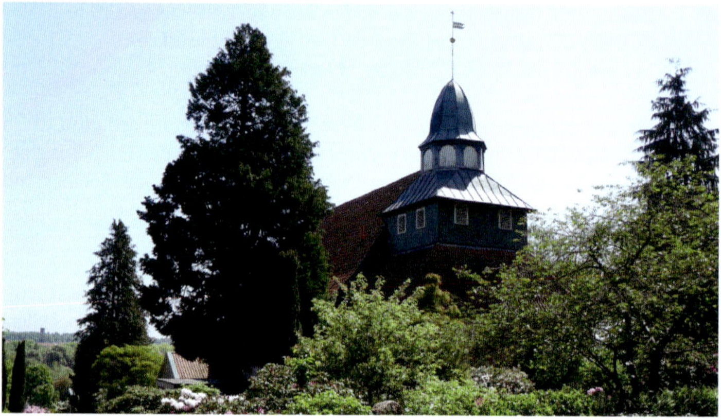

St. Georg auf dem Berge – ältester Kirchenstandort Ratzeburgs

✝ Der Ratzeburger Vorort St. Georgsberg und insbesondere die älteste Kirche des Lauenburger Landes, **St. Georg auf dem Berge**, steht wohl eher selten auf dem touristischen Besuchsprogramm. St. Georg liegt abseits der viel besuchten Altstadtinsel nahe dem einstmals einzigen Zugangsweg auf dem Georgsberg und geht nach neueren Erkenntnissen auf einen hölzernen Ursprungsbau aus dem 10. Jh. zurück. Nach einer ersten, gescheiterten Missionierungswelle im Gebiet der slawischen Polaben (Teilstamm der wendischen Abodriten) wurde sie zerstört und im 11. Jh. durch eine größere Feldsteinkirche mit der dazugehörigen Klosteranlage ersetzt. Diese wurde Sitz des Bischofs und somit zum Dom erhoben.

In der Ringwallburg auf der Insel herrschte der Polabenfürst Ratibor, genannt Ratse. Der Name Ratzeburg hat hier seinen Ursprung. Auch ein zentrales Heiligtum, der slawischen Göttin Siwa gewidmet, soll sich hier befunden haben. Die

Missionierungsbemühungen der Benediktiner vom Georgsberg endeten diesmal mit einer Teilzerstörung ihrer Kirche, nachdem der damalige Abt Ansverus gemeinsam mit seinen Mönchen im Sommer des Jahres 1066 gesteinigt worden war. Bestattet wurde Ansverus zunächst in den Ruinen der Kirche St. Georg auf dem Berge, seine Gebeine wurden dann nach der endgültigen Eroberung der Racesburg durch Heinrich den Löwen 1170 in den gerade fertiggestellten Ratzeburger Dom überführt. Eine Bildtafel aus vorreformatorischer Zeit im Altarraum des Ratzeburger Doms stellt das Leben und den Märtyrertod des Ansverus in zwölf Bildern mit Unterschriften dar.

Zuvor war auch St. Georg auf dem Berge im romanischen Stil wieder aufgebaut worden. Ihre Bedeutung als Bischofsdom verlor die Kirche aber mit der Errichtung des neuen Doms. Bis heute ist sie einfache Pfarrkirche. Der vermutete Grabstein des Ansverus mit der Aufschrift „OST JUM SEPULCHRI" (*ostium sepulchri* = Eingang zum Altargrab) ist an der Ostwand des Kirchenschiffes ausgestellt. An der Nordwand befindet sich ein Kirchenfenster aus dem 20. Jh., das die Steinigung des Ansverus zeigt. Seit Mitte des 15. Jh. steht an der vermuteten Stätte der Steinigung, 2,5 km nördlich vom Georgsberg bei Einhaus, ein Radkreuz aus gotländischem Kalkstein, das als Ansveruskreuz in die Kunstgeschichte eingegangen und Ziel einer einmal jährlich stattfindenden Wallfahrt ist.

⦿ Neben der Kirche (Wedenberg 9) befindet sich das Kirchenbüro im Alten Pastorat. Hier bekommen Sie einen Stempel für Ihren Pilgerpass, ☏ 045 41/857 79 19, ✉ kirchenbuero@st-georgsberg.de, 💻 www.st-georgsberg.de, 🚪 Mo-Fr 9:00-12:00

An der Kirche vorbei wandern Sie links den Wedenberg auf Kopfsteinpflaster wieder abwärts. Voraus ist der Dom auf der Altstadtinsel zu sehen.

An einem Parkplatz treffen Sie auf die Möllner Straße, der Sie nach dem Überqueren rechts zur Fortsetzung des Pilgerwegs folgen. Geradeaus ist der Beginn der Dr.-Alfred-Block-Allee nicht zu übersehen **❹**.

↳ Wer die sehenswerte Altstadt von Ratzeburg besuchen will, folgt diesem Fußweg (Dr.-Alfred-Block-Allee), der links abbiegend zum Lüneburger Damm führt. Dort gehen Sie rechts, vorbei an der Schiffsanlegestelle (Rund- und Linienfahrten auf dem Ratzeburger See, je nach Saison drei bis vier Abfahrten täglich) und dem Parkplatz Schlosswiese ✕ ☕, über eine Brücke in die Stadt zu einem Stadtrundgang (☞ unten). Da Sie hierfür etwa 2 Std. Zeit einplanen sollten, empfiehlt es sich, die sonst recht lange Wegstrecke in Ratzeburg mit einer Übernachtung zu teilen.

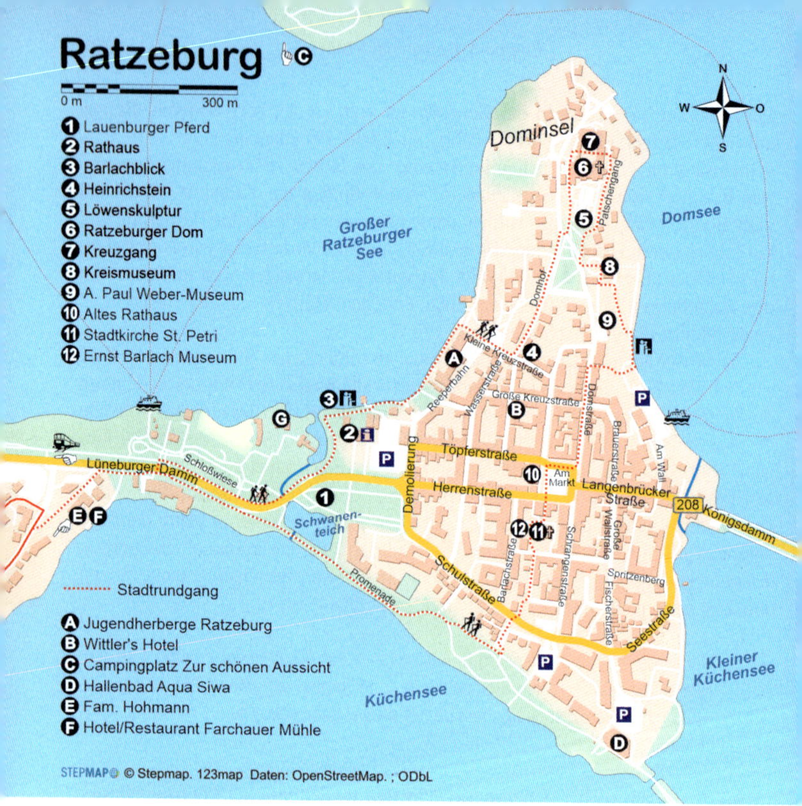

Stadtrundgang: Gleich nach der Brücke steht rechter Hand das Wappentier des Landkreises Herzogtum Lauenburg als Bronzeskulptur im Park (Ratzeburger Pferd). Ratzeburg ist Verwaltungssitz des Landkreises. Vor dem Rathaus (grellgelb gestrichen) mit der Touristen-Information biegt die Straße wieder nach rechts.

Sie können hier links zwischen See und Rathaus auf dem Fußweg weiterspazieren, erleben den Barlach-Blick und die Weite des Ratzeburger Sees. Rechts gehend bleiben Sie bis zur Ruderakademie (kostenfreies öffentliches WC) am Ufer. Hier müssen Sie rechts ausweichen, biegen aber wenig weiter links in den Domhof ein. Achten Sie an dieser Ecke auf den Heinrichstein (Erinnerung an den ersten Grafen von Ratzeburg, Heinrich von Badewide) und den Grenzstein im Straßenpflaster (1648 bis 1937 gehörten Dom und Kloster den Mecklenburgern).

Vor dem Dom ist der Friedhof mit der Löwenskulptur zu sehen. Heinrich der Löwe ließ den Dom im 12. Jh. bauen. Am Friedhofsbrunnen können Sie Ihre Trinkflasche füllen. Vom Friedhof aus betreten Sie den Dom durch den Haupteingang und verlassen ihn durch die Pforte gegenüber auf der Nordseite. Hinter der Kirche rechts gibt es wieder eine Tür zum sehenswerten Kreuzgang um den Klostergarten. Hier ist auch in einer Wandmalerei eine Jakobus-Darstellung zu finden. Im Klostergarten entdecken Sie die Barlach-Skulptur „Der Bettler“. Durch eine zweite Pforte verlassen Sie den Kreuzgang an der gegenüberliegenden Seite und gehen nach rechts, nun wieder nach Süden, passieren das Kreismuseum und werfen vielleicht noch einen Blick auf den Domsee. Vorbei am A. Paul Weber-Museum – wieder befindet sich ein Grenzstein im Straßenpflaster – erreichen Sie den Marktplatz mit dem Alten Rathaus, ✕ Gastronomie und Einkaufsmöglichkeiten.

Eigentlich brauchen Sie jetzt nur noch die eingeschlagene Richtung beizubehalten, um zur Promenade am Küchensee zu kommen. Schön ist es auch, vorher noch einen Blick in die Stadtkirche St. Petri zu werfen. Neben der Kirche finden Sie das Barlach-Museum. Entlang der Promenade laufen Sie rechts wieder zurück zum Pilgerweg. (Wer es eilig hat, kann abkürzend auch die vom Markt nach Westen abgehende Herrenstraße für den Rückweg nutzen. Post, Supermarkt, Buchhandlung und weitere Einkaufsmöglichkeiten befinden sich an dieser Ortsdurchgangsstraße.)

Ratzeburg

23909, ✆ 045 41

Tourist-Information Ratzeburg, Unter den Linden 1, ☏ 800 08 86, info@ratzeburg.de, www.ratzeburg-tourismus.de, Mo-Fr 9:30-12:30, 13:30-17:00, Sa/So 10:00-15:00, ➲ 700 m, Ratzeburger Altstadt

Jugendherberge Ratzeburg am Ratzeburger See, Reeperbahn 6-14, ☏ 840 95 04, jh-ratzeburg@djh.de, www.jugendherberge.de → Schnellsuche, ÜF ab € 29, ➲ 900 m, Ratzeburger Altstadt

Wittler's Hotel, Große Kreuzstraße 11, ☏ 32 04, info@wittlers-hotel.de, www.wittlers-hotel-ratzeburg.de, ÜF EZ € 75, DZ ab € 98, ➲ 850 m, Ratzeburger Altstadt

♦ **Hotel/Restaurant Farchauer Mühle**, Farchauer Mühle 6, ☏ 860 00, info@farchauer-muehle.de, www.farchauer-muehle.de, ÜF EZ ab € 65,50, DZ ab € 82, ➲ 1,3 km, beliebtes Ausflugsziel an der Südspitze des Küchensees, ☞ Wegbeschreibung

Fam. Hohmann, Châtillonweg 1, **St. Georgsberg**, ☏ 843 70, phkwolf@yahoo.de, www.ratzeburg-zimmer.de, 10 Betten, ÜF € 30 p. P., ➲ 880 m, südlich vom Bahnhof

⛺ **Campingplatz Zur schönen Aussicht**, Dorfstraße 3, OT Römnitz, ☎ 33 48, ✉ info@camping-ratzeburg.de, 💻 www.camping-ratzeburg.de, 🚪 31. März-14. Okt, Ü Zelt + 2 Pers. € 22, ➲ 3,5 km, 🚢 gut mit dem Fahrgastschiff zu erreichen

🏊 Badestellen: Schlosswiese Ratzeburger See, Farchauer Liegewiese Küchensee

♦ **Aqua Siwa** im Kurpark Küchensee, 💻 www.aquasiwa.de, 🚪 Di-Sa ab 14:00, Di, Do bis 19:00, Mi, Fr bis 21:00, Sa bis 17:00, So 9:00-13:00 u. 14:00-17:00

🚌 ☞ Berkenthin. Vom Busbahnhof am Bahnhof fahren die Busse werktags halbstündlich, Sa/So stündlich in das Zentrum der Stadt. Busse fahren auch entlang des weiteren Pilgerwegs über Fredeburg und Marienwohlde nach Mölln (Mo-Fr stündlich, Sa/So etwa alle 2 Std., Fahrtzeit 31 Min.).

🚆 Ratzeburg hat einen Nahverkehrsbahnhof an der Strecke Lübeck – Lüneburg (☞ Lübeck).

✞ **Ratzeburger Dom.** Ältester Backsteindom Norddeutschlands, Romanik

♦ 💻 www.ratzeburgerdom.de, 🚪 Mai-Sep Mo-So 10:00-18.00, Okt-April Di-So 10:00-16:00, Auskunft und Anmeldung zu Führungen: Dombüro, ☎ 34 06

⌘ **Ernst Barlach Museum. Ernst Barlach (1870 bis 1938)** ist vor allem durch seine ausdrucksstarken Plastiken bekannt geworden (Expressionismus). Im norddeutschen Raum findet man sie häufig in Kirchen und an öffentlichen Plätzen. Einige Jahre seiner Kindheit hat er in Ratzeburg verbracht. Das Museum befindet sich im damaligen Haus seiner Eltern. Hier können Sie sich einen Überblick über seine Werke verschaffen.

♦ Barlachplatz 3, neben der Stadtkirche St. Petri, ☎ 91 82 91, 🚪 April-Nov Di-So 11:00-17:00, Dez-März geschlossen

⌘ **A. Paul Weber-Museum**, kritische und satirische Grafik

♦ Domhof 5, ☎ 86 07 20, 🚪 Di-So 10:00-13:00 und 14:00-17.00

⌘ **Kreismuseum Herzogtum Lauenburg**, Exponate von der Steinzeit bis zur jüngeren Vergangenheit im barocken Herrenhaus neben dem Dom, zu Leben und Geschichte im Herzogtum Lauenburg, Kunst des 19. und 20. Jh. mit Bezug zum Herzogtum und deutsch-deutscher Grenzproblematik

♦ Domhof 12, ☎ 860 70, 🚪 Di-So 10:00-13:00 und 14:00-17:00

Nach 300 m weichen Sie links von der Möllner Straße in den Farchauer Weg Richtung Mölln ab. Der schöne Pfad bleibt unterhalb der Straße zwischen Uferwald und privaten Seegrundstücken. Etwa 1,3 km weiter biegen Sie an einer deutlich markierten Stelle rechts aufwärts vom Uferweg ab.

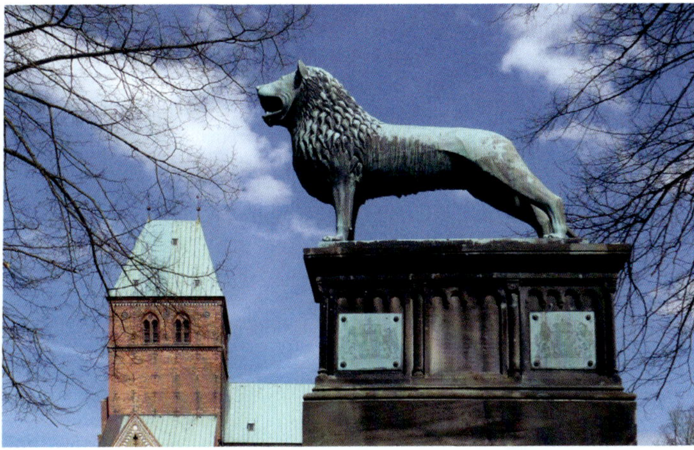

Den Dom in Ratzeburg ließ Heinrich der Löwe im 12. Jh. bauen

☺ ↳ Wollen Sie zur Farchauer Mühle 🛏 ✕ ☕ (☞ Ratzeburg) und von dort weiter nach Fredeburg, bleiben Sie auf dem ufernahen Wanderweg. Sie passieren einen Parkplatz mit Grilleinrichtungen, Liegewiese und Badestelle, biegen an Abzweigungen jeweils links ab und kommen zunächst zu den alten Mühlengebäuden, die zu komfortablen Ferienwohnungen umgebaut sind. Zum Hotel/Restaurant gehen Sie ab hier weiter geradeaus über den Alleeweg, zur Fortsetzung des Weges biegen Sie hier rechts in den breiten Weg Richtung Fredeburg und Alter Frachtweg ab. Wenn Sie an der dann folgenden Gabelung links gehen, landen Sie wieder auf dem markierten Pilgerweg.

Nach kurzem Anstieg biegen Sie an der Waldwegkreuzung links ab, queren kurz darauf ein Sträßchen und steigen gemächlich im Buchenhochwald in eine sumpfige Senke hinab. An der Gabelung dort gehen Sie rechts wieder leicht aufwärts. Auf diesem Waldweg bleiben Sie. Er schlägt einige Bögen, passiert die tiefen Gräben einer um 1350 aufgeworfenen Landwehr ❺ sowie drei Bunkeranlagen und erreicht schließlich eine Waldstraßenkreuzung. Hier gehen Sie rechts Richtung Fredeburg. (↳ Auch hier kämen Sie links nach Farchau, ➲ 1,2 km.)

Über offene Höhen pilgernd treffen Sie nahe dem Gut Fredeburg auf eine historisch bedeutsame Wegkreuzung. Es quert ein **alter Frachtweg**. Fast ohne Biegungen ist er genau nach Süden über Gudow auf Boizenburg gerichtet. Pilgerinnen und Pilger früherer Zeiten konnten diesem Weg zur Elbe folgen. Heute gibt es dort keine Fähre mehr. Die alten Rast- und Gasthöfe sind noch von der Karte abzulesen. Fredenkrug, Wasserkrug, Fortkrug und Heidekrug liegen an der Strecke.

Der Pilgerweg folgt der Alten Salzstraße rechts am Wisentgehege vorbei, quert die B207 am ehemaligen Hotel/Restaurant Fredenkrug und erreicht die Domäne Fredeburg Kulturlandwirtschaft e. V., eine nach Demeter-Richtlinien bewirtschaftete Hofanlage. In den Gebäuden des alten Fredenkruges ist heute ein großer 🛒 Bioladen mit ☕ Café und ✕ Mittagstisch eingerichtet (🚪 Mo-Fr 9:00-18:30, Sa 9:00-16:00).

Inmitten der Domänenanlage biegt Ihr Weg nach links und überquert die Bahnstrecke ❻ Lübeck – Lüneburg. In den dahinterliegenden, herrlichen Wiesenweg biegen Sie wiederum links ein.

Landgut Marienwohlde

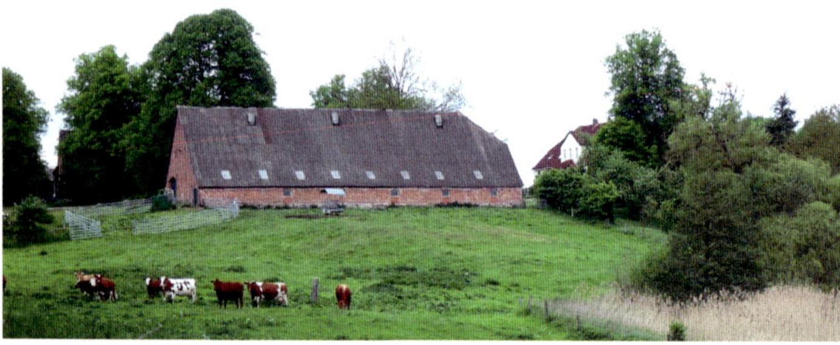

Im Wesentlichen behält Ihr Weg die Richtung bei. Einen Abzweig nach Giesendorf rechts ignorieren Sie. Geradeaus geht es weiter Richtung Marienwohlde. An einem Querweg gehen Sie links weiter. Bald am Waldrand mit schönem Überblick über das Tal angekommen erreichen Sie das Ufer des Marienwohlder Sees.

Am Bahnübergang folgen Sie der Straße (L199) rechts zur Höhe, auf der ein Landgut (Marienwohlde) in das Blickfeld rückt.

Marienwohlde erhielt seinen Namen von einem Nonnenkloster, Silva Mariae, das vom Birgittenorden vermutlich 1413 an dieser Stelle von Lübeck aus (Birgittenhof in der Wahmstraße) gegründet worden war. Es diente auch Pilgerinnen und Pilgern auf ihrem Weg von Skandinavien nach Rom und Santiago de Compostela als Anlaufstation. Die heilige Birgitta von Schweden (1303 bis 1373) entstammte einer Familie des schwedischen Hochadels. Mit 14 Jahren heirate sie den Landvogt Ulf Gudmarsson und brachte acht Kinder zur Welt. Das Ehepaar unternahm zu Fuß viele Wallfahrten. Im Jahr 1344 starb Birgittas Mann nach der Rückkehr von einer Pilgerreise aus Santiago de Compostela. Birgitta ging auch dann noch auf Pilgerfahrt nach Jerusalem und Rom. Motiviert für ihr Handeln wurde sie durch Visionen und Offenbarungen. Sie war eine der bedeutendsten Frauengestalten des Mittelalters, eine der ersten Frauen ihrer Zeit, die bewusst im öffentlichen Leben wirksam wurde. Das Gut Vadstena am Vätternsee (Schweden) wurde zur Keimzelle des Birgittenordens.

Vielleicht stammen die Fundamentsteine von Hof und Scheunen des Landgutes noch vom alten Kloster, das während einer Reformationsfehde 1534 zerstört wurde. St. Nicolai in Mölln beherbergt noch einen siebenarmigen Leuchter und eine Jakobusstatue aus dem Nachlass vom Kloster Marienwohlde.

Am Landgut vorbei gehen Sie bis zur Höhe mit der 🚌 Bushaltestelle „Marienwohlde, Gut" und biegen dort scharf links (nicht nur im rechten Winkel) in den Feldweg Pappelwech ❼ ab. Es geht zu den Häusern hinauf und dann leicht abwärts durch einen Hohlweg zu einer Straße. Zur Fortsetzung gehen Sie links Richtung Mölln.

↳ Wenn Sie der Straße rechts Richtung Lankau folgen würden, könnten Sie zwei Campingplätze erreichen (am Ortseingang links).

⛺ **Camping Schmidt**, Gretenberger Str. 4, 23881 Lankau,
💻 www.campingplatz-schmidt.de, Ü Zelt € 5, € 4 p. P., 🐕, 🚪 April-Okt, ➲ 3 km

♦ **Camping Schierhorn**, Dorfstraße 2, 23881 Lankau, ☎ 045 42/17 74,
📱 01 70/937 07 02, ✉ countermaaske@web.de,
💻 www.campingplatz-schierhorn.de, Ü Zelt € 4, € 4 p. P., 🚪 April-Okt, ➲ 3 km

Nach 50 m schwenkt die Straße nach links. Hier weichen Sie geradeaus (auch rechts zweigen Wege ab) auf einen zur Straße parallelen Fußweg ab.

Unter der Umgehungsstraße hindurch erreichen Sie Mölln über eine ruhige Siedlungsstraße, den Lankauer Weg (zwei abzweigende Wege, Klosterstieg und Birgittenweg, erinnern an die Vergangenheit). An einer Querstraße ist rechts der Weg zur Jugendherberge, die etwas abseits der Stadt in einem Wäldchen am Ziegelsee liegt, ausgeschildert. Der Pilgerweg folgt hier links dem Lankauer Weg zur Ratzeburger Straße (🚌 Ratzeburg – Mölln, 🛒 100 m weiter links). Rechts führt diese zum ehemaligen Wassertor. Über die Wassertorbrücke (Damm) folgen Sie der Hauptstraße und dann der zweiten Straße rechts (Marktstraße) zum historischen Markt mit der Nicolaikirche.

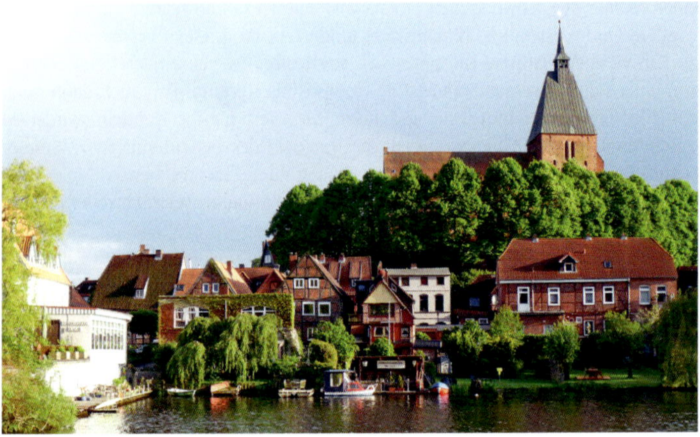

Altstadtkirche Mölln und Stadtsee

Mölln

23879, 045 42

Tourismus und Stadtmarketing, Am Markt 12, 856 88 90, info@moelln-tourismus, www.moelln-tourismus.de, Mo-Fr 10:00-17:00, Sa/So 10:00-15:30, am Weg

Jugendherberge Mölln, Am Ziegelsee 2, 26 01, moelln@jugendherberge.de, www.jugendherberge.de → Schnellsuche, im Winter Voranmeldung empfohlen, da zeitweise geschlossen, ÜF ab € 27,50 p. P., 800 m, am Nordufer des Ziegelsees

Hotel Pension Waldlust, Lindenweg 1, 28 37, hotel-pension-waldlust@t-online.de, waldlust-moelln.jimdofree.com, 36 Betten, ÜF ab € 39 p. P., 500 m, südlich vom Schulsee,

♦ **Quellenhof in Mölln**, Hindenburgstraße 16, 854 20, info@quellenhof-moelln.de, www.quellenhof-moelln.de, Ü EZ ab € 55, DZ ab € 84, F € 10, € 3,50, 350 m, südlich vom Kurpark

♦ **Pension Seeschlösschen**, Auf den Dämmen 11, 37 37, info@hotel-seeschloesschen.de, www.seeschloesschen-moelln.de, 21 Betten, ÜF EZ ab € 53, DZ ab € 82, 500 m, am Schulsee

Pension Haus Luisenhof, Birkenweg 3 a, 28 07, haus-luisenhof@web.de, www.haus-luisenhof.de, 6 Zimmer, ÜF EZ ab € 42, DZ ab € 80, bett+bike-Service, 650 m, südlich vom Kurpark, zentral

♦ **Privatzimmer Lilo Möller**, Ratzeburger Str. 25, ☏ 24 53, 5 Betten, Ü ab € 25 p. P., ➲ am Weg, noch vor dem Wassertor

△ **Campingplatz am Lütauer See**, Am Lütauer See 6, **OT Lehmrade/Drüsen**, 23883, ☏ 22 70, info@camping-moelln.de, www.camping-moelln.de, Ü Zelt ab € 6, ab € 5 p. P., € 1, ✕ (kleine Karte) Bootsverleih, Fahrradverleih, ganzjährig, ➲ 4 km, südlich von Mölln am Lütauer See

☞ Ratzeburg

☞ Lübeck

✞ ⦿ Die vermutlich ab 1210 als spätromanische, dreischiffige Basilika erbaute **Nicolaikirche** erfuhr im Laufe der Jahrhunderte mehrere Um- und Anbauten. So wurde der romanische Ursprungsbau im 15. Jh. mit größeren Fenstern versehen. Die Apsis wurde gotisch überhöht. Geweiht ist die Kirche dem hl. Nikolaus von Myra, dem Schutzherrn der Kaufleute und der Seefahrt. Nebenpatron ist St. Jakobus, der Schutzheilige der Pilgerinnen und Pilger. Eine Wandmalerei an der Nordseite des Hauptschiffes aus dem 13. Jh. zeigt die beiden Heiligen der Reisenden zu Land und zu Wasser in eindrucksvoller Klarheit. Jakobus, mit umgehängter Muschel, segnet die Fußpilgerinnen und -pilger. Nikolaus wendet sich einem vielleicht in Seenot geratenem Schiff zu.

In der reichen Ausstattung der Kirche spiegelt sich nicht nur die sakrale Kunst einiger Jahrhunderte wider. Im Eingangsbereich z. B. zeigt eine Möllner Stadtansicht von 1578 die bewehrte Stadt als „Festung an der Salzstraße". Der siebenarmige Leuchter aus dem Kloster Marienwohlde ist zu sehen. Stecknitzfahrer sollen ihn im Kanal gefunden haben. Auch das Gestühl der Stecknitzfahrer, eine geschlossene Kirchenbank mit Motiven der Frührenaissance, ist noch vorhanden. Eine im Original erhaltene Jakobusfigur aus dem 15. Jh. steht in einer Nische hinter Glas. Ältestes Ausstattungsstück ist wohl ein Taufsteinfuß mit Bildern aus dem Leben der Heiligen Drei Könige, um 1200 in Gotland entstanden. Besonders stolz sind die Möllnerinnen und Möllner auf ihre fast 500 Jahre alte Orgel des Hamburger Orgelbaumeisters Jacob Scherer. Vieles mehr ist zu entdecken.

♦ **St.-Nicolai-Kirche**, Mai-Okt Di-So 11:00-17:00, im Winter Di-So 10.00-12:00 und 14:00-16:00. Pilgerstempel gibt es am Informationsstand in der Kirche und ersatzweise in der Tourist-Information.

⌘ **Möllner Museum** im historischen Rathaus (zweitältestes erhaltenes Rathaus in Schleswig-Holstein von 1373). Stadtgeschichtliche Sammlung, Sonderausstellungen

♦ Am Markt 12, ☏ 83 54 62, Mo-Fr 10:00-17:00, Sa/So bis 15:30

⌘ **Eulenspiegelmuseum**. Man sagt, dass Till Eulenspiegel 1350 in Mölln gestorben ist und auf dem Kirchberg begraben liegt, seine Streiche aber den Möllnern auch heute noch spielt. Ein Eulenspiegelstein in Form einer Grabplatte von 1530 befindet sich außen in einer Nische an der Nicolaikirche. Auf dem Markt steht seit 1950 eine Eulenspiegelfigur aus Bronze, die der Bildhauer Karlheinz Goedtke geschaffen hat. Das gleichzeitige Berühren von Daumen und Fußspitze soll Glück bringen.

♦ am historischen Markt, 🚪 Mo-Fr 14:00-17:00, Sa/So 11:00-17:00

Wie Ratzeburg und Lübeck ist auch Mölln strategisch günstig von Wasser umgeben. Der Stadthügel erhebt sich auf einer Halbinsel (Werder) im Möllner Seengebiet. An höchster Stelle ragt die von Linden umsäumte Nicolaikirche als ältestes erhaltenes Bauwerk der Stadt weithin sichtbar hervor. Gleich daneben am Markt steht der gotische Backsteinbau des alten Rathauses, heute Museum und Tourist-Information. Auf altem Grundriss scharren sich sehr viel jüngere Fachwerk- und andere Bauten um den Kirchenhügel und vermitteln mit den engen Gassen mittelalterliches Flair.

Rastbank an der Heide

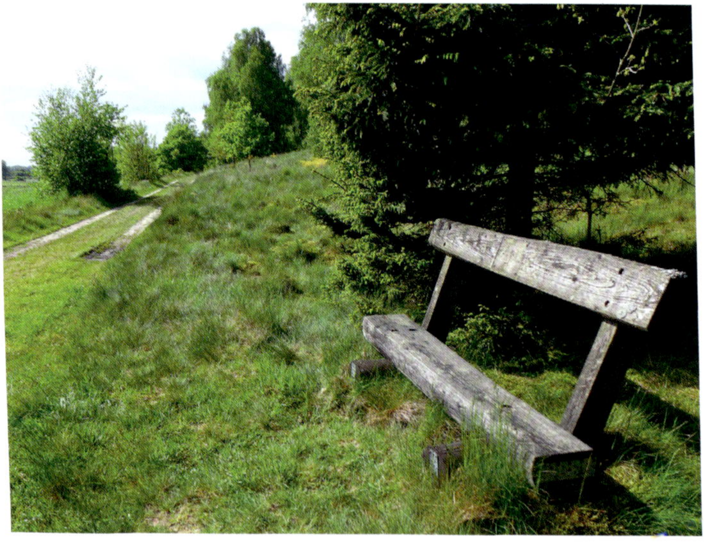

Etappe 9: Mölln – Büchen

22,9 km, 7 Std. 30 Min.

0,0 km	Mölln, St. Nicolai
0,7 km	Mölln, Bf.
1,9 km	Mölln, Alte Salzstraße
4,9 km	Abzweig Breitenfelde
5,1 km	historischer Brunnen
10,2 km	Hornbek
14,8 km	Roseburg
17,1 km	Siebeneichen
21,9 km	Abzweig Büchen-Dorf
22,9 km	Büchen, Bf.

An unbefestigten Stellen hat man die Alte Salzstraße einst in einer Breite von 5 bis 20 m vorgefunden. War ein Wegstück durch beladene Fuhrwerke zerfahren oder unpassierbar schlammig geworden, nahm man die Spur daneben. Stetig verbreiterte sich so die Trasse. Besonders sandige und nasse Passagen wurden gepflastert, um die Befahrbarkeit bei jedem Wetter zu erleichtern. Zwischen Alt-Mölln und Hornbek pilgern Sie heute auf einer Länge von rund 7 km über einen intakten Teil der original erhaltenen Alten Salzstraße. Bei Hornbek treffen Sie auf ein über 1.200 Jahre altes Teilstück des Limes Saxoniae, ein Grenzwall gegen die Slawen. In Siebeneichen und Büchen-Dorf haben Sie Gelegenheit, zwei weitere Flussschifferkirchen kennenzulernen.

Vom Markt führt die gepflasterte Marktstraße wieder hinunter zur Hauptstraße. Ohne Richtungswechsel folgen Sie dieser bis kurz vor den Bahnhof. Hier geht es rechts über den Bahnübergang und die Alt-Möllner Straße entlang. Etwa 50 m vor einer Tankstelle biegen Sie noch einmal rechts in die Hafenstraße ab, jetzt eng am Hafenkai des Ziegelsees wandernd. Am westlichen Rand durchsticht der Elbe-Lübeck-Kanal den See (☞ Etappe 7). Sie nehmen nach links schwenkend den am Kanalufer weiterführenden Fußweg, steigen zur bald erreichten Kanalbrücke hoch und wechseln die Seite.

Sie gehen nicht direkt am Kanal weiter, sondern nehmen jetzt den parallelen, oberen Weg, die **Alte Salzstraße ❶**.

Immer wieder finden Sie Informationstafeln am Weg. So erfahren Sie, dass die Straße auch eine Reichsstraße, eine Via Regia, war. Rechtlich war sie dem König unterstellt, vielleicht vergleichbar mit den heutigen Bundesstraßen, also Straßen, die nicht Gemeinden, Kreise oder Länder unterhalten, sondern der Bund. Eine

Via Regia hatte, wie die Bundesstraßen heute, überregionale Bedeutung. Sie erfahren auch, dass Sie sich in einem Naturraum befinden, in dem eine für den Kreis Herzogtum Lauenburg bedeutende Population Nachtigallen lebt. Ihr Gesang ist von April bis Juni nicht nur am Abend und nachts zu hören.

Nach gut 2 km, an der Informationstafel über Breitenfelde, führt die historische Straße vom Kanalufer weg, nach weiteren knapp 500 m dann aber wieder in die alte Richtung, nach Süden. 400 m darauf ist ein ↳ Abzweig nach Breitenfelde ❷ durch einen Radwegweiser angezeigt.

Breitenfelde

23881, ✆ 045 42

Gothmann's Hotel, Bundesstraße 6, ☎ 26 06, info@hotel-gothmann.de, www.hotel-gothmann.de, 20 Betten, ÜF EZ € 69-98, DZ € 98-128, DBZ € 98-149 (jedes weitere Bett € 29), ➲ 2,4 km

✝ Auf der ältesten Glocke der **Breitenfelder Kirche** fand man ein Pilgerzeichen von 1511, ein Hinweis darauf, dass der Handelsweg auch Pilgerweg war. Dieses ist aber nicht zu besichtigen. Die aus Feldsteinen und Ziegeln erbaute, frühgotische Hallenkirche ist aber vielleicht für Kunstinteressierte interessant. Das mittlere der drei Fenster im Chor stammt noch aus dem 13. Jh. Eine Besichtigung ist nach Anmeldung im Kirchenbüro gerne gesehen.

♦ **Kirchenbüro ev.-luth. Kirchengemeinde Breitenfelde**, Dorfstr. 26, ☎ 24 21, www.kirche-breitenfelde.de, Mo, Mi, Fr 9:00-12:00, Mi auch 16:00-18:00

Linker Hand befindet sich hier noch ein Grenzstein mit dem **lübischen Doppeladler**, wieder ein Hinweis auf den weitreichenden Einfluss Lübecks, das den Handel an der Salzstraße kontrollierte, aber auch sicherte. Achten Sie 200 m weiter rechter Hand auf den Findling, der auf einen **historischen Brunnen** am Frachtweg aufmerksam macht. Gleich dahinter ist der alte, aus Feldsteinen gemauerte Schacht zu sehen. Er diente vor allem den Zugtieren als Tränke, sicher aber auch den Kaufleuten, Pilgerinnen und Pilgern. 300 m weiter steht eine Pausenbank mit herrlichem Blick über die angrenzenden, blütenreichen Magerwiesen, die sich in die Delvenausenke hinunterziehen. Ein Blick entlang des Weges zeigt deutlich die Lage der Alten Salzstraße unterhalb der bewaldeten Hangkante dieser eiszeitlichen Schmelzwasserrinne.

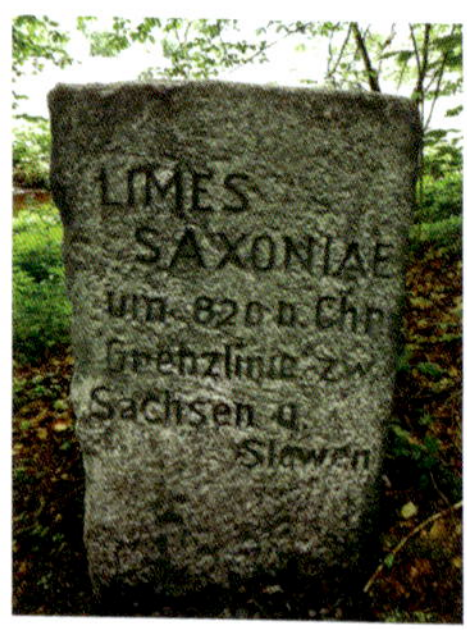

Hinweis auf den historischen Grenzwall

Im weiteren Verlauf treffen Sie auf einen wegweisenden Stein, der auf den Limes Saxoniae hinweist. Der ebenfalls angezeigte alte Weg nach Güster ist auch Ihre Richtung. Bald wandern Sie entlang eines sandigen, mit Heide bewachsenen Hangs mit ⩫ Pausenbank und erreichen danach im Wald eine ⌂ Schutzhütte, von der es hinunter zum Mühlenbach geht.

Gleich nach der Holzbrücke entdecken Sie sie: Die gewaltige Wallanlage des **Limes Saxoniae** ❸ ist hier rund 1.200 Jahre nach ihrer Errichtung als Teilstück noch gut erhalten. Von Boizenburg an der Elbe entlang der Delvenau, der Trave und schließlich der Schwentine, die in die Kieler Förde mündet, sollte das ab 810 errichtete Bollwerk die Gebiete der Sachsen vor den slawischen Wagriern und Polaben schützen. An manchen Stellen waren auch Burgen eingefügt. Karl der Große hatte zuvor den Grenzverlauf mit den Slawen ausgehandelt.

Sie biegen hier rechts aufwärts in die Verteidigungslinie ein. Nach 1,1 km auf einem herrlichen Waldweg erreichen Sie die Güsterer Straße. (Rückwärtig ist Ihr Weg als Schaarweg ausgeschildert. Als Schaar werden in Norddeutschland auch Sandbänke/Sandrücken bezeichnet.) Rechts folgen Sie der Straße zur Kreuzung mit der L200 (Achtung, Autobahnzubringer!) und wandern geradeaus nach **Hornbek** hinein.

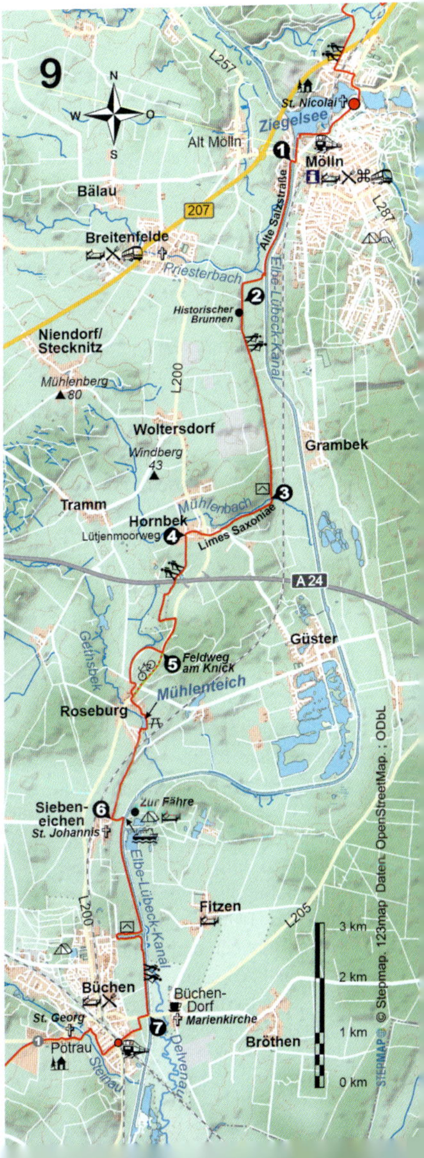

Nach dem Feuerwehrhaus biegen Sie von der Hauptstraße links in den Lippenhorstweg und dann wiederum links in den Lütjenmoorweg ❹ ab.

Die Autobahn wird überquert. Etwas weiter biegt der geteerte Wirtschaftsweg rechtsherum und endet dann. Hier folgen Sie links dem Weg entlang des Kiefernwaldes.

Am Ende des Waldrandes ist die gerade Linie auf Roseburg zu abgeschnitten (Naturschutzgebiet). Sie gehen links bis zur Straße und dann rechts 650 m an ihr entlang (Radweg). Nachdem Sie zwei links in den Wald führende Wege ignoriert bzw. passiert haben, erkennen Sie vom dritten in den Wald führenden Weg aus rechts über die Straße hinüber einen beginnenden Feldweg ❺ entlang eines Knicks. Das ist Ihr Weg.

Radfahrerinnen und Radfahrer könnten dem Radweg an der Straße weiter bis Roseburg folgen.

Die Feldzufahrt endet in einer Wiese. Sie aber biegen vorher links in den schönen Heckenweg ab und pilgern jetzt wieder Richtung Süden.

Sie erreichen **Roseburg** an einer Siedlungsstraße, der Sie links folgen. Noch vor der Kreuzung mit der L200 biegen Sie rechts in den Trammer Weg ein, der zur Dorfstraße führt. Wenige Schritte rechts und gleich wieder links folgen Sie dann dem Mühlenweg (Richtung Haus der Stille, buddhistisches Meditationszentrum).

Unterhalb vom Haus der Stille (eines der ältesten buddhistischen Meditationszentren in Deutschland, seit 1960) wandern Sie am Mühlenteich entlang und gehen dann rechts über seinen Damm. Nach den Gebäuden der ehemaligen Mühle biegen Sie am Siedlungsrand links in die Straße Müllerland, folgen der verlängernden Bahnhofstraße geradeaus über die Bahnstrecke Mölln – Büchen hinüber und wandern im Wald bis zu einer T-Kreuzung. Dort zeigt der Radwegweiser Ihnen den Weg rechts nach Siebeneichen ❻.

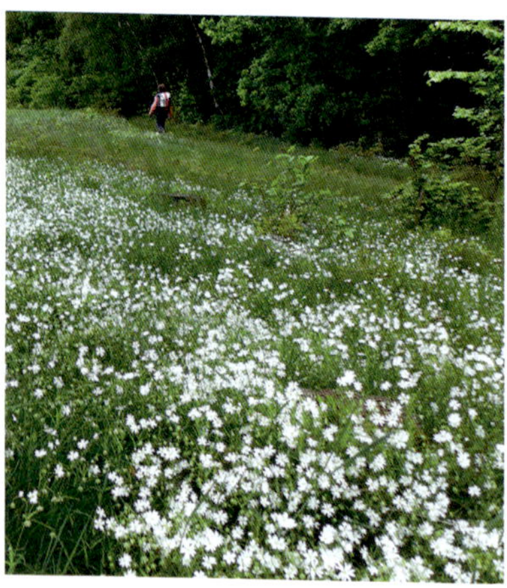

Sternmieren auf einer Waldwiese

Etwas unterhalb von Siebeneichen gibt es eine Kreuzung. Der Pilgerweg ist nun nach links zur Kanalfähre hinunter markiert, die Wege rechts und geradeaus führen in das Dorf.

Siebeneichen ist ein hübsches Dorf. Backsteinhäuser und mit Reet und auch Ziegeln gedeckte Katen umgeben die Feldsteinkirche auf dem von Linden umsäumten Kirchplatz. Die Kirchturmspitze ziert ein Fisch als Wetterfahne, ein Symbol der Salzprahmzeit. „Geht man ins Pastorat hinein, sieht man den butterweichen Stein", heißt es in einem Lied des Bürgermeisters. Der bearbeitete Granitfindling mit eingraviertem Kreuz ist im Tor vermauert. „Das Kreuz machte – so geht die Sage – ein Ritter vor dem Kampfestage", verrät der Bürgermeister.

⊙ Ev.-luth. Kirchengemeinde St. Johannis Siebeneichen, Kanalstraße 3, ☏ 041 58/424, ✉ kgsiebeneichen@kirche-ll.de, im Pfarrhaus bzw. im Kirchenbüro (Eingang an der rechten Hausseite) bekommen Sie einen Pilgerstempel.

⛴ In Siebeneichen besteht die einzige Fährverbindung am Elbe-Lübeck-Kanal. Der Betrieb läuft allerdings nur eingeschränkt von April-Oktober Sa/So/Fei von 10:00-18:00. Dann können Sie nach Fitzen übersetzen. Dort gibt es einen ⛺ Campingplatz und 🛏 Zimmer.

💻 faehre-siebeneichen.de

Fitzen 🛏 ⛺ ✉ 21514, ☏ 041 55

🛏⛺ **Campingplatz und Ferienzimmer**, Zur Fähre 10, ☏ 808 18 65, ✉ info@zur-faehre.de, 💻 www.zur-faehre.de, 3 Zimmer, EZ ab € 34, DZ € 49, F € 10, Camping: Zelt € 4, € 5 p. P., 🐕 € 1, 🧺, 🚪 ganzjährig, ➲ am Weg, erreichbar mit der Fähre Siebeneichen, direkt an der anderen Kanalseite, zum Pilgerweg zurück können Sie dem Kanalweg bis zur nächsten Brücke (Büchen-Dorf) folgen und dort den Kanal wieder überqueren.

🛏 **Marina und Heiko Rinck**, Dorfstraße 12, ☏ 21 09, ✉ schoenesvomdorf@freenet.de, 💻 www.schoenesvomdorf.de, 5 Betten, Ü EZ ab € 32, DZ ab € 48, F € 8, 🐕 € 7, 🚲, bett+bike-Service, zu den Fährzeiten können Sie mit der Fähre übersetzen und am Campingplatz vorbei bis an den Waldrand laufen. Halb rechts am Waldrand entlang geht es immer geradeaus bis zur Dorfstraße in Fitzen und dort rechts. Es handelt sich um einen durchgehenden Feldweg, der den Namen Zur Fähre trägt, ➲ 3 km. Fitzen erreichen Sie auch, wenn Sie an der nachfolgenden Brücke den Kanal überqueren und nach Büchen-Dorf wandern. Im Ort biegen Sie links nach Fitzen ab, ➲ 2,3 km.

Ihr Weg führt rechts am Kanal entlang. Ein Seitenarm (Schutzhütte, Lagerplätze, Badestellen) wird umrundet und der Kanal wieder erreicht. Auf dem Weg zur nächsten Brücke sehen Sie Büchen-Dorf am linken, höher gelegenen Ufer liegen.

Zur folgenden Brücke ❼ gehen Sie hoch und laufen rechts die Straße Richtung Büchen entlang, könnten vorher aber noch über die Brücke hinüber nach Büchen-Dorf hinaufsteigen (500 m).

In der frühgotischen **Wallfahrtskirche** (Marienkirche) sind insbesondere ausdrucksvolle Deckenmalereien aus der Zeit zwischen 1250 und 1350 zu bewundern. Bei Interesse rufen Sie im Pastorat Büchen-Pötrau an, dann kommt die Küsterin und schließt Ihnen die Tür auf (Büchen).

⌘ Gegenüber der Kirche steht die Priesterkate. Das über 350 Jahre alte Pastorat aus Fachwerk wird heute als Kulturzentrum genutzt. Eine Dauerausstellung informiert über die Geschichte der nassen Salzstraße.

Café Priesterkate, leider sehr unregelmäßig geöffnet, die Zeiten sind am Kanal angeschrieben.

Nach 200 m biegen Sie links von der Straße in einen Nebenweg ab. Der nächste Weg rechts wird zur Siedlungsstraße, die genau auf den Bahnhof Büchen zuläuft. Zur Fortsetzung des Weges gehen Sie ganz durch die Unterführung zur Lauenburger Straße. Gegenüber steht Ohlrogges Gasthof.

Büchen

BANK 21514, 041 55

Ohlrogges Gasthof, Lauenburger Straße 28, 33 15, ohlrogges.greek@outlook.de, ohlroggesgreek.wixsite.com/restaurant, Ü EZ ab € 40, DZ ab € 60, DBZ ab € 80, am Weg, am Bahnhof

Ferienwohnung **Lieselotte Matzeit**, Forellenweg 10, 37 04, www.ferienwohnung-buechen.de, FeWo für bis zu 4 Pers. wird in Ausnahmefällen auch für eine Nacht vermietet, 2 km

Campingplatz Am Waldschwimmbad, Am Waldschwimmbad 2, 53 60, camping-hintz@t-online.de, www.camping-hintz.de, ganzjährig, Ü Zelt € 3,50, € 7,50 p. P., 1,2 km, im Norden von Büchen

Lübeck. Büchen ist auch Fernverkehrsbahnhof. Verbindungen gibt es nach Berlin, Hamburg, Schwerin und Rostock.

Büchen liegt zwar verkehrsgünstig am Knotenpunkt der Bahnlinien zwischen Hamburg, Berlin, Lübeck und Lüneburg, aber vom Verkehrsaufkommen ist es eher weniger bedeutend. Ein Kuriosum ist die Bezeichnung der Gleisnummern. Da kann man als Neuling schon mal ins Schwitzen geraten, wenn man von Gleis 4 auf Gleis 140 wechseln soll. Die Sorge über ewig lange Wege verschwindet dann aber ganz schnell, wenn man auf die Aufzählung der Gleisnummern stößt. Sie tragen die Bezeichnungen 1, 4, 40, 41 und 140. Es sind also nur fünf.

Etappe 10: Büchen – Lauenburg

21 km, 6 Std.

0,0 km	Büchen, Bf.
1,4 km	Büchen-Pötrau
6,8 km	Wangelau
9,1 km	Lütau
10,8 km	Alte Salzstraße
16,6 km	Schnakenbek, Hohes Ufer
21,0 km	Lauenburg, Maria-Magdalenen-Kirche

Man könnte vermuten, dass nach der Eröffnung der Stecknitzfahrt Ende des 14. Jh. auch die Pilgerinnen und Pilger den Treidelweg nach Lauenburg nahmen. Sehr viel wahrscheinlicher aber ist es, dass sie sich auch weiterhin an den älteren Landweg hielten. Für den Salztransport hatte dieser seine Bedeutung zwar verloren, damit aber nicht als Fernweg. Von Büchen-Pötrau ist er genau auf Schnakenbek gerichtet und dort gab es die bedeutendste und bequemste Elbefurt zwischen Magdeburg und Hamburg. Durch das Anlegen der Buhnen ab dem 18. Jh., die von den Seiten her in die Flussbetten aufgeschüttet wurden, vertiefte sich das Profil der Fahrrinnen. Eine Fähre übernahm den Transport über die Elbe. Mit dem Bau der Elbbrücke bei Lauenburg im Jahre 1951 wurde der Fährverkehr eingestellt.

Pilger, die sich der historischen Route, die als Via Scandinavica markiert ist, anvertrauen, müssen heute, um von Schnakenbek nach Artlenburg am gegenüberliegenden Ufer zu kommen, einen „Umweg" von 11 km über Lauenburg in Kauf nehmen. Die alte Straße aber verdankt ihren Erhalt der Verlegung des Elbübergangs nach Osten. Sie wurde nicht durch moderne Fernstraßen überbaut. Zwischen Lütau und Schnakenbek führt sie als Kreisstraße im Ausbauzustand des 18. Jh. (Pflasterung) zur alten Elbefurt.

☺ *Wer aber heute Kilometer einsparen will, weicht von der historischen Route ab und bleibt am Elbe-Lübeck-Kanal, denn der ist genau auf Lauenburg und die Elbbrücke ausgerichtet (Ersparnis etwa 8 km).*

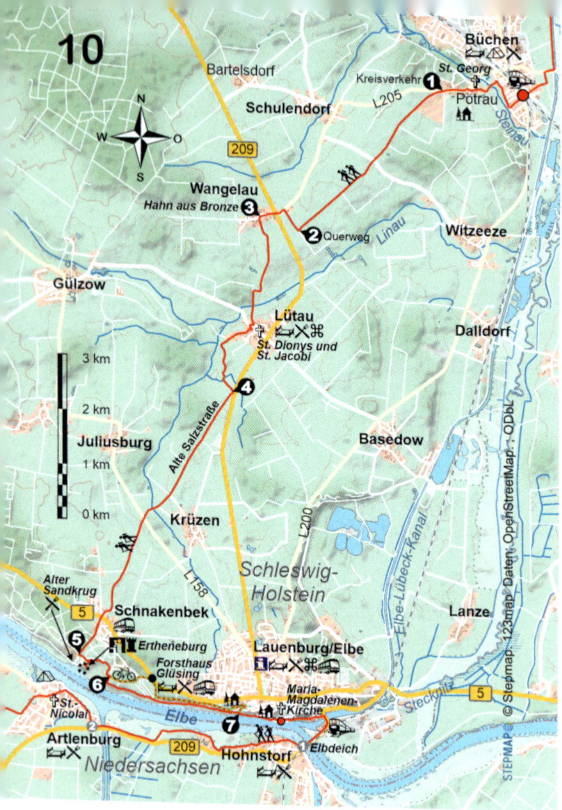

Am Bahnhof von Büchen überqueren Sie die Straße, gehen nach links und biegen gleich rechts in den Zollweg ab. Am Ende der Siedlungsstraße geht es wieder rechts an der Siedlung am Wiesental des Baches Steinau entlang. Wenn rechts der Amselweg abzweigt, achten Sie auf die Zeichen. 20 m weiter biegen Sie links in den Fußweg, der durch die Wiesen führt. Zusätzlich ist der E6 mit dem weißen Andreaskreuz markiert.

Die Steinau wird überquert und eine Siedlungsstraße in Büchen-Pötrau erreicht. Rechts führt der Brandsberg zu einer Gabelung der Kirchenstraße. Hier links erreichen Sie die Pötrauer Kirche und das Pastorat 🏠 gegenüber.

Pötrau (Büchen) 🏠 ✝ ⊙ ✉ 21514, ✆ 041 55

🏠 ⊙ **Kirchengemeinde** Büchen-Pötrau I, Pastorin Frauke Stöckel, Kirchenstraße 19, ☎ 67 13 und 21 83, ✉ kirchenbuero@kirche-in-buechen.de, 💻 www.kirche-in-buechen.de, 🚪 Kirchenbüro: Mo, Di, Do 9:00-12:00, Unterkunft mit Isomatte und Schlafsack auch spontan möglich, nach Möglichkeit melden Sie sich aber vorher an. Es könnte ja auch mal keiner da sein. Es gibt eine Dusche, Kochgelegenheit, aber keine Betten oder Matratzen, Ü gegen Spende. Zum Bf. und zu den Einkaufsmöglichkeiten sind es 1,4 km.

Die Kirchenstraße führt Sie zur L205, der Sie geradeaus bis zu einem Kreisverkehr ❶ an den Ortsausgang folgen. Hier biegen Sie links in einen Wirtschaftsweg und gleich wieder rechts in einen anderen ab. (2021 war an dieser Stelle ein Neubaugebiet eingerichtet und durch die Bauzäune die betreffenden Wege nicht sofort einsehbar. Die Wirtschaftswege sind aber offen und genau wie immer zu Begehen.)

An einer ⌂ Schutzhütte vorbei geht es nun für 3,7 km geradeaus. Eine Straße wird überquert. Danach beginnt ein Sandweg, der wieder den Charakter des mittelalterlichen Fernwegs trägt. Die Delvenau-Senke mit dem Kanal und der Bahnstrecke lässt sich nur erahnen. Das Tal zur Linken entstand durch einen Nebenfluss, die Linau, an dessen Hangkante Ihr Weg verläuft. An ausgesetzten Stellen sind Hecken gepflanzt, um Schneeverwehungen vorzubeugen.

Eine weitere Charakteristik mittelalterlicher Fernwege ist, dass sie in vielen Fällen die Ortschaften meiden. Dieser Weg hier ist allerdings durch die moderne Gliederung der Feldlandschaft abgeschnitten. So gehen Sie den Querweg ❷ rechts nach **Wangelau**. An der erreichten Straße geht es nach links, über die B209 hinweg ins Dorf.

Schon seit Siebeneichen fallen sie auf: **Gekreuzte Pferdeköpfe** verschönern die Giebel. Manchmal ist auch nur ein einzelner, verzierter, über den Giebel hinausragender Pfahl angebracht. Aber warum schauen sich manche Pferdeköpfe an, während andere sich voneinander abwenden? Gibt es da eine Bedeutung? Lösen ließ sich das Rätsel erst zum Auftakt der Etappe 18, im Museumsdorf Hösseringen. Dort lag eine wissenschaftliche Untersuchung aus. Fürs Erste gaben die Zimmerleute, die gerade beim Anbringen eines solchen Giebelschmucks waren, Auskunft. „Es könnte ein Hinweis auf die Höfe freier oder unfreier Bauern sein“, meinte einer, doch Genaueres sei ihm nicht bekannt. Immerhin ergab die Aussage Stoff zum Nachdenken.

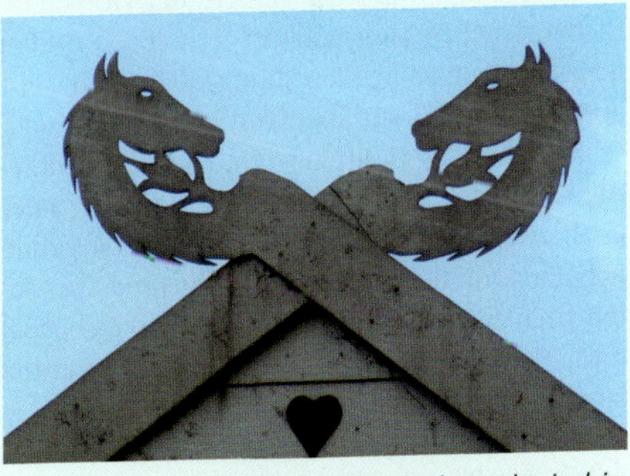

Pferdeköpfe als Giebelschmuck sind in Norddeutschland weit verbreitet

Die Fachleute in Hösseringen fanden nur eine wissenschaftlich haltbare Bedeutung heraus: Die gekreuzten Pferdeköpfe sind im Ursprung einzig und allein Schmuckelemente.

Das gelte auch für den oft fälschlicherweise und insbesondere im benachbarten Wendland als Merkmal ehemals slawischer Siedlungen angesehenen „Wendenknüppel", den einzeln aufragenden Pfahl. Allerdings ließen sich regionale Schwerpunkte im Vorkommen feststellen: Die sich ansehenden Pferdeköpfe überwiegen im Norden, die einander abgewandten im Süden des Untersuchungsgebiets, der Lüneburger Heide.

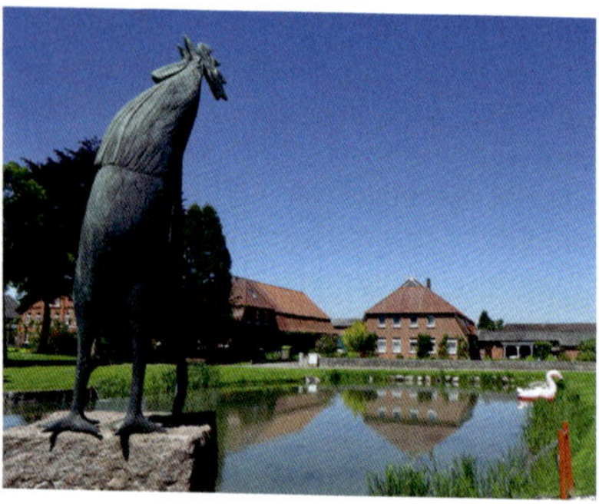

Hahn und Dorfteich Wangelau

Am Dorfteich in der Dorfmitte reckt sich der Hahn aus Bronze ❸ stolz zum Schrei. Gewidmet wurde er „dem schönen Dorf 1962" von der Landesregierung.

Danach biegen Sie links in den Kirchsteig nach Lütau ein. Der geteerte Weg führt hinunter in das Linautal, ein Graben wird überquert und eine T-Kreuzung erreicht. Links führt Ihr Weg zur Linau und wieder aufwärts zum Kirchhof von Lütau.

Lütau

🛏 ✕ BANK ✝ ⊙ ⌘ ✉ 21483, ✆ 041 53

🛏 ✕ **Gasthof Basedau**, Alte Salzstraße 16, ☎ 552 43, info@gasthof-basedau.com, www.gasthof-basedau.de, Ü EZ € 42, DZ € 60, F € 8, ➲ 500 m, an der B209

✝ Wuchtig wirkt das Äußere der Dorfkirche durch seinen Feldsteinturm mit Fachwerkaufbau aufgrund der gewaltigen Stützmauer aus Ziegeln, die den aus dem 13. Jh. stammenden Turm stabilisiert. Lichtdurchflutet und ganz in Weiß, mit goldenem Zierstrich abgesetzt, präsentiert sich das spätklassizistische Kirchenschiff von 1845/46 im Inneren. Farbe zeigt dort ein halbkreisförmiges, über dem Altar angebrachtes Buntglasfenster, das den auferstandenen Christus über seinem Grab zwischen zwei Engeln und einem liegenden Wächter zeigt. St. Dionys ist Schutzpatron der Kirche. St. Jakobus trat aber schon früh im Zuge der Pilgerfahrten nach Santiago de Compostela als Nebenpatron auf. Pilgerinnen und Pilger machten hier Rast und erbaten vom Ortsgeistlichen Gebet und Segen für ihren langen, beschwerlichen – und damals oft auch gefährlichen – Weg.

⊙ Ein Pilgerstempel liegt im Vorraum des Kirchenbüros, Redderallee 6, frei zugänglich bereit (am Weg).

⌘ **Zugpferde-Museum**. Themenbereiche sind die mit Pferden betriebene Brauerei-Logistik, die Fahrpost, der Einsatz von Pferden beim Militär, das Speditionswesen und Pferde im Bergbau.

♦ Alte Salzstraße 29, ☏ 553 43, 💻 cms.zugpferdemuseum.de,
🚪 Mai-Sep So 10:00-17:00 oder nach Vereinbarung (2021 war geschlossen),
➲ 360 m vom Weg, am Turmportal der Kirche links bis zur B209

Zum Turmportal hinaus und geradeaus über den weiten Platz, am Pastorat ⊙ vorbei, folgen Sie der Siedlungsstraße Redderallee nach Westen (Straßenschild erst am Straßenende). Am Siedlungsende schließt sich ein zweispuriger Plattenweg an. Der Weg durchquert eine Wiesenniederung und erreicht nach einem Linksknick kurz vor der Hauptstraße wieder die Alte Salzstraße ❹. Rechts folgen Sie der fast schnurgeraden, mit einer leicht gewölbten, holprigen Pflasterung aus dem 18. Jh. versehenen alten Straße zwischen Hecken. Ein fester Randstreifen aus Sand erleichtert das Gehen und das Befahren mit dem Rad.

Kurz vor Schnakenbek endet das Pflaster. Auf Teer geht es in die Ortsmitte. Sie überqueren die B5 und wandern durch den Dorfkern, auch vorbei an der Kapelle am Friedhof. An der Kreuzung am Hohen Ufer ❺ der Elbe biegt der Pilgerweg links ab. Die Alte Salzstraße jedoch führt geradeaus steiler abwärts bis an das Elbufer.

Schnakenbek 🛏 ✕ ☕ ✉ 21481, ✆ 041 53

🛏 ✕ **Forsthaus Glüsing**, Berliner Str. 7, ☏ 59 81 17,
✉ forsthaus-gluesing@gmx.de, 💻 www.forsthaus-gluesing.de, ÜF EZ ab € 58, DZ ab € 75, Nach der Friedhofskapelle Schnakenbek könnten Sie links dem Sträßchen Im Walde/Glüsinger Weg 1,4 km bis zur Bundesstraße folgen und finden dort das Lokal.

☕ ✕ **Alter Sandkrug**, Alte Salzstraße 34, ☏ 52 09 76, ✉ alter.sandkrug@t-online.de,
💻 www.alter-sandkrug.de, 🚪 Fr-So und Fei 12:00-19:00, ➲ 190 m

🚌 Busse unterschiedlicher Linien fahren bis zu zweimal in der Stunde nach Lauenburg (an der B5 links gehen, Bushaltestelle „Twiete" ➲ 260 m).

Bereits um 850 soll die Via Regia, die hier die Elbe quert eine Straße von europäischem Rang gewesen sein. Die Ertheneburg diesseits – und auch in Artlenburg jenseits könnte es eine Burg gegeben haben – sicherte den Elbübergang. Erthene ist ein altes Wort für Elbe. Die 200 m bis zur uralten Elbefurt sollten Sie unbedingt noch hinuntergehen und einen Blick hinüber nach Artlenburg werfen. An historischer Stelle steht bis heute der ☕ ✕ Alte Sandkrug am Ufer. Ein Nachweis seiner Existenz stammt bereits aus dem 11. Jh.

Ihm oblag das Vorspannrecht, die Vermietung von zusätzlichen Zugtieren, um die Waren vom Ufer die steile Böschung hinaufzubringen. Heute gibt es dort ein Restaurant, Kaffee und Kuchen und eine Ferienwohnung.

Nach 140 m biegt Ihr Weg links in einen bequemen Parkweg.

Vorher sollten Sie sich den kleinen Abstecher zu den Ruinen der **Ertheneburg** gönnen. Eindrucksvoll ist die Aussicht vom Hohen Ufer über den Fluss bis zur Geestkante im Süden. Dazu gehen Sie zunächst geradeaus bis zum kleinen Parkplatz und dort rechts an die Uferkante ➲ 200 m.

Für die Fußgängerinnen und Fußgänger sind im weiteren Verlauf des bequemen Weges abweichende kleine Pfade markiert, die aber wieder zum bequemen Parkweg zurückführen, bis es dann doch nach einer Linksbiegung rechts an das Elbufer hinunter geht ❻ und dort recht romantisch aber auch beschwerlicher über das ein oder andere Hindernis hinweg (umgestürzte Bäume, feuchte und schmierige Passagen) elbeaufwärts geht. Sie könnten, falls Sie es bequemer lieben, wie die Radfahrer, dem Parkweg bis an einen Waldparkplatz (Wandertafel, Naturschutzschild) folgen, dann aber, am Beginn des Platzes rechts zum Ufer abbiegen, um wenigstens einen kleinen Eindruck des versteckten, wilden Uferpfades zu bekommen (Pausenbänke, Lagerplätze)

Radfahrerinnen und Radfahrer bleiben auf dem Parkweg, bis Sie an einen Parkplatz kommen. Dort fahren Sie geradeaus auf dem kleinen Sträßchen weiter, biegen einmal rechts und erreichen die Hauptstraße. Hier geht es rechts, kurz recht steil auf den Radweg, von dem Sie nach 130 m aber wieder rechts abbiegen (Richtung Forsthaus). Am Querweg geht es links bis zur Jugendherberge am Sportplatz. Hier könnten Sie links zur Hauptstraße gelangen. Schöner ist es geradeaus ein kleines Stück zu schieben, um dann rechts steil den Kuhgrund hinabzufahren.

Am Grillplatz Am Kuhgrund ❼ erreichen auch die Fußgänger wieder „festen" Boden. Geradeaus folgt der Pilgerweg dem Elbuferweg auf dem beginnenden Radweg.

Hinter den ersten Hochwassermauern verbirgt sich die Alte Zündholzfabrik, in der heute eine zweite Jugendherberge untergebracht ist. 130 m weiter weicht der Pilgerweg links durch eine kleine Gasse in die historische Altstadt ab und folgt dann rechts der Elbstraße. Da, wo sich diese zu einem kleinen Platz erweitert, befinden sich Tourist-Information und Schifffahrtsmuseum. Auch die Maria-Magdalenen-Kirche steht nur wenig oberhalb.

Lauenburg

21481, 041 53

Tourist-Information Lauenburg/Elbe, Elbstraße 59, 590 92 20, touristik@lauenburg.de, www.lauenburg.de, März-Okt Mo-Fr 10:00-18:00, Sa/So/Fei 10:00-17:00, Nov-Feb Mo- So 10:00-16:00, am Weg

Jugendherberge Am Sportplatz, Am Sportplatz 7, 25 98, jh-lauenburg@djh.de, lauenburg.jugendherberge.de, 122 Betten, ÜF ab € 28, , 250 m

♦ **Jugendherberge Zündholzfabrik**, Elbstr. 2, 59 88 80, lauenburg-zuendholzfabrik@jugendherberge.de, lauenburg-zuendholzfabrik.jugendherberge.de, 75 Betten, ÜF ab € 32,50, Sauna, Fitness, , am Weg

Hotel Zum Alten Schifferhaus, Elbstr.114, 586 50, info@schifferhaus.de, www.schifferhaus.de, 54 Betten, ÜF EZ € 54, DZ ab € 79, Unterstellplätze, Reparaturservice, Radkarten, am Weg

♦ **Hotel Bellevue**, Blumenstraße 29, 23 18, info@hotel-bellevue.de, www.hotel-bellevue.de, 25 Betten, ÜF EZ ab € 63, DZ ab € 94, bett+bike-Service, 300 m, an der alten Zündholzfabrik die Himmelstreppe aufwärts und dann zweimal links

Lübeck

Die **Maria-Magdalenen-Kirche** wurde 1243 erstmals erwähnt, jedoch soll sie erst um 1300, als gotische Hallenkirche konzipiert, fertig gewesen sein. Die Chorapsis entstand Ende des 16. Jh. im Stil der Frührenaissance. Aus dieser Zeit stammt auch das aufwendig aus Elbsandstein gestaltete Südportal.

♦ Kirchenbüro: ev.-luth. Kirchengemeinde Lauenburg, Hohler Weg 2, 23 82 oder 23 97, Kirchenbüro: Mo 9:00-12:00, Di 10:30-12:00, Do 14:00-17:00

Elbschifffahrtsmuseum. Ausstellung zur Entwicklung der Elbschifffahrt vom Einbaum bis zum Tankschiff

♦ Elbstraße 59, 590 92 19, www.elbschifffahrtsmuseum.de, Mo-Fr 10:00-18:00, Sa/So/Fei 10:00-17:00

Die Gründung Lauenburgs fällt unmittelbar mit dem Fall Heinrichs des Löwen zusammen (1180). Sein Nachfolger, Bernhard von Askanien, errichtete 1182 die Feste Lavenburg (Löwenburg, heute Lauenburg), nachdem die Ertheneburg während eines zweimonatigen Verwüstungsfeldzugs Heinrichs des Löwen in Brand gesteckt worden war. Im Schutze der Burg entwickelt sich die Stadt auf der schmalen Elbterrasse unter dem Steilufer.

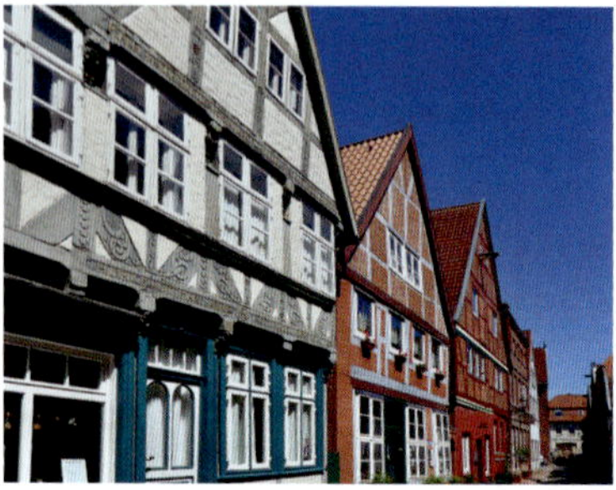

Schmucke Hausfassaden in Lauenburg

Schifffahrt und Schiffsbau bildeten die Erwerbsgrundlagen der Stadt, die am Kreuzungspunkt von Handels- und Schifffahrtswegen lag. Ab 1398 war der Stecknitz-Delvenau-Kanal betriebsbereit. In Lauenburg mündete er, wie seit Ende des 19. Jh. der Elbe-Lübeck-Kanal, in die Elbe. Viel Platz zur Ausdehnung blieb der Stadt auf der schmalen Elbterrasse nicht. So entstand in jüngerer Zeit die moderne Oberstadt, während die Unterstadt ihr romantisches Gepräge behielt.

Etappe 11: Lauenburg – St. Dionys

19,1 km, 5 Std. 30 Min.

0,0 km	Lauenburg, Maria-Magdalenen-Kirche
2,3 km	Hohnstorf
7,2 km	Artlenburg, St. Nicolai
13,0 km	Bütlingen
16,8 km	Barum
19,1 km	St. Dionys

Nach der Elbquerung wandern Sie heute zunächst bei schöner Aussicht von der Deichkrone elbeabwärts. In Artlenburg biegt Ihr Weg wieder nach Süden. Die Via Regia nach Bardowick und Lüneburg ist durch die B209 überbaut. So orientiert sich der weitere Weg durch die Elbmarsch an den landwirtschaftlichen Wegen. Immer noch ist das ehemalige Überschwemmungsland im Urstromtal der Elbe ein feuchtes, von den Flussläufen der Ilau, Neetze und Ilmenau sowie einigen Kanälen durchzogenes Land. Aber auch Sanddünen haben sich durch nacheiszeitliche Ereignisse herausgebildet. Auf ihnen stehen die Dörfer. Achten Sie gut auf die Abzweige, denn es gilt die richtigen Brücken zu finden.

☺ **Hinweis**: Zwischen Artlenburg und Lüneburg treffen Sie auch auf die Markierungen des Vereins Internationale Pilgerstadt Lüneburg e. V. (☞ Informationen).

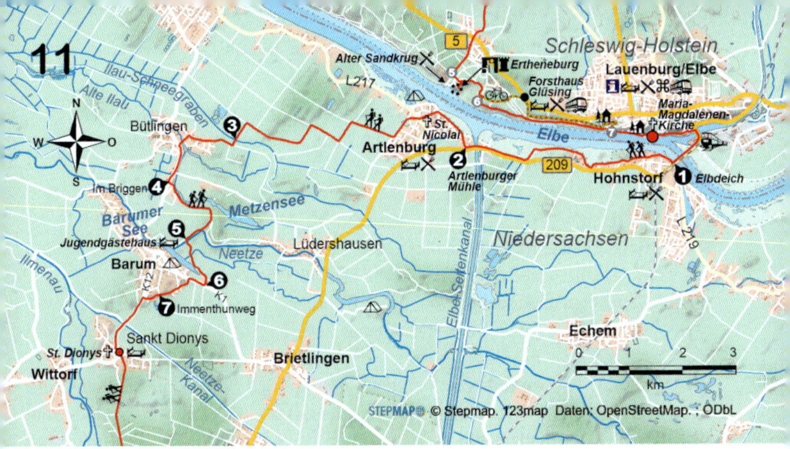

Der Weg folgt der Elbstraße durch die Unterstadt sowie der verlängernden Bahnhofstraße. Mit der ersten Brücke überqueren Sie den Elbe-Lübeck-Kanal zum Bahnhof hin und dann die Elbe nach Hohnstorf.

In **Hohnstorf** BANK, nun im Landkreis Lüneburg und in Niedersachsen, gehen Sie gleich rechts von der Straße die Treppe hinunter und biegen wieder rechts in den Elbdeich ❶ ein. Es gibt Rastmöglichkeiten, Tische und Bänke. Es gibt Einkehrmöglichkeiten. Hohnstorf liegt direkt am Elberadweg. Verschiedentlich finden sich Hinweise auf Privatzimmer. Buchen können Sie diese bei Bedarf auch über die Tourist-Information in Lauenburg.

Falls Sie für den Tag noch einkaufen wollen, empfiehlt es sich, das hier zu tun. In Artlenburg liegt der Markt (mit eingeschränktem Angebot) fast 1 km vom Weg entfernt. Dazu biegen Sie, 600 m nachdem Sie die Brücke verlassen haben, links in die Straße Elbdeich/Bei der Feuerwehr und treffen dann auf ein Einkaufszentrum BANK (250 m).

Fußgänger und Fußgängerinnen können auf der Deichkrone laufen (jedenfalls wenn die Schafe durch sind und das Gras nicht zu hoch ist bzw. keine Zäune dort stehen), Radfahrerinnen und -fahrer folgen dem Radweg. An einem Parkplatz wird die B209 erreicht. Der Pilgerweg folgt nun dem Radweg entlang der Straße bis hinter die Brücke über den hier in die Elbe mündenden Elbe-Seitenkanal. Nach der Brücke folgen Sie dem Rad- und Fußweg Hohes Elbufer, der an der **historischen Windmühle** ❷ rechts in die Siedlung abbiegt. Von der dann erreichten Deichstraße könnten Fußgängerinnen und Fußgänger wieder auf die Deichkrone wechseln.

Am Schiffsanleger Artlenburg ⛺ nehmen Sie die vom Deich wegführende Straße (Richtung Schützenhof), gehen am Ende links und gleich wieder rechts zur Kirche.

Artlenburg

🛏 ⛺ ✕ ☕ 🛒 ✝ ✉ 21380, ✆ 041 39

🛏 ✕ **Hotel/Restaurant Schützenhof**, Große Straße 22, ☎ 70 30, 💻 schuetzenhof-artlenburg.de, ÜF EZ ab € 45, DZ ab € 72, ➲ 140 m

⛺ **Campingplatz Artlenburg**, Am Deich, Einrichtung der Gemeinde, Platzwart: 📱 01 71/371 21 43, € 5 p. P. im eigenen Zelt, 🚪 10. April-20. Okt, ➲ 600 m

✝ ⊙ Die **St.-Nicolai-Kirche** erhielt nach dem großen Brand von 1821 ihr heutiges Aussehen. Die Neuanlage erfolgte im spätklassizistischen Stil, ungewohnt als Querhaus. Ein Kanzelaltar steht mittig an der Langwand. Die Bestuhlung ist auf diesen ausgerichtet. Gemutmaßt wird, dass der Turm ursprünglich Teil einer wehrhaften Anlage zur Sicherung der Elbefurt war. Beweise fehlen allerdings. Genausogut könnte es sein, dass allein die Ertheneburg zur Sicherung des Elbübergangs ausreichend war. Bis 1964 gehörte auch Schnakenbek auf der anderen Elbseite zur Kirchengemeinde Artlenburg. Nach Einstellung der Fährverbindung orientierten sich jene nach Lauenburg.

♦ ev.-luth. St.-Nicolai-Kirchengemeinde, Kirchsteig 1, ☎ 70 23, 🚪 9:30-18:00, Pilgerstempel in der Kirche

Sie gehen an der Kirche vorbei und treffen auf eine Querstraße vor dem Friedhof. Hier biegen Sie rechts ein und nach wenigen Schritten links in die Straße Hinterm Friedhof. Sie erreichen einen Plattenweg (Marienthaler Straße) am Siedlungsrand, dem Sie nach links folgen.

An der nächsten Möglichkeit (nach 430 m) biegen Sie rechts in einen Landwirtschaftsweg und von diesem am ersten abgehenden zweispurigen Plattenweg (nach 900 m) wieder links ab. An der nachfolgenden Kreuzung gehen Sie rechts. Nach weiteren 600 m zeigt die Markierung links in einen schattigen, von Kiefern und Birken gesäumten Grasweg. Dieser mündet auf einen Plattenweg. Dort geht es rechts weiter. Nahezu zeitgleich kommen Bütlingen, das nächste Ziel, und das 2011 stillgelegte Kernkraftwerk Krümmel an der Elbe in Sicht.

An der nächsten Möglichkeit gehen Sie links. Eine Brücke führt über den Ilau-Schneegraben ❸. Am Querweg geht es wieder rechts, jetzt nach **Bütlingen**. Nach einer Informationstafel über die Entstehung und Bedeutung der Marschlanddünen gibt es eine ⛼ Rastmöglichkeit. Geradeaus folgen Sie der Bergstraße bis zu einer Kreuzung. Hier geht es links (Neuer Weg) über die Alte Ilau zur Bütlinger Straße, wo Sie wieder links abbiegen.

An der Bushaltestelle Im Briggen zweigen Sie links von der Bütlinger Straße in die Straße Im Briggen ❹ ab. Die weiterführende Straße heißt Am Metzensee und führt auch am See entlang, bis sie am Waldrand als Feldweg endet. Rechts folgen Sie dem breiten, deutlichen Weg durch Buchenhochwald. Wenn der breite Weg nach links führt, biegen Sie geradeaus in einen schmaleren Pfad ab. Entlang eines Wassergrabens geht es aus dem Wald hinaus. Ein Plattenweg führt weiter geradeaus. An einer hölzernen Brücke ❺ biegen Sie dann links über den Fluss Neetze.

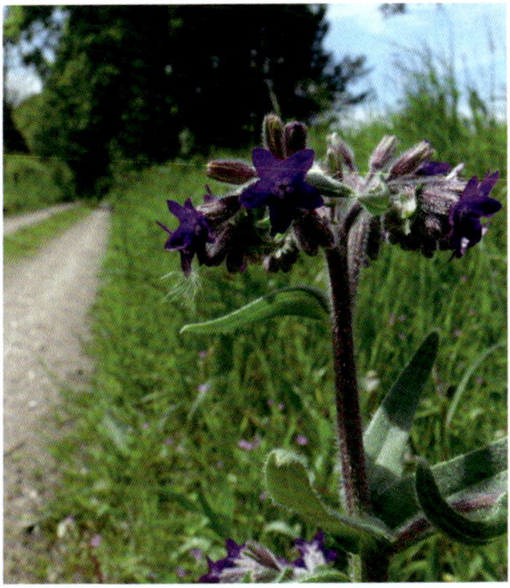

Rotblauer Steinsame am Feldweg

Falls Sie zum Jugendgästehaus wollen, überqueren Sie die Brücke nicht, sondern folgen dem Plattenweg weiter geradeaus. Er biegt am Barumer See rechtsherum und 100 m weiter steht das Gästehaus. Es gibt einen wunderschönen, öffentlichen Badestrand, Duschen und Toiletten, die unabhängig von der Hausbelegung den Badegästen zur Verfügung stehen (in der Saison 8:00-20:00).

Jugendgästehaus Barum, Auskünfte und Buchungen erfolgen über die Abwassergesellschaft Bardowick mbH & Co. KG, Frau Gebert, Schulstraße 8, 21357 Bardowick, 041 31/12 011 07, p.gebert@ bardowick.de
Das Haus ist ein Gruppenhaus und wird nur im Ganzen vermietet. Ü für bis zu 26 Personen € 100. Schlafsack erforderlich, Matratzen sind vorhanden. Es gibt Grill- und Kochgelegenheit sowie Geschirr und eine Wiese, auf der Mieterinnen und Mieter auch zelten dürfen. Es befindet sich direkt gegenüber dem Badestrand am Barumer See. ➲ 400 m

Der Pilgerweg verläuft auf einem von Eichen gesäumten Damm durch schönes Wiesenland. Ein kurzer Blick ist auch zum Barumer See möglich. **Barum** wird an der K1 erreicht ❻. Ihr folgen Sie rechts (Radweg) bis zum Ortseingangsschild und biegen dort links in den Bergwiesenweg (das ist der **zweite** Abzweig links).

Geradeaus führt die Hauptstraße auch zu einem Campingplatz am Südufer des Barumer Sees (➲ 500 m).

Campingplatz Barum, Am See 6, 21357 Barum, ☎ 041 33/87 68, Preise und Öffnungszeiten auf Anfrage

Durch ein Waldstück setzt sich ein Fußweg fort und erreicht wieder den Siedlungsbereich. Sie gehen rechts und sofort links in den Immenthunweg (Bienenzaunweg) ❼, der zur Kreisstraße (K12) führt. Dieser folgen Sie links (Radweg) bis zur Kirche St. Dionys. 100 m weiter steht linker Hand ein Gästehaus.

Sankt Dionys

✝ 21357

Gästezimmer St. Dionys Gbr, Karl der Große Str. 10, 01 59/01 99 70 83, info@gaestezimmer-sankt-dionys.de, gaestezimmer-st-dionys.de, Ü EZ € 75, DZ € 95, F € 8,50, Zustellbett € 25, ➲ am Weg

Vielleicht ist es Ihnen aufgefallen: Die Ortsdurchgangsstraße ist nach Karl dem Großen benannt. Auf einem Feldzug soll er hier erkrankt sein und nach glücklicher Gesundung im Jahr 795 eine erste Kirche gestiftet haben. Die heutige Kirche trägt noch den ursprünglichen Namen.

✝ ev.-luth. Kirche St. Dionys, April-Sep täglich 10:00-17:00

Uferweiden spiegeln sich in der Ilmenau bei Bardowick

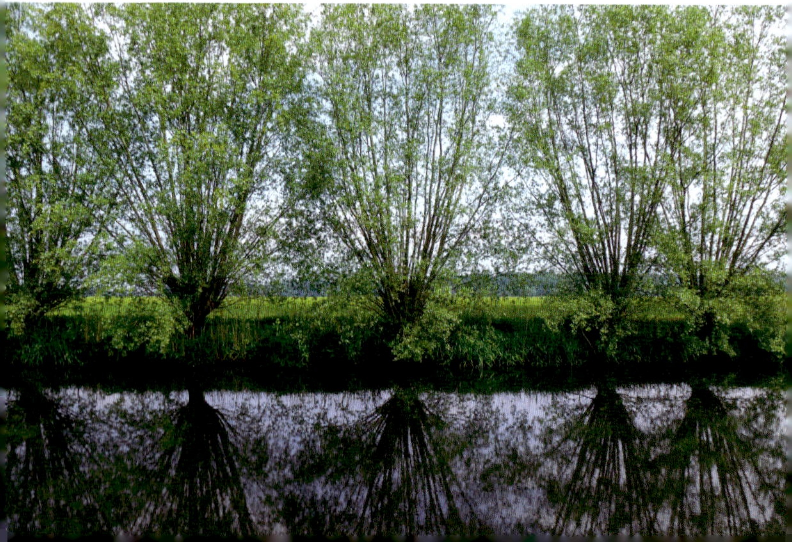

Etappe 12: St. Dionys – Lüneburg

12,4 km, 3 Std., 30 Min.

0,0 km	St. Dionys
4,1 km	Bardowick, Klappbrücke
5,4 km	Nikolaihof
10,4 km	Kloster Lüne
12,4 km	Lüneburg, Am Sande

Wenn Sie nach etwa einer Stunde Gehzeit die Klappbrücke in Bardowick erreichen, lohnt ein Abstecher zum schönen Dom in der Ortsmitte. Wenig weiter nahe am Weg entlang der Ilmenau steht mit dem Nikolaistift ein weiteres unbedingt sehenswertes Bauwerk nahe am Weg. In Ruhe können Sie dann den schönen Uferweg entlang der Ilmenau genießen. Kloster Lüne und die Stadt Lüneburg sind weitere Topsehenswürdigkeiten am Weg. Vermutlich wird die Zeit, trotz Kürze des Tagespensums, kaum reichen, alles anzusehen.

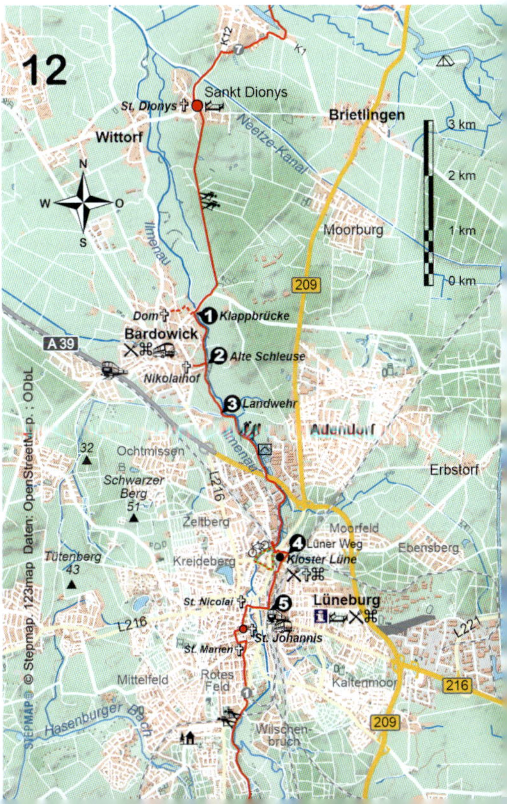

Am Gästehaus zweigen Sie links Richtung Heidedorf und Golfplatz (Radwegweiser) von der Hauptstraße ab. Gleich biegen Sie aber wieder halb rechts in den Heinrich-der-Löwe-Weg. 3,6 km weiter südlich ist Bardowick erreicht. Rechts führt die Straße Viti Furth zu einer Klappbrücke über die Ilmenau ❶.

Nach der Brücke biegt der Pilgerweg links in den Treidelweg am Flussufer. Markiert ist aber auch ein Abstecher, der geradeaus zum Bardowicker Dom leitet.

Der Weg zum Dom: Bereits nach wenigen Schritten entlang der Hauptstraße zweigen Sie rechts in die kleine Brückenstraße ab. Diese biegt linksherum und erreicht an einem Gärtnerhof eine Querstraße. Sie gehen wenige Meter rechts und wieder links über die Schulstraße zum Dom. Am Chor links, am Vogelbrunnen vorbei, gibt es öffentliche Toiletten.

Bardowick

✉ 21357, ✆ 041 31

⌘ **Galerie-Holländer-Windmühle von 1813**, die noch Korn zu Mehl mahlt. Teil des Mühlenbetriebs sind ein Naturkostladen und ein Mühlencafé. Meyer's Café, ☏ 224 35 77, Di-So 14:00-18:00, Mühlenladen, Mo-Sa 9:00-18:00, vom Dom 700 m

Etwa stündlich (kein Takt, So alle 2 Std.) fahren Busse z. B. vom Markt nach Lüneburg Bf. (Fahrzeit etwa 30 Min.), vom Dom 400 m, auch am Nikolaihof befindet sich eine Bushaltestelle dieser Linie. www.hvv.de

Bardowick hat einen Nahverkehrsbahnhof an der Bahnstrecke Lüneburg – Hamburg. Im Stundentakt fährt der Metronom in beide Richtungen. Die Fahrtzeit bis Lüneburg beträgt 5 Min. Leider liegt der Bahnhof etwa 2 km abseits vom Weg am Stadtrand. **Weg zum Bahnhof:** Vom Südportal (Löwenskulptur) des Doms nach Süden über die Domstraße und halb rechts abweichend über die Steinstraße erreichen Sie die querende Straße Im Sande. Sie überqueren die Straße und folgen dem gegenüber (leicht nach rechts versetzt) weiterführenden Fußweg. Nach der querenden Lüneburger Straße (bei Google: Hamburger Landstraße) setzt sich der Fußweg fort und führt zur ruhigen Siedlungsstraße Ilmer Weg. Links erreicht dieser nach 850 m den Bahnhof.

St. Petri und Pauli. Der Eingangsbereich am Hauptportal mit zwei Fenstern ist das einzige Überbleibsel des ursprünglich romanischen Doms. Das bronzene Taufbecken stammt aus dem Jahr 1367, der schmucke Marienaltar aus dem Jahr 1430. Das nahezu vollständig erhaltene Chorgestühl von 1486 ist mit geschnitzten Wangenläufen versehen, auf einem ist Jakobus dargestellt. Ein Pilgerstempel liegt aus.

♦ täglich 9:00-17:00, im Winter bis 16:00

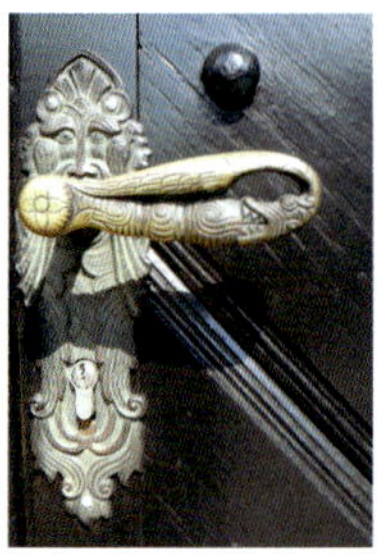

Türgriff am Dom

✞ ⌘ ⊙ Der **Nikolaihof** ist eine vollständig erhaltene mittelalterliche Wohnanlage einschließlich Wirtschaftsgebäuden. Die Kapelle aus dem Jahr 1435 beherbergt die älteste Orgel Norddeutschlands. Das Ensemble liegt umgeben von alten Bäumen im Eichhof. Der ehemalige spanische Mönch und heutige Kirchenmusiker José Ramón Morán wohnt im Nikolaihof und hat auch einen Schlüssel für die Kirche, in der auch der Pilgerstempel liegt. Pilgerinnen und Pilger, die an einer Besichtigung interessiert sind, dürfen sich gerne bei ihm melden.

♦ ☏ 72 70 21 oder 📱 01 78/507 15 16

⌘ **Heimatmuseum Gildehaus**. Die wichtigsten Ereignisse und Entwicklungen von den Anfängen der Stadt im frühen Mittelalter bis heute werden anschaulich dargestellt.

♦ St.-Johannis-Straße 3, ☏ 12 92 42, 🚪 Di-So 15:00-17:00

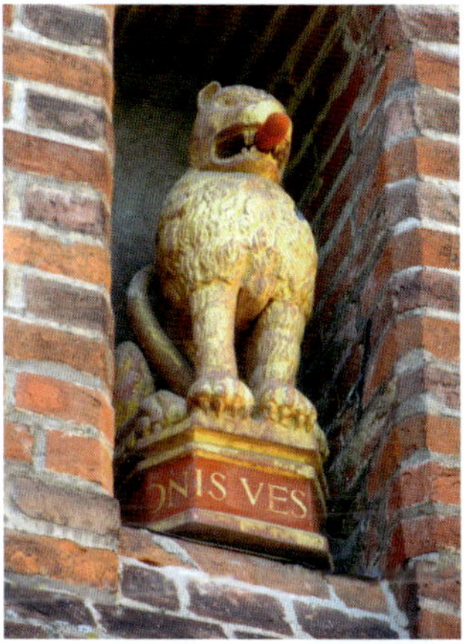

Die Löwenskulptur erinnert an die Zerstörung Bardowicks durch Heinrich den Löwen

Bardowick ist eine ländlich geprägte Gemeinde mit Vorortcharakter ohne verdichtetes Zentrum. Bis Lüneburg sind es nur etwa sechs Autokilometer. Die agrarisch geprägte Struktur mit alten Bauernhäusern ist durchmischt mit den Neubauten der Pendlerinnen und Pendler. Auffällig sind die vielen Gemüsefelder, die bis in die Besiedlung reichen. Der fruchtbare Marschboden an der Geestkante und die räumliche Nähe zur Großstadt Hamburg bieten gute Voraussetzungen für eine solche Konzentration. Herausragende wirtschaftliche Bedeutung hat der Anbau von Möhren, was sich auch in dem Brauchtum, der alljährlichen Wahl einer Wurzelkönigin, ausdrückt. Der aus der dörflichen Ruhe hoch hinausragende Dom St. Petri überrascht da eher. Er stammt aus einer anderen Welt, aus der Zeit vor dem 28. Oktober 1189. Die heutige Samtgemeinde Bardowick gehörte im Ursprung zu den ältesten Städten Niedersachsens. Sie entwickelte sich am nordöstlichen Rande des Fränkischen Reiches seit 795 n. Chr. zu einer der bedeutendsten und größten Handelsplätze im Norden. Von hier aus wurde der Warenaustausch mit dem slawischen Volk organisiert, bis Heinrich der Löwe die stolze Stadt 1189 durch seine

Truppen zerstören ließ. Eine Löwenfigur in einer Mauernische an der Südwand des wieder errichteten Doms erinnert an das Ereignis. Seine einstige Bedeutung erlangte Bardowick nicht wieder. Von den ehemals acht Kirchen konnte sich einzig das aus einer Missionszelle des Klosters Amorbach hervorgegangene Stift St. Petri (Dom genannt) weiterhin behaupten. Der Nikolaihof fand eine erste schriftliche Erwähnung 1251, also nach der Zerstörung der Stadt. Er gehörte zu Lüneburg. Die Stadt brachte hier ihre Leprakranken außerhalb der eigenen Mauern unter. Später wurde der Hof ein Altenheim und als Wohnraum für Mittellose existiert er bis heute. Sukzessive werden die Gebäudeteile denkmalgerecht saniert.

Von der Klappbrücke in Bardowick laufen Sie also nach links dem träge dahinfließenden Strom der Ilmenau entgegen. Uferweiden spiegeln sich im Wasser. Kurz vor der alten Schleuse ❷, nach 1 km, führt rechts ein kurzer Abstecher durch den Parkwald zum Nikolaihof. (↳ 🚌 Am Nikolaihof vorbei kämen Sie zur Straße mit der Bushaltestelle, ☞ Bardowick.)

Noch einmal 1 km weiter passieren Sie die Reste einer alten Landwehr ❸, welche die Aufgabe hatte, reisende Kaufleute über Bardowick zu leiten.

Nach weiteren 1 km steht eine solide ⌂ Schutzhütte am Weg. Wenig weiter wird der Autobahnzubringer unterquert. Von hier sind es noch 1,5 km bis zu einer mit Backstein verblendeten Eisenbahnbogenbrücke. Davor gehen Sie rechts über den Parkplatz und steigen zur Brücke hinauf (Treppe). Ein schmaler Fußweg ist von der Bahnstrecke abgetrennt.

🚲 Mit dem Rad bleiben Sie noch bis zur nächsten Straßenbrücke auf dem Ilmenauradweg und überqueren dort den Fluss. Mit der weiterführenden Lise-Meitner-Straße gelangen Sie zur stark befahrenen Bockelmannstraße. Schräg links gegenüber finden Sie die Zufahrt zum Radweg, der links nach Lüne und rechts in die Stadt führt.

✋ Sie gehen **bis ganz zum anderen Ende** der Brücke, überqueren dabei die Ilmenau und die stark befahrene Bockelmannstraße, ignorieren einen Abgang unterwegs und steigen dann erst hinunter. Geradeaus, am Klosterkrug (Ristorante Italia) vorbei, und dann rechts über den Lüner Kirchweg erreichen Sie nach 100 m den Eingang zum Kloster Lüne.

☺↳ Wer aus irgendeinem Grund einen kurzen Weg zur Innenstadt sucht, geht nach dem Treppenabgang rechts durch den Tunnel und folgt dem Radweg bis zur Lünertorstraße (1 km). Rechts geht es hier in die Innenstadt und links zum Bahnhof.

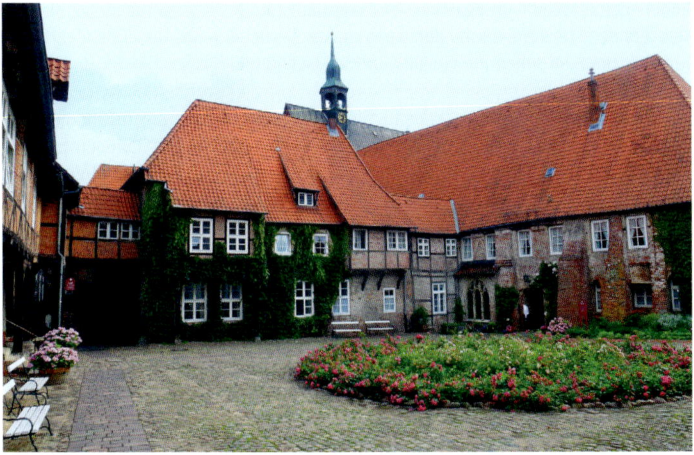

Kloster Lüne

✞ Das **Kloster Lüne** (gegründet 1172 als Benediktinerinnenkloster) ist eine nahezu vollständig erhaltene Klosteranlage aus dem 14. Jh. mit malerischem Innenhof, Streuobstwiese, Kräutergarten und einer an Kunstschätzen reichen Kirche. Sie spiegelt das mittelalterliche Klosterleben wider. Die Zeit der Reformation hat es durch seine Umwandlung in ein evangelisches Klosterkonvent, das bis heute existiert, überdauert. Im Einflussbereich des welfischen Fürstengeschlechts, dem Herzogtum Braunschweig-Lüneburg, wurden die Besitztümer der Klöster zwar den jeweiligen Landesherren übereignet, doch war dies auch mit der Verpflichtung verbunden, für deren Erhalt zu sorgen. Seit 1963 übernimmt diese Aufgabe eine neu geschaffene Institution, die Klosterkammer Hannover. Alle Einkünfte werden nach einem genau festgelegten Plan für kirchliches und kulturelles Leben verteilt. Vordringlichste Aufgabe war und ist es bis heute, die Klöster in einem guten baulichen Zustand zu erhalten. Eine Besonderheit der Klöster im alten Fürstentum Lüneburg ist, dass sie ihre Eigenständigkeit, heute als juristisch selbstständige Körperschaften öffentlichen Rechts, behalten haben.

Im Raum Lüneburg haben sich auf diese Weise sechs Klosteranlagen aus vorreformatorischer Zeit bis in die heutige Zeit entwickelt. Waren es früher alleinstehende Damen aus überwiegend adligen Familien, die hier Versorgung, Bildung und Arbeit fanden, leben heute alleinstehende Frauen, die auch verwitwet oder geschieden sein können, unter der Leitung einer Äbtissin in einer christlichen

Lebensgemeinschaft im Kloster. Die Hauptaufgabe der Konventualinnen, wie sie sich nennen, besteht darin, den zahlreichen Besucherinnen und Besuchern des Klosters bei Führungen die vielfältigen Kunstschätze in Kirche, Kloster und Museum nahezubringen.

Vier der „Heideklöster", jedes für sich einzigartig und mit eigenständiger Entwicklung, liegen an Ihrem Weg. Spannend sind die individuell gehaltenen Führungen für meist nur kleine Gruppen, im Rahmen derer die Klöster besichtigt werden können.

✞ ⊙ **Kloster Lüne,** Am Domänenhof, ☏ 041 31/523 18, ✉ info@kloster-luene.de, 💻 www.kloster-luene.de, Führungen (Dauer 1,5 bis 2 Std.): Anfang April-Mitte Okt Di-Sa 10:30, 14:30, 15:30, So/Fei 11:30, 14:30, 15:30, die Außenanlagen sind jederzeit zugänglich, Besonderheiten: Kreuzgang mit Buntglasfenstern und Taustabrippen, Brunnenhalle, Klosterkirche des 14. Jh., Winter-Refektorium mit wiederentdeckten Malereien, „Sarggang" und „Uhlenflucht" mit den bemalten ehemaligen Nonnenzellen. Schutzheiliger ist der Apostel Bartholomäus.

⌘ **Textilmuseum,** von den Lüner Benediktinernonnen und evangelischen Konventualinnen gefertigte textile Kunstwerke, gotische Bildteppiche, Anfang April-Mitte Okt Di-Sa 10:30-12:30 und 14:30-17:00

☕ ✕ **Klosterremise St. Jakobus**, 💻 www.klosterremise-jacobus.de, im Mai 2022 nur Fr-So 12:00-18:00 (schauen Sie auf die Webseite)

WC an der Klosterpforte, auch außerhalb der Öffnungszeiten zugänglich

Der Pilgerweg folgt dem Lüner Kirchweg entlang der Klostermauer weiter bis zum Lüner Weg ❹. Hier biegen Sie rechts in südwestliche Richtung ab. An der Bahnbrücke nehmen Sie rechts die Fußwegunterführung und folgen dem sich fortsetzenden Lüner Weg bis zur Lünertorstraße ❺.

↳ Gleich links finden Sie einen Zugang zum 🚆 🚌 🔧 Bahnhof (➲ 200 m, Radwerkstatt, Verleih direkt am Bf.).

Rechts führt der Pilgerweg in die Altstadt von Lüneburg. Gleich nach den beiden Ilmenaubrücken führt die fortsetzende Lüner Straße auf die ✞ ⊙ Kirche St. Nicolai zu. 150 m bevor die Kirche erreicht ist, biegen Sie links in die Straße **Auf dem Kauf** ab. An der querenden Rosenstraße geht es ↳ rechts zum Rathaus **i**.

Sie biegen aber nach wenigen Schritten wieder links in die Straße **Am Berge**. Diese mündet in den großen Platz **Am Sande** 🛒 ✕ ☕ ⚕ BANK ✞ 🚌.

Linker Hand ragt der Turm der St.-Johannis-Kirche in eindrucksvoller Höhe empor.

Lüneburg

21335, 041 31

Lüneburg Marketing GmbH, Rathaus/Am Markt, 08 00/220 50 05, touristik@lueneburg.info, www.lueneburg.info, Mo-Fr 9:30-18:00, Sa 9:30-16:00, So 10:00-16:00, 300 m

Jugendherberge Lüneburg, Soltauer Str. 133, 418 64, lueneburg@jugendherberge.de, lueneburg.jugendherberge.de, ÜF ab € 29, 1,1 km, im Süden Lüneburgs

Hotel und Restaurant Zum Roten Tore, Vor dem Roten Tore 3, 430 41, hotel@zumrotentor.de, www.zumrotentor.de, ÜF EZ € 80-100, DZ € 140-160, am Weg, stadtauswärts, 700 m vom Markt

♦ **Hotel Lübecker Hof**, Lünertor Str. 12, 514 20, info@luebecker-hof.de, www.luebecker-hof.de, ÜF EZ € 61,50, DZ € 89, am Weg, Nähe Bahnhof

Privatzimmer, Am Roseneck, Langenstr. 20, 311 60, 01 76/49 48 84 28, amroseneck@gmx.de, EZ, DZ und Dreibettzimmer, EZ ab € 40, DZ ab € 50, Gemeinschaftsbad, F € 7, 1 km vom Markt

♦ **Corinna Dartenne**, Bei der St. Johanniskirche 16, 24 69 24, service@dartenne.com, dartenne.com, ÜF EZ € 60, DZ € 75, am Weg, an der Südseite der Johanniskirche

Wegbeschreibung Etappe 13

Busverbindungen in und um Lüneburg finden Sie auf den Seiten der Verkehrsgemeinschaft Nordost-Niedersachsen (www.vnn.de → Lüneburg), zentrale Abfahrtshaltestellen sind der Busbahnhof (ZOB) am Bahnhof (am Weg) und die Haltestelle „Am Sande“ (am Weg).

Lüneburg ist sowohl Fern- (Hamburg – Hannover – München) als auch Nahverkehrsbahnhof. Interessant für den weiteren Weg ist die Nahverkehrsverbindung Lüneburg – Uelzen (Stundentakt). Die Bahnhöfe Bienenbüttel und Bad Bevensen liegen am (oder nah am) Weg und könnten in die Planung gepäckfreier Touren miteinbezogen werden (Pilgern ohne Gepäck).

Taxi Röhlig, 22 22; **Taxi Mohrmann**, 370 37; **Taxi Zentrale Lüneburg,** 520 25

St. Nicolai. Anfang bis Mitte des 15. Jh. nach dem Vorbild der Lübecker St.-Marien-Kirche errichtet

♦ Mo-Sa 11:00-17:00, So nach dem Gottesdienst bis 15:00, Gemeindebüro: 243 07 70, gemeinde@st-nicolai.eu, Di-Fr 10:00-12:00

St. Michaelis. Ehemalige Benediktinerklosterkirche auf dem Kalkberg, sie wurde ab 1371 am Fuß des Berges neu errichtet.

✞ **St. Johannis.** Fünfschiffige Hallenkirche aus dem 14. Jh., Backsteingotik

♦ Mi-So 11:30-17:00, Gruppen nach Vereinbarung mit dem Kirchenbüro: ☏ 445 42, st.johannis@kirche-lueneburg.de, www.st-johanniskirche.de, Di-Fr 10:00-12:00

⌘ **Deutsches Salzmuseum.** Industriedenkmal Saline Lüneburg. Machen Sie sich anhand der verbliebenen Überreste ein Bild von der 1.000-jährigen Lüneburger Saline und ihrer Geschichte.

♦ Sülfmeisterstraße 1, ☏ 720 65 13, www.salzmuseum.de, Di-So 10:00-17:00

⌘ **Rathaus Lüneburg**. Große Teile hinter der barocken Fassade stammen noch aus gotischer Zeit, der prachtvolle Fürstensaal, Gerichtssaal, Kanzlei und Bürgermeisterkammer können im Rahmen der Führungen besichtigt werden.

♦ Am Markt 1, Führungen täglich buchbar in der Tourist-Information

⌘ **Museum Lüneburg.** Der Raum Lüneburg aus den Blickwinkeln der Kulturgeschichte, Naturkunde und Stadtarchäologie betrachtet. Schwerpunkt der Sammlungen ist die Blütezeit der Hansestadt im 15. und 16. Jh.

♦ Wandrahmstraße 10, ☏ 720 65 12, www.museumlueneburg.de, Di, Mi, Fr 11:00-18:00, Do bis 20:00, Sa/So 10:00-18:00

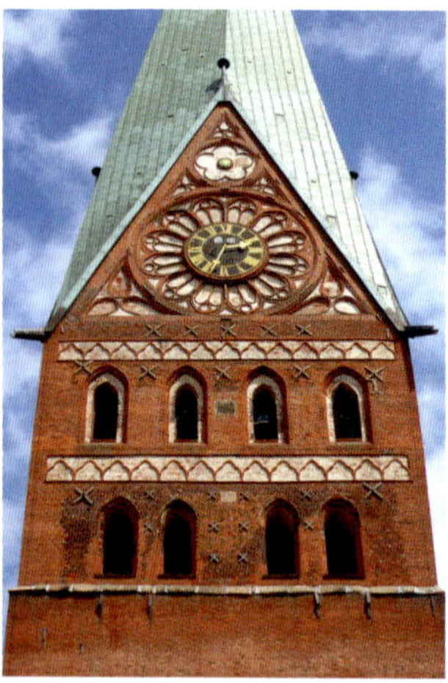

St.-Johannis-Kirche in Lüneburg

Die Stadt Lüneburg liegt auf einem der vielen Salzstöcke, die in Norddeutschland aus großer Tiefe aufgrund tektonischer Bewegungen bis nahe an die Erdoberfläche verschoben wurden. Mit dem Salz kamen Nebengesteine zutage, die hier einen Kranz von Kalkstein bilden. Sie bewirkten eine Einengung des Ilmenautales und somit einen günstigen Flussübergang. Im Scheitelpunkt des Salzstockes erfolgte im Laufe der Jahrtausende eine Auswaschung durch Grundwasser. Hinterlassen wurden unlösliche Bestandteile der Salzmasse, vor allem Gips, welchen das Salz wie eine Kappe zudeckte, und es bildete sich der einmal etwa 70 m hohe Kalkberg. Später wurde dieser durch Bruchsteingewinnung teilweise abgetragen.

Ein Berg aus festem Gestein an einem Flussübergang bot beste Voraussetzungen für die Gründung einer Burg. Der spätere Sachsenherzog Herrmann Billung ließ sie bereits um 950 bauen. Über Quellen (und Brunnen) lieferte der Salzstock die konzentrierteste Sole im norddeutschen Raum. Es wird angenommen, dass sie bereits in der Bronzezeit genutzt wurde.

Eine erste Erwähnung fand die Lüneburger Saline im Jahr 956. Sie entwickelte sich zu einem der größten Industriebetriebe des Mittelalters. Im Jahr 1262 wurden 54 Siedehäuser mit je 4 Siedepfannen erfasst. Über 300 Arbeitskräfte produzierten jährlich 20.000 bis 30.000 Tonnen Salz. Nachdem die Waldbestände der Lüneburger Heide erschöpft waren, kam das Holz zum Sieden aus Mecklenburg.

Zur Stadt konnte sich Lüneburg erst nach dem Fall Bardowicks erheben. Lüneburg wurde zum neuen Handelsplatz und zu einem Hauptort der Hanse. Ihre Blütezeit als Salz- und Fernhandelsstadt erlebte Lüneburg um 1460 bis 1530. Im Salzmuseum und im Museum Lüneburg können Sie das Wissen um die Geschehnisse vertiefen und sich im Übrigen in den Gassen des mittelalterlichen Stadtkerns in alte Zeiten zurückversetzen lassen. Lüneburg gilt als gut erhaltenes Denkmal norddeutscher Backsteinbaukunst, mit vielen gotischen Bürgerhäusern.

Etappe 13: Lüneburg – Bienenbüttel

16,7 km, 5 Std.

0,0 km	Lüneburg, Am Sande
4,9 km	Rote Schleuse
6,3 km	Deutsch-Evern
10,6 km	Dieksbach
16,7 km	Bienenbüttel

Der Weg bleibt heute bis Bienenbüttel der Ilmenau treu. Anfangs wandern Sie noch durch parkartigen Stadtwald, der bald durch ruhige, naturnahe Kiefern- und Eichenmischwälder abgelöst wird.

Über den großen Platz Am Sande (alter Markt) gehen Sie rechts bis zur Industrie- und Handelskammer und biegen dort links in die **Rote Straße** ein. An der Bushaltestelle „Clamartpark“ geht es links ab in die **Friedenstraße**. Die katholische Kirche St. Marien will auch besucht werden. Gleich danach biegen Sie rechts in die Johannisstraße ab, die auf die Straße **Vor dem Roten Tore** trifft. Dort geht es nach rechts und im Weiteren geradeaus über die stark befahrene

Stresemannstraße hinüber. Sie folgen nun dem **Wilschenbrucher Weg** stadtauswärts, bis Sie nach etwa 750 m (in einer deutlichen Rechtskurve der Straße ❶) links und wieder rechts in einen geteerten Nebenweg abweichen können.

Der Weg gabelt sich bereits nach 120 m. Links folgen Sie dem Radwegweiser Richtung Deutsch-Evern (unter der Willy-Brandt-Straße hindurch). Wieder teilt sich der Weg in drei Adern. Sie nehmen den Weg ganz links Richtung Deutsch-Evern. Der Waldweg folgt nun wieder dem Tal der Ilmenau. Sie bleiben auf dem Hauptweg, der auch Richtung Rote Schleuse ausgewiesen ist.

Am **Hasenburger Mühlenbach** (der Bach fließt in die Ilmenau) ❷ erreichen Sie ein erstes Naturschutzgebiet im Bereich der Ilmenau (Hasenburger Bachtal). Die Erhaltung und die naturnahe Entwicklung der Bäche mit ihren Niederungen und den angrenzenden Talräumen stehen im Fokus der Schutzanstrengungen. Sie überqueren den Bach und folgen ihm links bis in die Nähe der Mündung. Hier biegt der Weg nach rechts ab und erreicht nach 400 m den Campingplatz und Gasthof **Rote Schleuse** ❸.

Campingplatz Rote Schleuse, Rote Schleuse 4, 79 15 00, kontakt@camp-rote-schleuse.de, www.camproteschleuse.de, Ü Zelt ab € 3,80, ab € 7 p. P., Schäferwagen Ü ab € 58, jede weitere Pers. ab € 10, Bettwäsche € 5, kann auch mitgebracht werden, Schlaffass Ü ab € 26, jede weitere Pers. ab € 5,50, max. 4 Pers., Bettwäsche € 5, kann mitgebracht werden, Gästezimmer Ü DZ ab € 50, Preise erhöhen sich in der Hauptsaison, , März-Okt, 100 m, 5 km südlich vom Stadtzentrum

Sie überqueren links mit der Straße die Ilmenau und biegen danach halb rechts in die abzweigende Pflasterstraße ab. Am Wendeplatz folgen Sie dem Pfad rechts unter der B209 hindurch an die Straße Am Petersberg, der Sie geradeaus nach **Deutsch-Evern** folgen. Mehrere Bushaltestellen (nach Lüneburg) liegen direkt am Weg.

Schließlich heißt die Straße An der Ilmenau. Sie führt zur querenden Melbecker Straße, die Sie geradeaus überqueren, und dann folgen Sie am Parkplatz geradeaus dem breiten, sandigen Weg. Ein Bach wird überquert und danach biegen Sie rechts in einen schmalen Pfad ab, der jetzt die Uferwiesen der Ilmenau ❹ erreicht.

Mit dem Rad bleiben Sie auf dem breiten Weg, biegen aber 350 m weiter links Richtung Bahnstrecke Lüneburg – Hannover ab und folgen, dort angekommen, rechts dem Ilmenauradweg über Hohenbostel nach Bienenbüttel.

Vor einem Zaun ist wieder nach links markiert. Es geht zurück zum Hauptweg und dort rechts. Nach 650 m biegen Sie an einem Querweg rechts ab, erreichen einen ⛼ Rast- und Lagerplatz am Fluss und folgen nun einem wunderbaren Waldrandweg, der schöne Blicke in die Ilmenauwiesen zulässt.

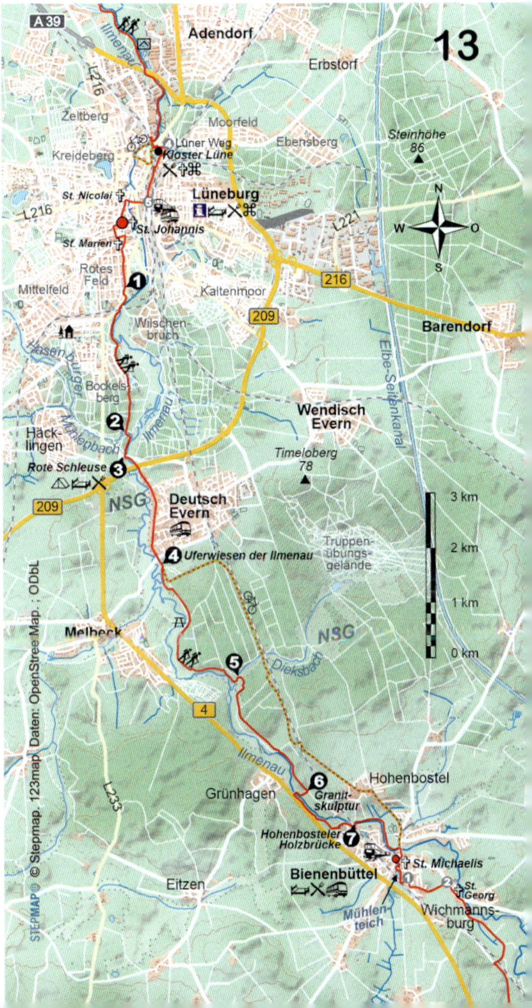

☝ Nach etwa 1,5 km geben Sie acht! Dort gibt es nämlich einen Abzweig nach rechts in einen schmalen Waldweg, der zur Furt über den Dieksbach führt.

Die Markierung dort wird regelmäßig entfernt. Offenbar hat jemand Unbekanntes Interesse, die Pilgerinnen und Pilger über den breiten Weg an die Bahnlinie und damit die Radfahrstrecke zu schicken.

2021 gab es am Abzweig rechts in den Wald einen etwas ungelenk aufgemalten, nach links weisenden gelben Pfeil. Wer aber schon im Vorfeld aufmerksam die Bäume am rechten Wegrand beobachtet, wird das nun veränderte Markierungssystem entdecken. Ca. 150 Schritte vor dem Abzweig sind 3 Punkte in Gelb an einen Baum gesprüht, 100 Schritt vorher 2 Punkte, 50 Schritte vorher ein Punkt. Biegen Sie danach also rechts in den schmalen Pfad, der in das Naturschutzgebiet Dieksbeck führt ab ❺. Wer den Abzweig verpasst, hat vor einem deutlichen Linksschwenk des breiten Weges eine weitere Möglichkeit, rechts auf ebenso schmalem Pfad in das Naturschutzgebiet zu gelangen. Hier folgen wieder die Markierungen. Im Wald sind hier tiefe Erosionstäler zu durchlaufen. Kurze steile Ab- und Aufstiege und die besagte Furt über den Dieksbach sind zu bewältigen. Zwei Holzbohlen helfen bei höherem Wasserstand bei der Überquerung.

Für die Pilgerinnen und Pilger sowie andere Reisende des Mittelalters stellten solcherlei Nebenbäche wie der Dieksbach eine große Herausforderung dar. Insbesondere diejenigen, die mit den anfangs zwei- und später vierrädrigen Karren unterwegs waren, hatten große Mühe, Talschluchten wie diese, auch wenn sie verhältnismäßig klein sind, zu überwinden. Karrenspuren und Hohlwege erzählen uns heute von den alten Wegen. Die Ilmenau galt den Reisenden als grobe Orientierung. Es gab keine festen Straßen. Im Sommer konnte die lehmfeuchte, flachere Südwestseite des Flusses begangen werden. Dort verläuft heute die Bundesstraße. Im Winter aber musste auf die sandige, nicht versumpfte Nordostseite des Flusses ausgewichen werden und dabei eben auch die dort viel tiefer ausgehöhlten Nebentalschluchten durchkreuzt werden. Tagesetappen von 20 bis 30 km waren auch damals üblich.

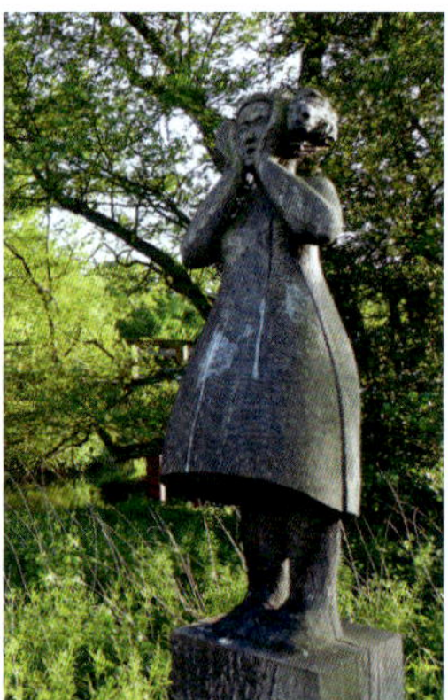

Skulptur an der Brücke Hohenbostel (Wegpunkt 7)

Sie kommen wieder auf einen breiteren Weg. Dort ist noch einmal rechts ein Wiesenrandweg markiert. Sie können aber auch auf dem breiteren Weg, der wieder erreicht wird, bleiben. Schließlich wird der Weg zum Feldweg. Wenn dieser nach links biegt, weichen Sie rechts in den Skulpturenweg ab. Im leichten Auf und Ab führt dieser am Fluss entlang. Im Zweifel bleiben Sie auf dem unteren Weg.

An einer schlanken, phallusartigen Granitskulptur ❻ 1 km weiter, die an eine aufblühende, sich in leichter Drehung aufreckende Knospe erinnert, biegen Sie mit dem Skulpturenweg rechts zur Ilmenau ab. Am Fluss gehen Sie rechts zur Brücke und überqueren ihn. Bevor die Straße erreicht ist, biegen Sie links in den weiterführenden Uferweg ab.

Bienenbüttel beginnt mit einem Tennisplatz. Gleich darauf liegt die Bahnstrecke im Wald. Sie unterqueren diese und überqueren gleich danach die Ilmenau auf der Fußgängerbrücke Hohenbostel ❼. Auf der anderen Flussseite biegen Sie rechts wieder in den Uferweg ein. Der Weg endet vor einer Straßenbrücke mit Informationstafeln zum Skulpturenweg. Steigen Sie zur Brücke hinauf und gehen Sie rechts zur St.-Michaelis-Kirche in Bienenbüttel. Vor der St.-Michaelis-Kirche zeigt die Markierung rechts um die Kirche herum.

Bienenbüttel

29553, 058 23

Hotel/Restaurant Zur alten Wassermühle, Uelzener Straße 18, ☏ 14 66, www.hotel-wassermuehle.com, Ü EZ ab € 60, DZ ab € 80, HP € 23,50, 300 m, an der Kirche geradeaus über den Kreisverkehr hinaus

Privatpension Heidehof, H. Alps, Uelzener Str. 7, ☏ 430, info@pension-heidehof.de, www.pension-heidehof.de, ÜF € 30 p. P., bei 2 Übernachtungen € 25 p. P./Nacht, 180 m, an der Kirche geradeaus über den Kreisverkehr hinaus

Von Bienenbüttel fahren Busse der Linie 7060 etwa (kein Takt) alle zwei Stunden über Medingen und Bad Bevensen Richtung Uelzen. Zentrale Haltestelle ist „Bienenbüttel, Uelzener Straße“. In Kombination mit dem Bahnanschluss ergeben sich zu manchen Stunden zwei Verbindungen pro Stunde zum nächsten Etappenziel Medingen.

☞ Lüneburg

Ev.-luth. Kirchengemeinde St. Michaelis. Schon vor 700 Jahren gab es in Bienenbüttel eine aus Holz gebaute Kirche. Es folgte eine größere aus Findlingen, die aber auch nicht erhalten werden konnte. Seit 1837 steht der heutige Backsteinbau. Die Einrichtung im Innern ist wie in Artlenburg und Lütau vom spätklassizistischen Zeitgeist geprägt. Auch ein halbkreisförmiges Buntglasfenster, das den auferstandenen Christus zeigt, befindet sich in dieser Kirche über dem Kanzelaltar (☞ Lütau).

♦ Kirchplatz 6, ☏ 379, kg.bienenbuettel@evlka.de, www.kirche-bienenbuettel.de, Kirchenbüro: Di und Fr 10:00-12:00, Do 16:00-18:00

Bienenbüttel entwickelte sich an einer Furt über die Ilmenau. Heute ist der Gleisanschluss für ein starkes Wachstum, das sich im Siedlungsgeschehen ausdrückt, verantwortlich. Verbindungen gibt es über Lüneburg nach Hamburg und über Uelzen nach Hannover.

Etappe 14: Bienenbüttel – Medingen

➲ *11,6 km,* ⌛ *4 Std.*

0,0 km	Bienenbüttel
1,9 km	Wichmannsburg
6,6 km	Bruchtorf
9,6 km	Weinbergbrücke
11,6 km	Medingen

Ein kurzer und besonders abwechslungsreicher Weg liegt heute vor Ihnen. Zunächst durchqueren Sie die Feldflur des fruchtbaren Talbodens im Uelzener Becken in der Nähe der Ilmenau. Dann geht es nahe an den Fluss heran, auch in sandigere Höhen. Artenreiche und feuchte Wiesen säumen den Flusslauf und immer wieder geht es durch den schattigen, mit Haselnuss, Ebereschen, Waldreben, Farn und Himbeeren unterwachsenen Kiefernhochwald. Am Tagesziel erwartet Sie das Kloster Medingen mit einer interessanten Führung zur Geschichte und Gegenwart der klassizistischen Anlage.

☺ Da es in Medingen nur ein eingeschränktes Bettenangebot gibt, könnten Sie überlegen, eine weitere Nacht in Bienenbüttel zu buchen, mit nur leichtem Gepäck nach Medingen zu laufen und mit dem Bus zurückzufahren. Mit derselben Linie fahren Sie anderntags nach Medingen zum Start der Etappe 15 zurück. Alternativ böte sich ein Abstecher von Medingen nach Bad Bevensen zur Übernachtung an.

Sie erreichen die Bahnhofstraße und gehen dort rechts. Noch vor der Bachbrücke und vor dem Kreisverkehr gehen Sie links an der Kita und der Grundschule vorbei bis an einen Spielplatz und dort rechts über die Holzbrücke zu einem Wendeplatz an der Mühlenstraße. (Die Brücke fand ich 2021 allerdings verschlossen. Sie muss repariert werden. ⇘ Zur Umgehung folgen Sie der Bahnhofstraße zum Kreisverkehr und biegen dort links in die Ebstorfer Straße. Die nächste Straße links ist die Mühlenstraße. Diese bringt Sie zum Mühlenteich.)

Links wandern Sie entlang der Wehranlage des Mühlenteiches und dann rechts an der Längsseite des Teichs entlang. Noch bevor die Bahnlinie erreicht ist, nehmen Sie links den Pfad durch die Wiesen zur Uelzener Straße ❶. Rechts folgen Sie der Straße für 200 m und biegen dann links in die Siedlungsstraße Sandweg. Am Siedlungsende schließt ein Pfad durch blütenreiches Wiesenland an und erreicht die Ortsdurchgangsstraße (Billungstraße) ❷ in **Wichmannsburg**. Ihr folgen Sie nach rechts.

✝ Mitten im idyllischen, noch von einigen reetgedeckten Fachwerkhäusern geprägten alten Ortskern steht umgeben von den Kreuzen alter Gräber die **St.-Georgs-Kirche Wichmannsburg**. Vor über 1.000 Jahren, so wird vermutet, hat der sächsische Graf Wichmann Billung, ein Sohn Herrmann Billungs (☞ Lüneburg), hier eine Fluchtburg errichtet. Die einstige Burgkapelle soll im Laufe der Jahre zur heutigen Kirche umgebaut worden sein. Im Feldsteinmauerwerk der Kirchennordwand mit den kleinen Rundbogenfenstern ist noch ein ursprünglich romanischer Aufbau zu erkennen. Der gotische Schnitzaltar gehörte einmal dem Kloster Medingen, in dessen Besitz Kirche und Dorf waren. Unter den Aposteldarstellungen auf den Seitenflügeln ist auch Jakobus zu sehen.

♦ 9:00-18:00, ⊙ ev.-luth. Pfarramt und Kirchenbüro, Billungstraße 33 (drittes Haus links nach der Kirche, gegenüber der Schulbushaltestelle), Wichmannsburg, ☏ 058 23/17 32, Di-Do 9:30-12:00

Sie folgen der Billungstraße noch, bis kurz bevor sie über die Ilmenau biegt. Vorher zweigen Sie rechts in die Burgstraße ab (Richtung Bad Bevensen). 80 m weiter gibt es ↳ einen Pfad, der zu einem Biwakplatz an der Ilmenau führt.

Sie folgen der Straße noch 1,7 km, bis Sie mit ihr über die Bahnstrecke ❸ abbiegen. Gleich nach der Brücke zweigen Sie links in den Plattenweg ab (Richtung Bad Bevensen). Das breite Tal der Ilmenau wird hier großflächig von der Landwirtschaft genutzt. Hecken und auch Wald gliedern das Kulturland.

Am Waldrand biegen Sie halb links in den Klosterweg. Der sandige Weg bleibt am Waldrand, quert eine Teerstraße und führt zwischen Hecken weiter bis zu einer Straßenkreuzung. Dort geht es links wieder über die Bahn und im Rechtsbogen an eine Straßengabelung im Dorf **Bruchtorf ❹**.

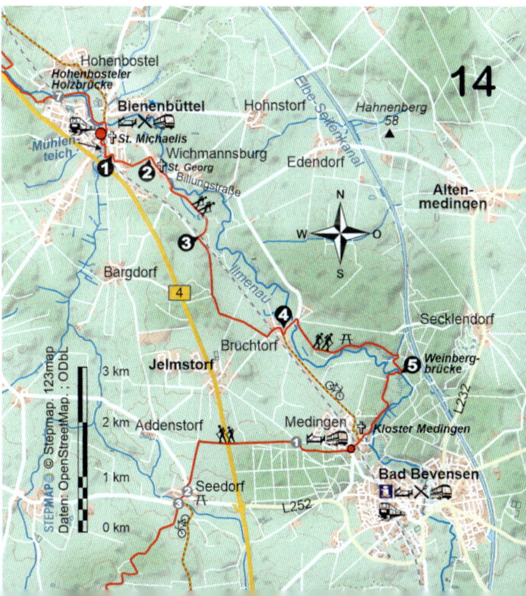

🚲 Radfahrerinnen und Radfahrer, welche die nun folgenden Wald- und Fußwege nicht nachvollziehen wollen, fahren hier rechts entlang der Ilmenaustraße direkt nach Medingen (am Ende in der Rechtskurve geradeaus).

Sie biegen links in die Ilmenaustraße Richtung Altenmedingen ab, überqueren den Fluss und biegen dann rechts in den breiten Weg Richtung Secklendorf. Von diesem geht es aber gleich wieder rechts ab entlang der Ilmenauwiesen (Ilmenauuferweg).

Der sandige Waldrandweg steigt langsam bergan und wird zum Waldweg. Der Fluss rückt immer wieder in das Blickfeld. Abzweigende Wege ignorieren Sie.

An einer Lichtung steht eine ⛼ Pausenbank. Eine Wegschneise erreicht von links diesen Punkt, Sie aber folgen der schmalen Spur weiter geradeaus. Bald geht es den Talhang hinunter an den Fluss. Ein breiterer Sandweg wird geradeaus überschritten und ein Erlenbruchwaldgebiet passiert. Dann gabelt sich der Pfad mitten im feuchten Wald. Sie gehen hier links, überqueren ein kleines Bächlein und steigen steil hinauf zu einem breiten Querweg.

Gehen Sie hier rechts Richtung Bad Bevensen bis zu einer Gabelung breiter Wege und biegen dort links ein. Ein Findling weist Ihnen den Weg Richtung Secklendorfer Trift und Sängershöhe. Der Waldweg bleibt am Rande artenreicher Wiesen und erreicht einen Gedenkstein, aufgestellt vom Wasser- und Bodenverband Ilmenauniederung an der sogenannten **Weinbergbrücke ❺.** Der Wegweiserstein zeigt Richtung Medingen.

Sie überqueren hier die Ilmenau und folgen dem weiterführenden Pfad zu einem schönen ⛼ Rastplatz mit Picknickbank, Wiesenplatz und Zugang zum Wasser. Am Wiesenrand entlang wandernd erreichen Sie Buchenhochwald, biegen einmal links ab und folgen dem Waldweg. Noch einmal zeigt die Pilgermarkierung nach halb links. Dieser Waldweg führt direkt zur Pforte am Kloster Medingen, dem zweiten der bis heute bewohnten Heideklöster an Ihrem Weg.

Am Kloster vorbei führt der Klosterweg zur Mühlenstraße. Dort gehen Sie geradeaus, unter der Bahnstrecke hindurch bis zur Kreuzung an der Bevensener Straße bzw. Medinger Allee. Links führt die Medinger Allee nach Bad Bevensen (➲ 1,5 km). Bereits nach 100 m treffen Sie auf die Bushaltestelle 🚌 Vier Linden.

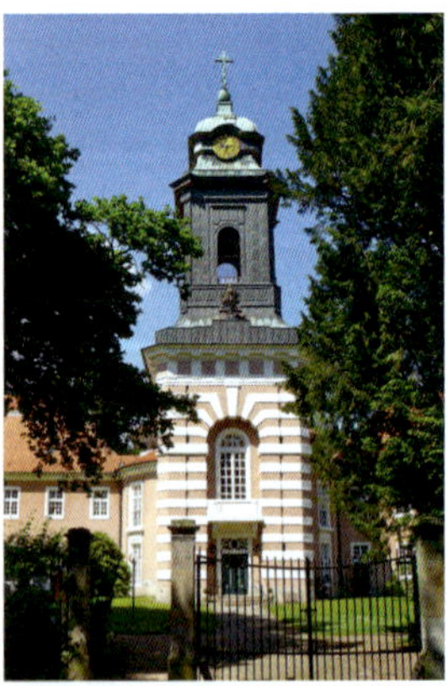

Kloster Medingen

Medingen (Bad Bevensen)

29549, 058 21

Gustav Stresemann Institut in Niedersachsen e. V., Europäisches Bildungs- und Tagungshaus, Klosterweg 4, ☎ 95 50, info@gsi-bevensen.de, www.gsi-bevensen.org, Preise auf Anfrage, Abendessen möglich, unbedingt vorher anmelden, Ankunft bis 16:30 oder nach Vereinbarung, ➲ am Weg, neben dem Kloster im historischen Gebäude des Amtsgerichts.

☞ Bienenbüttel

Das **Kloster Medingen** ist der einzige klassizistische Klosterbau im norddeutschen Raum. Die mehrflügelige, schlossähnliche Wohnanlage wird von einem barocken Torturm geschmückt. In der langen Geschichte seit der Klostergründung im Grenzbereich zu den slawischen Gebieten ist es, wie auch bei den anderen Heideklöstern, zu einer häufigen Verlegung des Standorts gekommen. Nach rund 100 Jahren hoffnungsvoller Entwicklung in Altenmedingen entschlossen sich die Zisterzienserinnen dazu, ein letztes Mal umzuziehen. Der Standort an der Alten Heer- und Salzstraße war inzwischen zu belebt und unruhig geworden. Aufgrund des erworbenen Wohlstands – die meisten der Ordensfrauen entstammten den reichen Patrizierfamilien Lüneburgs und der Beitritt zum Konvent war oft mit großzügigen Schenkungen verbunden – war es im Jahr 1323 möglich geworden, das Dorf Zellensen, das heutige Medingen, samt Mühle mit allen dazugehörigen Rechten wie etwa Fischerei und Holzherrschaft, zu erwerben. 1781 verbrannten die Gebäude des Klosters. Nur das Brauhaus (Backsteingotik) entging den Flammen. Nach nur sieben Jahren war das Kloster in der heutigen Erscheinungsform wieder aufgebaut.

Ein Schwerpunkt der klösterlichen Arbeitswelt war ein Skriptorium. Schreiben war Andachtsübung. So formulierten die Ordensfrauen lateinische Gebete, sammelten niederdeutsche Lieder oder übersetzten ihre Andachtstexte für den Gebrauch von Laien in kunstvoll verzierten Lettern. Einen in Europa einmaligen Bestand der alten Handschriften können Sie im Rahmen einer Führung neben vielem anderen besichtigen.

♦ Kloster Medingen und Klosterkirche St. Mauritius, Klosterweg 1, ☎ 96 78 38 und 22 86 , info@kloster-medingen.de, www.kloster-medingen.de, Führungen 1. Mai-15. Okt Di-So. Erkundigen Sie sich nach den aktuellen Terminen im Internet oder an der Klosterpforte. Gruppen ab 15 Pers. müssen angemeldet werden.

Die Siedlung Medingen entwickelte sich um das Klostergut Medingen. Erst 1855 wurde sie eine selbständige Gemeinde. Heute gehört sie zu Bad Bevensen. Das Gustav Stresemann Tagungszentrum wurde 1977 in einem alten Amtsgerichtsgebäude von 1541 eingerichtet.

In Bad Bevensen finden Sie auch Ausweichquartiere.

Bad Bevensen

29549, 058 21

Tourist-Information, Dahlenburger Str. 1, 97 68 30,
info@bad-bevensen.de, www.bad-bevensen.de,
April-Okt Mo-Fr 9:00-17:30, Sa, So, Fei 9:30-17:00,
Nov-März Mo-Fr 9:00-16:30, Sa, So, Fei 9:30-14:00

Bienenbüttel

Bienenbüttel

Etappe 15: Medingen – Klosterflecken Ebstorf

14,8 km, 4 Std., 30 Min.

0,0 km	Medingen, Bevensener Straße
4,0 km	Seedorf
8,2 km	Hohenbünstorf
13,9 km	Am Schildenkamp
14,8 km	Klosterflecken Ebstorf

Aus dem Uelzener Becken, einem vergleichsweise flachen Land mit Höhen um 50 m, steigen Sie heute in die die Tallandschaft umgebenden „Berge" und können weite Aussichten in das vielfältig geformte Land genießen. Das Uelzener Becken wurde vor über 100.000 Jahren von Gletscherzungen ausgeformt, die bei mehreren Eisvorstößen gewaltige Schuttmassen vor sich herschoben und an den Rändern ablegten. Heute noch finden sich Erhebungen von teils über 130 m, vor allem im Süden, Südwesten und auch im Osten von Uelzen. Bei Hösseringen werden Sie das südlich gelegene Endmoränengebiet morgen erreichen. Heute wandern Sie durch bereits seit dem frühen Mittelalter intensiv von der Landwirtschaft genutzte Gebiete mit Höhen von bis zu 100 m. Die Dörfer mit ihren großen, gepflegten Höfen strahlen Wohlstand aus. Nacheiszeitliche Winde haben zwischen Ebstorf und Bad Bevensen feinsten Staub abgelegt und so die wertvollen steinfreien Kleiböden geschaffen. In den feuchten Senken und auch auf sandigen Flächen wächst der Wald. So haben Sie heute beides: aufregende Aussicht und Ruhe im Wald.

Die Bevensener Straße überqueren Sie und folgen dem Addenstorfer Weg gegenüber bis zum Waldrand. Geradeaus weichen Sie hier von der Siedlungs-

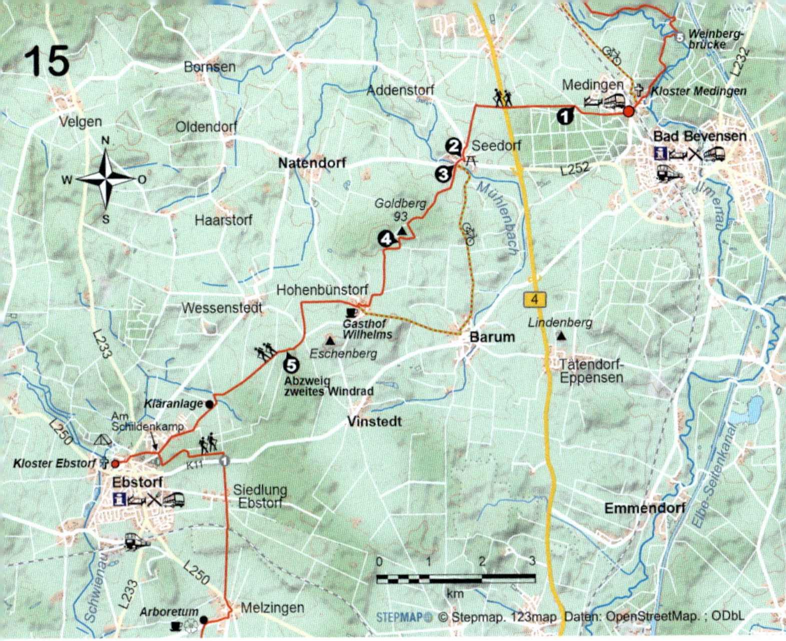

randstraße in den Buchenhochwald ab und folgen dem breiten Weg, zuletzt rechtsherum zu einer Fünfwegekreuzung ❶ am Waldrand. Der zweite Weg von links gezählt ist nun Ihrer. Er führt zwischen Wald und Feld genau nach Westen in die Weite.

Nach dem Überqueren der B4 unterqueren Sie noch eine Stromtransportleitung. 100 m weiter, bevor der etwas besser geschotterte Weg rechts biegt, biegen Sie links in einen Feldweg. Der Markierungspfahl kurz vorm Abzweig am rechten Wegrand wird hier regelmäßig von den großen Landmaschinen zertrümmert, allerdings auch immer wieder aufgebaut. Es kann aber trotzdem sein, dass Sie hier keine Markierung vorfinden.

Der Weg trifft auf die Dorfstraße von **Seedorf**, der Sie links zu einem Dorfplatz ❷ mit dem Dorfgemeinschaftshaus, einer überdachten ⛨ Pausenbank, einer Martin-Luther-Eiche sowie einem ehemaligen Transformator, der zu einer Gemeinschaftsunterkunft für die Vogelwelt umgebaut wurde, folgen.

Danach gehen Sie rechts am Dorfteich (⛨) vorbei zu einem weiteren, von größeren Höfen umgebenen Straßenkreuz. Halb links biegen Sie hier von der Straße in den Hohlweg ❸ ab, der nicht nur so heißt, sondern auch zu einem wird (auch Rundwanderweg Goldberg).

🚲 Mit dem Rad biegen Sie hier ganz links (am Mühlenbach entlang) in den Barumer Weg ab und fahren über Barum nach Hohenbünstorf. Kurz vor Barum biegen Sie mit den Radwegweisern links und kommen an die Bevenser Straße, mit der Sie rechts durch Barum hindurchfahren. In der scharfen Linkskurve können Sie geradeaus nach Hohenbünstorf fahren, wenn Sie es nicht bevorzugen, auf der nun Ebstorfer Straße genannten K11 (Radweg) über Vinstedt nach Ebstorf zu fahren.

An einer ersten Gabelung folgen Sie links dem Hauptweg Richtung Goldberg. An der nächsten Gabelung ist der Weg nach rechts markiert. Fast auf der Höhe liegt noch einmal ein Wegweiserstein. Wieder geht es rechts Richtung Goldberg.

✋ Geben Sie jetzt acht! Nachdem Sie die Waldhöhe überschritten haben, biegt der Weg an einem Hochsitz vorbei deutlich rechtsherum. Sie verlassen hier den Weg, wandern links entlang einer Schneise zur Waldecke ❹ und geradeaus, weglos, an der Feldkante entlang (überpflügter Weg). Nach 100 m treffen Sie wieder auf einen guten Weg, dem Sie rechts über die aussichtsreiche Höhe folgen.

Am Ende der den Weg begleitenden Feldhecke biegen Sie links in einen auf die Windräder gerichteten Weg ab. Ein geteerter Wirtschaftsweg wird erreicht. Rechts führt dieser nach **Hohenbünstorf** und biegt am Ortsrand nach links ab.

An der ersten Möglichkeit (Haus Nr. 2, 16, 26 und 28) biegen Sie rechts in den Dorfschatten ab, überqueren eine Kreuzung geradeaus und gehen an der T-Kreuzung links zum ☕ 🍷 Gasthof Wilhelms (🚪 Di-Sa ab 17:00, So ab 10:00).

Vor dem Gasthof biegen Sie rechts in den Wirtschaftsweg Richtung Haus Nr. 27, 36 und 37 ab. Der geteerte Wirtschaftsweg wird zum Feldweg und führt schließlich links zur Windradhöhe. Vorher wird eine Straße geradeaus überschritten. 20 m weiter gehen Sie rechts zur Höhe hinauf.

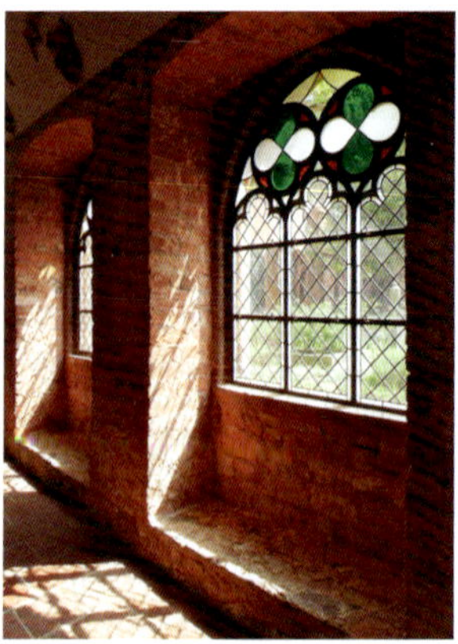

Kreuzgang im Kloster Ebstorf

Am Abzweig zum zweiten Windrad ❺ gehen Sie geradeaus weiter auf dem befahrbaren Weg am Waldrand Richtung Westen und nach einer Wegkreuzung Richtung Südwesten. Schließlich wird wieder ein geteerter Weg erreicht, der aber dann rechts aus der Richtung biegt. Sie folgen hier links dem Feldweg in südlicher Richtung.

In Höhe der Kläranlage überqueren Sie einen geteerten Weg und erreichen den

Medinger Weg, dem Sie rechts zwischen Waldrand und Siedlung folgen. Nach 800 m biegen Sie rechts in die Straße Am Schildenkamp ab (markiert auch als Schöpfungsweg) und achten am erreichten Waldrand darauf, den rechten der beiden weiterführenden Wege zu nehmen. Er bringt Sie bis zur L233 (Lüneburger Straße). Dort gehen Sie links zum Verkehrskreisel mit der Berufsschule für Land-, Forst- und Hauswirtschaft im historischen Gebäude, folgen geradeaus der Lüneburger Straße und gehen dann rechts über den Domänenplatz. Hier sind noch einige historische Gebäude erhalten. Informationstafeln geben Auskunft.

Der modernen Mauritius-Schule gegenüber steht die mächtige mittelalterliche Klosteranlage. Zum Eingang geht es zwischen Schule und Kloster hindurch und dann rechts durch die Parkanlage. Links kämen Sie am Café am Kloster vorbei zur Tourist-Information.

Ebstorf

29574, 058 22

Urlaubsregion Ebstorf e. V., Winkelplatz 4a, 29 96, info@ebstorf-tourismus.de, www.urlaubsregion-ebstorf.de, Mo, Di, Do, Fr 10:00-17:00, Mi/Sa 10:00-13:00, im Winter verkürzte Öffnungszeiten, 190 m, zentral, in der ehemaligen Räucherei, gegenüber dem Eiscafé Aldo

Pension Lühr, Uelzener Straße 10, 94 67 66, 01 51/53 35 88 90, luehr-ebstorf@t-online.de, pensionluehr-ebstorf.jimdofree.com, 6 Betten, aktuelle Preise entnehmen Sie der Webseite oder Sie rufen an, die Vermieterin (Beate Lühr) wohnt in der Weinbergstr. 7a gleich um die Ecke, 500 m, südwestlich der Tourist-Information

♦ **Pension Eckart und Ingrid Gierlinger**, Am Botanischen Garten 8, 12 11, pension.gierlinger@gmx.de, www.pension-gierlinger.de, ÜF EZ € 47-49, DZ € 74-79, am östlichen Ortsrand von Ebstorf, 900 m von der Tourist-Information

Campingplatz am Waldbad, Hans-Rasch-Weg, 32 51, 01 51/41 43 88 64, info@caw-e.de, www.caw-e.de, Ü Zelt ab € 4,30, € 6,70 p. P., Mietwohnwagen erst ab zwei Übernachtungen, eine Nacht im Campingfass für zwei Pers.: € 35, ganzjährig, 500 m

Gasthaus Zum Unteren Krug, Hauptstraße 42, 39 27, www.unterer-krug.de, Mi-So ab 17:00, So zusätzlich 11:30-13:30, 250 m

♦ **Xenios**, griechisches Restaurant, Lüneburger Str. 7a, Mi-So 12:00-14:00 und 17:00-21:00, zentral

Etwa 8 x am Tag fährt der Bus 7050 von Ebstorf nach Uelzen ZOB. Zusätzlich gibt es Umsteigeverbindungen.

Ebstorf hat einen Nahverkehrsbahnhof an der Bahnstrecke Bremen – Uelzen (Heidesprinter), 1,7 km.

✞ ⦿ Das ehemalige **Benediktinerinnenkloster Ebstorf** ist nun das dritte Heidekloster an Ihrem Weg. Die aus dem 14. Jh. erhaltenen Einrichtungen und Kunstschätze aus der Zeit der Backsteingotik zeigen Ihnen gerne die hier lebenden Konventualinnen. Bei Interesse bleiben auch Fragen zum Leben in der heutigen klösterlichen Gemeinschaft nicht unbeantwortet. Der Kreuzgang ist besonders reich mit farbigen Glasfenstern ausgestattet. Motive und Geschichten aus dem Leben der Heiligen, des Alten und des Neuen Testaments sind dargestellt. Konsol- und Schlusssteine im Kreuzrippengewölbe zeigen figürliche und auch szenische Darstellungen aus dem Klosterleben. Sie stammen vermutlich noch von einem älteren Klosterbau. Im Zentrum der Führungen steht die 4x4 m große Ebstorfer Weltkarte aus dem 13. Jh., die bis ins Detail erläutert wird. Leider ist sie nur noch in einer originalgetreuen, künstlerisch werkgerechten Abzeichnung vorhanden, zeigt aber dennoch ein spannendes Bild der damals bekannten Welt.

♦ www.kloster-ebstorf.de,
1. April-15. Okt, Di und Do 10:00, 14:00 und 15:30, Sa/So und an kirchlichen Feiertagen 14:00

Der Klosterflecken Ebstorf lässt sich mit seinen gut 5.000 Einwohnerinnen und Einwohnern fast schon als ein kleines Städtchen mit für Pilgerinnen und Pilger angenehmer Infrastruktur bezeichnen. Dem Klosterbereich steht ein kleines wirtschaftliches Zentrum gegenüber. Zum relativen Wohlstand und Wachstum des Marktfleckens tragen sicher auch die ertragreichen Böden der Umgebung bei.

Etappe 16: Klosterflecken Ebstorf – Hösseringen

27,4 km, 8 Std.

0,0 km	Klosterflecken Ebstorf ✞ ⦿ ⌘
6,0 km	Melzingen, Arboretum
10,5 km	Gerdau BANK ✞ ⦿
15,9 km	Böddenstedt
18,5 km	Hamerstorf
21,2 km	Suderburg BANK ✞
25,8 km	Hardausee
27,4 km	Hösseringen ⌘

Zurück in das Uelzener Becken, an die Heideflüsschen Gerdau und Hardau (beide fließen zur Ilmenau) und wieder durch schmucke Heidedörfer führt heute Ihr Weg, bis Sie am Fuß der dicht bewaldeten Endmoränenhöhen Hösseringen im

Quellbereich der Hardau erreichen. Teilen lässt sich das Wegstück in Gerdau (bedingt), Böddenstedt und in Suderburg. Letzteres empfiehlt sich eventuell auch dann, wenn Sie auf der nächsten Etappe das interessante und lebensnah gestaltete Freilichtmuseum am Landtagsplatz (☞ Etappe 17) besuchen wollen. Wer gegen 8:30 in Suderburg aufbricht, erreicht es zu Beginn der Öffnungszeit und kann auch noch bequem bis zum Abend nach Eschede kommen.

Vom Domänenplatz gehen Sie zurück zum Kreisverkehr, biegen links in die Lüneburger Straße und an der Waldecke rechts in den Schöpfungsweg, auf dem Sie Ebstorf erreicht haben.

Über die Siedlungsstraße Am Schildenkamp erreichen Sie erneut einen Waldrand. Halb rechts folgen Sie dem Weg in den Wald. Sie passieren einen Sportplatz, biegen links und an einer Wegspinne rechts ein. Immer wieder geben Bildtafeln zur biblischen Schöpfungsgeschichte Anlass, einen Moment zur Betrachtung zu verweilen.

Am zweiten querenden breiten Schotterweg biegen Sie nach rechts, überqueren die K11 ❶, eine Siedlungsstraße und dann die Bahnlinie.

In **Melzingen** treffen Sie auf die L250. Ihr folgen Sie links Richtung Arboretum. An der zweiten Straße rechts zweigen Sie wieder von der Ortsdurchgangsstraße ab (Richtung Arboretum). Noch einmal geht es rechts in einen Wirtschaftsweg, der dann zum Arboretum führt.

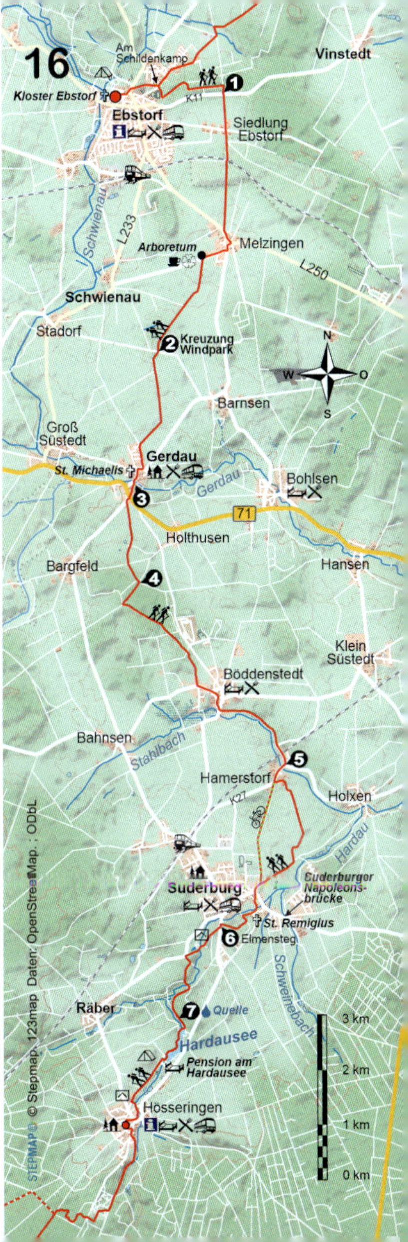

Christa von Winning hat hier rund 800 verschiedene Pflanzen, vor allem aber Bäume und Sträucher aus aller Welt zusammengetragen.

♦ homepage.arboretum-melzingen.de, März-4. Advent: Mi-So 14:00-18:00

Am Parkplatz des Gartens zweigt Ihr Weg links in einen zur Höhe führenden Schotterweg ab. Sie gehen über die Höhe hinüber und dann an der Gabelung rechts. Der jetzt mehr oder weniger mit Gras bewachsene Weg entlang von Feldhecken führt geradeaus auf einen Windpark zu.

Gemächlich, bald unter Bäumen, geht es am Windpark entlang zu einer Kreuzung ❷. Geradeaus folgen Sie dem nun wieder geteerten Wirtschaftsweg, der sanft hinab nach Gerdau führt. An der Ortsrandstraße gehen Sie links bis zur Hauptstraße (überdachte Bushaltestelle) und dort rechts. Gleich linker Hand stehen zuerst das Gemeindehaus und dann die sehenswerte Kirche am Weg.

Gerdau 29581, 058 08

Ev.-luth. Kirchengemeinde St. Michaelis, Gemeindebüro, Hauptstr. 14, kirche-gerdau.wir-e.de, Pilgerunterkunft im Gemeindehaus, es gibt ein paar Matratzen, Feldbetten, einen Aufenthaltsraum, Küche (Notvorrat an Lebensmitteln) und Dusche/WC, keine Einkaufsmöglichkeit vor Ort, Schlafsack erforderlich, Ü gegen Spende, Kontakt: Gunther Neuber (Küster): 01 75/716 77 83, oder Angelika Witte 01 59/06 59 56 72 u. 676, Stempel in der Kirche, Sommerhalbjahr Do-Di 9:00-17:00

Gasthaus Wellmann, Hauptstraße 9, 336 99 87, gasthaus-wellmann-gerdau.eatbu.com, Do/Fr 17:00-21:30, Sa 12:00-22:00, So 12:00-21:00

Bis zu 2 x pro Stunde fährt ein Bus Richtung Uelzen, auch über Bohlsen.

Vorbei am Gasthaus Wellmann erreicht die Hauptstraße das Heideflüsschen Gerdau ❸. Am Ufer ist hier ein schöner Rastplatz angelegt.

Gut vorstellen kann man sich beim Blick aufs Wasser, dass der Fluss dauerhaft einen Mühlenantrieb gewährleisten kann. Im Nachbardorf Gerdau-Bohlsen gibt es das noch. Die einzige kommerziell genutzte Wassermühle (Bohlsener Mühle) im Landkreis Uelzen mahlt das Getreide ökologisch wirtschaftender Landwirtinnen und Landwirte für die angegliederte Großbäckerei. Sie ist der größte Arbeitgeber in Gerdau.

Nach der Gerdaubrücke biegen Sie links in den Gartenweg ab und gehen an dem Gebäude der freiwilligen Feuerwehr rechts vorbei. An der B71 wandern Sie

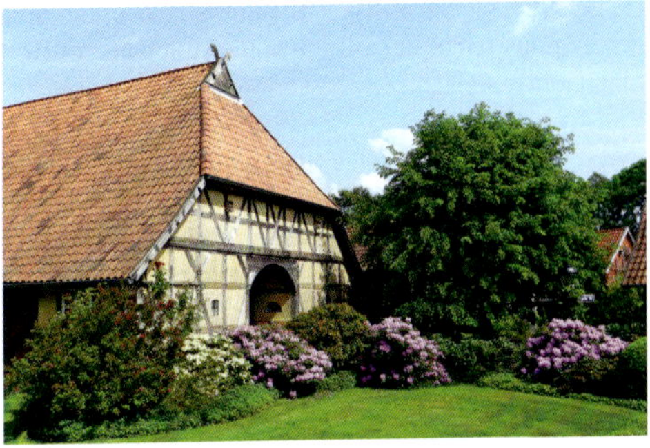

Schöner Hof in Suderburg

nur 30 m nach links und biegen dann rechts in die Bargfelder Straße ab (🚌 nach Uelzen). Nach weiteren 80 m biegen Sie wieder links in einen anfangs geteerten, dann aber als Grasweg zwischen Hecken weiterführenden Wirtschaftsweg.

1,6 km weiter, nachdem Sie an einer Graswegkreuzung und etwas später an einer querenden, gepflasterten Straße geradeaus gegangen sind, kommen Sie an eine große Waldwegekreuzung ❹. Dort ist der breite Sandweg rechts durch gelbe Pfeile markiert. Mitten im lichten Kiefernwald (nach 500 m) ist dann ein Abzweig links in einen untergeordneten, teils grasbewachsenen Weg gekennzeichnet. Jetzt geht es wieder geradeaus. Nach 1 km wird ein breiterer, mit Schotter aufgefüllter Weg überschritten und auch an einem Wegdreieck und der nachfolgenden Kreuzung mit einem geteerten Wirtschaftsweg behalten Sie die Richtung bei.

Dann verlässt der Weg den Wald und führt geradeaus in eine Siedlungsstraße, die sich als Gartenweg entpuppt. Sie mündet in den Bahnser Weg. Sie gehen nach links und wenig weiter rechts in die Mühlenstraße. Eine Reihe schöner Höfe säumt den Weg. **Böddenstedt** ist Golddorf, seit es 1991 den Bundessieg als schönstes Dorf errungen hat. Der Dorfkern (Mühlenstraße und Twiete) steht als Gesamtheit unter Denkmalschutz.

Böddenstedt (Suderburg) 🛏 ✕ ✉ 29556, ✆ 058 26

🛏 ✕ **Hotel/Landgasthaus Puck**, Am Dorfkrug 5,
☎ 958 61 10, ✉ info@landgasthof-puck.de, 💻 www.landgasthof-puck.de,
ÜF EZ € 50-56, DZ € 75-82, DBZ € 108-114, VBZ € 130-140, ➲ 200 m

Die Mühlenstraße trifft auf die Uelzener Straße. Sie gehen geradeaus (leicht versetzt) darüber hinweg in die Straße Am Stahlbach. Der Teer endet bald und ein Weg führt im Wiesental ganz in der Nähe des Stahlbachs (fließt zur Hardau) bis an eine Straße, die links nach Klein-Süstedt führt. Sie gehen aber geradeaus zur Bahnunterführung und weiter zur K27 ❺. Rechts laufen Sie nun durch

Hamerstorf, bis Sie an einer Kreuzung links in die Straße Auf dem Kampe abbiegen. Voraus reicht der Blick bis zur Waldlinie am Horizont. Es sind die Endmoränenhöhen südlich von Hösseringen.

Mit dem Rad folgen Sie an der Kreuzung Hamerstorf besser geradeaus dem schnurgeraden Schulweg, der am Friedhof von Suderburg die Holxener Straße erreicht. Hier biegen Sie rechts wieder in den Pilgerweg.

Wer hier auf schnellstem Wege zum Bahnhof möchte, folgt der rechts abbiegenden Stahlbachstraße. Nach knapp 2 km überqueren Sie die Bahnstrecke und wandern danach die letzten 160 m links zum Bahnhof Suderburg.

Am Hof Claus vorbei stoßen Sie auf eine T-Kreuzung und gehen rechts auf den geteerten Wirtschaftsweg. Der Teer verliert sich nach einem Links-rechts-Schwenk des Weges. Weiter führt ein Grasweg hinunter in eine Senke und endet dort scheinbar in einer Feldecke. Ein wenig genutzter Grasweg führt Sie weiter, biegt nach rechts und an der Wiesenecke wieder nach links.

St. Remigius in Suderburg

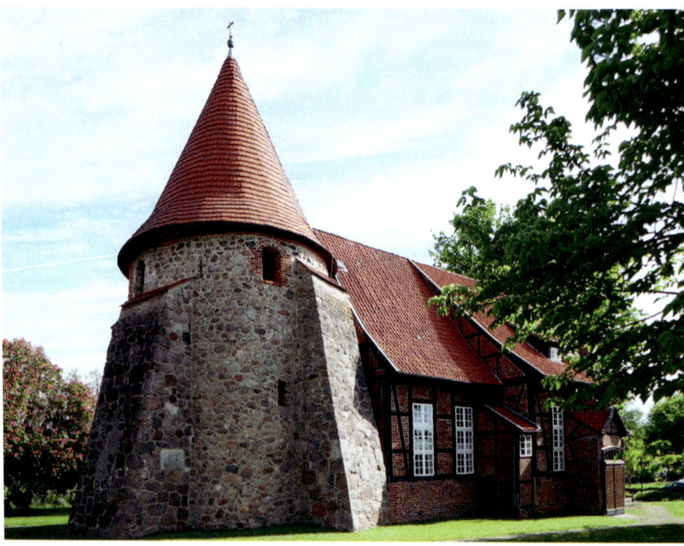

Ein historischer Wegabschnitt mit gut erhaltenem Kopfsteinpflaster und Wasser ableitender Wölbung wird erreicht. Er verläuft im Hardautal und kommt von links aus Uelzen. Sie gehen rechts nach Suderburg. Am Friedhof geht der Weg in die Holxener Straße über, von der es dann halb links (an der ✕ Taverna der Grieche, Di-Fr ab 16:30, Sa/So 11:30-14:30 und ab 16:30) durch die Burgstraße weitergeht. Geradeaus über die Hauptstraße hinweg setzen Sie Ihren Weg in der Burgstraße fort.

Wer einkaufen möchte, bleibt auf der Holxenerstraße, geht an der Hauptstraße rechts und nach knapp 600 m rechts in die Bahnhofstraße (➲ 1,3 km).

Suderburg

29556, ✆ 058 26

Notunterkunft bei Jürgen Wrede, Bahnhofstraße 47, 01 60/695 14 14, j.wrede@ibemail.de, 2 Matratzen/Sofa, Decken, Dusche, ➲ 1,3 km, direkt neben Edeka in der Ortsmitte Nähe Bahnhof

✕ **Gasthaus Müller/Spiller**, Hauptstr. 28, ☏ 277, www.gasthaus-mueller-spiller-suderburg.de, 3 DZ, Preise auf Anfrage, ➲ 200 m

Haus **Wöhling**, Hauptstraße 20, ☏ 952 94 43, joachimwoehling@hotmail.de, FeWo für bis zu 8 Personen € 180, ➲ 400 m

♦ **Gästezimmer am alten Kaffee Hof**, Thomas Nohns, Hauptstraße 25, ☏ 950 70 07, 01 72/300 66 46, thomas.nohns@kaffeehof.eu, www.kaffeehof.eu, Ü EZ € 45, DZ € 56, ➲ am Weg

Pilgerpause, Hauptstraße 42, Zugang von der Burgstraße direkt am Weg, Rastmöglichkeit in einem privaten Garten, Toilette, kalte und heiße Getränke stehen bereit und sind gegen eine Spende für die Kirchenjugend in Selbstbedienung zu haben.

Busse fahren 3-4 x am Tag nach Uelzen.

Suderburg hat einen Bahnhof an der Bahnstrecke Göttingen – Hannover – Uelzen (Stundentakt).

✝ ⊙ Die kleine Fachwerkkirche **St. Remigius** stammt aus dem 18. Jh., der aus Feldsteinen gemauerte Rundturm jedoch nachweislich aus der Zeit vor 1004. Ursprünglich war es ein Burgturm. Gegenüber steht das schöne Pfarrhaus (Nr. 3) seit 1790.

♦ Der Pilgerstempel befindet sich in der Kirche, täglich 10:00-18:00.

Suderburg ist die südlichste Befestigungsanlage in einem Verteidigungs- und Grenzwall zum slawischen Reich gewesen. In der Kirche hat sich noch der Burgturm, der zum Glockenturm umgebaut wurde, aus dieser Zeit erhalten. Südlich von

Suderburg erstreckten sich einst ausgedehnte Sümpfe. Feucht ist es immer noch. Die Hardau, als einer der Zuflüsse der Ilmenau, durchfließt das Gebiet. Es gibt Bruchwälder und Auen, viele Picknickplätze und Mücken. Bereits 1853 wurde in Suderburg eine Wiesenbauschule gegründet, aus der die Hochschule für Wasserwirtschaft und landwirtschaftliche Kulturtechnik hervorging. Heute ist Suderburg Teilstandort der Ostfalia Hochschule, weiterhin mit den Schwerpunkten Wasser- und Bodenwirtschaft. Zu den 4.500 Einwohnerinnen und Einwohnern der Samtgemeinde zählen etwa 1.000 Studierende. Auf Ihrem weiteren Weg durch das romantische Hardautal nach Hösseringen werden Sie auch über informative Tafeln auf heute noch sichtbare wasserwirtschaftliche Einrichtungen der Rieselmeister aus der Wiesenbauschule des 19. Jh. hingewiesen. Noch vor Erfindung des Kunstdüngers und nach Abschaffung der Allmenden (Plaggenwirtschaft etc.) war es in Niedersachsen üblich geworden, durch Bewässerung der Wiesenflächen mehr Futter für das Vieh zu gewinnen, wodurch sich der für die Düngung der Getreideäcker so dringend benötigte Mistanfall erhöhen ließ. Der Flussperlmuschel, dessen feine Perlmuttkügelchen z. B. manche Stickerei im Kloster Medingen zieren, kostete die oft nötige Umgestaltung der Bäche allerdings ihren Lebensraum.

80 m nach dem Überqueren der Hauptstraße passieren Sie linker Hand den privaten 🍷 ⛩ Rastplatz **Pilgerpause**, etwas weiter überqueren Sie die Hardau und biegen danach rechts zur Kirche hin ab.

Ihr Weg führt zwischen Pfarrhaus und Kirche hindurch (Kirchsteig) bis zum letzten Haus und zweigt dort links in den breiten Moorweg (kein Straßenschild) ab. An der nächsten Ecke biegt der Weg nach rechts ab und im weiteren Verlauf noch einmal nach rechts und erreicht dann eine Fahrstraße. Sie wenden sich für 50 m nach links und biegen dann rechts in den Elmensteg ❻ ein. Am Waldrand treffen Sie auf einen Rastplatz mit ⌂ Schutzhütte.

Geradeaus überquert der Wiesen- und Waldweg bald die Hardau ⛩ und erreicht eine Straße an einem Parkplatz. Kurz vorher biegen Sie scharf links in den Fußweg ein. An einer Verzweigung gehen Sie rechts, bald über einen Steg im Erlenbruchwald und wieder aufwärts zu einem breiten Querweg. Diesem folgen Sie nun rechts bis zum Damm des Hardausees (abzweigende Wege ignorieren, an einer Gabelung links). Achten Sie auf die neu gefasste Quelle ❼ (💧 Trinkwasser) am Wegesrand. Sie überqueren den Damm der Talsperre und biegen dann links in den Uferweg ein.

Zur Förderung des Tourismus angelegt dient die vom Wald umgebene Talsperre Hardausee ausschließlich Erholungszwecken 🛏 ⛺ 🍷 🏊 ⛩. Bekannt und beliebt ist sie aufgrund ihrer guten Wasserqualität.

Kurz vor dem Ortseingangsschild von Hösseringen (Grillplatz, Schutzhütte) zeigen Radwegweiser und Pilgermarkierungen links in einen Fußweg durch das Hardaubachtal, dem Sie zum Mühlenteich folgen, ohne den Bach zu überqueren. An einem großen Ahornbaum gehen Sie dann rechts zum Räber Weg mit dem Haus des Gastes und einer überdachten Bushaltestelle.

Geradeaus führt die Straße Westerfeld aufwärts. Die erste Querstraße heißt Hinter den Höfen. Hier biegen Sie links ein und passieren das Dorfcafé Alte Schule.

Hösseringen (Suderburg)

29556, 058 26

Tourist-Information Suderburger Land im Haus des Gastes, Räber Weg 4, ☎ 16 16, info@suderburgerland.de, www.suderburgerland.de, April-Okt Mo-Fr 9:00-12:00, Okt-März Di 9:00-12:00, am Weg

Mila Schrader, Privatzimmer und Rasthuus, Hinter den Höfen 7, ☎ 83 43, 015 22/405 38 24, zimmer@dorfcafe-hoesseringen.de, www.dorfcafe-hoesseringen.de, 7 Betten + FeWo und Bauwagen, Ü € 35 p. P., F auf Wunsch, Anreise bis 18:00, bett+bike-Service, Dorfcafé Alte Schule mit warmer Küche und Kuchenspezialitäten ab 12:00, Mo Ruhetag, am Weg, Wegbeschreibung

Hösseringer Hof GbR, Anna und Georg Gräf, Heerstraße 14, ☎ 75 04, info@hoesseringer-hof.de, www.hoesseringer-hof.de, ÜF € 37,50 p. P., Mi Ruhetag (manchmal aber auch Di und Do), 50 m

Pension am Hardausee, Margret Hammes, Helddamm 1, ☎ 87 30, imkehammes@web.de, Preise nach Vereinbarung, Frühstück und Abendessen möglich, 250 m vom Weg, gegenüber vom Campingplatz links in den Helddamm einbiegen

Pension Katerberg, Rita Techmann, Katerberg 3, ☎ 14 15, info@pensionkaterberg.de, www.pensionkaterberg.de, ÜF DZ € 64 bis 80, 400 m, vom Fußweg zum Mühlenteich überqueren Sie die Hardau zur Heerstraße hin, folgen ihr rechts und biegen wenig weiter zweimal links in den Katerberg ab.

Campingplatz am Hardausee, Familie Köllner, Am Campingplatz, ☎ 76 76, info@camping-hardausee.de, www.camping-hardausee.de, 01. April-31. Okt, Ü Zelt € 6, € 8,50 p. P., € 2,50, 300 m

Busse fahren 4-5 x am Tag nach Uelzen (über Bf. Suderburg).

Hösseringen gilt als touristischer Hauptort des Suderburger Landes, ist aber Ortsteil von Suderburg.

Etappe 17: Hösseringen – Eschede

➲ 21,4 km, ⌛ 6 Std.

0,0 km	Hösseringen
2,3 km	Museumsdorf im Schooten ⌘
13,2 km	Dalle
14,2 km	Lohe
17,5 km	Aschauteiche
21,4 km	Eschede

Ein kontinuierlicher, allerdings mäßiger Anstieg bringt Sie heute in den sandigen Geestbereich der Hohen Heide von Hösseringen. Einstmals breiteten sich hier dichte Mischwälder aus, bis sie, vor allem aufgrund des enormen Brennstoffbedarfs der Lüneburger Saline, abgeholzt waren. Die Bäuerinnen und Bauern trieben ihr Vieh in die ausgehauenen Wälder, anfangs Rinder und dann zunehmend Schafe (Heidschnucken). Eine Wiederbewaldung wurde so über Jahrhunderte verhindert. Die lichtbedürftigen Heidekräuter breiteten sich aus. Schnucken- und Bienenhaltung wurden zu einer wichtigen Stütze der landwirtschaftlichen Betriebe. Erst mit dem Verfall der Wollpreise im 19. Jh. begann ein Umdenken und dies führte schließlich zur Aufforstung mit Kiefernwald. Die südöstliche Lüneburger Heide, in die Sie nun hineinwandern, ist heute wieder eine der waldreichsten Gegenden der Bundesrepublik. Nur noch ganz wenige Heide- und Wacholderflächen sind erhalten und müssen aufwendig gepflegt werden, damit sie nicht völlig verschwinden.

Sie folgen der Straße Hinter den Höfen zu einem kleinen Dorfplatz mit Kastanie und gehen weiter geradeaus in die abwärtsführende Straße zu einer T-Kreuzung. Dort biegen Sie rechts ab und noch vor dem Ortsausgang halb links Richtung „Heidefläche" in die (anfangs geteerte) Straße Im Spring. Weiter führt ein breiter Sandweg im Hang des oberen Hardautals stetig sanft aufwärts und bald auch immer am Zaun des Freilichtgeländes entlang. Auf der Höhe (am Ende des Zauns ❶) biegen Sie rechts ab und erreichen den Eingangsbereich zum Museum.

⌘ **Museumsdorf Hösseringen**. Zu sehen sind 26 regionaltypische Gebäude der Lüneburger Heide inklusive der dazugehörenden Bauerngärten. Eine angrenzende Heidefläche mit einem Außenschafstall spiegelt das Landschaftsbild wider, wie es seit dem Mittelalter für große Bereiche der Lüneburger Heide charakteristisch war, kleine Ackerflächen sind mit alten Kulturpflanzen bestellt, Ausstellungen gibt es zu alten Handwerkstechniken usw.

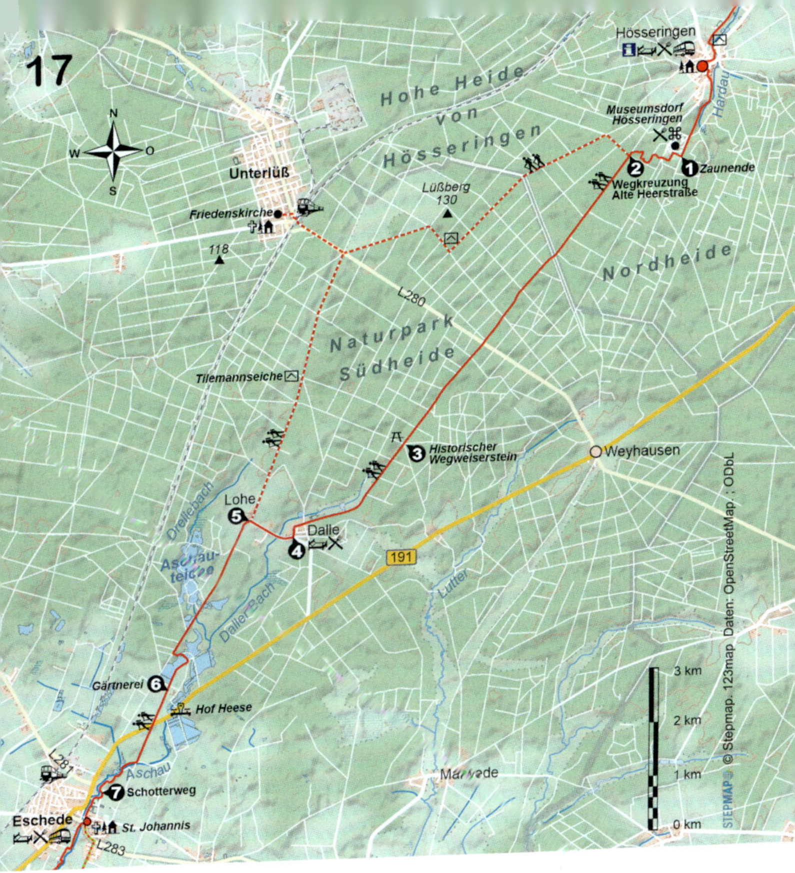

Der einmal frei zugängliche **Landtagsplatz** ist inzwischen Teilbereich des Museumsdorfes geworden. Eine ebene, mit einzelnen Birken und Eichen überwachsene Heidefläche breitet sich halbkreisförmig aus. An der Längsseite steht mittig ein aus einem großen und flachen Findling errichteter Tisch, um den sich Findlinge in einer zum Sitzen geeigneten Höhe gruppieren. In jeden Stein ist ein Ortsname eingraviert. Es handelt sich um eine Steinsetzung der Bauernschaften des Landkreises Uelzen von 1936 an historischem Ort. Die Landstände des Fürstentums Lüneburg sollen hier schon vom 13. Jh. bis 1652 in ähnlicher Form Versammlungen abgehalten haben.

♦ museumsdorf-hoesseringen.de, 15. März-31. Okt Di-So 10:30-17:30

Der Pilgerweg folgt nun zunächst dem Waldgeschichtspfad Schooten, wie die Gemarkung hier genannt wird. Am Museumseingang wenden Sie sich nach links und wandern geradeaus über den Parkplatz in den Wald. Der orange Pfeil (hier und da sind auch gelbe Pfeile zu sehen) für den Geschichtspfad weist den Weg, der sich vorbei an Informationstafeln durch den Wald schlängelt.

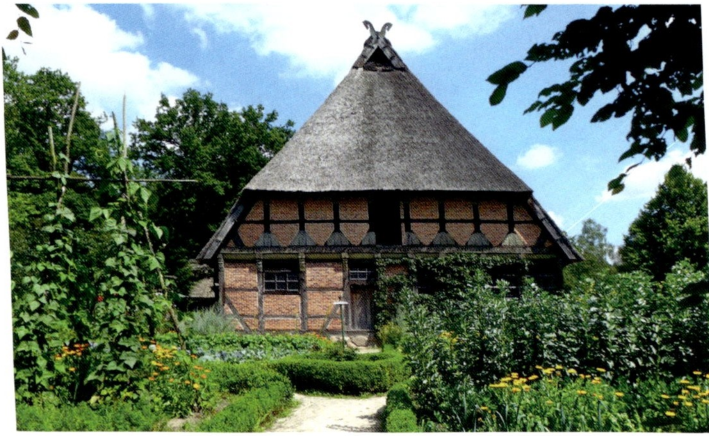

Im Museumsdorf Hösseringen

An Station 5 („Stock und Stein“) quert die Alte Heerstraße zwischen Celle und Lüneburg, heute ein forstwirtschaftlich genutzter Sandweg. Der Pilgerweg weicht hier vom Lehrpfad ab und folgt dieser fast schnurgeraden Waldstraße Richtung Celle (links). Rechts kämen Sie zurück nach Hösseringen. Nach nur 90 m erreichen Sie eine erste große Kreuzung ❷.

Der Pfarrer Hartmut Günther von der Friedenskirche Unterlüß bietet Pilgerinnen und Pilgern mit Isomatte und Schlafsack kostenlose Unterkunft. Leider liegt Unterlüß nicht direkt am Pilgerweg. Es ist aber mit der hier folgenden Wegbeschreibung zu erreichen. Der Weg ist etwa 5 km weiter, vom Museumsdorf sind 9,4 km nach Unterlüß zu gehen.

An der erwähnten Wegkreuzung biegen Sie rechts ab. Am zweiten Querweg liegt ein Wegweiserstein, der links nach Unterlüß zeigt. Sie biegen hier also ab. Nach etwa 1,8 km passieren Sie einen Unterstand. Danach teilt sich der Weg an einem Wegweiser. Nach Unterlüß folgen Sie dem beschrankten Weg halb links.

Nach wiederum etwa 2 km erreichen Sie eine Wegkreuzung mit Schutzhütte. Hier gehen Sie rechts weiter. An der nächsten Kreuzung bleiben Sie auf dem Hauptweg, der etwas nach links biegt, und erreichen am Parkplatz Lüßwald eine Straße, der Sie rechts nach Unterlüß folgen (Radweg).

Der Radweg führt zum Bahnhof. Sie nutzen die Unterführung zur Müdener Straße und folgen dieser rechts. Die erste Straße links ist die Schulstraße, die zur Friedenskirche führt. In Unterlüß gibt es Einkaufsmöglichkeiten, Restaurants sowie einen Bahnhof an der Bahnstrecke Uelzen – Hannover – Göttingen.

Kostenlose Unterkunft für Pilgerinnen und Pilger mit Isomatte und Schlafsack. Duschen sind vorhanden. Eine Pilgerandacht (ohne musikalische Begleitung) ist auf Wunsch ebenfalls kostenlos möglich. Die Kontaktadresse lautet: Schulstraße 9, 29345 Unterlüß, 01 73/665 02 80.

Für den Rückweg gehen Sie zurück zum Parkplatz Lüßwald, vom Ort kommend gleich hinter der breiten Stromtrasse, und biegen rechts in den breiten, zur Stromtrasse parallelen Weg Richtung Dalle/Lohe ab. An der Tilemannseiche , benannt nach dem Oberförster Carl Tilemann, gehen Sie geradeaus Richtung Lohe und kommen dort wieder auf den markierten Weg.

Nach etwa 3 km weist ein Schild darauf hin, dass Sie nun die Nordheide verlassen und die Südheide im Landkreis Celle betreten. An einer zu querenden Straße stehen Radwegweiser mit nicht ganz richtigen Entfernungsangaben. Geradeaus zeigt der Wegweiser Ihnen den Weg nach Dalle.

An einer Wegkreuzung, 2,7 km vor Dalle, stehen ein historischer Wegweiserstein ❸ und eine Ruhebank unter einer Eiche. Am Ortseingang von Dalle weist ein Straßenschild den Weg rückwärtig als Hösseringer Weg aus. Eine Teerstraße quert.

Dalle

29348, 051 42

Traumzeithof, Christine und Jürgen Reimer, Loher Str. 16, 419 50, kontakt@traumzeithof.de, www.traumzeithof.de, ÜF EZ ab € 88,50, DZ ab € 99, Abendessen nach Absprache, € 10, bett+bike-Service, am Weg

Sie folgen geradeaus dem Hösseringer Weg. Dieser biegt bald links zur Fahrstraße (Loher Straße) ❹ ab. Rechts wandern Sie vorbei am Traumzeithof Richtung Aschauteiche und Lohe.

In Lohe endet die überdimensionierte Straße ❺ an einem querenden Landwirtschaftsweg vor einem der zwei Höfe. Links geht es weiter Richtung Eschede. Ein Abzweig rechts wird ignoriert. Der Weg erreicht wieder Wald und immer wieder sind Fischteiche zu sehen.

Die Geschichte der **Aschauteiche** reicht bis in das 15. Jh. zurück, erlebte aber Ende des 19. Jh. ihren größten Aufschwung. Für den Bau der Eisenbahnstrecke benötigte Sand- und Kiesmengen wurden der unmittelbaren Umgebung entnommen und die entstandenen Gruben zu Teichanlagen umgestaltet. Daller Bach und Drellerbach versorgen Weiher und Seen mit Frischwasser, als Aschau verlässt das Nass die Teichlandschaft. Die 86 ha großen, extensiv bewirtschafteten Teichflächen im hier berührten Naturpark Südheide sind in verschiedene Vogel- und Naturschutzprogramme eingebunden. Produziert werden sowohl Besatzfische (Jungfische für Zoohandlungen, Angelteiche etc.) als auch Räucherfisch, den Sie im Hofladen der Familie Heese erwerben können.

☏ 051 42/22 11, www.aschauteiche.de, Mo-Sa 8:00-18:00, So 10:00-18:00

Etwa 1 km nachdem Sie die Stromtransportleitung unterschritten haben, stehen Radwegweiser am Weg. Hier weichen Sie links von der Geraden ab und wandern über einen Damm mitten zwischen den Teichanlagen hindurch. Aufgrund ihrer Größe haben sie schon Seencharakter. Jenseits der Teiche erreichen Sie eine Wegkreuzung. Sie folgen dem Weg rechts, jetzt eng zwischen Hecken und der angrenzenden Wasserfläche, bald auch an einer Gärtnerei für Wasserpflanzen ❻ vorbei, bis zur B191 und geradeaus darüber hinweg.

☺ Falls Sie im Hofladen etwas Fisch kaufen wollen, könnten Sie ihn entlang der Bundesstraße links nach 550 m erreichen. Möglich ist es auch, schon vorher zwischen den beiden Folienhäusern der Wasserpflanzengärtnerei hindurch links abzubiegen und ohne weiteren Richtungswechsel die Bundesstraße genau am Hof Heese zu erreichen. Dort rechts entlang der Straße treffen Sie nach 550 m wieder auf den die Straße querenden Pilgerweg.

Der weiter schnurgerade verlaufende Pilgerweg erreicht nach knapp 800 m eine Brücke an der Aschau mit einer Informationstafel zum Lebensraum Fließgewässer.

Vor der Brücke biegen Sie rechts in den schmalen Uferpfad ein. Bis zu seiner Mündung bei Beedenbostel in die Lachte werden Sie dieses Flüsschen nun begleiten.

Der schöne Waldpfad trifft bei einem Hof auf einen breiten Schotterweg ❼. Sie gehen nach rechts und am beginnenden Straßenpflaster wieder rechts, zwischen Schützenheim und Freibad hindurch hinunter zu einer Aschaubrücke. Diese wird nicht überquert. Vorher geht es links, bald unterhalb eines Sportplatzes, zu einer weiteren Bachbrücke. Auch hier bleiben Sie diesseits, gehen links zu einer Siedlungsstraße hoch und dort rechts zur ev.-luth. St.-Johannis-Kirche in Eschede.

Die aufgeführten Unterkunftsmöglichkeiten befinden sich in der Nähe der Kirche.

Um die Einkaufsmöglichkeiten, Gastronomie und den Bahnhof zu erreichen, folgen Sie unterhalb der Kirche halb rechts der Südstraße über die Aschaubrücke. Vorbei am Hotel Deutsches Haus sind Sie nach 300 m im Zentrum der Einheitsgemeinde an der querenden B191 angekommen BANK. Schräg rechts führt die Bahnhofstraße weiter zum Bahnhof (➲ 840 m).

Eschede

BANK

29348, 051 42

ev.-luth. Johanniskirchengemeinde, Osterstr. 3, Pfarrbüro: ☏ 685, kg.johannis.eschede@evlka.de, www.johanniskirchengemeinde-eschede.de, Mo/Di 9:00-11:00, Do 16:00-18:00, Fr 9:30-11:00, Pastorin Baden: ☏ 802, Unterkunft im Gemeindehaus, 2 Betten, , , warmer Schlafsack erforderlich, Anmeldung auch gerne per E-Mail, ➲ am Weg

Hotel Deutsches Haus, Albert-König-Str. 8, ☏ 22 36, info@hotel-eschede.de, www.hotel-deutsches-haus-eschede.de, 11 DZ, Preise auf Anfrage, bett+bike-Service, Radverleih, ➲ am Weg, unterhalb der Kirche

Gästehaus Schaper, Südstraße 1, ☏ 46 62, info@gaestehaus-schaper.de, www.gaestehaus-schaper.com, 3 DZ, 2 EZ, Ü EZ € 45, DZ € 70, F € 10, bett+bike-Service, ➲ am Weg, unterhalb der Kirche

Von Eschede fahren Busse in die umliegenden Dörfer.

Eschede hat einen Nahverkehrsbahnhof an der Bahnstrecke Göttingen – Uelzen.

An der Bundesstraße links und nach 50 m rechts über die Rebberlaher Straße kämen Sie nach 300 m zu einer historischen Erdholländerwindmühle mit massivem Backsteinturm von 1874. Würden Sie der Rebberlaher Straße etwa 1 km weiter folgen, kämen Sie zu der Gedenkstätte, die an das folgenschwere ICE-Unglück von 1998 erinnert, durch den der Name der Einheitsgemeinde überregional bekannt wurde. Ursache des Unglücks waren gebrochene Radreifen.

Etappe 18: Eschede – Wienhausen

23,6 km, 7 Std.

0,0 km	Eschede
3,4 km	Habighorst
12,5 km	Beedenbostel
15,7 km	Lachendorf
22,0 km	Oppershausen
23,6 km	Wienhausen

Dem kleinen Flüsschen Aschau bleibt der Weg treu, auch wenn es nur anfangs eng am Ufer entlanggeht. In Habighorst und Beedenbostel treffen Sie auf die alten Mühlen am Fluss und kommen etwas weiter dann an die Mündung des Flusses in die Lachte. Die nur noch flach wellige Landschaft der Südheide durchwandern Sie auf typischen Heidewegen. Neben Kiefern, Birken und immer wieder Heidekraut am Rande der sandigen Wege sind jetzt auch Kartoffelfelder zu sehen. Mit dem Erreichen der Lachte in Lachendorf verlässt der Weg die Südheide und führt in das breite und ebene Urstromtal der Aller. Gleich hinter der Allerbrücke ist das Tagesziel, das Klosterdorf Wienhausen, erreicht.

☺ **Hinweis**: Sie werden nun auch auf ein etwas anders gestaltetes Muschelsymbol am Weg treffen, mit dem die Celle Tourismus und Marketing GmbH einen Jakobusweg durch die Lüneburger Heide ausgewiesen hat. Zwischen Eschede und Altencelle verlaufen Via Scandinavica und die Celler Runde parallel (☞ Informationen).

Mit dem Rad überqueren Sie die Aschau nicht. Sie folgen unterhalb der Kirche der Südstraße nach links (nach Süden). Nach 450 m biegen Sie rechts in den Habighorster Weg ab. Nach 1 km sind Sie wieder auf dem Pilgerweg.

Unterhalb der St.-Johannis-Kirche in Eschede gehen Sie halb rechts mit der Südstraße über die Aschaubrücke. Gleich nach der Brücke führt Sie links ein Fußpfad in das Uferholz.

Nach 540 m weicht der Uferweg einem Wohnhaus aus, biegt nach rechts ab und hinter dem Haus wieder nach links. Vor einer Kläranlage geht es links wieder nah an das Ufer der Aschau und bald an einer Reihe sogenannter Schönungsteiche entlang und schließlich durch ein Tor zu einer Flussbrücke ❶. Sie überqueren hier die Aschau und gehen geradeaus bis an ein Sträßchen, auf dem es rechts auf Habighorst zugeht.

An der Kreuzung biegen Sie rechts in die Mühlenstraße. Sie führt zur schönen **Wassermühle** an der Aschau, die bis 1920 zum nahe liegenden Rittergut gehörte. Eine Turbine erzeugt hier heute Strom. An der Wand des Turbinenhauses dreht sich ein Wasserrad zu Schauzwecken.

Nach der Mühle biegen Sie links in den Schulweg, treffen auf die querende Dorfstraße, gehen links und 50 m weiter wieder rechts in die Straße An der Aschau ❷. Sie wandern über die K34 hinüber und erreichen den Wienhäuser Weg. Links laufen Sie bis an die Kreuzung direkt vor der Stromtransportleitung ⩚. Sie gehen geradeaus, unter der Stromleitung hindurch, in den sandigen Waldrandweg.

An einem querenden Sträßchen folgen Sie dem Hinweis geradeaus Richtung Gockenholz. Noch einmal überqueren Sie geradeaus einen sandigen Weg ❸.

250 m weiter biegen Sie aber an der Kreuzung mit einem geteerten Landwirtschaftsweg links vom weiter nach Gockenholz führenden Weg ab. Nach weiteren 3,4 km ist die Ortsdurchgangsstraße in **Beedenbostel** erreicht. Sie gehen nach links, überqueren die Aschau an der alten Wassermühle und biegen nach weiteren 160 m rechts in die Ahnsbecker Straße. Gleich rechts steht die **St.-Martin-Kirche** mit dem Pfarrhaus daneben.

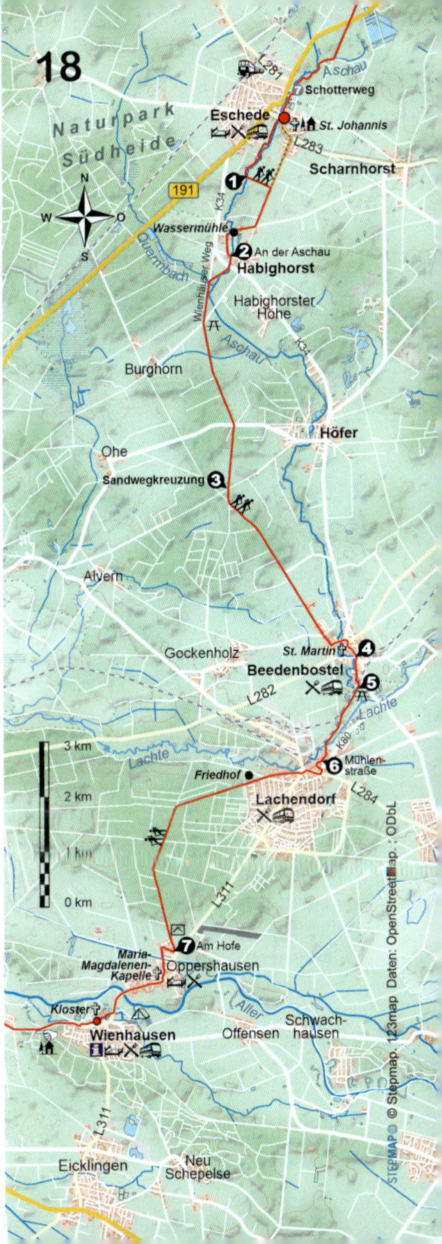

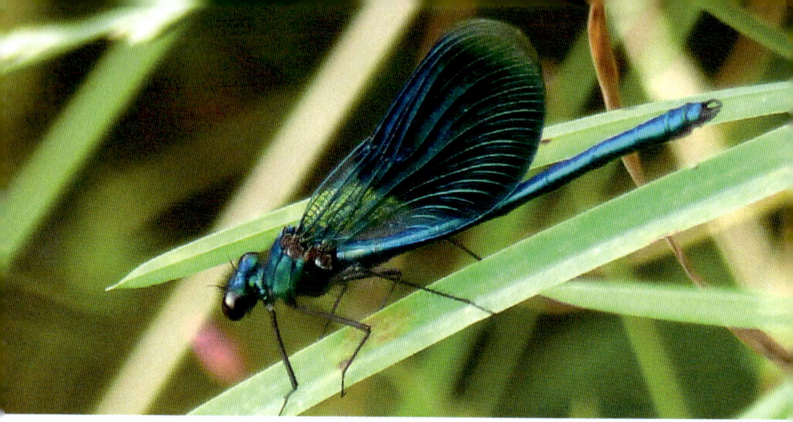

Gebänderte Prachtlibelle, Männchen an der Lachtebrücke bei Lachendorf

✝ ⦿ Der heutige Kirchbau stammt aus dem Jahr 1735. Der hölzerne Glockenturm ist fast 200 Jahre älter (1565). Eine erste Taufkirche wurde in Beedenbostel bereits 1051 erwähnt. Die Kirche kann nur besichtigt werden, wenn das Pastorat nebenan geöffnet ist.

⦿ Der Pilgerstempel ist im Nistkasten am Glockenturm jederzeit zugänglich.

Sie bleiben auf der Kirchenseite der Straße und orientieren sich an dem Radwegweiser Richtung Lachendorf und Eldingen. Es folgt ein Parkplatz mit Bushaltestelle, Supermarkt, (über Mittag bis 15:00 geschlossen, Sa/So nur vormittags), BANK Bankautomat, Post und dem Restaurant Athos (Di-So ab 17:00, Fr-So auch 11:30-14:30).

Gleich nach diesem zentralen Platz weichen Sie halb rechts in die Gardinenstraße ❹ ab. Am letzten Haus gehen Sie links über die Bahnstrecke hinüber und dann rechts an ihr entlang. Der schmale Fußweg passiert eine Teichanlage und überquert danach die Aschau ❺. Unweit dieser Brücke vereint sich die Aschau mit der Lachte, vom Weg aus unsichtbar in den Uferwiesen.

Ihr Pfad wird zu einem breiten Schotterweg, auf dem Sie auch an der Verzweigung der Bahnstrecke bleiben (ein Pfad weicht ab). Die Lachte erreichen Sie an einer Holzbrücke. Sie überqueren hier das Heideflüsschen, unter dessen Brücke sich an warmen Tagen die leuchtend grünen (Weibchen) und blauen (Männchen) Prachtlibellen zeigen, und folgen dem Sandweg bis in den ältesten Siedlungskern von Lachendorf. Rechts folgen Sie der Straße Am Heuberg entlang der schönen Höfe unter alten Bäumen. An der Ecke Mühlenstraße ❻ steht das älteste Haus des Dorfes aus dem Jahr 1685.

Sie gehen geradeaus bis vor die Papierfabrik und biegen dort links in die Grüne Straße, die zur K80 führt. Hier rechts und wieder rechts über die Ahnsbecker Straße (L284) kommen Sie zur Kreuzung mit der Bahnhofstraße im modernen Zentrum.

Lachendorf ✕ ☕ 🛒 ⚕ BANK 📯 🚌 wirkt wie Eschede städtisch. Es ist auch für die umliegenden Gemeinden Schulstandort. Der wichtigste Arbeitgeber in der ansonsten gewerbearmen Südheide ist die Drewsen Spezialpapierfabrik, deren Anfänge in einer Papiermühle von 1538 liegen. Im Jahr 1845 begann der industrielle Ausbau.

🚌 Bus nach Celle

Sie gehen geradeaus über die Kreuzung und weichen in Höhe der 🛒 ☕ Supermärkte halb rechts in den Rehrkamp ab.

✋ An der Weltkriege-Gedenkstätte (Kreuzung vor dem Friedhof) biegen Sie halb links in den Rehrkampsweg ab (Sie weichen damit hier abkürzend vom Celler Jakobsweg ab.)

Am Ende der Siedlung beginnt ein breiter Waldweg, der nach 1,4 km auf einen Querweg stößt. Hier biegen Sie links ein. Der typische Heideweg führt nach Süden. Nach dem Überqueren eines breiten Querwegs wird der Weg schmaler. Er ist mit Gras bewachsen. 550 m weiter biegt er leicht nach links und wird nach weiteren 500 m zu einem Teerweg, über den Sie **Oppershausen** 🛏 ✕ 🛒 ✝ ♜ erreichen. Eine ⌂ Schutzhütte steht am Bolzplatz.

Kurz bevor die L311 erreicht ist, biegen Sie rechts in die Siedlungsstraße Am Hofe ❼ ab und gehen am Ende links in die Stettiner Straße, die zur Hauptstraße führt. An der Stettiner Straße steht die **Maria-Magdalenen-Kapelle** seit 1657, bereits in Folge einer ersten Kapellenstiftung von 1450 durch das Gut Oppershausen (🚪 April-Okt Sa/So 10:00 -18:00, Auskunft: ev.-luth. Pfarramt Wienhausen, 💻 wienhausen.wir-e.de).

Gegenüber auf der anderen Straßenseite ist der Gutshof ein Blickfang. An der Hauptstraße (✕ Restaurant Zum Gutshof) gehen Sie rechts entlang, passieren das Gästehaus Allergrund und das 🛏 Landhotel Klosterhof und schließlich das ✕ Rodizio kurz vor der Allerbrücke.

Die Straße führt Sie über die Brücke hinüber. Nach einer Teichanlage, noch vor dem Mühlenkanal, biegt der Pilgerweg rechts in die Mühlenstraße und erreicht die alte Mühle am Mühlenwehr ℹ 🛏 ✕ ☕. Wenige Schritte nach rechts und wieder nach links führt der Weg vorbei an der St.-Marien-Kirche zum Kloster Wienhausen.

Wienhausen

29342, 051 49

Tourist Info Wienhausen/Flotwedel, Mühlenstraße 5, 88 99, wienhausen@lueneburger-heide.de, Ostern-Okt Mo-Fr 9:30-12:00, Di-Fr zusätzlich 14:00-17:00, Sa/So 10:00-13:00, Nov-März Mo-Fr 10:00-12:00, am Weg

Stilleundbegleitung, Lange Straße 45 a, **OT Bockelskamp**, 98 74 34, kontakt@stilleundbegleitung.de, www.stilleundbegleitung.de, ÜF € 30 p. P., Haus der Stille mit ganzjährigem Meditationsangebot, Pilgerinnen und Pilger sind willkommen, sicherste Kontaktaufnahme ist per E-Mail, 1 km vom Weg, 2,7 km hinter Wienhausen, Wegbeschreibung

Hotel Am Kloster, Mühlenstraße 6-7, 18 55 50, info@hotel-wienhausen.de, www.hotelwienhausen.de, ÜF EZ € 75, DZ € 125, am Weg

Haus Meyer, Bungerstr. 9, 548, 8 Betten, ÜF EZ € 35, DZ ab € 50, 500 m

♦ **Haus Voß**, Schloßgarten 5, 81 70, 4 Betten, ÜF DZ ab € 58, 50 m

♦ **Gästehaus Eisermann**, Ellernweg 2, 84 49, www.gaestehaus-eisermann.de, ÜF EZ € 45, DZ € 70, 860 m

♦ **Gästegaus Allergrund**, Anja und Bernd Karsten, Dorfstraße 31, **OT Oppershausen,** 987 84 22, info@gaestehaus-allergrund.de, www.gaestehaus-allergrund.de, Ü EZ € 55, DZ € 75, am Weg

Camping Zum Alten Wehr, Bockmarschweg 1, 212, 1. April-Mitte Okt., Ü € 5,50 p. P., Zelt € 2, 500 m

Braugasthaus Mühlengrund, Mühlenstraße 1, 331, www.braugasthausmuehlengrund.de, Mi-So ab 18:00, So auch 12:00-14:00, 100 m

♦ **Klosterwirt Wienhausen**, Hauptstraße 9, 332, Mi-Fr ab 17:30, Sa/So ab 12:00, 100 m

♦ **Zum Gutshof**, Dorfstraße 31a, **OT Oppershausen**, 304 98 61, www.zumgutshof-oppershausen.de, Mi-So Mittag- und Abendtisch, am Weg

♦ **Rodizio churrasco do Brasil**, Dorfstraße 1a, **OT Oppershausen**, 987 82 28, Mo-Fr ab 17:00, Sa/So/Fei ab 11:00, am Weg

Von Wienhausen (Haltestelle: „Celler Straße“) fahren werktags Direktbusse (Bus 500) im Stundentakt nach Celle. Da die sehenswerte Kreisstadt Celle nicht direkt am Weg liegt, eignet sich Wienhausen auch als Standort für einen Pausentag mit Klosterbesuch und Ausflug nach Celle. Samstags fährt der Bus allerdings nur 5 x und sonntags nur 3 x. Detaillierte Auskünfte zu Buslinien und Fahrplänen im Landkreis Celle erhalten Sie auch über die Internetseite www.cebus-celle.de oder über folgende Telefonnummer: 051 41/278 88 64 (täglich 8:00-18:00), weitere Informationen: Hannover.

Taxi Weiermann, 051 41/70 98 99; Taxizentrale, 051 41/280 01

✞ ⊙ **Kloster Wienhausen**. Besonders reich mit Kunstschätzen ausgestattete Klosteranlage der Zisterzienserinnen aus dem 13. Jh., seit 1587 ev.-luth. Klosterkonvent. Besondere Aufmerksamkeit verdienen der ganzflächig mit biblischen Motiven ausgemalte Nonnenchor aus dem 14. Jh. sowie eine Sammlung großformatiger gotischer Bildteppiche im Winterrefektorium, die Besucherinnen und Besuchern im Rahmen einer sehr lebendigen Audioführung nahegebracht werden. Der umgebende Landschaftspark mit seinen uralten Bäumen lädt zum Spazieren ein.

♦ An der Kirche 1, ☏ 186 60, 💻 www.kloster-wienhausen.de,
April-Mitte Okt Führungen Di-Sa 10:00, 11:00 und 14:00-17:00 stündlich, So und Fei 12:00-17:00 stündlich, Sonderöffnungs- und Schließzeiten beachten

Wienhausen ist älter als sein Kloster. Ein Beleg für die Existenz des Dorfes soll auf das Jahr 1052 hinweisen. Jedoch wird auch angenommen, dass Bischof Bernward von Hildesheim hier eine Burg oder zumindest ein Gut besessen haben soll und dieser ist bereits 1022 gestorben (☞ Hildesheim). Heute ist Wienhausen Verwaltungssitz der Samtgemeinde Flotwedel. Im Beinamen wird Wienhausen auch Klosterdorf genannt, da dieses prägend für das Erscheinungsbild des Dorfes ist.

Etappe 19: Wienhausen – Engensen (Burgwedel)

28,4 km, 9 Std.

0,0 km	Wienhausen
2,7 km	Bockelskamp
4,9 km	Osterloh
7,6 km	Altencelle
9,1 km	Altencelle, Gewerbegebiet
12,0 km	Westercelle, Triftweg
17,1 km	Dasselsbruch
19,3 km	Großmoor
22,4 km	Abzweig Ehlershausen
28,4 km	Engensen (Burgwedel)

Entlang der Allerwiesen führt Ihr Weg zur alten Allerfurt. Im ausgehenden Frühmittelalter begünstigte der natürlich entstandene Flussübergang als Kreuzung alter Handelswege die Gründung einer Burg und einer Siedlung, die heute Altencelle heißt. Die Gertrudenkirche und auch der Allerkrug sind stumme Zeugen der alten Zeit. Ihr weiterer Weg ist auf Hannover ausgerichtet und führt auf kürzestem Weg zur alten Fuhsefurt und weiter durch das von Mooren (heute weitgehend

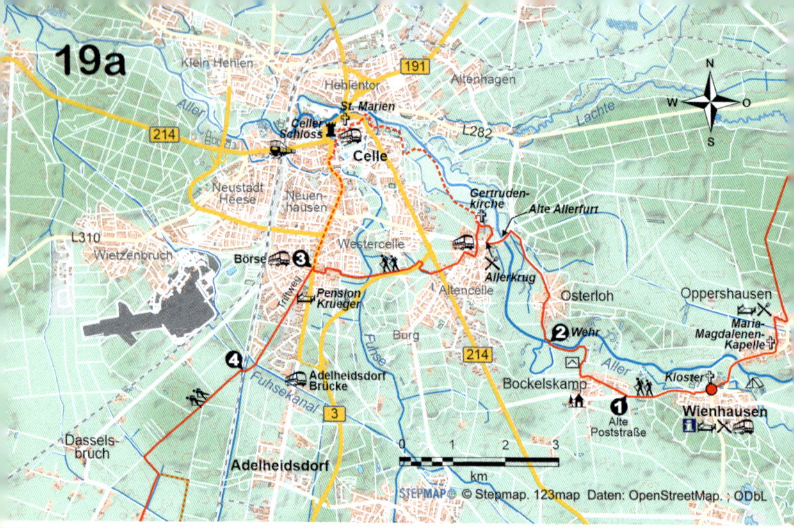

entwässert) dominierte Urstromland. Erst vor Engensen werden die sandigen Geesthöhen wieder erreicht. Die schöne Stadt Celle berührt der Weg nur am Rande. Ein Abstecher in die Altstadt empfiehlt sich für diejenigen, die Celle noch nicht kennen.

☝ **Hinweis**: Für die vom Weg berührten Celler Stadtteile Altencelle und Westercelle konnte keine Ausschilderungsgenehmigung für die Via Scandinavica erwirkt werden. Somit gibt es auch keine offizielle Markierung in diesem Bereich. Den aufmerksamen Blicken der Pilgerinnen und Pilger jedoch werden die kleinen gelben Pfeile auf blauem Grund, die ein lieber Zeitgenosse dennoch pflegt, nicht entgehen.

Das Kloster lassen Sie rechts liegen und gehen unter hohen Eichen auf geteertem Weg geradeaus, parallel zur Straße und zum Mühlenkanal. Am Schützenplatz wechseln Sie links über die Brücke zur Straße und folgen ihr rechts (Radweg) bis **Bockelskamp**.

Am Friedhof weichen Sie halb rechts in die Alte Poststraße ❶ ab. (↳ Wer zum Haus Stille und Begleitung möchte, folgt der Hauptstraße bis fast zum Ortsausgang und biegt dort links in die Stichstraße Im Winkel. Zum Pilgerweg zurück finden Sie leicht über die gegenüber abgehende Straße Ortfeld.)

Der Teer der Alten Poststraße endet am Ortsrand. Dort folgen Sie rechts dem Radweg Richtung Celle und Osterloh.

Es geht an einem Grillplatz mit großer ⌂ Schutzhütte und Toilette vorbei in die Allerwiesen. Vor der Aller biegt der Weg links durch die Wiese zu einem Wehr ❷ ab. Dort überqueren Sie den Fluss.

Sie durchqueren die Wiesen auf der anderen Seite des Flusses und erreichen **Osterloh**. In der Ortsmitte folgen Sie geradeaus der Osterloher Landstraße, die bis zur stark befahrenen Alten Dorfstraße führt. Links überqueren Sie wieder die Aller mit der heutigen Straßenbrücke an der alten Allerfurt nach **Altencelle**. 300 m weiter steht der Allerkrug seit 1589 am Ortseingang von Altencelle.

✕ Restaurant Allerkrug, Mi-So 17:30-19:30, Sa/So zusätzlich 12:00-13:30

Ähnlich wie Lüneburg am Rande der Nordheide entstand auch Celle am Rande der Südheide als Furt-, Fähr- und Brückenort und somit als Verkehrsknotenpunkt und Zollstelle. Die Verkehrswege von Lübeck und Hamburg über Hannover in das Leinetal kreuzten sich hier an der Aller mit der Verbindung Goslar – Braunschweig – Bremen. Bereits 986 gab es unweit der gerade überquerten Brücke eine Burg, die heute von Archäologinnen und Archäologen noch im Gelände auszumachen ist. 1292 verlegte der Lüneburger Herzog Otto der Strenge die Stadt (Altencelle) an die besser zu schützende heutige Stelle. Nach der Vertreibung des Lüneburger Herzogs aus der Lüneburg wurde Celle zur neuen Residenzstadt des Fürstentums. Das Celler Schloss, das barocke Schlosstheater und der Französische Garten sind Zeugnisse dieser Ära.

Nach Auflösung des herzoglichen Hofes erhielt Celle als Entschädigung 1711 das heutige Oberlandesgericht und 1735 das Königliche Landgestüt, das gegenwärtig als Niedersächsisches Landgestüt Schauplatz berühmter Hengstparaden und weltbekannter Pferdezucht ist. Das im Krieg unzerstört gebliebene Celle ist bei den vielen Besucherinnen und Besuchern auch aufgrund der über 500 gut erhaltenen Fachwerkhäuser sehr beliebt. Im Pfarramt der barocken Stadtkirche St. Marien sowie in der Tourist Information bekommen Pilgerinnen und Pilger einen ⊙ Pilgerstempel.

Vor dem Gasthaus gehen Sie rechts in die Alte Dorfstraße (die Stichstraße trägt den gleichen Namen wie die Durchgangsstraße) und noch vor dem Gelände des Kanuklubs links in den Oehlmannsweg. Dieser führt an die querende Straße An der Gertrudenkirche. Der Pilgerweg biegt hier links ein, aber vorher gehen Sie nach rechts, vorbei am Gemeindehaus und am Pastorat zur Kirche.

✝ ⊙ **Gertrudenkirche**, ev. Kirche in Altencelle. Die Gertrudenkirche hat ihre Ursprünge in der Zeit um 1000 und gehört zu den ältesten Kirchengebäuden der Region Celle. Große Teile der heutigen Kirche stammen aus dem 14. Jh., der

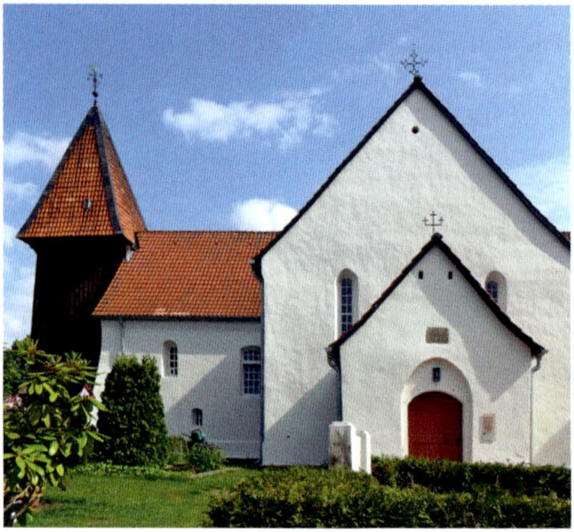

Gertrudenkirche in Altencelle

romanische Ursprung ist aber noch gut zu erkennen. Im Kircheninnern besticht unter anderem der Flügelaltar von 1509. Je zwei Heiligenfiguren stehen der Kreuzigungsgruppe zur Seite. Die Figur mit dem Kirchenmodell in Händen könnte die hl. Gertrud von Nivelles darstellen. Auch die zwölf Apostel sind zu sehen, unter ihnen selbstverständlich auch ein Jakobus. Ob die alte Kirche Anlaufstelle für Pilgerinnen und Pilger war, ist nicht bekannt. Die Namensgebung könnte aber ein Hinweis darauf sein: Gertrud von Nivelles hat sich um Arme, Kranke und Gebrechliche gekümmert und gilt auch als Schutzheilige der Landstraße.

♦ An der Gertrudenkirche 13, ☏ 051 41/841 31, ✉ kg.altencelle@evlka.de, Kirchenbüro: ☏ 051 41/993 27 34, 🚪 Mo und Fr 9:30-12:00, Di 17:00-19:00

☺ Wenn Sie vor der Kirche rechts, am Pastorat vorbei, in die Allerwiesen gehen, entdecken Sie dort ein Altartriptychon des Künstlers Stephan Lindegger, das unter Mitwirkung Jugendlicher der Gemeinde und in Auseinandersetzung mit dem Psalm 139 entstand und am 27.09.2014 eingeweiht wurde (💻 kirche-altencelle.wir-e.de/altarprojekt-2014). Auch eine Rastbank ist dort aufgestellt.

⇘ Wer von Altencelle zu Fuß in die sehenswerte und alte Residenz- und Fachwerkstadt Celle möchte, folgt vor der Gertrudenkirche links und wieder rechts dem von der Celle Tourismus und Marketing GmbH initiierten Jakobusweg (☞ Etappe 17) durch die Allerniederung (➲ 4 km, Radweg Richtung Celle). Am Stadtrand folgen Sie scharf rechts der Philipp-Simon-Dawosky-Allee. 100 m nachdem Sie den sogenannten Magnusgrabens überquert haben, biegen Sie rechts in die Siedlungsstraße Fitzenwiese und an der Fußgängerbrücke über die Aller (Pfennigbrücke) links in die Theo-Wilkens-Straße ab. Geradeaus überqueren Sie den Nordwall und wandern in die Altstadt.

Biegen Sie in die erste Straße links und nach 50 m rechts in die Neue Straße. An der Stadtkirche St. Marien laufen Sie links zum Markt und wandern rechts zum Celler Schloss. Um von Celle zur Via Scandinavica zurückzukommen, biegen Sie direkt vor dem Schlossgebäude, bereits im Schlosspark links in den Parkweg ein, überqueren den Schlossgraben und gehen danach rechts. Nach 100 m verlassen Sie den Parkweg und den Park. Sie gehen links zur Westcellertorstraße. Ihr folgen Sie rechts, biegen nach 40 m (am Thaerplatz) aber links in die Straße Am Bullenberg ab. Diese führt an die Hannoversche Straße, der Sie links stadtauswärts folgen, bis Sie halb rechts in den Triftweg abbiegen können und damit wieder auf der Via Scandinavica sind (➲ 3,2 km).

Vom Schlossplatz können Sie den wenig erfreulichen Stadtweg aus Celle hinaus auch gut mit der Linie 600 (habstündlich Richtung Adelheidsdorf – Wathlingen – Eicklingen) abkürzen. Ausstieg ist wahlweise die Haltestelle „Börse" am Triftweg oder „Adelheidsdorf, Brücke". Im ersten Fall gehen Sie etwas zurück und biegen dann links in den Triftweg ab. Im zweiten Fall gehen Sie noch wenige Schritte weiter zum Fusekanal und dort rechts bis zum Triftweg, in den Sie dann links einbiegen. www.cebus-celle.de

Taxi Celle: ☞ Wienhausen

An der Einmündung in die Straße An der Gertrudenkirche gehen Sie links zurück zur Ortsdurchgangsstraße (Alte Dorfstraße) und geradeaus darüber hinweg durch die **Küsterstraße** nach Süden. An einer Schule geht es rechts in die Straße **Kleine Redder** und an der Ecke Heinrich-Vieth-Straße links in die Straße **Große Redder**. Nach der Wohnanlage für MS-Kranke der Stiftung Linerhaus biegen Sie halb rechts in den **Meierkampsweg** ab.

Dieser führt in ein Gewerbegebiet beidseits der Braunschweiger Heerstraße (B214), die Sie geradeaus überqueren. Am Ende des Gewerbegebietes gehen Sie halb rechts – vor dem Bahndammrest – in den breiten Schotterweg und bis vor die Schnellstraße (B3). Der Weg biegt nach rechts ab, führt unter der Straße hindurch und dann wieder links an ihr entlang.

Die Burgstraße wird unterquert und im Weiteren die Fuhse erreicht, inzwischen auf dem alten, als Radweg ausgebauten Bahndamm.

Der Bahndamm mündet in eine Querstraße (Wilhelm-Hasselmann-Straße). Sie wandern nach rechts und gleich wieder links in die Eichhorststraße. Am Ende geht es wieder nach links und dann rechts in die Bienenstraße, die zur **Hannoverschen Straße** führt. Es empfiehlt sich, zur Überquerung die Fußgängerampel einige Schritte weiter rechts zu nutzen. Dann gehen Sie etwas zurück und biegen in den **Triftweg** ❸ ab.

↳ Nach 650 m zweigt links die Ohlhorststraße ab.

Pension Krueger, Tim & Anna-Lena Krueger, Ohlhorststraße 12, 29227 Celle, 01 76/20 29 64 99, celler.pension@gmail.com, pension-krueger.wixsite.com/pension-krueger, Ü EZ € 45, DZ € 50, ➲ 100 m

Der breite Fahr- und Radweg führt weiter schnurgerade, bald auch im Grünen, bis zum Buswendeplatz (keine Haltestelle) am Ortsausgang von Celle. Geradeaus überqueren Sie den Fuhsekanal. Der Radwegweiser zeigt Richtung Großmoor. 80 m weiter zweigt links eine schöne Eichenallee ab (Richtung Adelheidsdorf). Sie biegen aber rechtsherum, überqueren die Bahnstrecke ❹ und schwenken danach mit dem Sträßchen wieder links in südwestliche Richtung.

Wieder schnurgerade verlaufend, mal durch Felder, mal durch Wald, trifft Ihr Weg nach 2,5 km auf eine Kreuzung mit Radwegweisern. Sie gehen links weiter Richtung Großmoor.

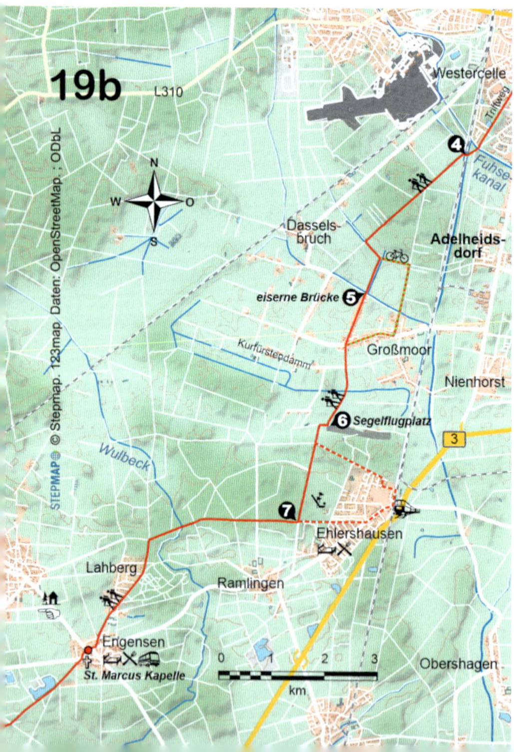

Nach weiteren 400 m biegen Sie rechts in den sandigen Feldweg ab.

Mit dem Rad könnten Sie das nächste Wegstück umfahren. Am Abzweig des sandigen Feldwegs fahren Sie geradeaus bis zum nächsten Querweg, dort rechts bis vor einen Friedhof und dann rechts zum Wegkreuz Theaterstraße/Kurfürstendamm. Links biegen Sie wieder in den Pilgerweg ein.

Der Weg verjüngt sich zu einem schmalen Pfad und endet vor einem Graben. Eine schmale, eiserne Brücke ❺ führt zum Beginn einer Siedlungsstraße, der Sie geradeaus folgen.

Sie treffen mit der Theaterstraße auf eine Kreuzung und spazieren weiter geradeaus, nun auf dem Kurfürstendamm.

Dann ist das Moordorf **Großmoor** zu Ende. Der geteerte Kurfürstendamm biegt nach rechts ab. Sie gehen aber geradeaus nun ohne Teer unter den Füßen zwischen Hecken Richtung Ramlingen.

Am Querweg vor dem Segelflugplatz ❻ biegen Sie rechts ein und nach 150 m wieder links in die von Roggenfeldern dominierte Weite.

↳ Abzweig Ehlershausen: Nach 360 m, am Waldrand, nach 21,4 Wegkilometern insgesamt, könnten Sie zur Übernachtung oder zum Bahnhof links abbiegen. Der Weg geht in die Siedlungsstraße Heideweg über, biegt noch nicht ganz am Ende rechts zum Weidendamm ab, dem Sie links bis vor den Bahndamm folgen. Hier gehen Sie nach rechts. (➲ 2,1 km)

Gasthaus & Hotel Bähre GmbH, Ramlinger Straße 1, 31303 Burgdorf/Ehlershausen, ☎ 050 85/989 80, ✉ info@hotel-baehre.de, 💻 www.hotel-baehre.de, ÜF EZ € 65, DZ € 95

Bahnhof: S-Bahn S6, S7 Hannover – Celle, ☞ Hannover

Für den Rückweg biegen Sie nach dem Gasthof rechts in die Ramlinger Straße und nach 630 m wieder rechts in die Alte Heerstraße. Diese führt zur Waldwegkreuzung, an der Sie dann geradeaus wieder auf dem Pilgerweg landen (➲ 1,9 km).

Der Weg steigt nun langsam aus den feuchten Moorniederungen in den Sand der Kiefernwälder an, am Wasserwerk und am Golfplatzgelände vorbei, zu einer Anhöhe. Im Abstieg erreichen Sie eine große Wegkreuzung ❼ und gehen dort rechts.

Der breite Reit- und Radweg führt durch Kiefernwald, kreuzt bald einen geteerten Weg und erreicht nach 2,4 km einen Wasserlauf (Wulbeck) mit Brücke. 700 m weiter biegen Sie an einer Wegkreuzung links in einen schmaleren, sandigen Weg ab (Allerhoopsweg).

Siedlungs- und Wochenendhäuser (Lahberg) sind bald in den Wald gebaut. Der Weg bleibt am Siedlungsrand und führt schließlich entlang von Feldern nach Engensen. Rückwärtig ist der Weg als Alter Postweg ausgeschildert. Rechts wandern Sie entlang der Ramlinger Straße auch am ✕ Gasthof Zum Alten Posthof vorbei.

Wenig weiter zweigt an der Straßenkreuzung in der Ortsmitte links die Schillerslager Straße ab (↳ an dieser entlang geht es zum Gästehaus Voges).

Engensen (Burgwedel)

30938, 051 39

Gästehaus Voges, Schillerslager Straße 9, 882 70, 01 77/882 70 00, info@gaestehausvoges.de, www.gaestehausvoges.de, Ü EZ € 21-36, DZ € 42-65 (die jeweils höheren Preise gelten während der Messen in Hannover), Teeküche, kalte Getränke gegen Bezahlung, 300 m

Ferienapartment Biohof Bähre, Bäckerstraße 2, 878 30, e.baehre@gmx.net, ÜF € 30 p. P., am Weg

Mandy Dietterle, **OT Kleinburgwedel**, Bahnhofstraße 17, 697 04 90, 01 52/33 92 06 39, mandy.dietterle@web.de, modernes Zimmer im Souterrain eines Einfamilienhauses mit eigenem Bad und separatem Eingang für maximal 2 Personen, € 20/Nacht, gegen Vorlage des Pilgerausweises kostenlos, von Engensen 5 km, per Bus mit Ausstieg „Lerchenstraße“

Gaststätte Zum Alten Posthof, Ramlinger Straße 5, 874 06, im Sommer bei schönem Wetter ab etwa 17:00 ist der Biergarten geöffnet, Do Ruhetag. Es gibt dann auch kleine Speisen.

Im Nachbarort Wettmar befindet sich am Ortseingang ein Edekamarkt mit der Möglichkeit zum Frühstück (1,45 km).

Der Bus 621 fährt stündlich von Engensen Kapellenstraße über Wettmar, Thönse und Kleinburgwedel nach Großburgwedel (dort).

Taxi Lopka, 01 75/933 60 59

Die hübsche, aus Raseneisenstein, Findlingen und Ziegeln vermutlich um 1250 oder früher errichtete Kapelle ist ein kleines Juwel. Angegliedert ist eine kleine Schule, die heute Schützenheim ist.

♦ Wer die Kapelle besichtigen will, erhält den Schlüssel bei Frau Wolny in der Kurzen Straße 5 (Engensen, noch vor dem Alten Posthof links), 880 13. Sie hat auch den Pilgerstempel.

Die Alte Poststraße über Engensen war vom Mittelalter bis 1785 die Hauptverkehrsverbindung zwischen Celle und Hannover. Der 1682 errichtete Posthof mit Station zum Pferdewechsel war auch im Besitz einer Schankkonzession. Er zeugt bis heute von der Bedeutung Engensens an dieser Straße. Nach 1785 wurde die Neue Chaussee genutzt, die von Engensen über Schillerslage nach Hannover führte. Ihr morgiger Weg nach Hannover folgt selbstverständlich der Trasse der Alten Poststraße, die auch die Pilgernden des Mittelalters nahmen. Die Bedeutung Engensens an der Alten Poststraße mit Posthof unterstreicht auch die Kapelle im Ort. Sie zählt zu den ältesten kirchlichen Bauwerken der Region.

Etappe 20: Engensen (Burgwedel) – Hannover

23,9 km, 7 Std.

0,0 km	Engensen (Burgwedel)
4,6 km	Abzweig Großburgwedel
8,0 km	Parksee Lohne
10,6 km	Altwarmbüchen
15,8 km	Mittellandkanal
17,8 km	Groß-Buchholz
19,7 km	Steuerndieb, Eilenriede
23,9 km	Hannover, Marktkirche

Bis über Altwarmbüchen hinaus pilgern Sie entlang der historischen Poststraße lange geradeaus. Vom Höhenweg, der die Ortschaften kaum berührt, schauen Sie über Wiesen, die sich weit entfernt am Horizont zwischen Waldecken verlieren. Die Holunderblütenzeit trägt den Duft von frischem Heu. Kamille und Mohn stehen an wogenden Roggenfeldern.

Mal wandern Sie unter dem schattigen Laubdach von Eichen-, mal durch Kiefernwald. Zwei Badeseen geben Erfrischung an warmen Tagen. Dann ist die Großstadt nahe gekommen. Der Weg bleibt erfreulicherweise in grünen Zwischenräumen und durchläuft zuletzt die Eilenriede, Europas größten Stadtwald.

Von der Straßenkreuzung in Engensen gehen Sie noch 250 m entlang der Thönser Straße geradeaus. Dann weichen Sie halb links in den Hannoverschen Weg ab. Der Radwegweiser zeigt Richtung Großburgwedel.

Sie kommen an einem Baggersee vorbei. Abzweige bleiben außer Acht. An zwei querenden Wegen behalten Sie die Gehrichtung bei. Im weiteren Verlauf werden zwei Straßen geradeaus überschritten. Danach kreuzt wieder ein breiter Schotterweg ❶.

Hier könnten Sie rechts, falls nötig, nach **Großburgwedel** kommen (3,5 km).

Der Pilgerweg führt weiter geradeaus und erreicht einen Querweg (T-Kreuzung), in den Sie rechts einbiegen. Sie wechseln aber gleich wieder links in die alte südwestliche Richtung. Die Radwegweiser zeigen nun Richtung Hannover, Altwarmbüchen, Isernhagen KB (Kircher Bauerschaft) und Isernhagen FB (Farster Bauerschaft).

An der Zierpflanzengärtnerei Reinike ❷ überqueren Sie geradeaus eine Fahrstraße (Richtung Landesgut Lohne und Hannover). An der Möbelfabrik folgen Sie weiter dem Weg, der Landesgut Lohne heißt (nicht in den Waldweg abbiegen).

Am Markierungspfahl für die Gasleitung mit der Nr. 22 biegen Sie dann rechts in den Wald ab. Der breite, neu angelegte und befestigte Waldweg erreicht an der Autobahnbrücke den Alten Postweg. Nach rechts überqueren Sie die A7 und passieren das Erholungsgebiet Parksee Lohne.

Campingplatz Parksee Lohne, Alter Postweg 12, 30916 Isernhagen, ☏ 051 39/882 60, 01 52/29 00 55 57, www.parksee-lohne.de, Ü Zelt € 8, € 8 p. P., € 2, , ganzjährig

Imbiss und Restaurant, April-Okt täglich 8:00-22:00

Weiter geht es, nach einem Abzweig zum Basselthofs ❸ (Islandpferdezucht), geradeaus über eine Straße hinweg (Haltestelle „Isernhagen KB, Basselthof") bis an ein Neubaugebiet am Stadtrand von **Altwarmbüchen**. Hier biegt der Weg links zu einer Fahrstraße (Blocksberg) ab.

Altwarmbüchen 30916, ✆ 05 11

Hotel/Restaurant Amadeus, Grauganseweg 21-22, ☏ 61 35 34, info@hotel-amadeus.de, www.hotel-amadeus.de, ÜF EZ € 72, DZ € 106, ➲ 700 m, links entlang der Straße Blocksberg und nach 400 m rechts in den Schwanenkamp abbiegen

Altwarmbüchen ist Endstation der Stadtbahnlinie 3. Sie könnten von hier bis in die Innenstadt von Hannover („Kröpcke, Hbf.") auch mit der Straßenbahn fahren. Ein Hinweisschild zeigt Ihnen den Weg zur Bahn, hier links entlang der Straße Blocksberg, ➲ 700 m.

Hinweis: Die Stadt Hannover hat keine akzeptable Ausschilderungsgenehmigung für den Pilgerweg erteilt. Somit gibt es auch keine offiziellen Markierungen im Stadtbereich. Aber auch hier, wie schon im Stadtgebiet von Celle, sind an den wichtigsten Abzweigen bestätigende Zeichen zu finden. Neben den gelben Pfeilen auf blauem Grund sind es vor allem selbst gestaltete und wegweisende weiße Pfeile mit einer violetten Umrandung, die das Muschelsymbol tragen. Wer genau hinsieht, wird diese auch finden.

Getreu dem Motto einer Wirtin am Weg „Nur das, was man selbst unter den Füßen gehabt hat, hat man auch wirklich erlebt" ist der nachfolgend beschriebene, sehr schön ausgesuchte und gut zu gehende Wegabschnitt durch die Großstadt zu empfehlen.

Sie gehen hier rechts und nach 30 m wieder rechts in den Soorenweg. Nach knapp 400 m teilt sich dieser.

Sie gehen links in den **Soorenweg 57 bis 11** ❹, wandern an einem Seerosenteich vorbei und danach geradeaus in den Privatweg **Entenpfuhl** (an dieser Seite gibt es kein Straßenschild). Am Ende folgen Sie dem Querweg rechts in die Wiesen und biegen noch einmal halb links in das Sträßchen **In den Gärten** ein.

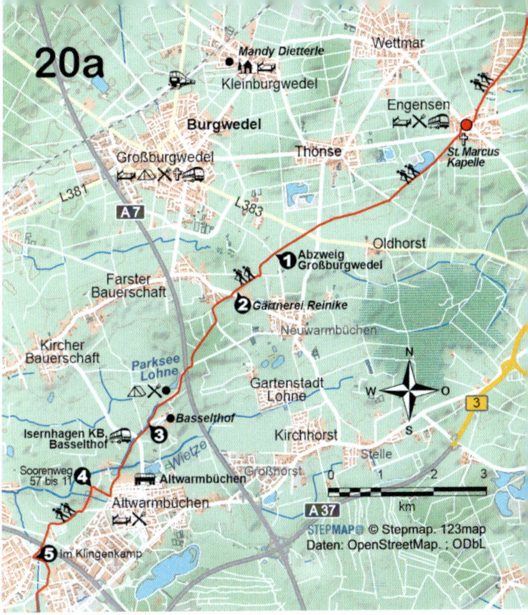

Sie überqueren die Straße Varrelheide und danach die Autobahn A2. (Die Straße heißt nun Im Heidkampe.)

Nach der Bushaltestelle „An den Deichwiesen" biegen Sie links in die Straße **Im Klingenkamp** ❺ ab.

Diese mündet in eine Kreuzung am Siedlungsrand. Sie biegen rechts ab (Richtung Im Klingenkampe 61Q, 61R) und gehen bis über eine Grabenbrücke hinüber. Dort biegen Sie links in den Fußweg **Am Laher Graben** ein ₳.

Der erfreulich grüne Parkweg mündet an den Firmengebäuden der HDI Gerling Talanx, einem Industrie- und Versicherungsunternehmen, in die vierspurige **Kirchhorster Straße**. Sie gehen dort rechts und kommen nach 250 m zur Kreuzung mit der Podbielski- und Buchholzer Straße (🚋 „Paracelsusweg", **Stadtbahnlinien** 3 und 7 fahren rechts Richtung Kröpcke und Hbf.).

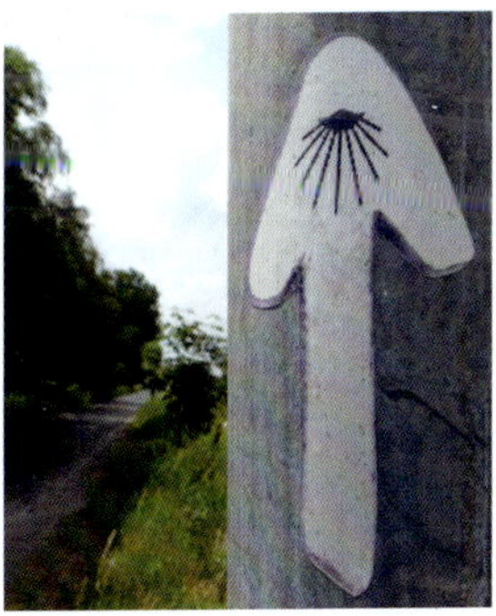

„Heimliche Markierung" im Raum Hannover

Geradeaus über die Kreuzung hinweg folgen Sie dem beginnenden **Paracelsusweg**. Dieser biegt nach 120 m nach rechts ab. Sie aber nehmen geradeaus den Parkweg, der nah an die Lärmschutzwand des Messeschnellwegs (B3) heranleitet.

☺ Durch die erste Unterführung hindurch könnten Sie links die ursprünglich 1965 für die Groß-Buchholzer Gemeinde errichtete Kirche Maria Frieden nach nur 200 m erreichen. Sie wird heute überwiegend von der Polnischen Katholischen Mission genutzt. Polnische Katholikinnen und Katholiken aus dem ganzen Raum Hannover sowie aus großen Teilen der Lüneburger Heide bis nach Bremen haben hier im evangelischen Norden ihre christliche Heimat. Zur Fortsetzung gehen Sie an der Kirche rechts bis an den Mittellandkanal und biegen dort links in den begleitenden Fußweg ab.

Der Hauptweg führt geradeaus auf dem Parkweg bis zum Mittellandkanal. Dort unterqueren Sie den Messeschnellweg und folgen dem Pfad an der Nordseite des Kanals.

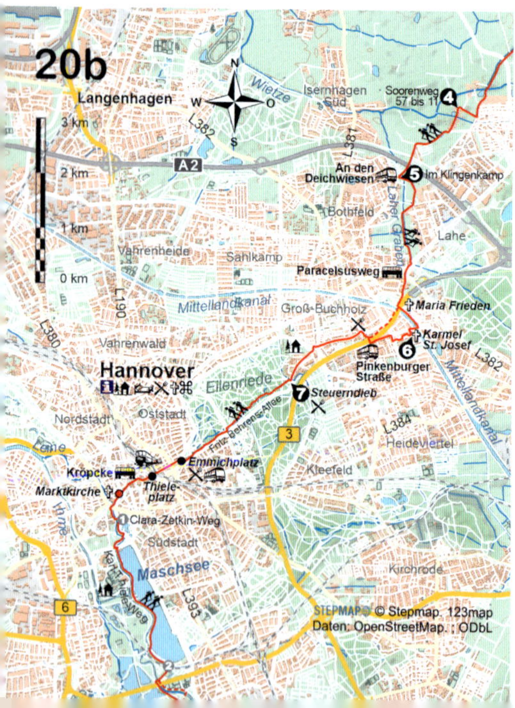

Sie können den Weg um etwa 1 km verkürzen, wenn Sie den Messeschnellweg nicht unterqueren, sondern mit ihm den Kanal überqueren und auf dem weiterführenden Radweg bis zur querenden Pinkenburger Straße laufen (Ende des Radwegs) und dort rechts in den Pilgerweg einbiegen.

An der nächsten Brücke überqueren Sie den Kanal und wandern entlang der Schierholzstraße geradeaus. An der ersten Straße links (Milanstraße) biegen Sie ab und sehen gleich linker Hand das Kloster **Karmel St. Joseph ❻**.

✞ Seit November 2013 leben hier im ehemaligen Klarissenkloster 12 Ordensschwestern in einer der römisch-katholischen Kirche angehörenden Gemeinschaft.

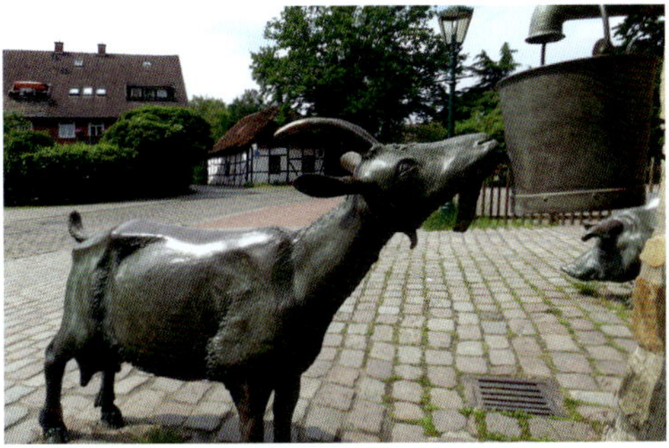

Der Dorfbrunnen in Groß-Buchholz erinnert an alte Zeiten

Gleich nach dem Kloster biegen Sie rechts in die kleine Straße Girlitzpark ab. Die Siedlungsstraße schlängelt sich zum Osterfelddamm. Sie gehen wieder rechts zur Schierholzstraße und dort links.

An der Bushaltestelle „Pinkenburger Straße" gehen Sie rechts unter dem Messeschnellweg hindurch in das alte **Groß-Buchholzer Zentrum** ✕ ☕. Gleich nach der Unterführung treffen Sie auf einen Hinweis auf den Schiffgraben.

Der **Schiffgraben** war im Mittelalter Teil der Hannoverschen Landwehr und diente später dem Torftransport aus dem Altwarmbüchener Moor. An einem erhaltenen Teilstück des Grabens werden Sie in der Eilenriede noch entlangwandern.

Dann betreten Sie den Groß Buchholzer Dorfplatz mit Dorfbrunnen und Skulpturen, die an das ehemals dörfliche Leben erinnern.

Biegen Sie hier links in den **Pinkenburger Gang** ab und wandern Sie durch die Fachwerkidylle zum Jörnshof und weiter geradeaus zur **Groß-Buchholzer Straße**. Hier biegen Sie links ein.

☺ ➯ Wenn Sie sich im alten Groß-Buchholz noch etwas umschauen wollen, finden Sie hier an der Ecke Groß-Buchholzer Straße zunächst den Hinweis auf ein Zweiständer-Fachwerkhaus aus dem Jahr 1581. Bis heute ist aber auch vielen Menschen aus Hannover der Räuber Jasper Hanebuth ein Begriff. Im Jahr 1653 wurde er durch Zerstoßen seiner Glieder mit dem Rad hingerichtet. Sein Unwesen trieb er vor allem in der Eilenriede, durch die Sie gleich noch kommen werden. Nur knapp 100 m von hier steht sein Geburtshaus mit Infotafel und der Skulptur Hanebuths letztes Opfer. Wenn Sie nicht gleich in die Groß-Buchholzer Straße abbiegen, sondern geradeaus dem Groß-Buchholzer Kirchweg folgen, kommen Sie an seinem Geburtshaus vorbei. Heute befindet sich dort eine Gaststätte. Etwas weiter könnten Sie links in den Kapellenbrink biegen und über diesen an die Groß-Buchholzer-Straße zurückkommen (➲ 500 m Rundweg).

Nach etwa 900 m, hinter einer Tankstelle, erreichen Sie eine Straßenkreuzung mit der Klingerstraße. Sie gehen geradeaus in die Hermann-Bahlsen-Allee, biegen aber bereits nach 100 m links in die **Gehägestraße** ab.

Wenn Sie nur 100 m weiter entlang der Hermann-Bahlsen-Allee laufen würden, könnten Sie dann links zum Naturfreundehaus Hannover gelangen (klasse idee gGmbH, ☞ Hannover).

Die Gehägestraße führt Sie zum Restaurant Steuerndieb ❼ (Di, Mi, Fr, Sa 11:30-15:00 und 18:00-22:30, So 11:30-18:00, Küche bis 15:00) und an den Rand des größten Stadtwalds in Europa (laut taz.nord vom 2./3. August 2014), der **Eilenriede**, in die sich auch der Zoo einfügt. (Der Name Steuerndieb bedeutet „Steure dem Dieb", störe den Holzdieb, und bezeichnete ursprünglich den 1392 erstmalig erwähnten Turm der hannoverschen Landwehr. Eilen bedeutet Erlen und Riede ist ein altes Wort für Sumpf.)

Sie biegen am Parkeingang rechts in den geteerten Radweg und gleich wieder links davon ab. Der breite Parkweg führt in südwestlicher Richtung bald auch am Bauerngraben (Schiffgraben) entlang, zunächst bis zur querenden Bernadotteallee. Hier überqueren Sie den Graben, wechseln in die alte Richtung, überqueren geradeaus die Straße und folgen weiter dem Parkweg.

Der Weg bleibt die ganze Zeit am Waldrand, nahe der begleitenden Fritz-Behrens-Allee, in die er am Waldende mündet. Sie folgen der Straße nach rechts an der Musikhochschule vorbei zum **Emmichplatz**, queren diesen nach rechts und biegen links in die **Königstraße** ein. Der Königstraße folgen Sie zuletzt durch den Bahntunnel zum Thieleplatz. (Rechts könnten Sie hier nach 300 m den Hbf. erreichen.)

Geradeaus folgt der Pilgerweg der **Theaterstraße** und führt rechts um das Opernhaus herum durch die **Ständehausstraße** zum zentralen **Stadtbahnhof Kröpcke** am **Platz der Weltausstellung**.

Gehen Sie schräg links über den Platz und am Café Extrablatt in die Grupenstraße (ka:punkt) und bis zur Marktkirche.

Hannover

05 11

Hannover Tourist-Information, Ernst-August-Platz 8, 30159, 12 34 51 11, info@hannover-tourismus.de, www.hannover.de, Mo-Fr 9:00-17:30, Sa 10:00-15:00, 200 m, gegenüber dem Hbf.

ka:punkt, Grupenstraße 8, 30159, Mo-Fr 10:00-18:00, Sa 12:00-16:00, katholische Kirche in der City Hannovers, Beratung, Kaffee, Zeitung und mehr, Raum der Stille, Toilette, Musik, Kunst, Lesung, Mittagsgebet (12:30), am Weg

Private Pilgerunterkunft bei Pilgerfreund Maik Pitz in Hannover-Mitte, 0178/780 55 23, maik-pitz@gmx.net, die genaue Adresse erfahren Sie bei der Anmeldung, 2-4 Pilgernde können gleichzeitig übernachten, 3 Betten, 1 Matratze, Schlafsack ist erforderlich, Badbenutzung und evtl. Verköstigung nach Absprache, Ü gegen Spende, ca. 500 m, nähe Marktkirche und nähe Kästnermuseum.

♦ **klasse idee gGmbH**, Hermann-Bahlsen-Allee 8, 30655, 69 14 93, info@naturfreundehaus-hannover.de, www.naturfreundehaus-hannover.de, Ü EZ ab € 29, DZ ab € 40, VBZ ab € 65, F € 6, zu Messezeiten gelten stark erhöhte Preise und Mindestaufenthaltsdauer von 2 Tagen, 350 m, Wegbeschreibung

♦ **Jugendherberge Hannover International**, Ferdinand-Wilhelm-Fricke-Weg 1, 30169, 12 35 90 80, hannover@jugendherberge.de, www.jugendherberge.de → Hannover, ÜF ab € 38,60 (Rabatte ab der zweiten Nacht), 700 m, Nähe Maschsee, Wegbeschreibung

♦ **Bed'nBudget Hostel City**, Osterstraße 37, 30159, 360 61 07, cityhostel@bednbudget.de, www.bednbudget.de, Ü MBZ ab € 21,50 p. P., EZ € 30, DZ € 50, F € 7, 270 m, vor der Marktkirche links in die Marktstraße, die zweite Straße links (Röselerstraße) führt zur Osterstraße

Hanns-Lilje-Haus, Hotel und Tagungszentrum der Evangelisch-lutherischen Landeskirche Hannovers, Knochenhauerstr. 33, 30159, 124 16 98, info@hanns-lilje-haus.de, www.hanns-lilje-haus.de, Preise auf Anfrage, am Weg

♦ **City Hotel Central**, Seilwinderstr. 2, 30159, 20 30 87 97, info@hotel-central-hannover.de, www.hotel-central-hannover.de, Tagespreise auf Anfrage, von der Marktkirche 100 m, vor der Kirche rechts und wieder rechts in die Seilwindstraße

♦ **Hotel Flora**, Heinrichstr. 36, 30175, 38 39 10, info.flora@hotel-flora-hannover.de, www.hotel-flora-hannover.de, 36 Betten, Ü EZ ab € 40, DZ ab € 69, DBZ ab € 87, (Zimmer mit Nasszelle sind etwas teurer), F € 7, 300 m, am Rande der Eilenriede. Am Emmichplatz biegen Sie nicht in die Königstraße ab, sondern folgen geradeaus der Eichstraße. Die zweite Straße rechts (Heinrichstraße) führt zum Hotel.

Vegetarisches Essen: Hiller, Blumenstraße 3, 30159, 32 12 88, info@restaurant-hiller.de, Mo-Sa 12:00-23:00, 360 m vom Weg, nach dem Bahntunnel am Thieleplatz links und dann die dritte Straße rechts

Detailinformationen zum öffentlichen Stadtverkehr Hannovers liefert die Seite des GVH (Großraumverkehr Hannover, www.gvh.de). Sarstedt am Ziel der nächsten Etappe ist Endstation der Linie 1 der Stadtbahn (Pilgern ohne Gepäck). Ihr Weg verläuft weitgehend parallel zu dieser Linie (bis Laatzen auch Linie 2), in etwa 1 km Entfernung.

Zum Kürzen oder Teilen der Etappe ergeben sich so mehrfach Ein- und Ausstiegsmöglichkeiten. Darauf hingewiesen habe ich bei der folgenden Wegbeschreibung nur an einer Stelle. Zusätzlich verkehrt von Sarstedt die S-Bahn S4 (Hildesheim – Hannover).

Hannover hat einen Fern- und Nahverkehrsbahnhof am Bahnknoten der Fernstrecken zwischen Amsterdam bzw. Dortmund – Berlin sowie Hamburg – Würzburg (– München). Sie können von hier aus also komfortabel zur Unterbrechung an- oder abreisen. Grundsätzlich besteht aufgrund der guten Verbindungen im Großraum Hannover auch die Möglichkeit, zwischen Celle (S-Bahn S6, S7: Hannover – Celle) und Hildesheim (S4) fast vier Etappen von einem festen Standort aus gepäckfrei zu erleben. Die einzelnen Haltepunkte insbesondere der Stadt- und S-Bahn finden Sie in den Etappenbeschreibungen erwähnt.

✝ ⊙ **Marktkirche St. Georgii et Jacobi.** Backsteingotische Hallenkirche, Wahrzeichen der Stadt Hannover, Jakobusdarstellungen am Taufbecken und außen über dem Portal

♦ Mo-Sa 11:00-17:00, Do bis 18:30,
Ansprechpartner: **Gemeindebüro**, Hanns–Lilje–Platz 2, 30159, 36 43 70, marktkirche.hannover@evlka.de, Mo-Fr 9:00-12:00

✝ **Kreuzkirche** (heute: Schloss- und Stadtkirche St. Crucis). Eine Glastür gibt Einblick in den Kirchenraum.

♦ Kreuzkirchhof, Turmportal: täglich 10:00-18:00

✝ **Aegidienkirchenruine.** Mahnmal für den Frieden an der Ecke Breite Straße/Osterstraße

⌘ **Historisches Museum**

♦ Pferdestraße 6, 30159, 16 84 23 52, www.hannover-museum.de, Di 10:00-19:00, Mi-Fr 10:00-17:00, Sa, So und Fei 10:00-18:00, 170 m von der Marktkirche, gegenüber dem Portal führt die Kramerstraße zur Pferdestraße

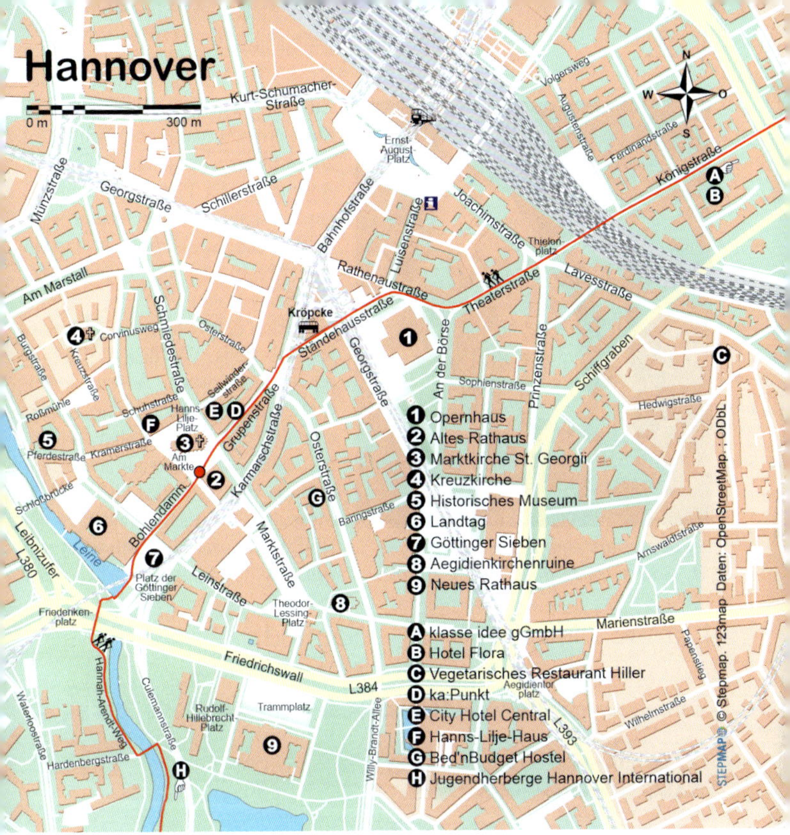

Hannover gehört heute mit seinen über 500.000 Einwohnerinnen und Einwohnern zu den 15 größten Städten Deutschlands. International bekannt geworden ist sie als Messestadt (Hannover Messe, CeBit – ☝ während der Messen können die Preise aller Unterkünfte zwischen Celle und Hildesheim auf das Drei- bis Vierfache des Normalpreises steigen!).

Ihre Entwicklung, sowohl in den Anfängen als auch heute, ist vor allem durch ihre günstige Lage am Kreuzungspunkt der großen Verkehrswege begründet. An historischer Stelle, am Ort der ersten Besiedlung, dort, wo sich am Hohen Ufer der Leine eine vor den Hochwassern geschützte, sichere Stelle befand, steht heute das Historische Museum, das über die Entwicklung zur Festungs-, Residenz- und Königsstadt und bis in die Moderne informiert. In der nach dem

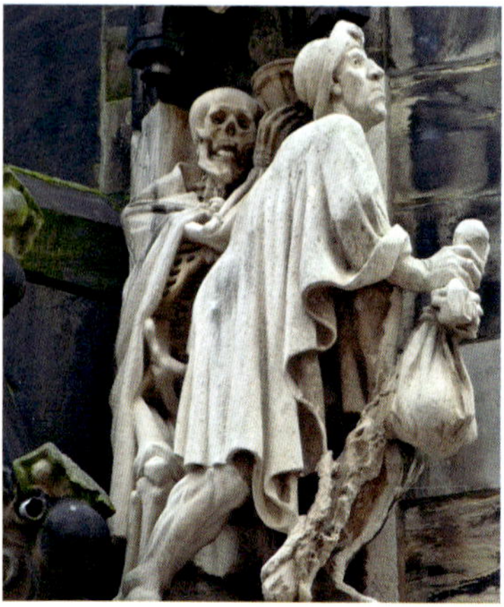

Jakobus Darstellung an St. Georgii et Jacobi

Zweiten Weltkrieg völlig zerstörten Stadt erinnert heute nur noch wenig an den Glanz der alten Zeit. Erster Anlaufpunkt für Pilgerinnen und Pilger ist sicher die wieder aufgebaute Marktkirche St. Georgii et Jacobi. Hier bekommen Sie einen Pilgerstempel.

Gleich nebenan ist das alte Rathaus Blickfang. Von den zwei weiteren mittelalterlichen Altstadtkirchen wurde nur die Kreuzkirche wieder errichtet. St. Aegidien steht als viel besuchtes Mahnmal ganz im Osten. Ganz in der Nähe des Historischen Museums sind das Leibnizhaus am Holzmarkt sowie die Fachwerkwerkhäuser in der Burgstraße sehenswert.

Etappe 21: Hannover – Sarstedt

22,8 km, 7 Std.

0,0 km	Hannover, Marktkirche BANK
2,2 km	Maschsee, Abzweig DJH
5,6 km	Döhrener Masch, Brückstraße
9,2 km	Laatzen
11,6 km	Laatzen-Grasdorf ⌘
15,2 km	Rethen B443
20,1 km	Ruthe
22,8 km	Sarstedt BANK ⌘

Das Norddeutsche Tiefland haben Sie nun bald hinter sich gelassen. Der Pilgerweg folgt der Leine und der Innerste Richtung Hildesheim, das bereits am Rande der Mittelgebirgsschwelle liegt. Als Folge des intensiven Kiesabbaus im Leinetal südlich von Hannover seit den 1950er-Jahren ist dort eine vielfältige Seenlandschaft entstanden. Im Norden sind mehrere der stadtnahen Ricklinger Kiesteiche Badeseen, weiter südlich schließt sich mit dem Koldinger Seengebiet ein einzigartiges Naturparadies an. Viele Wasser- und Ufervögel sind dort heimisch.

Tausende Zugvögel finden Rast- und Futterplätze. Abwechslungsreiche Wege führen bis an die Mündung der Innerste in die Leine bei Ruthe. Dann ist es nur noch ein Spaziergang am Ufer der Innerste entlang bis zum Tagesziel.

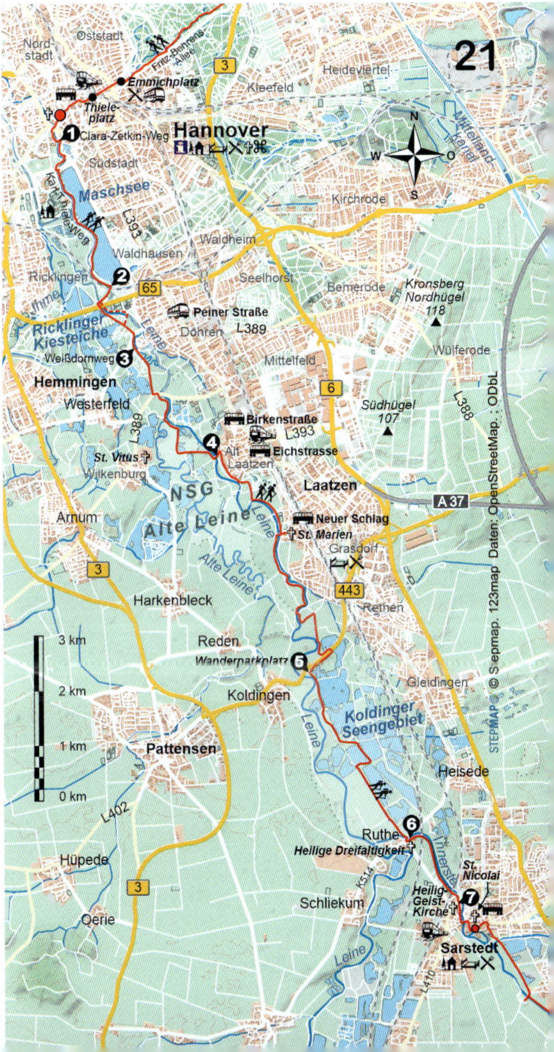

Hinweis: Wie schon im Norden der Landeshauptstadt gibt es auch im Süden bis an den Rand des Stadtgebiets bei Laatzen keine offizielle Pilgerwegsmarkierung. Allerdings findet sich weiterhin die oben beschriebene (☞ Altwarmbüchen, S. 176) „heimliche" Markierung. Am Maschsee taucht dann auch gelegentlich die offizielle Jakobsmuschel wieder auf und es gibt gelbe Pfeile ab etwa der Parkanlage am Friedrichswall.

Über das Sträßchen **Bohlendamm**, zwischen Altem Rathaus und Marktkirche hindurch, gehen Sie zum Leineufer hinunter. Rechter Hand passieren Sie das Leineschloss, hinter dessen klassizistischer Fassade der niedersächsische Landtag, modern eingerichtet, tagt.

Bevor Sie am Platz der **Göttinger Sieben** die Leine überqueren, sollten Sie einen Blick auf das von Florian Bodini in Bronze gegossene Denkmal für Zivilcourage werfen. Sieben Göttinger Professoren, darunter auch die berühmten Brüder Jacob und Wilhelm Grimm, hatten 1837 gegen die Aufhebung der Verfassung im Königreich Hannover protestiert und daraufhin ihre Stellungen verloren.

Geradeaus geht es nach der Leinequerung, die hier selbst in einem Tunnel den Friedrichswall unterquert, durch den Straßentunnel, der in einer Linkskurve verlassen wird. Halb rechts folgen Sie dann dem Parkweg (Hannah-Arendt-Weg) auf dem Leinedamm. An der folgenden Fußgängerbrücke überqueren Sie den Fluss und biegen jenseits rechts in den Clara-Zetkin-Weg ❶ ein. Wenn Sie an einem Biergarten die Straße erreicht haben, überqueren Sie den Fluss erneut und wandern geradeaus wieder an der anderen Seite entlang.

An der Straßenbrücke (Robert-Enke-Straße) überqueren Sie die Leine zum dritten Mal und biegen vor dem Hotel Courtyard Mariott gleich wieder rechts in den Radweg (Karl-Thiele-Weg) ab, der nun für 2,7 km zwischen Leine und Maschsee verläuft (parallel dazu gibt es bald einen nicht geteerten Fußweg).

Nach rund 800 m gibt es eine Leinebrücke (Papageienbrücke), über die Sie zum Ferdinand-Wilhelm-Fricke-Weg kämen. Links führt dieser zur JH.

Störche in der Leineniederung

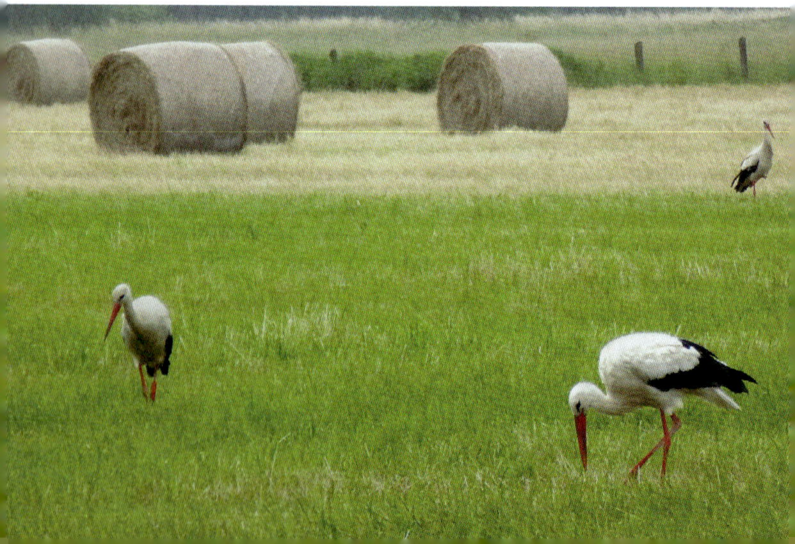

An der Leinebrücke auf Höhe verschiedener Ruder- und Kanuklubs zeigt ein gelber Pfeil rechts in den Ohedamm. Es folgen allerdings am jenseitigen Ufer keine weiteren Markierungen. Bleiben Sie, wie hier empfohlen, diesseits.

Schon fast an der Südspitze des Sees, 300 m vor dem Strandbad Maschsee, führt der Radweg nahe an den Damm einer Bahnlinie heran. An der ersten Möglichkeit gehen Sie rechts durch die Unterführung ❷ (Richtung Laatzen und Ricklinger Teiche).

Geradeaus führt der Weg bis zu einer hellblauen Leinebrücke für Fußgängerinnen und Fußgänger. Die „heimliche Markierung" weist nun den Weg über die Leine hinweg und dann links auf breitem Weg (Information zu den **Ricklinger Kiesteichen** in der Döhrener Masch) bis zu einer Straße.

Zu Fuß könnten Sie aber auch vor der Brücke links dem schmalen Uferpfad bis zur nächsten Brücke folgen und erst dort zur anderen Seite wechseln.

Schräg nach rechts überqueren Sie die Brückstraße und folgen dem weiterführenden, **Döhrener-Wolle-Platz** genannten Fußweg. Dieser mündet in einen Pflasterweg, in den Sie links einbiegen (Weißdornweg) ❸. Die Brücke über den Leineseitenarm lassen Sie links liegen und erreichen einen geteerten Weg, in den Sie links (bzw. geradeaus) einbiegen (Schwarzer Weg).

Wieder wird eine Fahrstraße betreten (Wilkenburger Straße, L389). Sie gehen hier links bis zur Brücke und biegen davor rechts in den schönen Leineuferweg ab (Radwegweiser Richtung Laatzen, jetzt ist auch wieder mit dem gewohnten Muschelsymbol markiert).

Insbesondere für Radfahrerinnen und Radfahrer könnte ein Abstecher zur St.-Vitus-Kirche in Wilkenburg interessant sein (➲ 1,5 km). Zu Fuß ist es schon recht weit. Turm und Kirchenschiff sowie das angrenzende Rittergut stammen noch aus dem 12. Jh. Die Wilkenburger Straße fahren Sie rechts bis zum Ortseingang von Wilkenburg. Gleich links führt die Kirchstraße zu dem idyllisch gelegenen Ensemble.

Wenig weiter überqueren Sie an einem Wegdreieck links die kleine Holzbrücke und lesen vielleicht die Informationstafel des Naturschutzbundes (NABU) zur südlichen Leineaue. 300 m weiter finden Sie auch eine Rastbank mit schönem Blick über das **Naturschutzgebiet Alte Leine**. Störche, Reiher, Wildgänse und Kuckucke sind hier keine seltenen Gäste.

Der Weg biegt danach rechts vom Leineufer weg und erreicht inmitten der Wiesen einen Querweg. Sie biegen vom Köthener Bleek links in den Nachtanger ab. Der breite Weg führt bis zum Bootsclub Laatzen und zum Querweg Fugenwinkel. Dort gehen Sie links über die Brücke nach **Alt Laatzen**.

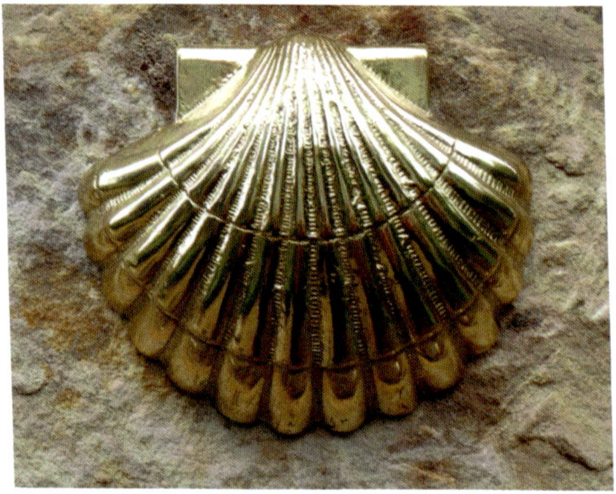

Die goldene Jakobsmuschel kennzeichnet die St.-Marien-Kirche zu Grasdorf

Gleich nach der Brücke ist rechts ein abkürzender Pfad ❹ von Spaziergängerinnen und Spaziergängern und Hunden in die Wiese getreten (Wegalternative). Der markierte Weg führt weitere 125 m an der Straße entlang und dann im spitzen Winkel rechts in die **Leinerandstraße**. Sie folgen der Leinerandstraße, bis sie nach links biegt. Geradeaus führt ein Fußweg weiter leineaufwärts ⊼.

An einer Wegkreuzung mündet von links ein Radweg ein (Neue Wiesen). Sie gehen geradeaus weiter, landen am Flussufer und biegen links in den Uferweg.

An der folgenden Leinebrücke bleiben Sie am diesseitigen Ufer und erreichen vor der nächsten Brücke einen Wendeplatz in Grasdorf. Gönnen Sie sich den kleinen Schlenker zwischen Naturschutzzentrum und Kindergarten hindurch über den kleinen Fußweg zur Kirche St. Marien (➲ 100 m).

Grasdorf (Laatzen) 🛏 ✕ ☕ 🛒 ✝ ⦿ ⌘ 🚋 ✉ 30880, ✆ 05 11

🛏 ✕ **Hotel Haase**, Am Thie 4, ☏ 82 01 60, ✉ hotel-haase@hotel-haase.de, 💻 www.hotel-haase.de, Ü EZ € 83, DZ ab € 117, bett+bike-Service, ➲ 100 m, zwischen Kirche und Pfarrhaus hindurch

✕ 🍷 **Gaststätte, Café, Biergarten Zur Leinemasch**, Ohestraße 8, 💻 www.zur-leinemasch.de, 🚪 Di-Do 16:00-22:00, Fr ab 13:00, Sa/So ab 12:00, ➲ 240 m, vom Wendeplatz (Beginn der Ohestraße) 200 m

🚋 Durch die Kirchstraße, dann links und wieder rechts mit der Straße „Neuer Schlag“ erreichen Sie die Haltestelle Neuer Schlag der Linie 2 der Stadtbahn nach Hannover (➲ 450 m).

✞ ⦿ Die ev.-luth. **St.-Marien-Kirche** zu Grasdorf (nicht geöffnet) stammt im Ursprung aus der Mitte des 14. Jh. Aus dieser Zeit erhalten ist nur noch der wuchtige Turmbau. Das Kirchenschiff wurde nach Kriegszerstörungen im Jahr 1943 neu errichtet. Das Pfarramt ist in dem vom alten Pfarrhof erhaltenen Wohnhaus, einem klassizistischen Bau von 1750 gleich gegenüber, untergebracht. Die nahe dem Kirchenportal angebrachte, in Gold gehaltene Jakobsmuschel kennzeichnet die Kirche als Kirche am Pilgerweg. Im Pfarramt liegt ein sehr schöner Stempel zur Via Scandinavica bereit.

♦ Gemeindebüro, Kirchstraße 7, ☏ 82 13 74, Mo 11:00-12:00, Do 16:00-18:00

⌘ **Naturschutzzentrum Südliche Leineaue**. NABU Laatzen in der alten Feuerwache, Ausstellungen zum Naturschutz in der Leinemasch

♦ ☏ 879 01 10, Di und Do 14:00-17:00, So 13:00-17:00,
Nov-März jeweils nur bis 16:00

Auf gleichem Weg kommen Sie wieder zurück zum Wendeplatz und überqueren den Fluss. Auf der anderen Seite wandern Sie links weiter leineaufwärts. Nach knapp 2 km, nach einer Wassergewinnungsanlage, wechseln Sie wieder die Flussseite und gehen nach der Brücke gleich wieder rechts Richtung Nordstemmen und Rethen. Der Weg biegt nach 130 m links vom Fluss weg und erreicht eine Kreuzung inmitten der Wiesen.

Sie gehen rechts in die Wiesenweite, bis Sie zwischen Leineschleife und Kiesteich an die B443 kommen. Folgen Sie hier links dem Radweg, unterqueren Sie die Straße an der Brücke und laufen jenseits wieder rechts, auf separatem Weg parallel zur Straße.

Sie kommen zu einem Wanderparkplatz ❺ in der Nähe der Straße, biegen hier links ein und treffen nach 200 m auf einen weiteren Parkplatz mit Informationen zum **Koldinger Seengebiet**. Von hier führt Ihr Weg eindeutig ausgeschildert entlang des großen Koldinger Sees (Vogelbeobachtungsturm, ⛩) nach Süden bis nach **Ruthe** an die K514.

Mit der Straßenbrücke überqueren Sie dort die Innerste und gehen gleich nach der Brücke links an das Flussufer **❻.**

➭ Wer will, wirft vorher im Ort noch einen Blick auf die röm.-kath. Kirche Heilige Dreifaltigkeit von 1896/97 (➲ 130 m).

➭ Die Innerste mündet unweit von hier in die Leine. Wer die Stelle sehen will, geht nach der Brückenquerung rechts am Ufer entlang (➲ 650 m).

Nachdem die Schnellfahrstrecke (Hannover – Würzburg) der Bahn unterquert ist, säumen bald hohe Linden den Uferweg. Pflasterreste an den Uferbänken zeigen deutlich einen älteren, brückenlosen Flussübergang und geben eine Vorstellung davon, wie in alten Zeiten die Furten ausgesehen haben mögen.

Wenig weiter wird die S-Bahn-Linie unterquert. Der Pilgerweg bleibt noch bis zur nächsten Straßenbrücke am Ufer. Dort steigen Sie zur Brückenstraße hinauf, überqueren die Straße und biegen 50 m weiter rechts links in einen Gartenweg ❼ ab (nicht in die Abfahrt vorher). Die verlängernde Gartenstraße mündet in die Friedrich-Ludwig-Jahn-Straße, in die Sie links einbiegen. Sie könnten vorher aber von der Gartenstraße auch rechts durch den Innenhof zur ✞ Heilig-Geist-Kirche gehen. An der Querstraße (Steinstraße) gehen Sie links über die Innerstebrücke bis zum Beginn der Fußgängerzone ✕ BANK.

Geradeaus könnten Sie mit der Steinstraße, zuletzt durch den Friedrich-Ebert-Park, auf kürzestem Wege zur Endstation der Stadtbahn gelangen (➲ 500 m).

Der Pilgerweg schlägt noch einen Bogen rechts durch die Eulenstraße und am Ende links über den Lappenberg zur alten St.-Nicolai-Kirche.

Sarstedt

BANK ✞ ⊙ ⌘

31157, ✆ 050 66

Hotel Sarstedter Hof, Hildesheimer Straße 2, ☏ 605 69 70, info@sarstedter-hof.de, www.sarstedter-hof.de, Ü EZ ab € 45, DZ ab € 65, Achtbettzimmer € 18 p. P., ➲ am Weg, zentral

Hotel Messeblick GmbH, Gutenbergstraße 10b, ☏ 981 70, hotel@messeblick.de, www.messeblick.de, ÜF EZ € 50-65, DZ € 65-85, ➲ 1,1 km vom Zentrum, Fuß- und Radweg von der Stadtbahnendstation nach Norden entlang der Breslauerstraße, mit der Stadtbahnlinie 1 nur eine Station bis zur Röntgenstraße

Von Sarstedt fährt die Stadtbahn alle 30 Min. nach Hannover.

Busse fahren von der Stadtbahnendhaltestelle bis zu 3 x in der Stunde über Ahrbergen, Giesen und Hasede nach Hildesheim (Hbf.).

S-Bahn (S4) zwischen Hildesheim und Hannover

✞ **Heilig-Geist-Kirche**. Die Kirche aus grob behauenem Bruchstein wurde 1912/13 im Stile der Neoromanik errichtet.

♦ Katholische Pfarrgemeinde Heilig Geist, Bischof-von-Ketteler-Platz 1, ☏ 77 93, Pfarrbüro: Mo-Mi und Fr 9:00-12:00, Do 15:00-18:00

✞ ⊙ **Ev.-luth. St.-Nicolai-Kirche.** In leicht erhöhter Lage, auf dem von hohen Bäumen gesäumten Kirchhof, dem ehemaligen Friedhof, steht die St.-Nicolai-Kirche hier fast unverändert seit 1457. Auch sie ist wie die moderne Heilig-Geist-Kirche aus hellem Bruchstein erbaut. Der Turmbau ist in Teilen noch älter und weist auf einen Vorgängerbau aus romanischer Zeit hin. Begrenzt wird der Kirchhof im Osten vom Küsterhaus (im Gebäude einer ehemaligen Schule) und im Westen vom Pfarrhaus, einem zweistöckigen Fachwerkbau.

Im Kircheninnern gilt der Renaissancealtar als sehenswert. Alte Grabplatten aus dem 16. Jh. sind ebenfalls zu sehen. Über der sogenannten Heiliggeisttür erinnert die Darstellung eines Pelikans, der mit Blutstropfen aus seiner Brust die Jungen füttert, an eine textile Darstellung des Motivs im Kloster Medingen. Es ist ein Symbol der Aufopferung, das bereits aus der Antike stammt. In der christlichen Religion gilt es als Sinnbild für den Opfertod Jesu. Falls die Kirche verschlossen ist, versuchen Sie es am Turmportal. Die Tür zum Vorraum mit Einblick in die Kirche ist in der Regel geöffnet.

♦ ☏ 73 21, Pfarrbüro: Mo, Mi und Fr 9:30-11:30, Do 16:00-18:00, ⊙ Pilgerstempel im Pfarramt zu den Öffnungszeiten des Büros

⌘ Vom Lappenberg in Höhe der Nicolaikirche schauen Sie durch die Mühlenstraße auf die historischen Gebäude der Getreide- und Malzmühle Malzfeldt, die auf das 14. Jh. zurückgeht. In dem denkmalgeschützten Komplex erzeugt heute eine Turbine Strom aus Wasserkraft. Zudem ist ein Museum eingerichtet.

♦ Besichtigungstermine nach Absprache, ☏ 73 05, andreas-gleim@gmx.de, www.muehlemalzfeldt.de

☺ Eine Übernachtungsalternative gibt es in Barnten.

Gutshof Barnten, Landesstr. 14, 31171 Barnten, 01 52/54 78 22 59, www.gutshof-barnten.de, südwestlich von Saarstedt, FeWo und Messezimmer, Preise auf Anfrage, vom Bahnhof Saarstedt fahren Sie eine Station mit der S4 Richtung Hildesheim und gehen vom Bhf. 800 m entlang der Landesstraße nach Norden, ➲ 4,5 km.

Sarstedt ist eine Kleinstadt von knapp 20.000 Einwohnerinnen und Einwohnern mit allen Annehmlichkeiten einer guten Versorgung. Die Region wurde bereits im späten 8. Jh. durch die fränkischen Eroberungen Karls des Großen in das Licht der Geschichtsschreibung gebracht. Sarstedt selbst, angelegt an einem Innersteübergang, wurde aber erst im ausgehenden 10. Jh. erwähnt.

Etappe 22: Sarstedt – Hildesheim – Diekholzen

22,3 km, 6 Std., ↑ 261 m, ↓ 208 m, ⇧ 44-196 m

0,0 km	⇧ 57 m	Sarstedt
2,0 km	⇧ 60 m	Ahrbergen, St. Peter und Paul
6,3 km	⇧ 70 m	Giesen
7,7 km	⇧ 72 m	Hasede
10,4 km	⇧ 76 m	Himmelsthür, Mastbergstraße, Wasserburg Steuerwald
13,2 km	⇧ 79 m	Hildesheim
14,6 km	⇧ 118 m	Mauritiuskirche
16,2 km	⇧ 196 m	Panoramaweg
19,5 km	⇧ 134 m	Kloster Marienrode
22,3 km	⇧ 127 m	Diekholzen

Die Innerste bleibt bis Hildesheim wegweisend. Dann geht es in die Berge über Moritzberg und Marienrode nach Diekholzen. Die hohe Baukunst der Romanik und der repräsentative Fachwerkprunk der reichen Bürgerhäuser im hohen Mittelalter lassen sich in Hildesheim erleben, erfordern aber wenigstens einen zusätzlichen Tag. Auch von Diekholzen und dem Endpunkt der 23. Etappe (Adenstädter Berg) hätten Sie dank der komfortablen Busanbindung noch Gelegenheit, die UNESCO-Welterbestadt zu besuchen.

Von der Straße Lappenberg könnten Sie rechts in die Mühlenstraße abweichen, zur Mühle hinuntergehen und davor links bis zur T-Kreuzung laufen. Hier quert der Pilgerweg.

Der markierte Weg führt entlang des Lappenbergs bis zum Gebäude der VHS, dort nach links und wieder rechts über den Parkplatz. Die verlängernde Siedlungsstraße trifft auf die Hildesheimer Straße (Sarstedter Hof). Kurz vorher zweigt der Pilgerweg aber rechts in die Mühlenstraße ab und führt weiter geradeaus mit der Straße Am Festplatz über den Bruchgraben bis auf die Kirchstraße in **Ahrbergen**.

Hier geht es rechts zu einer Innerstebrücke und davor links in den Uferweg ❶.

100 m hinter der Brücke steht die Kirche St. Peter und Paul auf dem abseits der heutigen Ortschaft gelegenen Friedhof. Der Turm stammt noch aus dem 12. Jh. und soll am Standort einer älteren Burg errichtet worden sein.

Der schöne Uferweg mündet in die Siedlungsstraße Seewiese. Am Ende der Seewiese biegt der Radweg nach links. Zu Fuß können Sie geradeaus, hinter den Häusern, am Ufer entlanggehen.

🚲 Mit dem Rad folgen Sie links der Straße Am Seeberg bis zur Birkenstraße, die rechts wieder zurück zum Uferweg führt.

In Höhe der aufgelassenen Eisenbahnbrücke kommt die Abraumhalde des 1987 stillgelegten Kalibergwerks Siegfried in Sicht. Als Reservebergwerk wird es weiter vorgehalten.

Dann treffen Sie auf eine Straße, der Sie rechts bzw. geradeaus bis hinter die Kläranlage folgen. Hier biegen Sie rechts in südliche Richtung ab.

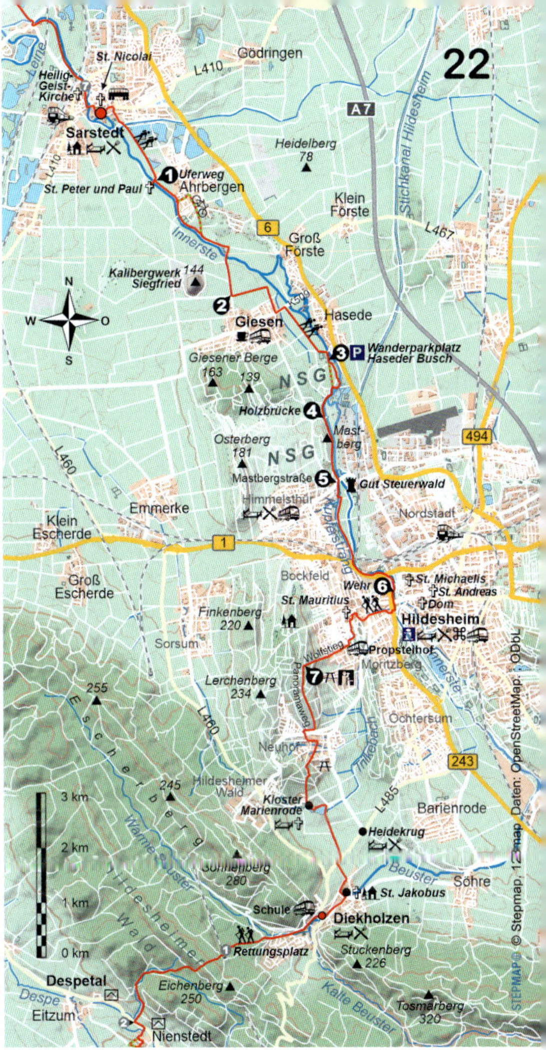

Nun haben Sie den Kirchturm von Giesen im Blick. Etwa 250 m vor dem Ortsschild zeigt die Markierung links in einen Feldweg ❷. Inmitten der Felder biegt der Weg wieder nach rechts um und erreicht am Ortsrand von Giesen die K509.

Sie wandern links bis fast vor die Innerstebrücke und dort rechts in den geteerten Wirtschaftsweg. Am Sportplatz (Festplatz) geht es dann links bis kurz vor die Mühlengebäude der Fa. Engelke.

Die Calenberger und die Hildesheimer Lössbörde, an dessen Rand Sie sich befinden, gehören zu den fruchtbarsten Gegenden Deutschlands. Neben Zuckerrüben wird hier vor allem Brotgetreide angebaut. Da darf ein moderner Mühlenbetrieb nicht fehlen.

Wieder wird die Innerste nicht überschritten. Der Pilgerweg biegt vor der Brücke nach rechts ab und erreicht am Waldrand den Wanderparkplatz **Haseder Busch** (Infotafel) ❸.

🚲 Mit dem Rad folgen Sie geradeaus dem Hauptweg.

Sie weichen an der Gabelung am Waldrand links in einen schmaleren Nebenweg ab. Nach 50 m überschreiten Sie schräg nach links den Querweg und schlängeln sich auf schmalem Pfad durch das Unterholz. Sie bleiben in Waldrandnähe und bald auch am Ufer des Flusses. Im Zweifel orientieren Sie sich links. Der Schleichweg durfte leider nicht markiert werden (NSG).

In Höhe eines Totarms der Innerste treffen Sie kurz auf den Hauptweg, biegen aber gleich links wieder davon ab.

Kurz erreicht Ihr Pfad eine Feldkante mit breiterem Weg. An der nächsten Waldecke verschwinden Sie wieder geradeaus im Unterholz und wandern durch das Uferschilf bis zu einer Holzbrücke ❹.

Geradeaus folgen Sie dem von rechts kommenden Radweg entlang des NSG Mastberg und Innerste Aue (Infotafeln), weiter eng am Ufer bleibend.

Eine querende Straße (Mastbergstraße) ❺ am Rande des Gewerbegebiets des Hildesheimer Stadtteils Himmelsthür 🛏 ✕ 🚌 wird erreicht.

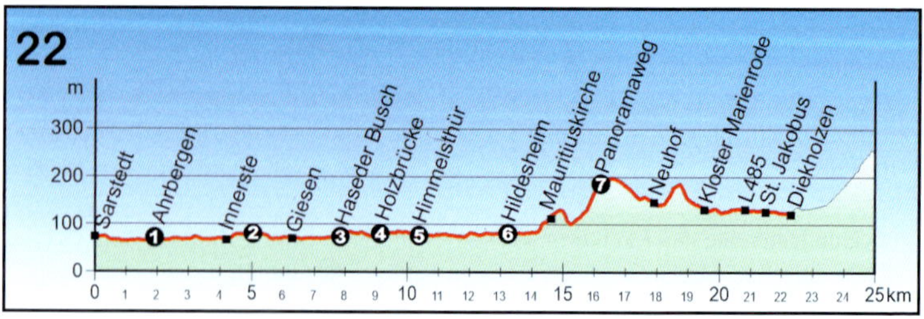

↬ Entlang der Straße rechts kämen Sie auf kürzestem Weg zu einer Unterkunft (☞ Hildesheim ➲ 930 m).

↬ Entlang der Straße links kämen Sie zur ehemaligen Wasserburg Steuerwald. Gehen Sie bis über den Mühlengraben hinüber und dann rechts ➲ 500 m.

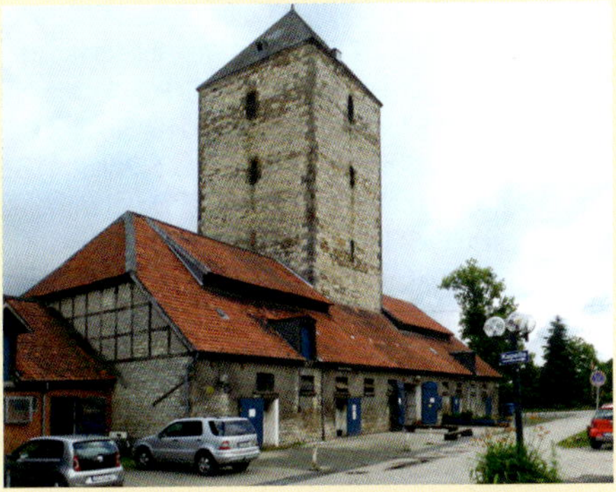

Steuerstube und Hungerturm (Gefängnis) der Burg Steuerwald

♜ Die **Wasserburg Steuerwald** ließ der Hildesheimer Bischof Heinrich II. von Woldenberg als Trutzburg gegen die aufbegehrenden Bürger 1310 bis 1313 errichten. Sie wurde für längere Zeit zur bischöflichen Residenz.
Die Gebäude sind heute an den Reit- und Fahrverein Hildesheim verpachtet, können von außen aber besichtigt werden. Die 1507 gotisch umgebaute und 2008 renovierte St.-Magdalenen-Kapelle wird noch für Trauungen, Lesungen und Konzerte genutzt.

Der Pilger- und auch der Radweg führen geradeaus über die Straße hinweg. Nach 300 m überqueren Sie den begleitenden Bachgraben (Kupferstrang) mit der Holzbrücke, biegen aber gleich wieder rechts, am Graben bleibend, ein. An der nächsten Brücke könnten Sie rechts nach Himmelsthür kommen, Sie gehen aber geradeaus weiter. Voraus ist nun bereits der Turm der St.-Andreas-Kirche in Hildesheim zu sehen.

Nach dem Unterqueren der Steinbogenbrücke der Bahnlinie erreicht der Weg die B1, bleibt parallel zur Straße (jetzt auch wieder am Ufer der Innerste) und unterquert sie dann. Rad- und Pilgerweg bleiben am Fluss (Richtung Marienburg und Bad Salzdetfurth). Etwa 400 m nach dem Unterqueren der B1 fällt linker Hand der Blick auf ein Wehr ❻.

Die Innerste bildet eine kleine Stadtinsel. Von hier gibt es eine schöne Abzweigmöglichkeit in die Altstadt. Ausgeschildert ist Richtung Dom, Michaeliskirche, Marktplatz und Touristen-Information.

Hildesheim

31134, 051 21

Hildesheim Marketing GmbH, Rathausstraße 20, 179 80, tourist-info@hildesheim-marketing.de, www.hildesheim.de → Tourismus, Di-Fr 9:30-18:00, Sa 10:00-15:00, Zimmervermittlung, Stadtführungen etc., 1,1 km

Jugendherberge Hildesheim, Schirrmannweg 4, 31139, 427 17, hildesheim@jugendherberge.de, hildesheim.jugendherberge.de, ÜF ab € 30,20, 1 km vom Weg, 2,5 km von der Altstadt entfernt, nahe am Panoramaweg gelegen, aussichtsreich, Wegbeschreibung

Novotel Hildesheim, Bahnhofsallee 38, 171 70, h5396@accor.com, all.accor.com/hotel/5396/index.de.shtml, Ü EZ/DZ ab € 109, F € 19,50, in einem historischen Gebäude untergebrachtes, komfortables Vier-Sterne-Hotel mit gutem Preis-Leistungs-Verhältnis, 1,5 km, altstadtnah

♦ **Hotel/Restaurant Zum Osterberg**, Linnenkamp 4, **OT Himmelsthür**, 20 68 80, info@hotel-osterberg.de, www.hotel-osterberg.de, Ü EZ € 59, DZ € 79,50, DBZ € 103, 900 m, Wegbeschreibung

♦ **Parkhotel Berghölzchen**, Am Berghölzchen 1, 31139, 97 90, berghoelzchen@halbersbacher.de, www.berghoelzchen.de, Ü EZ/DZ ab € 79, komfortables Vier-Sterne-Hotel in aussichtsreicher Lage, am Weg, 2 km von der Altstadt entfernt, auf dem Moritzberg, Wegbeschreibung

Liniennetz- und Fahrpläne des Stadtverkehrs in Hildesheim unter www.svhi-hildesheim.de

Hildesheim ist sowohl Fern- als auch Nahverkehrsbahnhof.

✝ **St. Michaelis** (1010-1033). Besonderheiten: Deckengemälde aus dem 13. Jh., das die Wurzel Jesse, den Stammbaum Jesu, darstellt, Engelschorschranken (Ende des 12. Jh.), Krypta mit dem Grab Bischof Bernwards (1022), ottonische, vorromanische Kirche.

♦ Mo-Fr 8:00-18:00, Sa/So 12:00-18:00

✝ **St. Andreas** (1389). Romanisches Westwerk, überwältigende Aussicht vom höchsten Kirchturm Niedersachsens

♦ 1. April-30. Sep Sa/So 12:00-16:00, während der niedersächsischen Ferien täglich 11:00-17:00, sonst nur Sa/So oder im Rahmen von Stadtführungen

✝ **St. Godehard** (1133–1172). Fast unverändert erhaltene romanische Basilika

♦ Mo-Sa 8:00-17:30, So 12:00-17:30

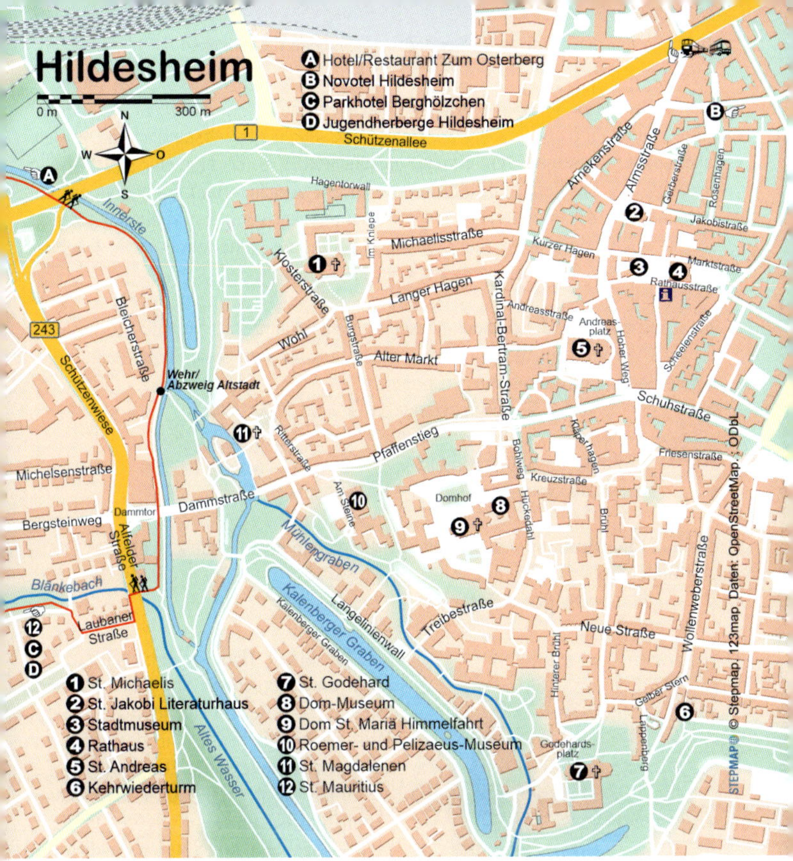

✝ **St. Magdalenen.** Die ehemalige Klosterkirche war die erste gotische Kirche in Hildesheim. Sie wurde vor der Stadtmauer erbaut.

nur auf Anfrage

✝ **St. Mauritius** (1028) auf dem Moritzberg. Vermutlich an einem sächsischen Kultplatz errichtet. Die frühromanische Stiftskirche wurde im 18. Jh. nach damaligem Schönheitsideal barockisiert. Stimmungsvoll ist der vollständig erhaltene Kreuzgang aus dem 11. Jh., unter der Orgelempore befindet sich das Grabmal von Bischof Hezilo (1054-1079). Heute kath. Pfarrkirche

♦ tagsüber geöffnet

✞ **St. Jakobi** (1503-1514). Da Hildesheim an einem wichtigen Kreuzungspunkt mittelalterlicher Fernstraßen lag, sind hier selbstverständlich auch viele Jakobspilger durchgezogen. Bereits im Jahr 1202 wurde hier eine Jakobistraße erwähnt. Für die heutige Jakobikirche wird ein Vorgängerbau angenommen. Sie liegt inmitten der modernen Konsumwelt nur 1 km vom Hauptbahnhof entfernt und ist auch keine Kirche mehr, sondern Kulturhaus. Eine lebensgroße Jakobusfigur ist an der Außenfassade zu entdecken

⌘ **Roemer- und Pelizaeus-Museum.** Weltbekannte Alt-Ägypten-Sammlung, eine der wichtigsten Alt-Peru-Sammlungen Europas und bedeutende paläontologische Sammlung, Sonderausstellungen

♦ Am Steine 1-2, 💻 www.rpmuseum.de, 🚪 Di-So 10:00-18:00

⌘ **Stadtmuseum.** Stadtgeschichte

♦ Knochenhaueramtshaus, Markt 7, 🚪 Di-So 10:00-18:00

⌘ **Dom-Museum.** Ausgewählte Kostbarkeiten aus der Geschichte des Doms und bedeutender Domschatz

🚪 ☞ Dom St. Mariä Himmelfahrt

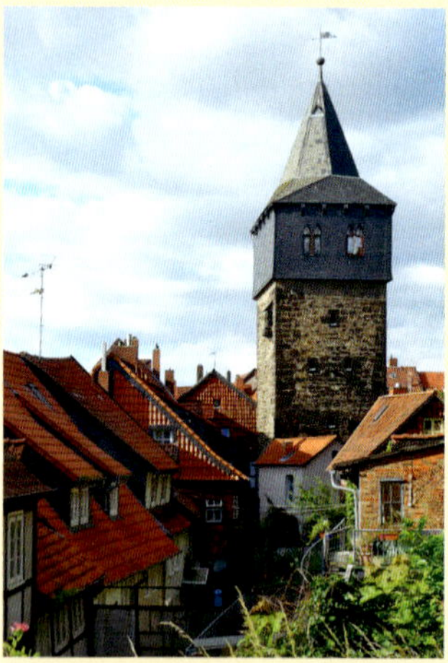

Wehrturm der alten Stadtbefestigung

Wer durch Hildesheim spaziert, dem fallen unweigerlich die vor vielen Häusern blühenden Rosen auf. Die Rose ist das Wahrzeichen der Stadt und das hängt mit der Entstehungslegende zusammen.

Im Jahr 815 brach Ludwig der Fromme (Sohn und Nachfolger Karls des Großen) vom Königshof in Elze (20 km westlich von Hildesheim an der Leine) mit nur kleinem Gefolge zur Jagd auf. Bei der Verfolgung eines weißen Hirsches verlor er seine Begleiter und ließ sich schließlich erschöpft an einem unbekannten Ort zum Gebet nieder. Er hängte hierzu sein Kreuzreliquiar der Mutter Maria in einen Strauch und schlief dann ein. Als er erwachte, lag Schnee auf dem Platz. Der Busch jedoch, in dem das Kreuz hing, war mit Tausenden frischen Rosenblüten bedeckt.

Er wollte sein Kreuz wieder an sich nehmen, doch es war fest mit dem Strauch verwachsen. Ludwig der Fromme nahm das Rosenwunder zum Anlass, an diesem Ort eine Kapelle zu errichten, aus der dann der Dom St. Mariä Himmelfahrt entstand. Den Rosenstock gibt es noch. Die einfache Wildrose (oder *Hagebutte, rosa canina,* Hundsrose) an der Apsis des Doms gilt als tausendjährig und ist ein Touristenmagnet.

Entscheidend für die Ansiedlung und Entwicklung zur Bischofsstadt war die günstige Lage am Innersteübergang. Einer der ältesten Handelswege Europas, der Hellweg, der heute durch die B1 repräsentiert wird, kreuzte hier einen uferparallelen Handelsweg. Durch die großartigen Bauten zur Zeit der Bischöfe Bernward, Godehard, Hezilos und Bernhardt im 11. und 12. Jh. wurde die Stadt weithin bekannt, wieder aufgebaut ist vieles heute noch zu bewundern. Dom und St. Michaelis zählen zum Weltkulturerbe. Um St. Andreas entwickelten die Bewohnerinnen und Bewohner der Bürger- und Handwerkerstadt ein Selbstbewusstsein, das zu einer Loslösung von der bischöflichen Vormundschaft führte. Die Fluchtburgen der Bischöfe, Steuerwald im Norden und Marienburg im Süden, entstanden. Ab 1542 wurde auch Hildesheim evangelisch. Dennoch blieb es Diözese. Dom und Michaeliskirche (teilweise) waren weiterhin katholisch. Die 100.000-Einwohner-Stadt ist heute vielfältig mit Industrie, Verwaltung, Handel und Kultur durchmischt und besitzt eine große touristische Anziehungskraft. Die bedeutendste Industrieansiedlung ist seit 1938 die heutige Robert Bosch GmbH. Ganz in der Nähe des weiteren Weges verstecken sich die Betriebsgebäude bei Marienrode im Hildesheimer Wald. Durch die Altstadt führt das sogenannte Welterbeband, eine spezielle Pflasterung, der Sie zur Besichtigung folgen können.

Wer den Abstecher in die Altstadt von Hildesheim nicht nachvollzogen hat, verlässt kurz nach dem Wehr den Uferweg (hier an einem Seitenarm, der Eselsgraben heißt), steigt halb rechts zu den Häusern hinauf und quert die nachfolgende Straße (Dammtor).

Geradeaus gehen Sie noch an dem Schulgelände vorbei und biegen dann rechts zur Alfelder Straße (B243) ab, überqueren sie und gehen links bis vor die Tankstelle. Hier zweigen Sie rechts in die **Laubaner Straße** ab. Nach 90 m geht es wieder rechts in die Straße **Bennoburg**. Sie biegen mit ihr links durch die kleine Parkanlage ab (paralleler Fußweg).

Am Königsteich quert die Königsstraße. Geradeaus folgen Sie weiter der nun aufwärtsführenden Straße Bennoburg. Auf halber Höhe biegen Sie halb rechts in den Fußweg ab und folgen dann der weiterführenden Bennostraße (Jüdischer Friedhof).

Bevor die Straße wieder abfällt, vor einer Schule, geht es links in den schmalen, von Mauern gesäumten Pfad (Kleine Steuer) zur ehemaligen **Klosterkirche St. Mauritius** auf dem Moritzberg, ☞ Hildesheim.

Dem Stiftskirchenweg davor folgen Sie links bis zu einem Parkplatz und gehen dort halb rechts in den Wald. Der Pfad teilt sich. Sie nehmen den rechten, der über die kleine, bewaldete Anhöhe führt. (Links führt der Pfad zum **Parkhotel Berghölzchen**.) Ein rechts abwärtsführender Weg wird ignoriert und ebenso ein links abzweigender. Erst wenn ein breiter Weg quert, folgen Sie diesem rechts von der Höhe hinunter zum Moritzberger Weg, auf dem Sie links zur Querstraße (Bushaltestelle „Propsteihof", Linie 5) wandern. Geradeaus steigen Sie nun den beginnenden **Wolfstieg** ganz hinauf.

An einem steinernen Wegkreuz mit Ruhebank ist ein Panoramaweg ❼ mit bester Aussicht erreicht. Die ganze Stadt mit ihren Kirchtürmen liegt Ihnen zu Füßen. Am Horizont, in der Weite der Norddeutschen Tiefebene, ist das Steinkohlekraftwerk Mehrum am Mittellandkanal ein Fixpunkt. Der Blick in die Berge reicht bis zum Brocken im Harz.

Kloster Marienrode bei Hildesheim

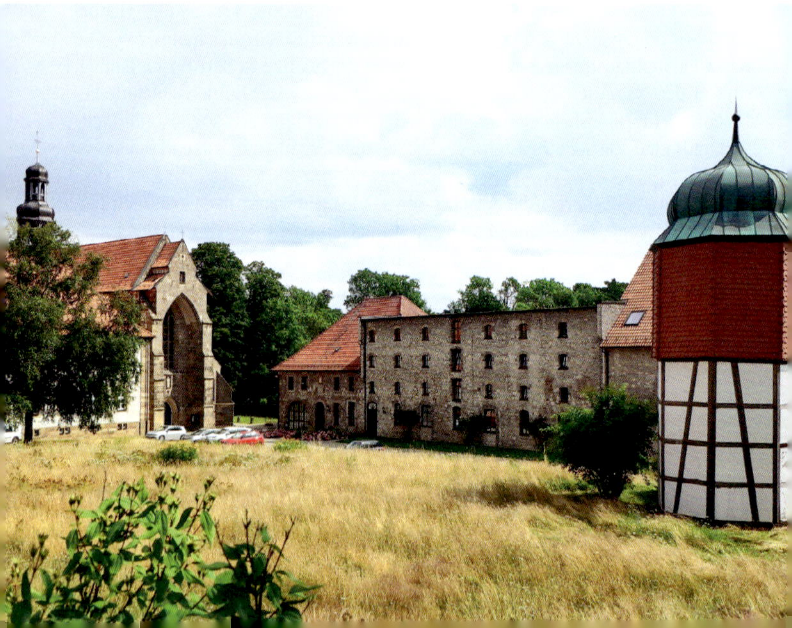

Wenn Sie dem Panoramaweg rechts bis zur Triftstraße folgen und dort links noch weiter aufwärtssteigen, kommen Sie zur Jugendherberge (➲ 1,2 km).

Der Pilgerweg folgt dem Panoramaweg nach links. Voraus liegt der Hildesheimer Wald hinter der landwirtschaftlich bebauten Senke. Auch Diekholzen ist zu sehen. Das Dorf fügt sich in einen Taleinschnitt (Beustertal) der Waldhöhe ein. Markant und noch für einige Tage immer wieder Landmarke ist der Sendemast Sibbesse auf dem 359 m hohen Griesberg im Hildesheimer Wald.

Langsam neigt sich der Panoramaweg und erreicht eine Querverbindung (T-Kreuzung) am Ortsrand von Neuhof. Sie gehen rechts bis zu einer Straße, dort links zur Hauptstraße (Robert-Bosch-Straße) und geradeaus darüber hinweg (Am Hafersiek).

An der T-Kreuzung folgen Sie links der Dethmarstraße, von der Sie nach knapp 200 m rechts in den Kirschblütenweg abzweigen. Sie folgen dem Fußweg über eine Querstraße hinweg durch eine Senke und dann ganz hinauf bis zum Waldrand (Ruhebank). An der ersten Verzweigung im Wald gehen Sie links und tun dies auch am folgenden Abzweig eines kleinen Pfades. Es folgt eine offene Stelle mit einem deutlichen Wegdreieck rechts über einen kleinen Buckel hinüber und linksherum abwärts. Am Waldrand ist der Weg dann geteert und führt Sie abwärts in die Siedlung Marienrode.

Vom Dorfplatz gehen Sie links durch die Pforte an der evangelischen St.-Cosmas-und-Damian-Kapelle. Das Gutshofgelände des **Klosters Marienrode** durchqueren Sie zur schräg rechts gegenüberliegenden katholischen Klosterkirche St. Michael hin.

✝ Das Kloster Marienrode wurde 1125 als Augustinerkloster gegründet und ab 1259 bis zur Säkularisation 1806 von Zisterziensern weitergeführt. Danach war es als Domäne verpachtet. 1986 erhielt die katholische Kirche die Klosteranlage zurück. Zwei Jahre später setzten Nonnen der Abtei St. Hildegard in Eibingen das klösterliche Leben nach den Regeln des heiligen Benedikt fort. Im Gäste- und Exerzitienhaus haben Einzelpersonen und Gruppen die Möglichkeit, in klösterlicher Atmosphäre Stille und Einkehr zu finden. Betrieben wird auch eine Buch- und Kunsthandlung.

✝ Kloster Marienrode, Auf dem Gutshof, ☎ 051 21/93 04 10,
info@kloster-marienrode.de, www.kloster-marienrode.de.
Grundsätzlich besteht für Pilgerinnen und Pilger die Möglichkeit, im Exerzitienhaus des Klosters zu übernachten, doch muss damit gerechnet werden, dass aufgrund des dichten Kursangebots die Betten vergeben sind. Auf jeden Fall sollten Sie bei Interesse vorbestellen. Auf der Webseite ist auch ein Belegungsplan einzusehen.

⊙ Der Pilgerstempel liegt in der Kirche St. Michael für Sie bereit. Der Holzblock, an dem Stempel und Stempelkissen befestigt sind, trägt die Aufschrift „Braunschweiger Pilgerweg“. Es handelt sich um einen Weg, der sich am Hellweg orientiert und von Magdeburg über Braunschweig und Hildesheim zum Kloster Corvey führt. Ab Corvey schließt der Jakobsweg NRW an. Er führt weiter über Höxter und Dortmund nach Aachen.

📖 **NRW: Jakobsweg Schloss Corvey – Aachen**, Martin Simon, Conrad Stein Verlag, 2013, Band 147, ISBN 978-3-86686-147-3, € 16,90

St. Jakobus der Ältere in Diekholzen

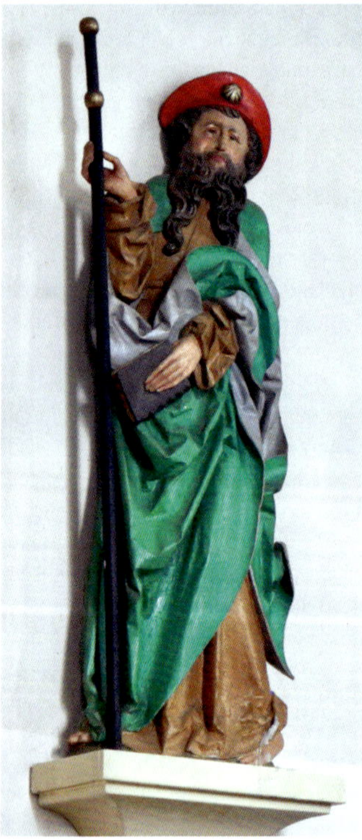

Beide Wege, der Braunschweiger Jakobsweg und die Via Scandinavica, führen nun bis hinter Wernershöhe auf einer Trasse.

An der Klosterkirche verlassen Sie das Gelände. Hinter der Teichanlage biegen Sie rechts über den Damm der Teichanlage (Wassermühle) ab und kommen wenig weiter zur Marienroder Windmühle (hist. Bockwindmühle des Klosters, heute Jugendwanderheim Windmühle, für Gruppen ab 15 Pers. buchbar).

In die erreichte L485 biegen Sie zunächst rechts ein, zweigen aber nach 200 m wieder links ab. (↳ Nur 700 m links entlang der L485 steht das 🛏 🍴 Landhaus Heidekrug.)

Am Ortseingang von Diekholzen zeigt die Markierung rechts in den Koppelweg. Nach 250 m biegen Sie links in den Kirchweg ab, der an der **kath. Kirche St. Jakobus der Ältere** vorbei zum kleinen Bach Beuster vor der Talstraße (Marienburger Straße, 🚌 Haltestelle „D./Hartje“) führt. Rechts folgen Sie dem Fußweg entlang der Beuster vorbei am 🛏 🍴 Gasthof Jörns bis zur querenden Alfelder Straße 🛒 🍴 ☕ BANK ⚕ 🚌 (Haltestelle „D./Schule“).

Diekholzen 31199, 051 21

Kath. Pfarrgemeinde St. Mariä Himmelfahrt Diekholzen, Kirchweg 4, Pfarrbüro: 26 19 19 (Mi 8:30-11:30, Do 14:30-17:30), Pfarrer W. Maniura: 26 48 36, info@kath-kirche-diekholzen.de, www.kath-kirche-diekholzen.de, Übernachtungsmöglichkeiten für 4 Personen in 2 Doppelstockbetten, für Verpflegung, Kaffee, Tee oder Getränke muss selbst gesorgt werden, zum Schlafen wird ein Jugendherbergsschlafsack benötigt, Kopfkissen und Decken sind vorhanden, Pilgerausweis erforderlich, Übernachtung gegen Spende für den Unterhalt, Anmeldung erforderlich, am Weg.

Landhaus Heidekrug, Heidekrug 55, 758 68 37, 01 70/557 36 45, info@heidekrug.eu, www.heidekrug.eu, Ü EZ ab € 50, DZ ab € 85, F € 9,90, 700 m

♦ **Gasthof Jörns**, Marienburger Straße 41, 207 00, service@gasthof-joerns.de, www.gasthof-joerns.de, 18 Zimmer, ÜF EZ ab € 52, DZ ab € 82, DBZ ab € 105, am Weg

Von und nach Diekholzen fahren werktags halbstündlich, Sa/So stündlich Busse nach Hildesheim, www.svhi-hildesheim.de.

Die Kirche **St. Jakobus der Ältere** stammt aus dem Jahr 1656. Erste Erwähnung aber fand eine Kirche in Diekholzen schon im 12. Jh. Seit Anfang des 14. Jh. bis zur Säkularisation 1806 gehörten Dorf und Kirche zum Besitz des Klosters Marienrode. Diekholzen blieb mit Einführung der Reformation katholisch, da der Herzog Erich I. von Calenberg den kath. Besitzstand von Marienrode garantiert hatte. Die Einrichtung einer Pilgerherberge im kath. Pfarrheim zur Übernachtung für Pilgerinnen und Pilger auf dem Jakobsweg konnte 2015/16 stattfinden.

Diekholzen liegt am Rande des großen Hildesheimer Waldes, eingebettet in das Tal der Beuster, deren zwei Ursprungsbäche sich in Diekholzen vereinen. Der Namensteil „holzen" weist auf einen ursprünglichen Broterwerb der anfangs noch zum Kloster Marienrode gehörenden und damals Holthusen (Holzhausen) genannten Ansiedlung hin. Als 1259 die Zisterziensermönche in Marienrode einzogen, legten sie entlang der Beuster Fischteiche an. So kam es zum Namenszusatz „diek", welcher für Teich oder Damm steht. Seit 1267 ist der Zusatz im Ortsnamen belegt. Eine gewisse industrielle Nutzung erlebte das Beustertal mit der Eröffnung eines Kalibergbaus 1897, der bis Ende 1966 Bestand hatte. Heute ist der größte Arbeitgeber im Ort eine Lungenfachklinik. Viele der Diekholzer Bürgerinnen und Bürger finden aber auch im nahen Hildesheim (z. B. bei der Robert Bosch AG) einen Arbeitsplatz.

Etappe 23: Diekholzen – Wernershöhe oder Adenstedter Berg (Alfeld)

18,3 km, 5 Std. 30 Min., 510 m, 333 m, 119-360 m

0,0 km	123 m	Diekholzen
5,7 km	152 m	Nienstedt, St.-Andreas-Kirche
8,7 km	187 m	Eberholzen, Bartholomäuskirche
10,6 km	346 m	Jagdhütte, Orchideenwiese
14,3 km	325 m	Kulturherberge Wernershöhe
18,3 km	295 m	Adenstedter Berg, Alfeld

In Diekholzen trifft der Pilgerweg auf den historischen Rennstieg und folgt ihm bis nach Winzenburg. Über Jahrhunderte diente er als Kurierweg zwischen dem Domhof in Hildesheim und der Hohen Schanze bei Winzenburg. Belegt ist seine Existenz seit dem 9. Jh. und heute ist er mit einem weißen R auffällig als Wanderweg markiert. Das gibt zusätzliche Orientierung, wenn Sie nun den Hildesheimer Wald durchqueren, bei Nienstedt den Despebach überschreiten und dann in Folge über aussichtsreiche und fruchtbare Zwischenhöhen wandernd bei Eberholzen die Vorberge erklimmen. Die Vorberge durchstreift der Weg von Norden nach Süden, bis sie in den sagenumwobenen Sackwald überleiten. Übernachten können Sie in der Kulturherberge Wernershöhe mitten im Naturschutzgebiet oder Sie gehen etwas weiter bis zum Adenstedter Berg, von dem, zumindest werktags, komfortable Busanbindungen nach Alfeld, Diekholzen oder Hildesheim bestehen.

Sie überqueren die Alfelder Straße an der Verkehrsampel, nutzen geradeaus den Verbindungsweg zur Südwaldstraße und gehen links an ihr entlang bis zum Scheitelpunkt der Straße (100 m nach dem letzten Haus), die seit dem Ortsausgang Boyhansweg heißt. Zwischendrin können Sie an der kleinen Brücke rechter Hand nach Belieben in eine Waldwegparallele wechseln.

Am Scheitelpunkt biegen Sie links in einen breiten Waldweg ab. Es ist eindeutig markiert. Am Rettungsplatz ❶ oberhalb des Eichenbergtunnels biegt Ihr Weg linksherum (die Schnellfahrstrecke der Bahn Hannover – Würzburg durchsticht den Hildesheimer Wald in zwei Tunnelabschnitten und ist zwischenzeitlich deutlich zu hören) und steigt weiter auf zu einem Querweg. Sie folgen geradeaus dem abgehenden schmalen Pfad.

Auf der Höhe quert ein Pfad. Sie gehen rechts, biegen aber sofort wieder links ab. Nach steilem Abstieg treffen Sie auf einen breiten Querweg, dem Sie rechts zu einem Wegdreieck folgen. Sie nehmen links den weiter abwärtsführenden Weg.

Ein rechts abzweigender Weg bleibt außer Acht. Danach gehen Sie an dem Querweg links.

Von diesem Weg biegen Sie nach etwa 300 m links ab und an der sofort folgenden Verzweigung gehen Sie wieder rechts. Am Waldrand wandern Sie rechts auf die Kirche von **Nienstedt** zu.

Nach der Brücke gehen Sie links zur Nienstedter Hauptstraße ❷ hinab und auf der Straße 200 m nach links. Jetzt biegen Sie rechts in die Straße Im Grund ⚻ ab. Sie überqueren den Despebach und steigen bis zu einem Spielplatz an. Hier zeigt die Markierung links in einen Treppengang (Fehmeweg).

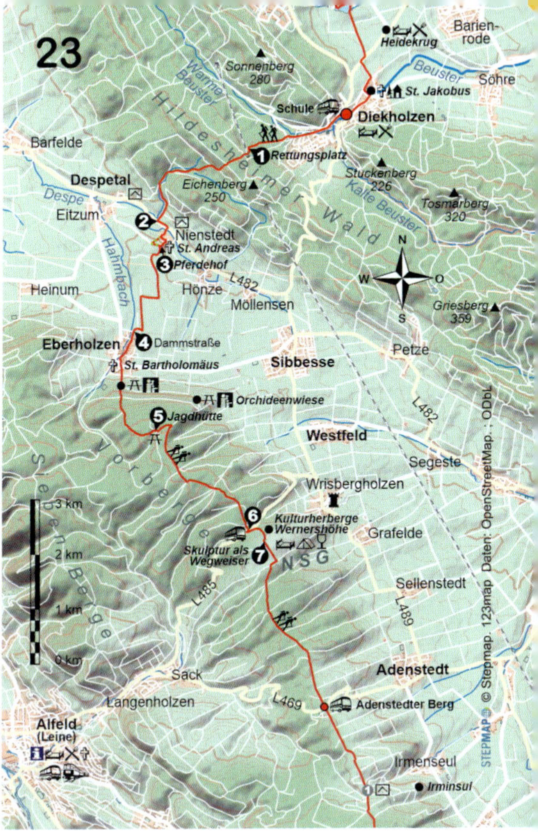

🚲 Mit dem Rad folgen Sie geradeaus der Straße und biegen bei der nächsten Möglichkeit links ab. Oberhalb der Kirche kommen Sie rechts wieder an den Weg.

Oben führt ein Pflasterweg weiter zur Nienstedter Bergstraße, auf der es dann rechts an der neogotischen St.-Andreas-Kirche vorbei weiter aufwärtsgeht. Gegenüber der Kirche begeistert das schöne Zierfachwerk des Pferdehofes ❸.

Noch bevor die letzte Höhe erreicht ist, biegen Sie links in einen Feldweg ab. Sie treffen auf die Hofausfahrt des Pferdehofes und gehen rechts. Etwas weiter ignorieren Sie eine Feldzufahrt und wandern in Bögen bis an einen Teerweg, der rechts in die Hahmbach-Senke hinunter- und im Bogen links über die Dammstraße ❹ im Dorf hinaufführt.

Vor der ev.-luth. **Bartholomäuskirche** (der Westturm stammt vermutlich aus dem 12. Jh.) befindet sich ein mittelalterlicher Steinsarg. Einer Sage nach soll es der Sarg des Ritters von Eberhardt sein, der im Bann verstorben war und deshalb außerhalb der Kirche begraben liegt.

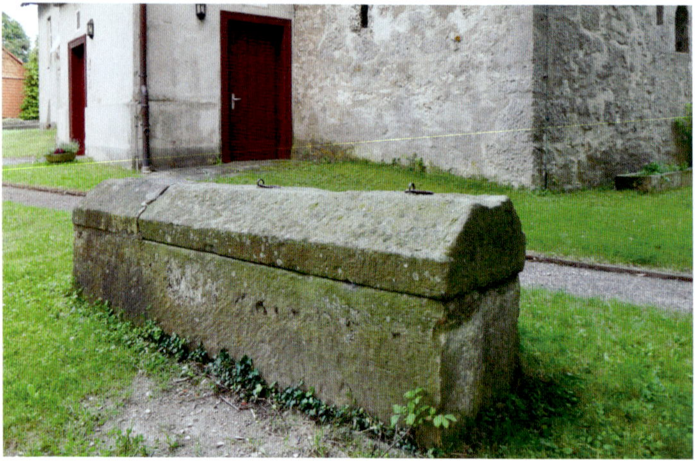

Steinsarg des Ritters von Eberhardt in Eberholzen

Zwischen Eberholzen und der Hohen Schanze bei Winzenburg ist der Rennstieg nun auch mit dem Symbol des **Hödeken**, das im Leinebergland in unterschiedlichen Farben für die Markierung von Wanderwegen Verwendung findet, markiert. Hödeken, der Geist des Sackwaldes, auch Winzenburgischer Poltergeist genannt, konnte viele Gestalten annehmen.

So erschien er in Gestalt eines Raben in den Sieben Bergen bei Alfeld und im Hildesheimer Wald. Er erschien aber auch als Hase und als Wegweiser: „Seit der Zerstörung der Winzenburg im Jahre 1522 treibt sich Hödeken im Felde umher. Einmal streute er den Dünger eines Bauern auf den Acker. Der Bauer hatte aber niemand mit dieser Arbeit beauftragt und rannte auf den Geist zu. Hödeken stand augenblicklich still und der Bauer sah nichts als den alten Wegweiser am Kreuzweg. „Du Lork hast mich geneckt", sprach er und schlug den Pfahl. Der Wegweiser schrie laut auf und gab dem Mann eine Ohrfeige. Fortan machte der Bauer einen großen Bogen um den Wegweiser."

💻 www.kreisheimatbund-hildesheim.de

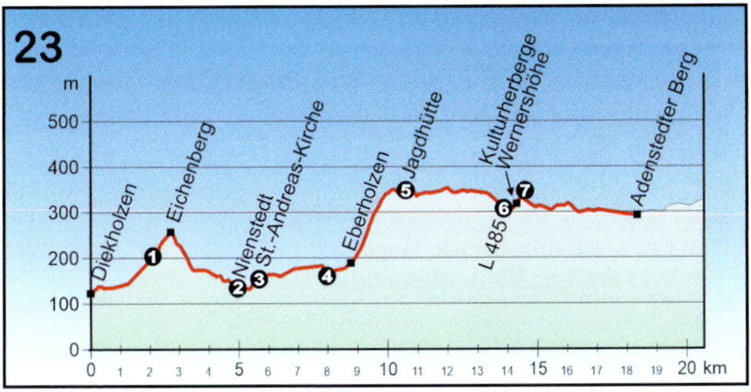

Vor der Kirche wandern Sie links entlang der Hauptstraße, biegen aber gleich wieder rechts in die Försterstraße (Richtung Sportplatz) ab. Sehr steil geht es aufwärts bis zu einem Rastplatz am Waldrand.

Sie gehen geradeaus, über den querenden Waldrandweg hinweg, im Wald weiter bergan. Noch haben Sie etwa 100 Höhenmeter aufzusteigen. An einer Kreuzung gehen Sie geradeaus. An einer Zwischenhöhe steht eine Pausenbank. Geradeaus führt ein Schotterweg weiter bergan.

Nach der letzten Höhe steht an einer Lichtung (Hainberg) eine verschlossene Jagdhütte ❺. Unter dem Vordach gibt es Tische und Bänke. Auch eine Toilette ist geöffnet. Unterhalb befindet sich eine Wegkreuzung. Von rechts schließt hier der **Königsweg** zum Rennstieg auf.

Der Königsweg oder die Wege der Könige (Via Regia) verbanden im Mittelalter die politischen und wirtschaftlichen Zentren, in diesem Fall im Vorharzgebiet, und sind heute noch in einigen alten Teilstrecken erkennbar. Ottonische Königshöfe und Pfalzen als zeitweilige Aufenthaltsorte der Herrscher mit Gefolge lagen hierzulande unter anderem in Brüggen, Königsdahlum und Werla.

Der bekannteste Wegabschnitt ist dabei der Rennstieg, die Verbindung von Gandersheim nach Hildesheim. Königsweg und Rennstieg sind hier also weitgehend identisch. Der hier erreichte, touristisch wiederbelebte und mit einer goldenen Krone auf rotem Grund markierte Weg kommt von Brüggen im Leinetal hinzu.

Sie gehen links. Der Weg teilt sich. Sie gehen geradeaus auf schmalem Pfad weiter und erreichen einen breiten Schotterweg, auf dem es rechts weitergeht (auch Königsweg, Rennstieg, Hödecken schwarz).

↳ Besonders im Juni lohnt von hier ein Abstecher zur **Orchideenwiese**, einem wunderbaren Platz mit ⊼ Pausenbank und Weitsicht in einem Schutzgebiet, einer bunten Blumenwiese, auf der auch die Orchideen blühen. Wenn Sie dem Schotterweg nach links bis zum Waldrand folgen, erstreckt sich dort linker Hand die Wiese (➲ 760 m).

Eine Weile pilgern Sie auf dem breiten Weg. Es geht erst eben, dann sanft abwärts weiter. Links abzweigende Wege werden alle ignoriert. Dann wird eine große Wegkreuzung geradeaus überschritten.

✋ Geben Sie danach acht! Voraus ist eine Gabelung breiter Wege zu sehen. Noch vorher biegt Ihr Weg links in einen schmaleren, mit Gras bewachsenen Pfad ab. Auch dieser Weg gabelt sich. Sie nehmen rechts den schmaleren Pfad. Dieser trifft auf einen Holzlagerplatz. Zwei breite Wege lassen Sie rechts liegen, ignorieren den links abgehenden Weg, folgen wenige Meter dem dritten von rechts und biegen gleich links wieder in den schmalen, weiterführenden, deutlich markierten Pfad ab.

In der Folge wird ein Querweg geradeaus überschritten. Ihr Pfad führt dann steiler abwärts zu einer Straße (L485) ❻.

Rechts unterhalb sehen Sie die Bushaltestelle „Sack, Wernershöhe Westfeld“ (🚌 der im Stundentakt verkehrende Bus 44 zwischen Alfeld und Hildesheim hält einmal am Tag auch in Wernershöhe, 💻 www.rvhi-hildesheim.de).

Gegenüber der Bushaltestelle steigen Sie die Auffahrt zur Kulturherberge Wernershöhe hinauf. Hier können Sie übernachten oder noch bis zum Adenstedter Berg weitergehen. Dort gibt es eine komfortablere Busanbindung (☞ Adenstedter Berg).

🛏 ⛺ 🍷 Kulturherberge Wernershöhe, Wernershöhe 2, 31079 Wrisbergholzen, ☎ 050 65/87 87, ✉ info@kulturherberge, 💻 www.kulturherberge.de, 44 Betten, Ü € 20 p. P., Bettwäsche € 3,50 (bei Bedarf), Camping € 10, Getränke und eine kleine Auswahl an Lebensmitteln können erworben werden, 🍷 „offener Kühlschrank“ mit Vertrauenskasse.

Die Herberge lassen Sie links liegen und gehen rechts hinauf zu einer Schautafel. Informationen zum Rennstieg, zur Kulturherberge und zum Landschaftsschutz („Unkraut auf Kulturflächen“) sind hier aufgezeigt.

Achten Sie gleich danach auf die schöne Eschenallee, ↳ die links herunter nach **Wrisbergholzen** ♜ führt (➲ 1,6 km).

In Wrisbergholzen befindet sich eine der schönsten barocken Schlossanlagen Niedersachsens, erbaut ab 1740 von Freiherr Johann Rudolph von Wrisberg (1677-1764). Hinter dem Schloss entstand während des 18. Jh. ein Barockgarten, der im 19. Jh. zum englischen Landschaftspark ausgeweitet wurde und seit 1984 als „Alter Schlosspark Wrisbergholzen" unter Naturschutz steht. Der letzte Schlosseigentümer, Graf von Goertz-Wrisberg, verfügte leider nicht mehr über die erforderlichen Mittel für anstehende Renovierungen. Auch der Landschaftspark blieb seit den 1930er-Jahren ohne Pflege. Nach dem Tod des Eigentümers konnte der Verein zur Erhaltung von Baudenkmalen in Wrisbergholzen e. V. das Ensemble 2015 erwerben. Man ist bemüht, den Erhalt der baulichen Anlagen und die sachkundige Pflege des verwilderten Landschaftsparks zu sichern. Von Juni bis September und insbesondere am Tag des Denkmals werden Führungen angeboten. Herausragend ist ein Raum mit 680 verschiedenen Emblemfliesen aus der gräflichen Fayence-Werkstatt.

extern.alfeld.de/wrisbergholzen/schloss.htm

Ihr Weg führt nicht dort hinunter, sondern rechts über die offene Höhe und am nächsten Abzweig nach links Richtung Irmenseul und Adenstedt. Die bereits bröckelnde Nase einer steinerne Skulptur ❼ eines Kopfes weist Ihnen den Weg.

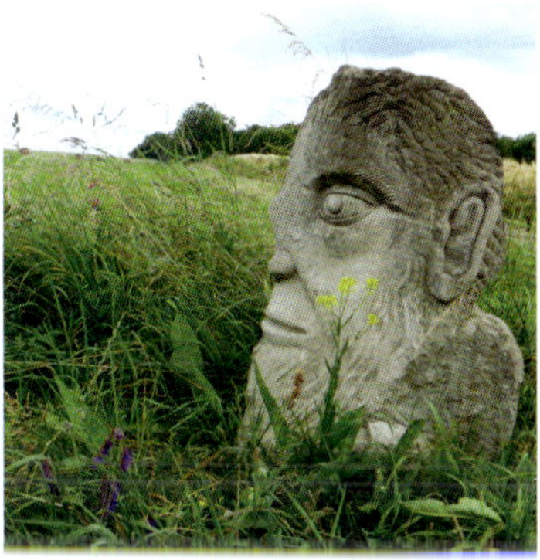

Immer der Nase nach – Wegweiserbüste in Wernershöhe

Botanisch Interessierte werden nun kaum noch vorankommen. Durch die extensive, dem ökologischen Landbau entsprechende Fruchtfolge hat sich hier auf den flachgründigen Kalkböden der Wernershöhe eine seltene Wildkräutergesellschaft angesiedelt bzw. erhalten, wie sie in ihrer Vielfalt an keiner anderen Stelle Niedersachsens zu finden ist. Bewirtschaftet werden die Flächen seit 20 Jahren vom Demeterhof Luna in Everode (www.hof-luna.de).

Am Waldrand treffen Sie auf einen größeren Querweg, der links auch nach Wrisbergholzen und rechts nach Sack (☞ Alfeld) bei Alfeld führt. Sie biegen rechts ein, gehen aber nach 170 m halb links in den Wald hinein. Wegweiser geben Orientierung. Ihre Richtung ist nun Winzenburg.

Sie erreichen zunächst eine Fünf-Wege-Kreuzung in einer Senke. Zwei Wege bleiben rechts und einer links liegen. Auch an den folgenden Kreuzungen und Abzweigen gehen Sie geradeaus, zuletzt am Waldrand entlang bis zur querenden Straße am **Adenstedter Berg**. Die Busse der Linie 44 fahren hier werktags im Stundentakt rechts herunter über Sack nach Alfeld (Fahrtzeit 18 Min.) und links über Diekholzen nach Hildesheim (Fahrtzeit 47 Min.). Sa fahren die Busse nur 5 x am Tag, So gar nicht, www.rvhi-hildesheim.de. Zur Not können Sie auch mit dem Taxi nach Alfeld fahren (☞ Infos bei Alfeld).

Alfeld

31061, 051 81

Stadtinformation, Bürgeramt, Marktplatz 12, ☏ 70 31 11, buergeramt@stadt-alfeld.de, www.alfeld.de, Mo, Di, Do 8:00-16:30, Mi, Fr 8:00-13:00, am Markt, Zentrum

Hotel Am Schlehberg, Heinrich-Rinne-Str. 37, ☏ 853 10, info@hotelschlehberg.de, www.hotelschlehberg.de, 30 Zimmer, ÜF EZ ab € 68, DZ ab € 85, DBZ ab € 110, 2 km vom Markt, südwestl. vom Bahnhof, auf dem Schlehberg

Heidi's Hostel, Planstraße 4, ☏ 230 77, heidis-hostel@t-online.de, www.heidis-hostel.de, Ü € 35 p. P., 200 m vom Markt, westl. Altstadt

♦ **Helmut Baxmann**, Göttinger Straße 46A, ☏ 93 59 15, 01 63/139 72 45, helbax@web.de, hoteltrude.beepworld.de, Ü ab € 25 p. P., Rabatte für 2 bis 6 Pers., 800 m süd-westl. vom Bf., 2 km vom Markt

☞ Adenstedter Berg

Alfeld ist vor allem Nahverkehrsbahnhof zwischen Hannover und Göttingen. Ihr weiterer Weg berührt in Northeim noch einmal diese Strecke. Nach Hildesheim gibt es einen Anschluss mit Umstieg in Elze. Etwa 3 x am Tag hält auch noch ein Intercity in Alfeld. Die meisten Fernzüge benutzen aber die neue Schnellfahrstrecke, die Alfeld nicht berührt.

Taxi Bock, ☏ 44 44; City Car, ☏ 21 10

⌘ **Fagus-Gropius-Werk** und Ausstellung. Die bis heute für die Produktion genutzten Industriegebäude der Alfelder Schuhleistenfabrik Fagus (lat. für Buche) gelten als bedeutendes Beispiel moderner Industriearchitektur des 20. Jh. Seit 1946 stehen die Werkshallen unter Denkmalschutz und seit 2011 werden sie dem Weltkulturerbe zugerechnet. Walter Gropius, der spätere Begründer des Weimarer Bauhauses, schuf hier 1911 ein architektonisches Novum, das die Baugeschichte des 20. Jh. entscheidend geprägt hat. Im ehemaligen Lagerhaus informieren wechselnde Ausstellungen zur Firmen- und zur Bauhausgeschichte.

♦ Hannoversche Straße, ☎ 790, www.fagus-werk.com, Ausstellung täglich 10:00-17:00, im Winter nur bis 16:00, erkundigen Sie sich nach aktuellen Terminen für eine Besichtigung im Rahmen einer Führung, vom Bf. 500 m, vom Bahnhofsvorplatz durch die Unterführung und dann rechts der Hannoverschen Straße folgen.

Alfeld ist ein sehenswertes kleines Fachwerkstädtchen im Leinetal, dessen historischer Kern sich um den Markt und die weithin sichtbare St.-Nicolai-Kirche ausbreitet. Im Süden der Altstadt, auf der anderen Leineseite, befinden sich der Bahnhof in etwa 900 m Entfernung vom Markt sowie das international bekannte Fagus-Werk.

Etappe 24: Adenstedter Berg – Bad Gandersheim

23,1 km, 6 Std., ↑ 369 m, ↓ 126 m, ⇧ 126-369 m

0,0 km	⇧ 295 m	Adenstedter Berg, Alfeld
2,0 km	⇧ 307 m	Irmenseul, Irminsul
7,3 km	⇧ 186 m	Apenteichquellen
8,5 km	⇧ 143 m	Winzenburg, Fischerhütte
9,5 km	⇧ 134 m	Klump
12,0 km	⇧ 166 m	Schildhorst
19,3 km	⇧ 203 m	Clus
21,2 km	⇧ 136 m	Kloster Brunshausen
23,1 km	⇧ 140 m	Bad Gandersheim, Braunschweigerstraße

Entlang blütenreicher Wegränder und mit traumhaften Aussichten in die vielgestaltig gegliederte Landschaft verläuft der Pilgerweg über den alten Königsweg in den südlichen Sackwald. Die ungewöhnliche Konzentration alter Burganlagen (Ruinen) verführt bei Winzenburg vielleicht zu einigen Abstechern. Geschichtsträchtig bleibt auch der weitere Weg über den Kamm des Hellebergs nach Bad Gandersheim. In Clus steht die romanische Basilika des ehemaligen Benediktinerklosters am Weg. Viel ältere Gründungen der Liudolfinger (Ottonen) sind Brunshausen und Bad Gandersheim.

Gerade über die Straße hinweg bleibt der Weg bei bestem Blick über das Leinebergland und bis zum Harz am Waldrand. Auf einer Anhöhe macht der Höhenweg einen Rechts-links-Schwenk. Weiter geht es durch Felder und entlang

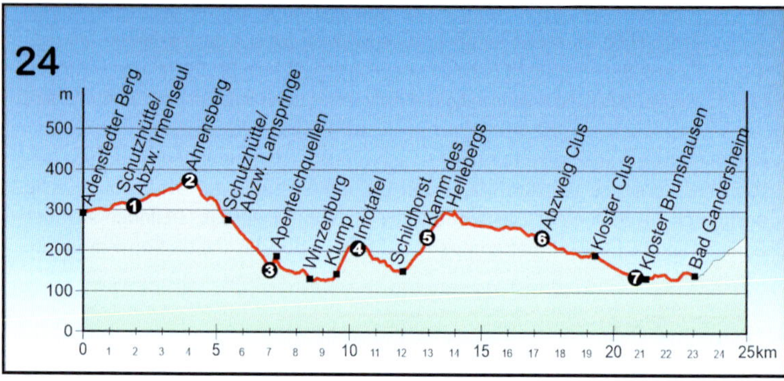

blütenreicher Wiesen bis zu einer soliden Schutzhütte mit Tischen und Bänken. Im Tal liegt das Dörfchen Irmenseul. Scharfe Augen entdecken auf dem Romberg voraus die **Irminsul**.

Auf seinen Eroberungskriegen gegen die sächsische Bevölkerung hat der Frankenkönig Karl der Große deren Heiligtümer bekanntlich restlos vernichtet. Die Besiegten sollten ja zu Christinnen und Christen werden und nichts sollte an ihren alten Glauben erinnern. Zur Folge hatte dies – und das gilt bis heute –, dass wir fast nichts von den Sitten und Gebräuchen der vorchristlichen Zeit wissen. Sagen und Legenden über diese Zeit sind so Tür und Tor geöffnet. Überliefert ist aus den fränkischen Annalen des Jahres 772, dass es auf der Eresburg (oder nahebei), die in der Nähe des heutigen Obermarsbergs angenommen wird, eine Erminsul oder Irminsul gegeben haben soll, die im Auftrag Karls zerstört wurde. Der Mönch Rudolf von Fulda beschrieb 863 die Irminsul als *columna universalis*, als All-Säule, eine Säule, die das Weltall trägt.

Über den Standort wurde vielfach spekuliert. Statt an der Eresburg könnte sie auch bei den Externsteinen oder auf der Iburg in Westfalen ihren Platz gehabt haben und warum nicht auch in Irmenseul? Die Heimatfreunde von Irmenseul gründeten extra einen Verein, mit dem Ziel, die von Karl zerstörte Irminsul wieder zu errichten.

Das Ergebnis haben Sie vor Augen und es lohnt vielleicht auch einen Abstecher. An aussichtsreicher und weithin sichtbarer Stelle auf dem Romberg wurde 1998 ein 9 m langer Eichenstamm aufgestellt, gekrönt von einem aufrechten, vierspeichigen, silbernen Rad.

Vorbild war das Irmenseuler Wappen (heimatverein-irmenseul.de).

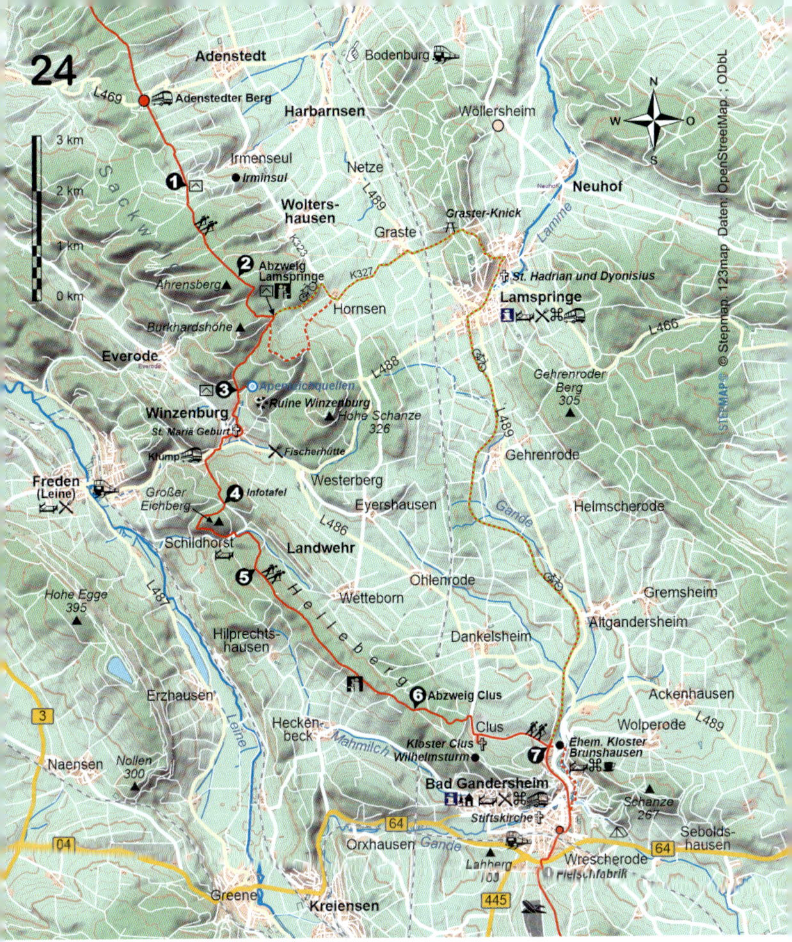

Gleich nach der Schutzhütte ❶ folgt eine Fünf-Wege-Kreuzung. Nach rechts abgehende Wege sind Feldzufahrten. Ganz links der Weg führt zum Dorf Irmenseul hinunter und der zweite von links zur Irminsul. Sie gehen geradeaus weiter.

Der Pilgerweg unterquert die Stromtransportleitung und biegt kurz danach links vom breiteren Hauptweg, der in den Wald führt, ab. Am Waldrand entlang geht es aufwärts und schließlich auch in den Wald. Sie gehen konsequent geradeaus, über eine Höhe ❷ hinweg wieder abwärts. Schließlich vollzieht der Weg einen Rechtsbogen und erreicht einen Querweg. Hier gehen Sie links (ignorieren Sie zwei gelbe, falsch angebrachte Pfeile) bis zu einem breiten, querenden Waldwirtschaftsweg (⚠ 50 m weiter links). Da der weitere Weg über die Helleberge auch mit einem Mountainbike mit wenig Gepäck sehr schwierig werden kann, ist ab hier eine 🚲 Alternativroute markiert. Selbstverständlich können Sie diese Wegalternative auch zu Fuß nutzen, haben dann aber einen etwa 4 km weiteren und überwiegend geteerten Weg vor sich.

↳ 🚲 **Alternativroute über Kloster Lamspringe**: Sie folgen hier links dem breiten Schotterweg, bis Sie nach 1,2 km auf die K323 treffen. Dort geht es rechts nach Hornsen (ab hier Königsweg von Brüggen nach Königsdalum) und im Dorf wieder links in die K327 Richtung Graste. Kurz vor Graste biegen Sie halb rechts in den abgehenden Feldweg, der nach links biegt und am Ortsrand von Graste die L489 erreicht. 120 m weiter rechts biegen Sie links in einen geteerten Nebenweg 3. Unter der Schnellfahrstrecke der Bahn hindurch und vorbei an der Hellequelle steigt das Sträßchen zum bewaldeten Hartlah hinauf. Am Waldrand (Graster Knick 3) sind noch tief eingeschnittene, nebeneinanderliegende Hohlwege, Spuren des mittelalterlichen Königsweges, deutlich zu erkennen.

Auf der Höhe kreuzt der Königsweg einen Kammweg. Gleich nach dem Überqueren weichen Sie halb rechts bei eindeutiger Markierung vom Königsweg ab. Der Pilgerweg strebt zum Waldrand und führt dann weiter an ihm entlang bis oberhalb von Lamspringe. 🚲 Mit dem Rad ist es etwas bequemer, schon vor dem Erreichen des Waldrandes halb rechts einen parallelen, waldrandnahen Weg im Buchenhochwald zu nehmen. Über die Waldstraße geht es zuletzt steil hinunter zur Hauptstraße in Lamspringe.

Sie folgen ihr nach rechts, kommen an der Sophien- und der Klosterkirche (🚌 Ratskeller) vorbei und erreichen schließlich einen Kreisverkehr 🛒.

Lamspringe

ℹ 🛏 ✕ 🛒 ☕ ⚕ BANK 📯 ≈ ✝ 🚌
✉ 31195, ✆ 051 83

ℹ **Herr Thomas Butchereit**, Gemeinde Lamspringe, Klostermühle, Kloster 3, ☎ 500 17 und 946 91 87, ✉ t.butchereit@lamspringe.de, 💻 www.lamspringe.de, 🚪 Mo-Fr 8:00-12:30, Do zusätzlich 14:30-18:00

🛏 ✕ **Hotel/Restaurant Weisses Ross**, Hauptstraße 95, ☎ 407, ✉ hr_weisses_ross@web.de, 💻 www.hr-weisses-ross.de, ÜF EZ € 40-55, DZ € 70-85

🚌 Von Lamspringe fährt der Bus 41 werktags 5 x (reduzierte Abfahrtzeiten an Wochenenden, in den Schulferien nur als Rufbus) nach Bad Gandersheim, in der Gegenrichtung zum 🚆 Bahnhof Bodenburg etwas häufiger, 💻 www.rvhi-hildesheim.de

✞ **Klosterkirche St. Hadrian und Dyonisius.** Ein ausgeschilderter kleiner Rundgang erschließt das Gelände.

🚪 Mai-Anfang Okt Mo-Fr 11:00-12:00, Do auch 14:30-15:30, So 15:00-17:00, in der übrigen Zeit ist zumindest ein Einblick gestattet.

⌘ Das **Heimatmuseum** in den Räumen des ehemaligen Benediktinerklosters erzählt über die Vergangenheit des Klosters und die Geschichte des Flecken Lamspringe. Das Museum ist bis auf Weiteres wegen Umbaus geschlossen.

Der Flecken Lamspringe hat einen sehenswerten Klosterpark und zahlreiche Fachwerkhäuser. Die barocke Klosterkirche entstand nach dem Dreißigjährigen Krieg. Aus England stammende schwarze Benediktiner sorgten für die heute sichtbaren Bauten des 1803 aufgehobenen Klosters. Eine erste Erwähnung fand das Kloster um 873. Lange soll es zu den größten geistlichen Zellen im Hildesheimer Land gehört haben.

Nach dem Kreisverkehr ist dann 230 m weiter geradeaus ein querender Radweg erreicht, der Sie, als Skulpturenweg ausgebaut, durch das Gandetal links nach Bad Gandersheim führt.

Der Hauptweg führt am Waldwirtschaftsweg rechts weiter. Nach 150 m ist eine Kreuzung erreicht, an der Pilgerweg und markierter Rennstieg bzw. Königsweg sich trennen.

Der **südliche Sackwald** ist nicht nur sagenumwoben, er hatte auch eine äußerst wichtige strategische Bedeutung. Reste von acht Burg- und Wallanlagen befinden sich hier. Funde aus der Bronze- und Eisenzeit belegen sehr frühe Besiedlungen. Örtliche Wanderwege, bestückt mit vielen Informationstafeln, erschließen die Region. Der Rennstieg biegt hier zur mächtigsten Erhebung, der Hohen Schanze, ab und erreicht dort seinen Endpunkt. Es wird angenommen, dass die Burganlagen hier im 8. und 9. Jh. die größte Bedeutung hatten. Außerdem wird eine erste Gründung des späteren Klosters Lamspringe hier vermutet.

Hödeken war der Winzenburg zugetan. Doch nicht immer diente er den Herren dort, sondern manchmal auch dem Bischof von Hildesheim: „Um die Winzenburg gab es zwischen dem Herzog und dem Bischof ein Wagenrennen um die Wette, und zwar auf dem Rennstieg, einem schmalen und matschigen Waldweg, der damals sicherlich kaum besser war als heute. Als dem Bischof ein Wagenrad brach, half Hödeken schieben, so klein wie er war, der Bischof erreichte als Erster die Burg und hatte somit gewonnen.“ (💻 suedlicher-sackwald.eu)

Es gibt am Abzweig von Rennstieg und Königsweg gelbe Pfeile, von denen ich nicht weiß, wer sie gesetzt hat. Sie zeigen mit dem Königsweg nach links und folgen diesem vermutlich bis Lamspringe. Das kann für diejenigen, die über Lamspringe gehen, also zu Fuß sind, eine weitere Alternative sein (☞ auch Radweg nach Lamspringe). Der Hauptweg führt hier geradeaus auf breitem Weg abwärts und erreicht vorm Ortseingang von Winzenburg eine Schutzhütte mit Grill- und Rastplatz ❸.

Den kleinen Abstecher zum Lebensborn der Burgbergregion, den **Apenteichquellen** (apen = offen, es bedeutet, dass die Quellen nie zufrieren), sollten Sie sich nicht entgehen lassen. Links über den Platz hinüber beginnt ein Pfad zum Quellbereich, dessen üppig sprudelndes Wasser ab 1221 auch zur Fischzucht genutzt wurde. Die Quellen dienten den Burgherren zum Auffüllen der Zisternen. Als Opfergaben identifizierte Funde weisen auf eine vorchristliche Kultstätte hin.

Zurück am Weg biegen Sie 500 m weiter links in die Straße Petersberg ab, überqueren den Bach und steigen über eine Anhöhe hinüber. Linker Hand liegt der steile Burgberg mit den Ruinen der Winzenburg, die in der laubfreien Zeit auch zu sehen sind. Im Abstieg biegen Sie halb rechts in die Kirchgasse ab und erreichen die Lamspringer Straße. Rechts führt der Pilgerweg an der katholischen Kirche St. Mariä Geburt ⊙ vorbei.

Winzenburg (Freden) 31084, ✆ 051 84

Fischerhütte Restaurant, Am Gehrkamp 1, ☎ 311, www.fischerhuette-winzenburg.de, Mi-So 10:00-20:00, 800 m, folgen Sie vor der Kirche der Lamspringer Straße links bis zur L486 und gehen Sie dort wieder links zur Fischerhütte.

⊙ Stempel beim Küster und Heimatpfleger Hilko Gatz, Lamspringer Straße 5 (neben der Kirche), er hat auch den Schlüssel zur sehenswerten Kirche.

Unterhalb der Kirche biegt die Straße nach rechts ab. Sie zweigen links in den Domänenweg ab und erreichen die Alfelder Straße, der Sie links zur L486 folgen. 100 m weiter rechts weichen Sie dann links in die Straße Sauberg (Haltestelle „Klump“, werktags etwa stündlich nach Alfeld, gelegentlich auch nach Freden) ab.

Wenige Meter weiter zweigt rechts ein Radweg ab, der nach Freden führt.

Freden (Leine) 31084, ✆ 051 84

Hotel Steinhoff, Mitteldorf 1, ☎ 391, info@hotel-steinhoff.com, hotel-steinhoff.com, ÜF EZ € 45, DZ € 80, DBZ € 90, 3,5 km

Nahverkehrsbahnhof an der Strecke Hannover – Göttingen, 2,6 km

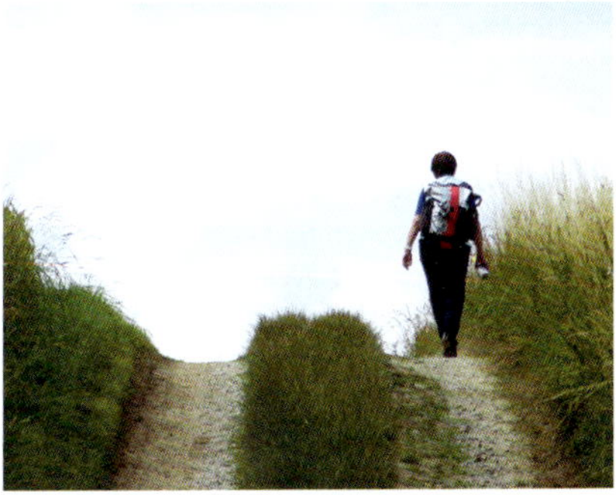

Unterwegs im Leinebergland

Sie folgen dem Sauberg durch **Klump** steil aufwärts über eine Höhe hinweg und wieder leicht abwärts zu einer Infotafel ❹. Einen rechts abgehenden Weg lassen Sie hier außer Acht, aber in den zweiten biegen Sie ein. Hier ist auch der E11 mit weißem X markiert. Die Zeichen für den Jakobsweg waren 2021 hingegen nicht vorhanden. Während der E11 gleich wieder links abbiegt (kann abkürzend genutzt werden, ist aber unbequem und im hinteren Bereich stark zugewachsen), führt Ihr Weg als breiter Wirtschaftsweg geradeaus und in einem Bogen, leicht abfallend, um den Großen Eichberg herum und nach **Schildhorst** 🛏 hinunter.

Schildhorst (Freden) 🛏 ✉ 31084, ✆ 051 84

🛏 **Ferienwohnung am Eichberg**, Christine & Peter Teiwes, Schildhorsttal 2, ☎ 79 15 33, 📱 01 73/896 17 36, ✉ peter.teiwes@gmx.de, FeWo für 2 Pers., Ü € 55 für die erste Übernachtung, € 39 ab der 2. Übernachtung, Frühstück/Abendessen auf Wunsch nach vorheriger Absprache, ➲ am Weg, ca. 3 km hinter Winzenburg Richtung Bad Gandersheim

Geradeaus über die Straße hinweg gehen Sie bis an den Waldrand und dort links in den leicht ansteigenden Weg. Aufgrund von Rodungen fand ich den Weg 2021 in Teilen zerstört und mit vielen Nebenwegen uneindeutig, aber mit neuer Markierung (auch E11 und Rundweg Hoberhöhle) versehen. Sie folgen dem Hangweg bis auf einen Querweg und gehen dort rechts steil aufwärts.

Auf einem Sattel biegt der Weg nach links ab und steigt nun gemäßigt über den Kamm des Hellebergs ❺. Hier treffen Sie auf alte Grenzsteine, die den Kamm als Grenze zwischen dem Amt Gandersheim und dem Amt Winzenburg markieren. Sie folgen dem Grat und auch den Grenzsteinen.

Der **Helleberg** zeigte sich 2021 komplett entwaldet (Borkenkäferschaden). Dementsprechend können Sie sich bester Aussichten in das Harzvorland erfreuen. So viel Licht schafft aber auch rasantes Wachstum, sodass der Weg dazu neigt zuzuwachsen. Passen Sie auf, dass Sie den Grat nicht verlassen. Bei nassem Wetter wappnen Sie sich besser mit einer Regenhose und Jacke.

Der Weg erreicht nach rund 2 km den Restwald und wird ohne Unterwuchs bequemer. Sie unterqueren eine Stromtransportleitung und wenig weiter beginnt der Weg zu fallen. Er führt dann am Waldrand entlang. Der Blick geht in ein Zwischental mit dem Dörfchen Heckenbeck.

Eine Straße quert den Kamm. Die Wegweiser zeigen rückwärtig nach Schildhorst und voraus nach Bad Gandersheim. Wenig weiter steht eine ⛼ Ruhebank.

Kurz nachdem der Weg den Wald wieder erreicht hat (nach 550 m), weicht der Pilgerweg an einem Holzlagerplatz links (Richtung Wanderparkplatz Clus) von der Kammlinie und auch vom E11 und dem Rundweg Heberbörde ab ❻.

Sie könnten der Kammlinie (über Wilhelmsturm) weiter folgen und so auf kürzestem Weg in die Altstadt von Bad Gandersheim gelangen.

Wahrscheinlicher aber ist es, dass die Pilgerinnen und Pilger der alten Zeit den Weg über die Klöster Clus am Nordhang des Höhenzugs und Brunshausen im Gandetal wählten. Denn dort gab es in alter Zeit freie Unterkunft und Verpflegung.

Sie laufen auf dem breiten Forstweg stetig leicht abwärts (Pastorenweg und Waldlehrpfad Clus) bis zum Wanderparkplatz Clus (⛼). Von dort folgen Sie rechts der bald nach links biegenden Fahrstraße nach Clus.

Blick auf die Klosterkirche Clus

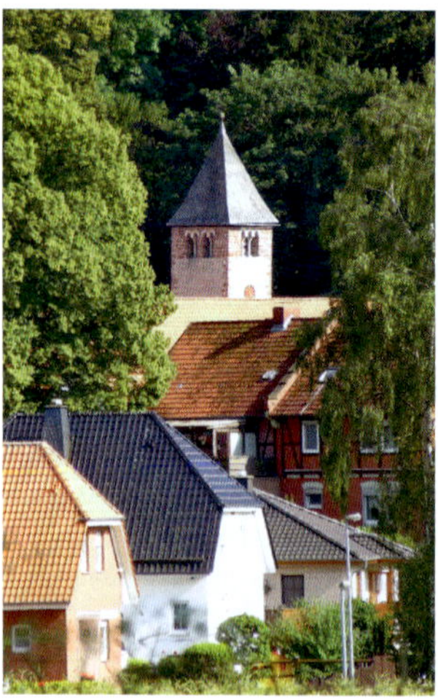

Gleich nach dem Feuerwehrhaus (WC) führt Ihr Weg rechts über den Reiterhof zur ✝ **Klosterkirche Clus** (9:00-17:00). Die romanische Basilika des ehemaligen Benediktinerklosters mit gotischem Chor wurde 1127 geweiht. In einem Ausstellungsraum finden Sie Informationen zur Geschichte und Beachtenswertem.

Sie gehen zurück zur Straße und folgen ihr weiter (rechts) bis nach Brunshausen. Am Ortseingang unterqueren Sie die ehemalige Bahnstrecke, die heute als Rad- und Skulpturenweg ❼ ausgebaut (🚲) die früheren Klöster Brunshausen und Lamspringe miteinander verbindet. Es ist möglich, vor der Brücke links zum Radweg hochzugehen und dort über die Brücke hinüber den Weg nach Bad Gandersheim zu nehmen.

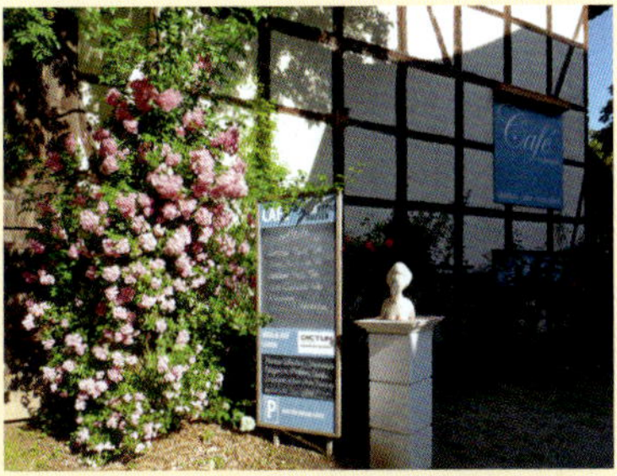

Klostercafé Brunshausen

↳ Vorher sollten Sie aber auf jeden Fall unter der Brücke hindurch und danach links zum ehemaligen **Kloster Brunshausen** gehen. Am Klosterhof befinden sich reichlich Skulpturen des regional bekannten Künstlers Bernhard Löning. An der Jakobikirche in Göttingen werden Sie auch auf eine überlebensgroße Jakobusdarstellung Bernd Lönings stoßen (am Chor der Kirche, außen). Ein Sohn Lönings betreibt gemeinsam mit seiner Frau im Klostergarten ein Café ⊙, ein Holzhandwerkerhaus mit Laden und ein Gästehaus (☞ Bad Gandersheim). Auch Pilgerinnen und Pilger sind hier willkommen.

☕ Juni-Aug Di-So 13:00-18:00, Sep-Mai Di-Fr 14:00-18:00, Sa, So, Fei, 13:00-18:00

✋ **Hinweis**: 2021 war der für den Pilgerweg vorgesehene Weg durch das Gandetal wegen Bauarbeiten zur Vorbereitung der Landesgartenschau 2023 gesperrt. Ich weiß auch nicht, ob der schöne Talweg während der Dauer der Schau ohne Eintrittsgeld passierbar sein wird und wie er sich im Detail verändern soll, so bleibe ich Ihnen die fortsetzende Beschreibung schuldig. Sie werden den Weg auch so, sobald es wieder möglich ist, finden, schließlich folgt er einfach dem Bach Gande bis vor den Osterbergsee. Zum Bach kommen Sie, wenn Sie unterhalb der Klosterkirche, dem Museum Brunshausen, die Stufen abwärtsgehen und unten links zur Fahrstraße gehen. Gegenüber beginnt halb rechts der Doktor-Heinz-Köhler-Weg, dem Sie entlang des Baches folgen. Am Osterbergsee gehen Sie rechts und dann links hoch zum Bahntrassenradweg, in den Sie links einbiegen. Bei Veränderung der Situation werden Sie einen Hinweis dazu in den Updates finden.

Gehen Sie derweil zur Fortsetzung wie oben erwähnt bereits in Brunshausen zum **Bahntrassenradweg** und wandern auf ihm Richtung Bad Gandersheim. Auch hier ist mit der Jakobsmuschel markiert. Der Weg endet an der Braunschweiger Straße. Hier gehen Sie rechts und würden zur Fortsetzung links in die Marienstraße 🛒 ⚕ BANK abbiegen.

↳ Um in den Ortskern zu gelangen, biegen Sie nicht ab, sondern gehen geradeaus zum Markt mit der schönen Stiftskirche und dem Rathaus (➲ 500 m).

Bad Gandersheim

37581, 053 82

Tourist-Information, Stiftsfreiheit 12, 737 00, tourist@bad-gandersheim.de, www.gandersheim.de, Mo-Fr 10:00-13:00, im Zentrum, südlich der Stiftskirche

Private Pilgerunterkunft für bis zu sechs Personen bei Bernd und Karin Albig, Barfüßerkloster 1, 46 06, bitte wenigstens 24 Stunden vorher anmelden, Frühstück und Abendessen möglich, 6 Betten, Ü gegen Spende, im Zentrum, südlich der Stiftskirche

♦ **Private Pilgerunterkunft** für 2 Personen bei Monika Bischoff, Königsberger Str. 1, 42 28, Pilgerausweis erforderlich, Spende oder ein fester Geldbetrag wird nicht verlangt, Pilgerinnen und Pilger revanchieren sich gerne mit einer Flasche Wein, Tee oder Ähnlichem, 80 m, östlich vom Skulpturenpfad.

Gästehaus im Kloster, Brunshausen 6, 31 41, info@klosterhof-brunshausen.de, www.klosterhof-brunshausen.de, 4 DZ, ÜF € 35, DZ € 70, € 5, Abstellraum, , am Kloster Brunshausen, am Weg, 1,8 km vor Bad Gandersheim

Frau Ingeborg Wilde, Am Osterbergsee 5, 17 77, 1 EZ, 3 DZ, ÜF EZ € 25, DZ € 50, , auf Anfrage, 100 m, ca. 750 m vom Stadtzentrum

♦ **Hotel Waldschlößchen**, Dr.-Heinrich-Jasper-Str. 13, 26 49, team@hotel-kolbe.de, www.kurhotel-waldschloesschen.de, 27 Betten, ÜF EZ € 55, DZ € 85, DBZ € 105, € 8, 350 m, nordöstlich am Kurpark, ca. 1,2 km zum Zentrum

♦ **Hotel garni Gerichtsschänke**, Burgstraße 10, 980 10, schleis@t-online.de, www.hotel-gerichtsschaenke.de, 41 Betten, ÜF EZ € 40-46, DZ € 68-73, DBZ € 90-93, Abstellraum, Verleih, , im Zentrum

Regenbogen Campingpark, Braunschweiger Str. 12, Platzwart vor Ort: 01 60/857 93 76, www.regenbogen.ag/ferienanlagen/bad-gandersheim.html, April-Okt, Preise auf Anfrage, 1,1 km, südöstlich der Innenstadt

Bad Gandersheim hat einen Nahverkehrsbahnhof mit Anschluss an die Leinetal-strecke.

Taxi Rosenthal, 25 44

Evangelisch-lutherische **Stiftskirche** St. Anastasius und St. Innocentius. Romanisches Münster mit karolingischen Ursprüngen, Kirche des ehemaligen Kanonissenstiftes

Di-So11:00-17:00

⌘ Das **Museums Brunshausen** ist bis auf Weiteres wegen umfangreichen Umbaus geschlossen.

Im mittleren Leinetal, dem westlichen Harzvorland, entwickelten sich schon früh in den zwischen den Berghöhen liegenden fruchtbaren Lössbecken Haufendörfer wie Altgandersheim in der Heberbörde, das die Radfahrerinnen und Radfahrer passiert haben. Sie blieben jedoch unbedeutend, da ihre zentralen Funktionen schon bald von solchen Orten übernommen wurden, die als Knotenpunkte und Rastorte des aufkommenden Fernverkehrs an Furten und Bergpässen lagen. Hierzu gehören die an Ihrem Weg liegenden Orte Alfeld, Lamspringe, Northeim, Göttingen und auch Bad Gandersheim. Hier entstanden Burgen und Klöster, prächtige Kirchen, kunstvolle Bürger- und Rathäuser innerhalb mächtiger Befestigungsanlagen. Im 13. Jh. erhielten sie überwiegend Stadtrechte.

Der Bau der Eisenbahn und die beginnende Industrialisierung begünstigten die Städte, die an der Bahnstrecke lagen. Bad Gandersheim und auch Lamspringe gehörten nicht dazu und sind infolgedessen nur wenig über die alten Stadtmauern hinausgewachsen. Ab den 1960er-Jahren erreichte Gandersheim Bedeutung als Sole-Kurbad und heißt seitdem Bad Gandersheim.

Eine gewisse Popularität erreichte die im Kloster erzogene Stiftsdame **Roswitha von Gandersheim** als erste deutsche Dichterin durch ihre bis heute erhaltenen Handschriften (sie lebte etwa von 935 bis 980). Acht christliche Legenden, sechs Dramen sowie zwei historische Epen sind überliefert. In Bad Gandersheim spielt die Erinnerung an Roswitha eine bedeutende Rolle. Sie ist Mittelpunkt verschiedener Historienfeiern, vor der Stiftskirche erinnert ein Gedenkstein, in der Stiftskirche ein Roswitha-Fenster und vor der ehemaligen Abtei ein Roswitha-Brunnen an die Dichterin.

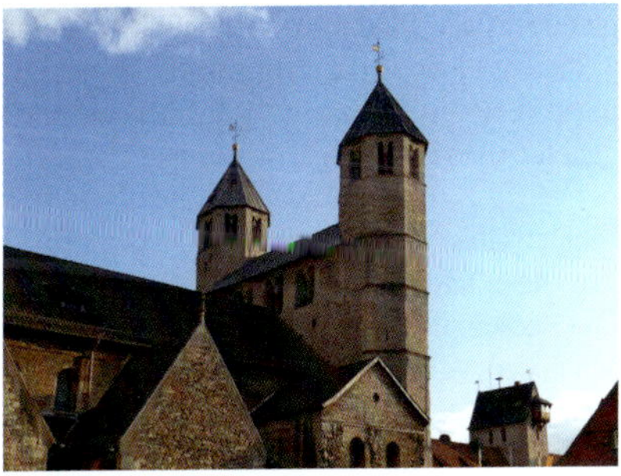

Türme der Stiftskirche Bad Gandersheim

Weitere sehenswerte Orte sind das **Renaissance-Rathaus**, der Marktplatz mit seinen schönen Fachwerkhäusern, die 852 gegründete **Abtei des Stiftes**, die **Wilhelmsburg** (heute Stadthaus), die **Burg der Braunschweiger Herzöge** (heute Amtsgericht), der Wächterstieg als einzig erhaltener Wehrgang der Stadtbefestigung, das Frauenhaus zum Heiligen Geist im ehemaligen **Heiligen-Geist-Hospital** sowie die **St.-Georgs-Kirche**. Sie liegt außerhalb der Stadtmauer im Bereich einer noch vor den Klostergründungen existenten Kaufmannssiedlung (Wiek) und punktet mit romanischem Turm und bäuerlicher Innenbemalung.

Etappe 25: Bad Gandersheim – Northeim

24,6 km, 7 Std. 30 Min., 289 m, 309 m, 118-309 m

0,0 km	140 m	Bad Gandersheim, Braunschweiger Straße
7,2 km	144 m	Sebexen
8,7 km	153 m	Weißenwasserkirche, St. Jakobus d. Ä.
10,0 km	127 m	Kalefeld
13,5 km	146 m	Eboldshausen, St. Jakobus
19,7 km	141 m	Wiebrechtshausen
24,6 km	128 m	Northeim

Landschaftlich bleibt der Weg herausragend. Höhenwege mit weiten Aussichten wechseln mit schattigen Wäldern. Gleich zwei Jakobuskirchen liegen am Weg. Kultureller Höhepunkt aber ist kurz vor Northeim die romanische Klosterkirche Wiebrechtshausen. Der schmucklose, schlichte Kirchenraum der Zisterzienserinnen beeindruckt durch die klare Rundbogenarchitektur, die über den stützenden Säulen auch leicht gotisch zugespitzt wirkt. Northeim am Tagesziel ist ein hübsches Fachwerkstädtchen, in dem man sich sofort wohlfühlt.

Sie biegen links in die Marienstraße. Diese führt Sie an zwei Supermärkten (Netto, Edeka) vorbei zu einer Bahnunterführung. Sie gehen hindurch und geradeaus die Straße Im Zöllischen Sieke aufwärts. Am Ende führt ein Fußweg weiter zu einer Verzweigung. Hier gehen Sie rechts zur Straßenbrücke, die Sie über die B64 hinüberträgt. Sie erreichen einen Querweg an einer Fleischfabrik ❶, gehen rechts und gleich wieder nach links Richtung Drei Eichen und Ellierode.

Den ältesten Orten der frühen Landnahme in diesem Gebiet werden die Endungen -heim und -ingen zugeschrieben. Sie liegen auf den Lössböden in den Tälern und Becken. Ihnen folgten als frühmittelalterliche Rodungen die Orte, die auf -hausen enden. Auf den jüngeren Ausbau (11. bis 13. Jh.) weisen Siedlungsnamen hin, die auf -rode, -hagen oder -hof enden. Ihre Lage ist durchweg ungünstig.

Noch vor der Flugplatzhöhe biegen Sie halb links in den Hangweg ab (Panorama vom Harz). Am Wegdreieck Drei Eichen ❷ geht es nach rechts, zunächst zwischen Wald und Feld und dann geradeaus in den Wald. Der Weg endet an einem Holzlagerplatz. Gehen Sie noch bis zum Hochsitz weiter und dann halb links Richtung Ellierode. Vom unordentlichen Waldweg biegen Sie nach wenigen Schritten halb rechts in einen grasbewachsenen Weg ab. Der führt über eine unübersichtliche Rodungsfläche (2021). Gehen Sie halb links auf die Feldecke zu. Am erreichten Feldrandweg geht es rechts am Feld entlang zum Waldrand ❸ und dort links an ihm entlang (nicht in den Wald hineingehen). Markierungen habe ich hier 2021 nicht gesehen. Weiße Pfeile zeigen den richtigen Weg aber an.

Bei bester Aussicht wandern Sie 1,3 km am Waldrand entlang bis zu einer Kreuzung. Hier folgen Sie dem von links kommenden Weg rechts in den Wald. Der Weg biegt links und trifft auf einen breiten Querweg. Auch hier gehen Sie nach links weiter.

Nach und nach fällt der Weg ab und verlässt den Wald ⛩, jetzt bei zunehmend schönerem Blick in das Auetal. Das Dörfchen Sebexen liegt voraus, weiter rechts Opperhausen und weit hinten im Tal ist eine lange Brücke der Schnellfahrstrecke der Bahn zu sehen.

Sie erreichen ein geteertes Sträßchen, gehen rechts talwärts, weichen aber schon nach 200 m wieder links in den Hang ab. Noch einmal biegen Sie rechts ab und gehen an einer Pausenbank ⛩ wieder links in den Hang. Wieder ist der Hangweg durch einen tiefen Graben unterbrochen. Der Weg führt rechts an einer Grillhütte vorbei zu einem Talsträßchen ❹. Scharf links folgen Sie dem Sträßchen wieder aufwärts und biegen nach 300 m rechts in den Hang ab (Wegweiser zeigt Richtung Kalefeld).

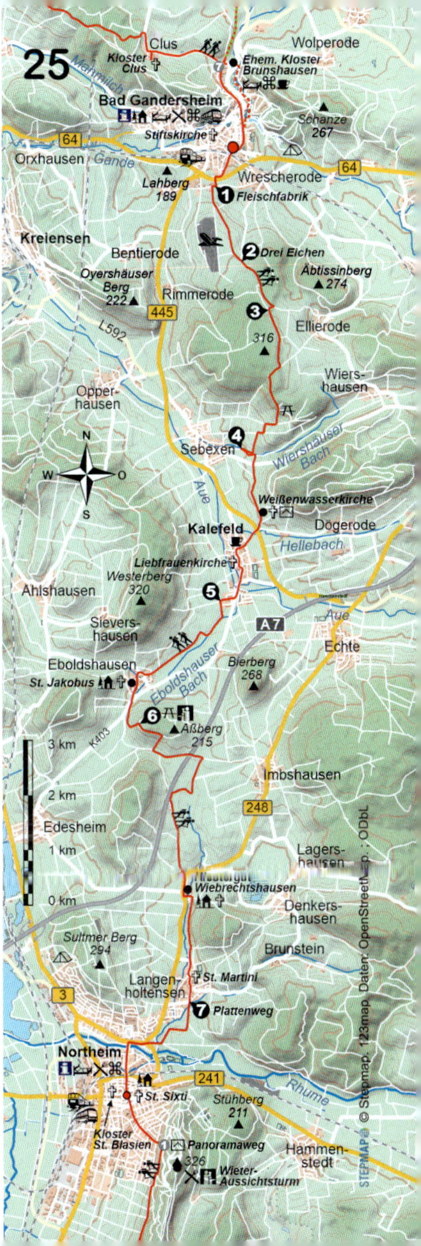

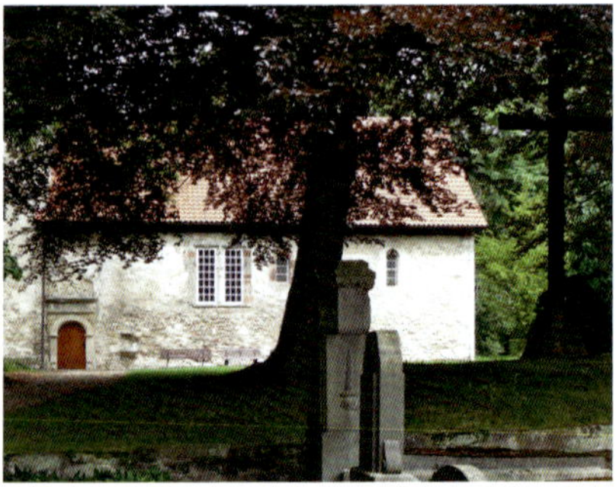

An der Weißenwasserkirche

Nach weiteren 1,2 km ist die ✝ **Weißenwasserkirche**, die mitten in einem Quellbereich steht, erreicht. Die alte Taufkirche ist alles, was von der Wüstung Weißenwasser übriggeblieben ist. Ein jüngerer Friedhof der Gemeinde Kalefeld schließt sich an. Hinter der Kirche steht eine große, geräumige Schutzhütte mit Sitzbänken, Kneippbecken und Wiese mit weiteren Rastbänken und Tischen. (Trinkwasser nicht aus den Quellen entnehmen! Es durchströmt den alten Friedhof! Am Friedhof selbst kommt es von den Fischteichen oberhalb.)

✝ **Weißenwasserkirche Sankt Jakobus der Ältere.** Zur Geschichte der Kirche ist bekannt, dass schon 1044 an dieser Stelle eine hölzerne Kapelle gestanden hat. Bei Grabungen fand man unter einer Brandschicht ein aus Felssteinen bestehendes Fundament, durch das ein Arm des kalkig-weißen Weißenwasserbaches geleitet worden war. Der Bach durchfloss im Kircheninneren ein Wasserbecken, in dem die Taufen erfolgten. Hier wurden die Täuflinge vollkommen untergetaucht, bevor sie nach der Taufe zum Altarraum emporstiegen.

Am 4. Juli 1145 wurde die steinerne, im Wesentlichen bis heute nur leicht veränderte Kirche zu Ehren des Apostels Jakobus des Älteren geweiht. Wann genau das Dorf Weißenwasser zerstört worden ist, ist nicht bekannt. Vermutet wird, dass es nach 1400 passierte. Auch wenn der schöne Platz rund um die Kirche mit seinen alten Bäumen, Kreuzen und überall sprudelnden Quellen für sich schon eine besondere Atmosphäre hat, wäre es natürlich schön, auch ins Innere der Kirche hineinschauen zu können.

Virtuell ist das leicht (www.kirche-altesamt.de → Kalefeld → Geschichte → Weißenwasserkirche).

An der Kirche vorbei gehen Sie weiter abwärts nach Kalefeld (Bäckerei, Mo-Fr 6:30-12:00, zusätzl. Di, Do, Fr 15:00-18:00) und folgen dort links der Auetalstraße (auch vorbei an der evangelischen Liebfrauenkirche) durch den Ort BANK. Ausgeschildert ist auch ein Radweg Richtung Eboldshausen und Northeim.

Kurz vor dem Ortsausgang (am Ende des Radwegs) biegen Sie rechts in den Sievershäuser Ring ab. Am letzten Haus linker Hand gehen Sie dann links hinter die Siedlung ❺ und weiter auf dem Feldweg zu einem Querweg im Tal und dort rechts beständig sanft aufwärts Richtung Eboldshausen.

Eboldshausen zeigt sich ländlich mit Fachwerk, Dreiseithof und Scheunen. An der Dorflinde mit Ruhebank biegen Sie halb links von der weiter aufwärtsstrebenden Dorfstraße ab. Die Straße In der Grund führt hinunter in den älteren Dorfteil. Am Straßendreieck mit dem Feuerwehrhaus gehen Sie geradeaus zur **St.-Jakobus-Kirche**. Eboldshausen trägt die Muschel im Wappen.

✞ ⊙ Die alte Wehrkirche, erstmals 1141 erwähnt, ist seit 2010 deutlich mit einer Muschel als Pilgerkirche gekennzeichnet. Im Innenraum der Kirche steht eine Figur aus dem 17. Jh., die schon lange als der Apostel Jakobus d. Ä. betrachtet wird. Im zweiten Eckstein unter der Traufe, außen in der Südwestecke, ist ein Jakobusporträt – jedenfalls weist der große Hut darauf hin –, möglicherweise vom Baumeister eingraviert, zu sehen. Es könnte allerdings durch den groß gewordenen Fliederbusch verdeckt sein.

Die Kirche ist tagsüber geöffnet (offene Kirche). Der Pilgerstempel befindet sich in der Kirche.

Übernachtungsmöglichkeit für Pilgerinnen und Pilger im **Jakobi-Kirchhaus**: 5 Betten, Küche, Bad, Verpflegung möglich. Kontaktpersonen: Frau Junge, Bautengasse 4, ☏ 055 53/738, oder Herr Lohrberg, Mitteldorf 6, ☏ 055 53/22 17, zuständiges Pfarramt: Pfarrer Michael Falk, ☏ 055 53/21 97, Ü gegen Spende

An der Kirche vorbei, entlang der Straße Mitteldorf, führt Ihr Weg an die K403. Sie gehen geradeaus darüber hinweg und folgen dem beginnenden Schotterweg aufwärts und biegen mit ihm linksherum an eine Gabelung, an der es

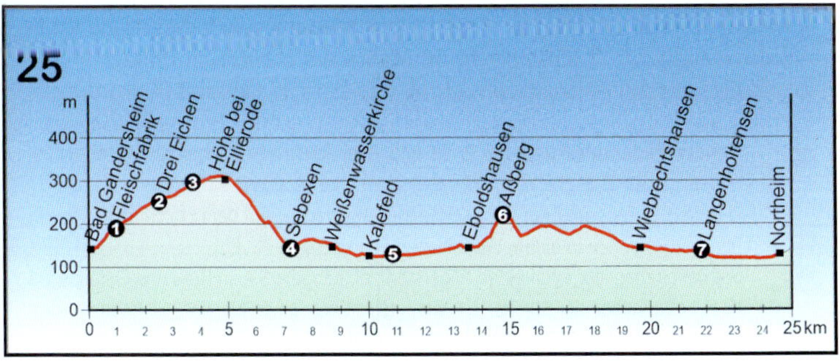

rechts weitergeht. 20 m weiter biegen Sie noch einmal rechts ab, nun in einen Waldrandweg. Die 🚻 ⛺ kleine Höhe (Aßberg) ❻ ermöglicht weite Sicht, nach Westen in Richtung Leinetal und nach Süden und Südosten in die Bergwelt bei Northeim. Gabelweihen nutzen den Aufwind über den Getreidefeldern.

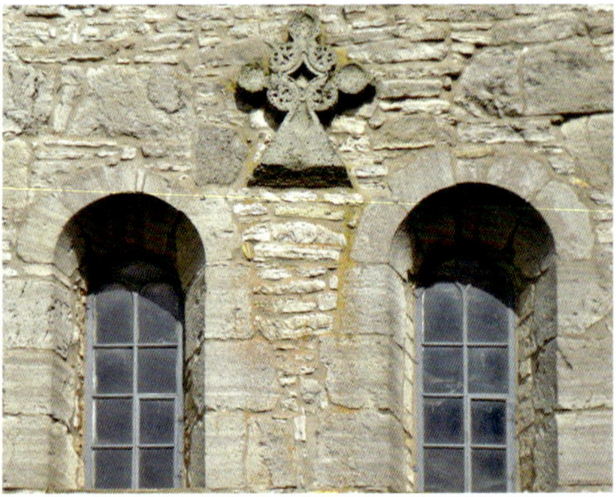

Romanische Klosterkirche Wiebrechtshausen

Sie folgen dem Wiesenweg am Waldrand bis zu einer Wegkreuzung, gehen dort rechts abwärts zu einem Querweg und dann nach links, bald unter der A7 hindurch. Danach biegen Sie in den ersten rechts abgehenden Weg ein. Den nachfolgenden links abzweigenden Weg lassen Sie außer Acht. Inmitten der Felder führt der Weg rechts zurück zur Autobahn und steigt dort links zu einer Brücke an. Sie bleiben diesseits und gehen geradeaus weiter, jetzt bei zunehmend besserem Blick auf Northeim, das im Hang der Bergkette Wieter liegt. Sämtliche Ländereien am Weg (etwa 450 ha) gehören zum Klostergut Wiebrechtshausen, das nach den Richtlinien des ökologischen Landbaus von der Klein Wanzlebener Saatzucht AG (KWS, gehört zu den größten deutschen Saatgutzüchtern) bewirtschaftet wird.

Der Weg erreicht die B248, der Sie rechts (Radweg) etwa 400 m folgen. Linker Hand befindet sich dann der Eingang zum Klostergut (Betriebsgelände KWS) mit der romanischen ✝ **Klosterkirche St. Marien** des ehemaligen Zisterzienserinnenklosters aus den Anfängen des 13. Jh. (🚪 April-Okt täglich 8:00-18:00).

🏠 **Private Pilgerunterkunft** bei Antje und Axel Altenweger, Klostergut Wiebrechtshausen 1, 📱 01 51/12 17 07 98 (bevorzugt) oder 01 60/90 93 08 16, Ü gegen Spende und nur nach vorheriger Absprache, auf dem Hofgelände können bis zu 2 Personen in einem Wohnwagen übernachten, 🚿 🧺.

⊙ Sie bekommen hier auch einen Pilgerstempel. Klingeln Sie im Büro des Gutshauses direkt gegenüber der Kirche. Es wird noch nach einer Möglichkeit gesucht, den Stempel in der Kirche frei zugänglich anzubringen.

Auf der Straße geht es weiter an der Klostermauer entlang und am Ende der Mauer links in die Siedlungsstraße. Am Siedlungsrand (nach 150 m) biegen Sie zweimal rechts ab und wandern nun weiter durch die Wiesen und Felder des Gutshofes nach Süden bis **Langenholtensen** BANK. An der ev.-luth. St.-Martini-Kirche gehen Sie halb links in die Dünenangerstraße. An der nächsten Verzweigung folgen Sie halb rechts der Brunsteiner Straße. Aber eigentlich gehen Sie immer geradeaus. Auch wenn die Fahrstraße nach rechts biegt, folgen Sie dem beginnenden zweispurigen Plattenweg ❼. Wenn der Plattenweg an einer Gabelung endet, folgen Sie geradeaus dem geteerten Weg, der bald rechts und wieder links biegt und eine Gabelung in Höhe einer Kleingartenanlage erreicht.

Hier folgen Sie rechts dem geteerten Weg zum Konrad-Adenauer-Damm. Ohne Richtungswechsel bleiben Sie auf separatem Fußweg unter Linden entlang der Rhume (fließt bei Northeim in die Leine) an der Straße. An der ersten Brücke überqueren Sie den Fluss, folgen der Rückingsallee bis über die Bahnlinie hinüber und gehen weiter geradeaus zum Marktplatz.

Wer zum Campingplatz will, geht nicht über die Rhumebrücke, sondern bleibt noch 100 m an der Hauptstraße und läuft dann rechts über die Scharnhorststraße und den Bergmühlenweg zum Waldrand. Dort führt links ein Rad-/Fußweg im Hang des Sultmer Bergs zum Campingplatz.

Zur Jugendherberge können Sie nach der Bahnüberquerung links in die Wallanlage (Park) oder in die parallele Straße In der Fluth abbiegen. An der Ecke Brauereistraße ist das schön gelegene Jugendgästehaus am Rande des Parkwalls nicht zu übersehen.

Northeim

BANK 37154, ☎ 055 51

Tourist-Information Northeim, Am Münster 6, ☎ 91 30 66, info@northeim-touristik.de, www.northeim-touristik.de, Mo-Fr 10:00-12:00, Mo, Di, Do, Fr auch 14:30-16:30, Sa 10:00-13:00, 340 m

Kath. Kirchengemeinde Mariä Heimsuchung, Gardekürassierstr. 5, ☎ 99 53 18, pfarramt@katholische-kirche-northeim.de, Pastor Franz Kurth: franz.kurth@freenet.de, Kirchenbüro: Mo, Di, 10:00-12:00, Mi 8:30-10:30, Do 15:00-17:00, Ü im Gemeindehaus, Schlafsack und Isomatte erforderlich, 450 m, im Westen der Altstadt

Jugendherberge Northeim, Brauereistraße 1, ☎ 86 72, info@jugendherberge-northeim.de, www.jugendherberge.de → Northeim, Rezeption: 8:00-20:00, ÜF € 21,50 p. P., 340 m, Ostrand der Altstadt

Hotel und Restaurant Goldener Löwe, Breite Str. 38, ☏ 31 66, mail@goldener-loewe-northeim.de, goldener-loewe-northeim.de, ÜF EZ € 55, DZ € 80, 160 m

♦ **Hotel Schere**, Breite Straße 24, ☏ 96 90, mail@hotel-schere.de, www.hotel-schere.de, ÜF EZ ab € 79, DZ ab € 119, 150 m

Hotel Deutsche Eiche, Bahnhofstraße 16, ☏ 600 20, info@hotel-deutsche-eiche.de, www.hotel-deutsche-eiche.de, 36 Betten, ÜF EZ € 49,50, DZ € 89,50, DBZ € 99, VBZ € 115, 400 m

Campingplatz Sultmer Berg, Am Sultmerberg 3, ☏ 515 59, info@campingplatzsultmerberg.de, www.campingplatzsultmerberg.de, Ü Zelt € 5,50, € 4,40 p. P., 15. Feb-15. Nov, 2,6 km, ☞ Wegbeschreibung

Der Busbahnhof befindet sich am Westrand der Altstadt, Ecke Bahnhofstraße/Gardekürassierstraße.

In Northeim kreuzt die bedeutende Nord-Süd-Verbindung Hamburg – München die Regionalstrecke Richtung Nordhausen und Halle und nach Westen Richtung Wesertal. Northeim ist vor allem Nahverkehrsbahnhof. Anschluss an den Fernverkehr besteht im nur 13 Bahnminuten entfernten Göttingen.

⌘ **Heimatmuseum**. Einer der größten mittelalterlichen Münzfunde Deutschlands, in einem Tonkrug verborgen, wurde 1991 auf Northeimer Boden entdeckt und gab Anlass, ein Museum mit dem Schwerpunkt mittelalterliche Geldwirtschaft zu gründen.

♦ Am Münster 32/33, ☏ 650 60, www.hmv-northeim.de, Di-So 10:00-2:00, Di, Do und Fr auch 14:00-17:00

Northeim war weniger als andere Städte von Kriegszerstörungen betroffen, sodass im Altstadtkern wunderbare Fachwerkgassen, vor allem aus der Zeit der Gotik und aus dem 18. Jh., im Original erhalten sind. In vielen Bereichen umgrenzt noch die Stadtmauer mit den umgebenden Wallanlagen die schmucke Altstadt. Die Orientierung für einen Abendspaziergang ist denkbar einfach. Vom Markt verläuft die Breite Straße als Fußgängerzone in ost-westlicher Richtung zum Münsterplatz. Benannt wurde dieser nach der geplanten, aber nie errichteten Münsterkirche. Das Museumsgebäude ist die **ehemalige Pilgerherberge St. Spiritus** und zählt zu den bedeutendsten gotischen Fachwerkbauten Niedersachsens. Im Norden des Platzes ist eine der Keimzellen der Stadt, das **Kloster St. Blasien mit der St.-Blasien-Kapelle,** erhalten. In den aufwendig restaurierten Räumlichkeiten befinden sich heute verschiedene städtische Einrichtungen sowie die Klosterschänke. Weiter führt die Bahnhofstraße Richtung Bahnhof und auch zur katholischen Kirche Mariä Heimsuchung.

Vom Markt aus Richtung Osten erreichen Sie linker Hand die Gässchen um den **Entenmarkt** und rechts, über die Kirchstraße, die protestantische Kirche **St. Sixti** aus dem 15. Jh. Vermutet wird, dass der älteste Vorgängerbau aus dem 9 Jh. stammte.

Oberhalb der Kirche an der Stadtmauer steht das sehenswerte **Theater der Nacht**. Die ehemalige Northeimer Feuerwache hat seit ihrem Umbau für das Northeimer Figurentheater ein fantasievoll märchenhaftes Erscheinungsbild erhalten. Im Innern des Niedrigenergiehauses befinden sich ein Theatersaal mit 99 Plätzen sowie ein Theatercafé.

Etappe 26: Northeim – Göttingen

27,8 km, 8 Std., ↑ 585 m, ↓ 558 m, ⇧ 128-403 m

0,0 km	⇧ 128 m	Northeim
2,7 km	⇧ 230 m	Schutzhütte am Panoramaweg
6,2 km	⇧ 263 m	Abzweig Etappe 26A, Bühle
9,6 km	⇧ 171 m	Vorwerk St. Margarethe, Bevertal
10,8 km	⇧ 185 m	Bremkebachtal
12,3 km	⇧ 226 m	Bremkequelle
15,9 km	⇧ 232 m	Billingshausen
20,2 km	⇧ 358 m	Nikolausberger Warte
22,9 km	⇧ 313 m	Nikolausberg, St. Nikolaus
27,8 km	⇧ 155 m	Göttingen, St. Jacobi

Wie über einen Balkon zum Leinetal spazieren Sie zum Auftakt entlang des Waldrandes im Westhang des Wieters und folgen dann einem kleinen Bächlein bis zu seiner Mündung in das Beverbachtal. Das Tal durchqueren Sie und steigen nun, sich am Bremkebach orientierend, durch den Nörtener Wald hinüber in das Rodetal. Voraus ist noch der Göttinger Wald, der zum Rodetal in steilen Hängen abfällt, zu überwinden. An seiner Südkante, hoch über Göttingen im Leinetal, wird ein bedeutendes vorreformatorisches Wallfahrtsziel erreicht, das schon innerhalb des alten Göttinger Landwehrrings liegt. Steil geht es wieder hinunter und durch das Luttertal in die schöne Altstadt.

Auf diesem langen Weg werden Sie bis Nikolausberg keine Gastronomie oder Einkaufsmöglichkeit finden, sodass Sie für etwas Verpflegung sorgen sollten. Frisches Trinkwasser kann unterwegs der Bremkequelle entnommen werden.

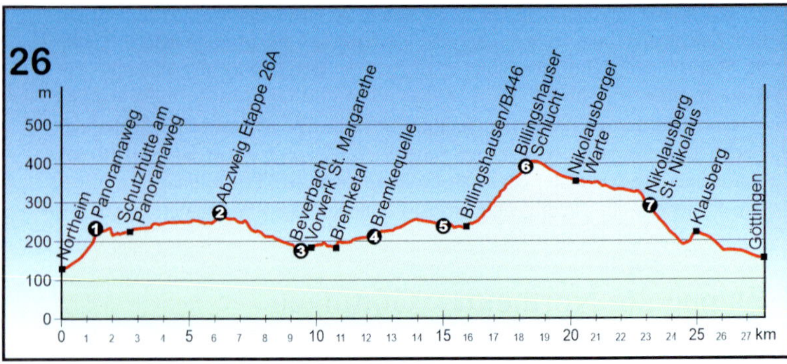

Vom Markt wandern Sie geradeaus durch die Wieterstraße, die sich als Wieterallee fortsetzt und den Berg hinaufführt. Am Waldrand steht eine solide Schutzhütte.

Geradeaus, weiter bergan, gibt es einen Weg zum Wieter-Aussichtsturm mit Gaststätte (Di-Fr 14:30-21:00, Sa/So 11:30-21:00, 750 m).

Sie aber biegen am Waldrand, kurz vor der Straßenverzweigung, rechts in den Panoramaweg ❶ ein, der durch den morgenkühlen Hang des Wieters führt (vom althochdeutschen Wort „witu" = Wald). Pausenbänke und eine weitere Schutzhütte stehen am Weg. Sie orientieren sich immer am Waldrand. In den Wald oder ins Tal führende Abzweige ignorieren Sie.

Auf der Höhe von Sudheim (nach 4,2 km) wird eine Straße erreicht. Sie gehen gerade darüber hinweg in den auf der anderen Seite beginnenden, nach links abwärtsführenden Waldweg.

Der etwas feuchte, mitunter matschige Weg biegt in der Senke nach rechts und steigt steiler bergan zu einem Golfplatzgelände ❷ (Hardenberg Golf Resort, im Besitz der alteingesessenen Adelsfamilie der Hardenbergs aus Nörten)

Am ersten erreichten Querweg beginnt rechts die Variante über Bühle und Nörten-Hardenberg (☞ Etappe 26A).

Sie gehen 180 m weiter geradeaus und am querenden Radweg (Stoppschild) nach rechts. Sie folgen dem Sträßchen, bis es nach 760 m rechtsherum biegt und dabei ansteigt. Hier biegen Sie links in den abwärtsführenden, nur auf den ersten

Metern geteerten Weg ab. Einen Abzweig ignorieren Sie. Unten gehen Sie an der Verzweigung rechts zu einer geräumigen ⌂ Schutzhütte mit Tischen und Bänken (Grillplatz Bühle, Toilette).

Sie folgen dem Weg an der Hütte vorbei. Nach etwa 500 m gehen Sie an einem Querweg rechts und wenige Schritte weiter wieder rechts. Nach weiteren knapp 1,5 km haben Sie den Beverbach ❸ erreicht. Sie überqueren ihn und steigen jenseits zu einer Straße hoch.

Die alten Gemäuer linker Hand (**Vorwerk St. Margarete**) waren einst ein Wirtschaftsgut des Klosters Marienstein in Nörten-Hardenberg. Es gehört heute zum Besitz der Adelsfamilie der Hardenbergs, die seit Jahrhunderten in Nörten-Hardenberg ansässig ist. Wohnhaus und Scheune, wie sie heute zu sehen sind, stammen aus dem 18. Jh.

An der Straße gehen Sie links bis zu einem Wanderparkplatz am Scheitelpunkt.

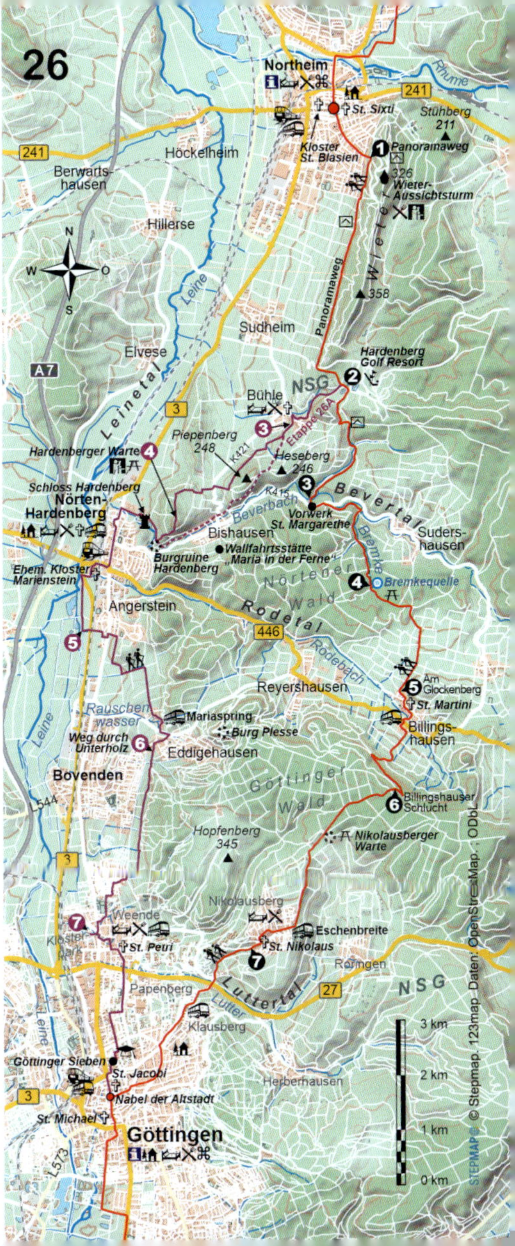

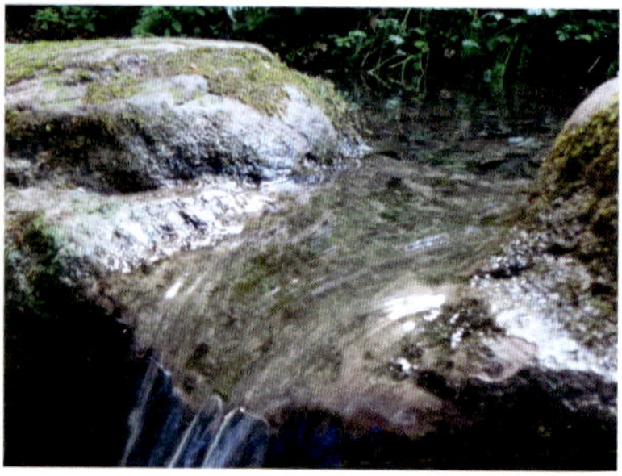

Bremkequelle

Halb rechts folgen Sie dort dem zum Beverbach und zur Straße parallelen Weg. (Der im rechten Winkel abzweigende Weg ist falsch.)

Nahe einer Berverbachbrücke ist ein breiter Holzwirtschaftsweg erreicht. Sie überqueren die Brücke nicht, sondern wandern rechts im hier einmündenden Bremketal stetig leicht aufwärts (Bremkestraße) bis zur **Bremkequelle** (⚶ ♦ Trinkwasser) ❹. Dabei werden zwei rechts und ein links abzweigender Weg ignoriert.

Kurz nach der Quelle biegen Sie an einer Wegverzweigung links in den Advokatenstieg ein. Fast auf der Höhe ignorieren Sie einen Abzweig rechts, biegen aber an der nachfolgenden Waldwegkreuzung rechts ab. Der Weg führt noch leicht ansteigend aus dem Wald hinaus und biegt dann rechts in eine Kirschbaumallee ab, die in den Taleinschnitt des Rodebaches nach **Billingshausen** hinabführt. Dahinter erhebt sich der Göttinger Wald mit dem Plessforst.

Am Ortseingang führt Sie die Straße Am Glockenberg ❺ links zur evangelischen **St.-Martini-Kirche**. Durch die obere Pforte betreten Sie das Kirchengelände und durch die untere Pforte gehen Sie wieder heraus an ein Lindenrondell. Geradeaus folgen Sie der Straße Am Rodebach, die nach links und an der nächsten Ecke wieder nach rechts biegt. In der nächsten Kurve weichen Sie halb rechts in den Fußweg ab, der über die Bachbrücke hinüber und am Friedhof ♦ vorbei zur Hauptstraße B446 führt (🚌 Bus alle ein bis zwei Stunden Richtung Göttingen).

Geradeaus über die Straße hinweg folgen Sie dem Fußweg aufwärts. An der querenden Siedlungsstraße biegen Sie links ein und an der nächsten Kreuzung gehen Sie rechts weiter bergan. An einer versetzten Kreuzung geht es geradeaus bergauf. Sie kommen an eine weitere Wegverzweigung und wandern links in den Hang.

Am Waldrand verliert sich der Teer. In Serpentinen steigen Sie auf dem Hauptweg zu einer frei stehenden Linde. Dort geht es rechtsherum. 200 m weiter biegen Sie links in den Weg Billingshauser Schlucht ❻ ab.

Sie behalten die Richtung bei und bleiben auf dem breiten Hauptweg, bis nach etwa 1 km zwei Wege links abzweigen. Sie nehmen den zweiten und weichen damit von der wieder abwärtsführenden Billingshauser Schlucht ab. Wenig weiter ist die **Nikolausberger Warte (Rieswarte)** am Waldrand erreicht. Es ist die Ruine eines Wartturmes am äußeren, mittelalterlichen Landwehrring der Stadt Göttingen. Kurz vorher haben Sie die Wallanlage überquert.

Geradeaus gehen Sie in die Felder und am Abzweig nach 420 m links. Am Ortsrand von **Nikolausberg** folgen Sie rechts der Siedlungsstraße Am Schlehdorn und treffen an der Straßenkreuzung bei der Grundschule auf die Bushaltestelle „Eschenbreite". Die Busse Nr. 21 und 22 fahren nach Göttingen.

Eine Einkaufsmöglichkeit befindet sich linker Hand in der Siedlung. Sie könnten nach der Kreuzung links zwischen den Häusern hindurch dort hinkommen (➲ 120 m).

Jetzt folgen Sie ohne Richtungswechsel den Straßen Am Schlehdorn und Kalklage zur Nikolausberger Kirche.

Nikolausberg (Göttingen) 37077, ✆ 05 51

Hotel Beckmann, Ulrideshuser Str. 44, ☎ 20 90 80, mail@hotel-beckmann.de, www.hotel-beckmann.de, ÜF EZ ab € 38, DZ ab € 60, (Zimmer mit geteilter Sanitäranlage), etwas höhere Preise im Neubau, ➲ 190 m

Restaurant Kuckuck, Im Winkel 7, restaurant-kuckuck.de, ☎ 209 08 88, Di-So ab 17:00, ➲ 300 m, in der Nähe des Hotels Beckmann

Ev.-luth. Kirche St. Nikolaus. Die Ursprünge der Kirche sind vermutlich in einem Augustinerinnenkloster zu finden, das allerdings bereits 1180 nach Weende im Leinetal (heute Stadtteil von Göttingen, ☞ Etappe 26A) verlegt wurde. Das Löwenportal ist ein Relikt der ursprünglich romanischen Basilika. Ab dem 14. Jh. entstand die heutige gotische Hallenkirche. Bis zur Reformationszeit zog eine Reliquie des Nikolaus von Myra viele Wallfahrerinnen und Wallfahrer an.

♦ Täglich 9:00-18:00 (im Winter nur bis zum Anbruch der Dämmerung).
Einen Pilgerstempel gibt es nebenan im Kirchenbüro,
leider nur Di 9:00-12:00, Mi 15:00-18:00, Fr 10:00-12:00

Nikolausberg, ursprünglich ein kleines Dorf, ist heute ein Vorort der Universitätsstadt Göttingen. Die vielen Neubauten sind hier in aussichtsreichen Waldrandlagen in den letzten Jahrzehnten entstanden. Sie gehen an der rechten Seite der Kirche über das Friedhofsgelände. Unterhalb nehmen Sie den zweiten Weg von rechts, der abwärts auf Göttingen zuführt. Die Türme der Stadt sind bereits zu sehen. Mit dem Pfad biegen Sie links und wieder rechts in die Ulrideshuser Straße. Der Straßenname nimmt Bezug auf eine ältere Ortsbezeichnung.

↳ Links aufwärts kämen Sie zum 🛏 Hotel Beckmann (➲ 250 m, ☞ Göttingen).

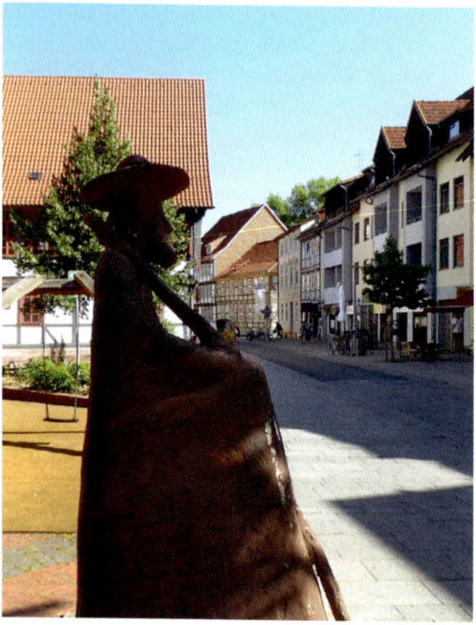

Heiliger Jacobus von Bernd Löning am Chor der St.-Jacobi-Kirche

Am Ortsschild ❼ biegen Sie links in den abzweigenden Fußweg, der weit hinunter in das Luttertal führt.

Unten laufen Sie geradeaus über die große Straßenkreuzung (An der Lutter/Luttertal) ✕ in die weiterführende Straße Am Klausberge. Wenn diese zu steigen beginnt, biegen Sie links in den ebenfalls aufwärts zum Siedlungsrand führenden Fußweg ab. Rechts gehen Sie an der 🚌 Bushaltestelle „Klausberg" vorbei und geradeaus in den geteerten Parkweg. Von diesem biegen Sie nach wenigen Schritten halb rechts in den schönen, abwärtsführenden Pfad ab. Eine Straße wird schräg nach links überquert. Weiter führt der Pfad durch den schmalen Park zu einem Spielplatz an der Gutenbergstraße. Sie gehen links zum Kreuzbergring (50 m), dem Sie wieder links und geradeaus über die Ampelkreuzung hinüber folgen.

↳ Die erste danach abgehende Straße links heißt Nonnenstieg und führt an der nachfolgenden Gabelung rechts über die Ewaldstraße zur JH (➲ 430 m).

Geradeaus setzen Sie Ihren Weg über den verlängernden Düstere-Eichen-Weg fort. Am Eichendorffplatz 🛒 ⚕ BANK folgen Sie noch dem Düstere-Eichen-Weg halb rechts über den Platz 🚌, biegen dann aber 120 m weiter halb rechts in die Planckstraße ab, die zum Theaterplatz führt. Der gegenüber beginnenden Theaterstraße folgen Sie in die Innenstadt. Über die ↳ dritte Straße rechts (**Jüdenstraße**) könnten Sie schon die Jacobikirche am Chor erreichen.

Sie gehen nur etwa 100 m weiter entlang der Theaterstraße und treffen auf den **Nabel der Altstadt**. Der unauffällige kleine Platz um die Bronzeskulptur „Der Tanz von Bernd Altenstein" ist wichtiger Orientierungs- und Kreuzungspunkt der Ost-West-Achse (Theaterstraße/Prinzenstraße) mit der Nord-Süd-Achse (Weender Straße) der Altstadt. Rechts über die Weender Straße erreichen Sie das Turmportal der Jacobikirche. Geradeaus (Westen) führen Prinzenstraße/Goethe-Allee nach 700 m an den Busbahnhof (ZOB) vor dem Bahnhof. Am Nabel links, nach Süden, setzen Sie Ihren Weg auf der nächsten Etappe fort.

Göttingen

✆ 05 51

Göttinger Tourismus und Marketing e. V., Altes Rathaus, Markt 9, 37073, 49 98 00, tourismus@goettingen.de, zimmerreservierung@goettingen.de, www.goettingen-tourismus.de, April-Okt Mo-Sa 10:00-18:00, So/Fei 10:30-12:30, Nov-März So geschlossen, am Weg

Jugendherberge Göttingen, Habichtsweg 2, 37075, 576 22, jh-goettingen@djh-hannover.de, www.jugendherberge.de/jh/goettingen, Rezeption 6:30-23:00, 141 Betten, ÜF € ab 30,70 p. P., 430 m, 1,7 km nordöstlich vom Zentrum

♦ **Hostel37**, Groner Landstr. 7, 37073, 63 44 51 77, info@hostel37.de, www.hostel37.de, 21 Betten, Ü MBZ ab € 20 p. P., EZ € 35, DZ € 50, F € 3, 740 m, am Hbf.

Weender Hof, Hannoversche Str. 150, **OT Weende**, 37077, 50 37 50, weender-hof@web.de, www.weenderhof.de, ÜF EZ € 50, DZ € 85, 4 km von der Innenstadt, im Norden von Göttingen, am Weg der Etappe 26A, Busanbindung (Linien 32, 34 ab „Freibad Weende", ab „Klosterweg" Linien 31, 32, 34)

Vegetarisches Essen: Naturell, Lange Geismarstr. 40, 37073, 48 66 00, www.naturell-goettingen.de, Mo-Fr 10:00-18:00, Sa nur bis 15:00, zentral, am Kornmarkt

Den Stempel der Jakobus-Pilgergemeinschaft Göttingen bekommen Sie in der **Buchhandlung Hertel**, Kurze Straße 14, gleich neben der St.-Michael-Kirche am Weg.

Fahrplanauskunft, Liniennetz- und Fahrpläne der Göttinger Verkehrsbetriebe finden Sie unter www.goevb.de. Falls Sie z. B. die nachfolgende Etappe etwas abkürzen wollen, können Sie vom Markt (Haltepunkt zwischen Altem Rathaus und Johanniskirche) mit den Bussen Nr. 12 und 22 (beide Richtung Charlottenburger Straße) bis zum Stadtrand in Geismar fahren. Die Haltestellen für den Ausstieg wären: „Am Rischen" (12) oder „Kurmainzer Weg" (22).

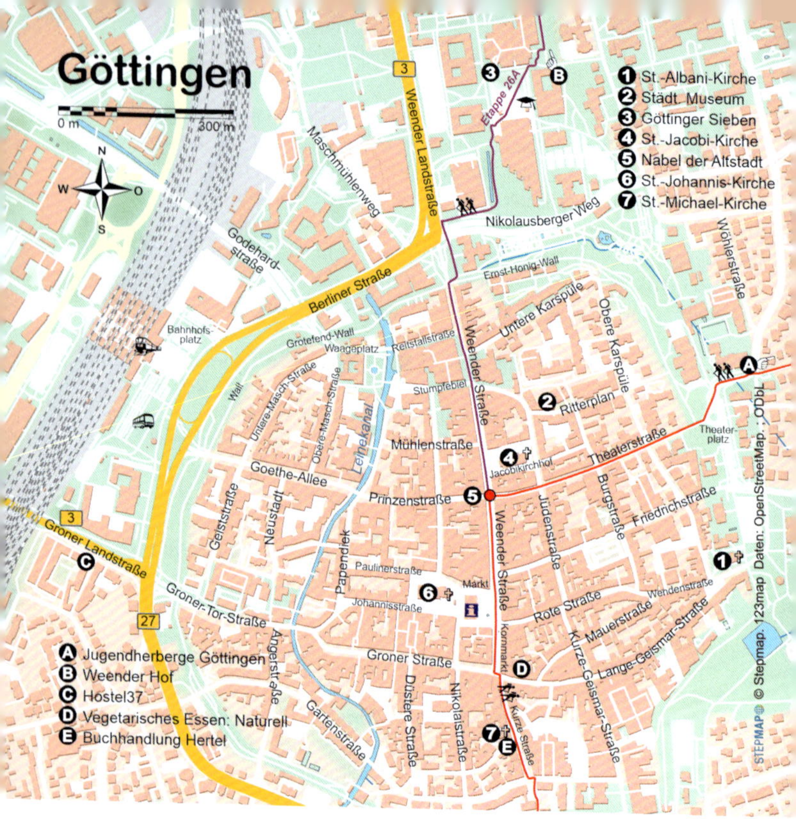

Göttingen ist Haltepunkt an der 1991 eröffneten Schnellfahrstrecke der Bahn zwischen Hannover und Würzburg und eignet sich deshalb auch besonders zur An- und Abreise mit dem Fernverkehr. Auf dem alten Nord-Süd-Schienenstrang zwischen Hamburg und Kassel (Frankfurt, Würzburg) gibt es Anbindungen durch den Regionalverkehr. In Richtung Westen besteht eine Regionalbahnverbindung nach Bodenfelde an der Weser mit Anschluss nach Paderborn. Für den weiteren Weg von Interesse ist die Regionalbahnverbindung Richtung Süden. Die beiden Zugteile der Privatbahn (Cantus) werden in **Eichenberg** getrennt, ein Teil fährt Richtung Kassel, der andere Richtung Bebra. Richtung Bebra liegt der Bahnhof Bad Sooden-Allendorf nahe am Endpunkt der 27. Etappe (Fahrtzeit Göttingen – Bad Sooden-Allendorf: 29 Min.). In Eichenberg besteht auch Anschluss zum Endpunkt der 26. Etappe in Arenshausen (Fahrtzeit Göttingen – Arenshausen: 30 Min.).

✞ ⊙ **Ev.-luth. Pfarrkirche St. Jacobi**. Dreischiffige gotische Hallenkirche mit dem höchsten Kirchturm Göttingens, der Flügelaltar zeigt auf der Alltagsseite (bei geschlossenen Flügeln) die Geschichte des heiligen Jakobus in acht Bildern.

♦ Jacobikirchhof 2, ☏ 575 96, 💻 www.jacobikirche.de,
🚪 Pfarrbüro Mo, Mi, Fr 10:00-12:00, Di, Do 17:00-19:00, Kirche täglich 11:00-15:00 (oft auch länger), Gottesdienst So 10:00, ⊙ den Pilgerstempel gibt es in der Kirche oder im Gemeindebüro

✞ **St.-Michael-Kirche**. St. Michael wurde 1787/89 als erste nachreformatorische katholische Kirche der Stadt zunächst turmlos in die Straßenflucht gebaut, die neobarocke Turmfassade erhielt sie Ende des 19. Jh.

♦ Pfarrbüro St. Michael, Turmstraße 6, ☏ 547 95 10,
🚪 Mo-Do 9:00-13:00, Fr 9:00-20:00

✞ **St.-Johannis-Kirche**, hinter dem historischen Rathaus. Die zweite Stadtkirche fällt durch ihre zwei verschiedenen, achteckigen Türme auf, in einem davon wohnte über 600 Jahre lang der Stadtwächter (Türmer) mit Blickkontakt zu den 11 Warttürmen, zwischen 1921 und 2001 war die Türmerwohnung von Studierenden bewohnt.

♦ Johanniskirchhof 2, 💻 johannis-goettingen.wir-e.de,
🚪 Mo, Fr, Sa 11:00-15:00, Di, Mi 11:00-13:00, Do 11:00-17:00

⌘ **Städtisches Museum**. Bedeutende Sammlung der Kirchenkunst aus Judentum, Christentum und Islam im Zusammenhang mit der Göttinger Stadtgeschichte

♦ Ritterplan 7/8, ☏ 400 28 43, 💻 www.museum.goettingen.de,
🚪 Di-Fr 10:00-17:00, Sa/So erst ab 11:00

Noch vor der eigentlichen Gründung Göttingens, die Heinrich dem Löwen zugeschrieben wird, gab es im Bereich der St.-Albani-Kirche das Dorf Gutingi, das auch außerhalb der etwa 1250 errichteten Stadtmauern noch Fortbestand hatte. An den hochwasserfreien Hangterrassen im fruchtbaren Leinetal waren bereits die Dörfer Bovenden, Weende, Geismar und auf der anderen Leineseite Rosdorf und Grone entstanden, die heute weitgehend zu einer Stadt verschmolzen sind. Die St.-Albani-Kirche am Ostrand der Altstadt gilt als die älteste Kirchengründung Göttingens.

Innerhalb der Mauern entstanden die drei Stadtkirchen St. Jacobi, St. Johannis und St. Nicolai. Einen Aufschwung erlebte Göttingen als Tuchmacherstadt. Das Leinen- und Wollweberhandwerk blühte bis zum Ende des 16. Jh. 1734 wurde der Lehrbetrieb an der Georg-August-Universität aufgenommen. Vielleicht berühmtester Lehrer wurde 1807 Carl Friedrich Gauß als Leiter der Sternwarte. Ein bedeutendes gesellschaftspolitisches Ereignis war der Protest von sieben Göttinger Professoren gegen die Aufhebung der recht freiheitlichen Verfassung durch König Ernst August I. von Hannover, der mit Entlassung und Landesverweis endete (☞ Hannover). Das Denkmal der Göttinger Sieben haben Sie in Hannover am Leineschloss passiert. Wer den Weg über Nörten-Hardenberg gewählt hat, trifft auf dem zentralen Campus des Unigeländes auf die von Günther Grass gestaltete Erinnerungsskulptur.

Im Zweiten Weltkrieg wurde Göttingen verhältnismäßig wenig beschädigt. So erleben Sie auch heute ein recht geschlossenes mittelalterliches Stadtbild. Bedeutender Arbeitgeber ist die Georg-August-Universität. Sie ist die älteste und größte Hochschule Niedersachsens. Etwa 20 % der Göttinger Bürgerinnen und Bürger sind Studierende.

Etappe 26A: Northeim – Nörten-Hardenberg – Göttingen

➲ 28,9 km, ⧖ 9 Std., ↑ 528 m, ↓ 499 m, ⇧ 125-262 m

0,0 km	⇧ 128 m	Northeim
6,2 km	⇧ 262 m	Abzweig Etappe 26A, Hardenberg Golfresort
7,7 km	⇧ 181 m	Bühle
11,5 km	⇧ 251 m	Hardenberger Warte
12,1 km	⇧ 170 m	Burg Hardenberg
13,5 km	⇧ 135 m	Nörten-Hardenberg
14,7 km	⇧ 135 m	Kloster Marienstein
19,5 km	⇧ 195 m	Eddigehausen, Mariaspring
24,3 km	⇧ 153 m	Weende, ehemaliges Kloster
28,1 km	⇧ 153 m	Unicampus Göttingen
28,9 km	⇧ 156 m	Göttingen, St. Jacobi (Nabel)

Der Hinweis des Ortsheimatpflegers aus Angerstein auf das Benediktinerkloster Marienstein im Gemeindegebiet von Nörten als anerkannte Pilgerwegsstation sowie ein in alten Karten verzeichneter Pilgrimstieg in der Osthangterrasse des Leinegrabens bei Angerstein und das Angebot des Nörtener Pfarrers, Pilgernden Unterkunft zu gewähren, gaben Anlass, einen Pilgerweg über Nörten-Hardenberg im Leinetal nach Göttingen zu finden.

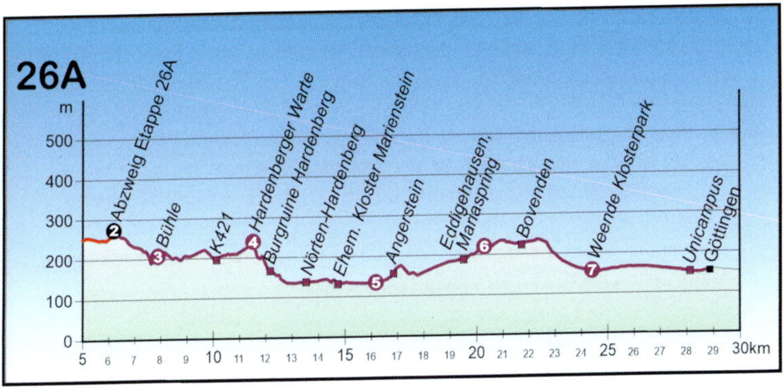

Entstanden ist ein großartiger, erlebnisreicher Wegabschnitt, der sich gut in Nörten-Hardenberg teilen lässt. Schon das von alten Höfen geprägte Fachwerkdörfchen Bühle mit dem schönen Kirchberg ist eine Entdeckung. Weiter leitet der Weg zur imposanten Burgruine Hardenberg, die seit Jahrhunderten im Besitz der bis heute in Nörten ansässigen Adelsfamilie der Hardenbergs ist. Vorbei am Barockschloss der Hardenbergs wird das alte Nörten am Stiftsplatz erreicht. Einen kleinen Abstecher macht der Weg im stark von den Bahnlinien, der Autobahn sowie der alten und der neuen Bundesstraße belasteten Leinetal, um das ehemalige Kloster Marienstein zu besuchen. Danach geht es zurück in die aussichtsreiche Osthangterrasse des Leinegrabens. Über Bovenden und Weende wird schließlich St. Jacobi in Göttingen erreicht.

Aus Northeim heraus laufen Sie wie in Etappe 25 beschrieben bis zum Abzweig am ersten Querweg am Golfplatz und biegen dort rechts in den Schotterweg ❷. Schon nach wenigen Schritten weichen Sie geradeaus in einen Feldweg ab. Sanft abwärts geht es zwischen Hecken in ein Tal hinein. Der Weg verzweigt sich noch einmal. Hier gehen Sie nach rechts und im Folgenden an zwei Abzweigen geradeaus durch das reizvolle Tal. Rechter Hand haben Sie einen wunderbaren Blick auf die mit alten Obstbäumen locker überschirmten Halbtrockenrasen am Mäuseberg (NSG Mäuseberg und Eulenberg).

Der Weg fängt sich im Hang und erreicht **Bühle** an einem Holzlagerplatz mit geologischem Aufschluss. Über die Straße Zum Reith kommen Sie an eine T-Kreuzung im Oberdorf. Sie gehen rechts zur **Kirche St. Oswald** auf dem Kirchberg. Charakteristisch an dieser um 1300 errichteten kleinen Saalkirche ist das in Fachwerk angebaute Glockenhaus.

Gehen Sie an der Kirche vorbei und folgen Sie dem abwärtsführenden Grasweg zu einem 🚻 ⛱ Rastplatz mit Aussicht. Geradeaus (nicht links) steigen Sie, zuletzt über Stufen, ins Unterdorf mit dem 🛏 Gasthof/Pension Lindenhof hinab.

🛏 ✕ **Pension Lindenhof**, Bühlstr. 1, 37154 Bühle, ☎ 055 03/17 66, ✉ info@pension-lindenhof-northeim.com, lindedl@aol.com, 💻 pension-lindenhof-northeim.com, Ü EZ € 39, DZ € 66, F € 6,50, ➲ am Weg

Gegenüber finden Sie Hinweise auf örtliche Wanderwege. Sie orientieren sich Richtung Scherenberg und Heseberg (Wegweiser).

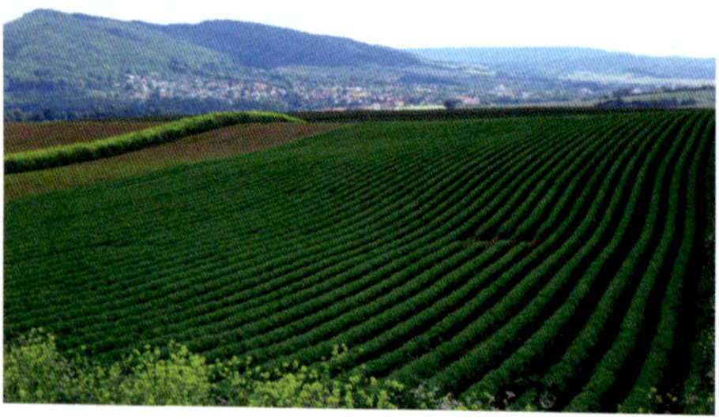

Die Region zwischen Northeim und Hardenberg ist stark landwirtschaftlich geprägt

Über eine Hofstelle hinüber und geradeaus die Stufen aufwärts ist Ihr Pfad nun rot, orange und gelb markiert. Auf schmalem Grat zwischen Zäunen gehen Sie weiter geradeaus (nicht rechts) bei schönem Blick zum Kirchberg bis zum Waldrand hinauf ❸.

Dort folgen Sie rechts dem breiten Weg. Nachdem von rechts ein Weg aus dem Bühler Siedlungsgebiet den Höhenweg erreicht hat, kommen Sie an eine Weggabelung. Ab hier sind nun zwei etwa gleich weite Wegführungen möglich. Sie können entweder über den Warteturm, der 1842 im Auftrag von Carl Ludwig August von Hardenberg als Aussichtsturm errichtet wurde, die Burg Hardenberg erreichen, oder über Bishausen gehen. In Bishausen hätten Sie Gelegenheit, an einer jüngeren Wallfahrtsstätte – „Maria in der Ferne" – vorbeizuschauen.

Zur Hardenberger Warte laufen Sie an der Gabelung halb rechts in die Felder. Bei der nächsten T-Kreuzung geht es nach links und gleich wieder nach rechts, dann aber schon wieder links auf den Waldrand am Piepenberg zu und dort entlang, bis ein breiter Weg quert. Hier gehen Sie rechts herunter zur K421. Auf der anderen Seite der Straße pilgern Sie einige Meter parallel zu ihr, biegen dann aber rechts aufwärts zu einem kreuzenden Schotterweg. Kurz links und wieder rechts steigen Sie weiter zum Waldrand auf und zum Rundweg zum „Hasenloch". Sie folgen diesem Weg nicht in den Wald, sondern bleiben am Waldrand. An der Waldecke geht es dann links, weiter am Waldrand entlang, zur Hardenbergwarte ❹. Der Turm kann nicht mehr bestiegen werden, aber eine gute Aussicht haben Sie auch von einer Pausenbank. Ohne Richtungswechsel führt Ihr Weg nun in den Wald und rechts abwärts auf dem Hauptweg zur Ruine Hardenberg.

Über Bishausen folgen Sie an der Gabelung weiter dem Waldrandweg und der Wandermarkierung. Noch einmal münden Wege ein. Die Markierung (rot, orange, gelb) bleibt eindeutig. Halb rechts führt Ihr Weg unter die Hochspannungsleitung und an den dortigen Querweg. Sie gehen geradeaus – jetzt nur noch bei roter und oranger Markierung – bis auf einen Sattel (Pass). Voraus schauen Sie weit in das Beverbachtal hinein. Einige Häuser von Bishausen sind schon zu sehen.

Sie biegen hier halb rechts über den Grasweg an der Feldkante von den markierten Wegen ab und kommen in den Wald. Dort verzweigt sich der Weg. Sie gehen links in den Talhang und stetig leicht abwärts, bis der Weg in einer Rechtskurve ansteigt.

Jetzt Achtung! Im Ausgang der Kurve zweigt links ein Pfad ab. Diesem vertrauen Sie sich an. Er führt hinunter zum munter sprudelnden Beverbach, bleibt im Hang zwischen Hecken und erreicht Bishausen. An der Hauptstraße (Feldtorstraße) gehen Sie nach links, aber nur 40 m, dann biegen Sie rechts in den hangparallelen Weinbergweg.

Maria in der Ferne (➲ 750 m): Bei Interesse an der bis heute bedeutungsvollen Wallfahrtsstätte der Heimatvertriebenen bleiben Sie auf der Feldtorstraße (13:00-15:00 Mittagspause), gehen über den Bach und dann links den Kirchweg aufwärts zur Bevertalstraße. Hier wenden Sie sich nach links, biegen aber gleich wieder rechts in die Wallfahrtsstraße ab (Richtung Friedhof). Am Waldrand steht ein Wegweiser zur Wallfahrtsstätte.

Nur 50 m weiter reihen sich von einem begradigten Platz unter hohen Bäumen 14 steinerne Stelen in Kreuzform mit reliefartigen Darstellungen der Kreuzigungsgeschichte bis zu einem Altarplatz im Berghang aneinander. Unterhalb steht „Maria in der Ferne" unter Eiben. Initiiert wurde der Platz von Kriegsvertriebenen, die in der Region eine neue Heimat fanden.

Am Ende des Weinbergwegs beginnt halb rechts der Fußweg Am Burgberg. Gehen Sie eng um die Garage herum (nicht aufwärts in den Wald). Es beginnt ein gemütlicher Spazierweg im Bevertal zur Burg. Bevor das Hardenberg Burghotel mit historischem Mühlengebäude und Restaurant Novalis, Turnierplatz und Kornbrennerei erreicht ist, steigen Sie die wenigen Meter zur noch immer imposanten Burgruine aufwärts.

♜ Im Jahr 1101 zum ersten Mal als Besitz des Bischofs von Mainz erwähnt, gelangte die Burg im 14. Jh. in den Besitz derer von Hardenberg. Bewohnt wurde sie von zwei Linien der Familie im sogenannten Hinterhaus und einem Vorderhaus. Im Jahr 1710 zogen die Bewohnerinnen und Bewohner des Vorderhauses in einen neu errichteten Schlossbau, der nur wenig unterhalb der Burg am Weg liegt. Sie können die Burg umrunden.

♦ Besichtigungen sind im Rahmen einer öffentlichen Führung nur am ersten Sonntag im Monat möglich. Gruppen nach Voranmeldung: 💻 www.der-hardenberg.com, ☏ 055 03/98 10. Wer will, kann auch im dortigen Standesamt heiraten.

Bildsäule am Stiftsplatz und St.-Martin-Kirche in Nörten-Hardenberg

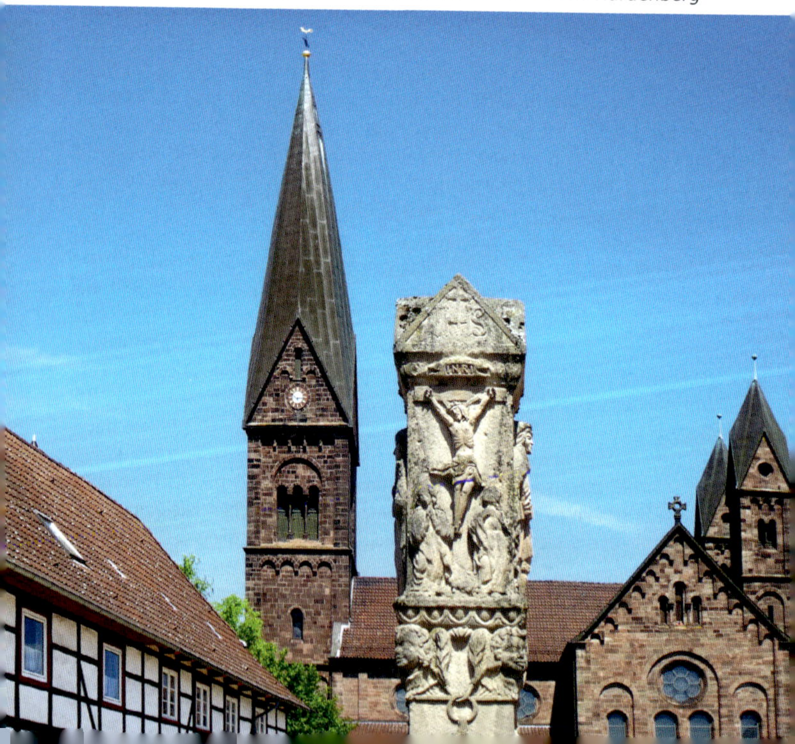

Von der Torbrücke gehen Sie geradeaus auf breitem Weg zum Schloss hinunter, durchqueren die umfangreichen Anlagen des (neuen) Vorderhauses (Privatbesitz, keine Besichtigung möglich) und halten sich am Hauptportal an die Straße (An der Bünte) entlang des Baches. An der Querstraße gehen Sie dann rechts zum Kreisverkehr und biegen links in die Lange Straße.

Nachdem Sie das Hotel/Restaurant Ratskeller passiert haben, gönnen Sie sich den Schlenker über die Gasse Am Kirchhof, die zur St.-Martin-Kirche am von Fachwerkhäusern umringten Stiftsplatz führt. Achten Sie auch auf die frisch restaurierte, 1698 von einem Liborius Papen gestiftete Bildsäule, die aus einer Werkstatt im Eichsfelder Duderstadt stammt.

Nörten-Hardenberg

BANK 37176, 055 03

Kath. Pfarramt Nörten-Hardenberg, Stiftsplatz 2, 22 10, kath.pfarramt.noerten@t-online.de, Ü im Gemeindehaus (Stiftsplatz 8), bis zu 10 Pers., WC, Matratzen vorhanden, Schlafsack erforderlich, Anmeldung erforderlich, Anmeldungen müssen unbedingt rechtzeitig und zu den Öffnungszeiten des Pfarrbüros erfolgen. Außerhalb dieser Zeiten ist sonst niemand da, auch der Pastor wohl nicht mehr vor Ort.

Pfarrbüro Di 15:00-17:30, Mi und Do 10:00-12:00. Einen Pilgerstempel erhalten Sie auch nur zu diesen Zeiten.

Ratskeller Nörten, Lange Straße 80, 808 66 00, gutessen@ratskeller-noerten-hardenberg.de, ratskeller-noerten-hardenberg.de, Ü EZ ab € 69, DZ ab € 79, F € 7, am Weg

Nörten-Hardenberg hat einen Regionalbahnanschluss an der Bahnstrecke Göttingen – Hannover. Die Etappenorte Northeim, Alfeld und Sarstedt liegen ebenfalls an dieser Strecke.

Die aus Werksteinen vom hiesigen Sandsteinbruch gefertigte katholische **St.-Martin-Kirche** am Stiftsplatz im alten Dorf gilt als schönstes Beispiel der Kirchenbauten des ausgehenden 19. Jh. in dieser Region. Ausstattung und Bausubstanz entstammen einem Zeitalter. Eine erste Kirchengründung, bereits im 8. Jh., ging von Mainz aus. Bis heute ist Nörten dem Bistum zugehörig. Enge Verbindungen der katholischen Diasporagemeinde im evangelischen Niedersachsen bestehen seit jeher mit dem thüringischen Eichsfeld, das ebenfalls katholisch ist und unter kurmainzischer Verwaltung stand. „Man heiratete nur innerhalb der eigenen Konfession", erzählt der ehemalige Nörtener Pfarrer Andreas Körner. St. Martin gilt auch als Schutzpatron des Eichsfelds.

tagsüber geöffnet

Am Stiftspfarrhaus von 1823 gehen Sie zurück zur Langen Straße (Einkaufsstraße) und dort rechts.

Nach der Christuskirche der evangelischen Emmaus-Gemeinde (dahinter steht das Rathaus) zweigt rechts die Bahnhofstraße zum Bahnhof ab. Sie folgen aber der Langen Straße bis zur Ampelanlage an einer Tankstelle 🛒. Hier biegen Sie rechts in die Lauenförder Straße ab (Autobahnzubringer) und nach der Bahnbrücke nach links in den Radweg Richtung Göttingen. Gleich geht es aber wieder rechts (Wegweiser) zur Klosterkirche des ehemaligen Benediktinerklosters **Marienstein** (vormals Kloster Steina).

✞ Die zur Emmaus-Gemeinde gehörende barocke Saalkirche hat noch eine sehenswerte, romanische Krypta, aber leider keine festen Öffnungszeiten. Die Klostergebäude befinden sich in Privatbesitz.

Zwischen Klostermauer und der Ortschaft Marienstein führt Ihr Weg auf dem Radweg geradeaus über die Rodebachbrücke ⛩ und dann rechts am Bach entlang zur Unterführung der B3. Danach biegt der Weg nach links und führt durch die Felder in der Leineaue.

Am nahen Waldhorizont erscheint die Plessburg über Angerstein. Mit der nächsten Brücke, die über Bundesstraße und Bahnstrecke an den Ortsrand von **Angerstein** führt, biegen Sie vom Leineradweg ab ❺.

🚲 Mit dem Rad können Sie selbstverständlich (bequemer) in Richtung Göttingen weiterfahren.

Sie erreichen die Alte Straße und folgen ihr rechts bis an den Siedlungsrand (70 m). Dort biegen Sie links in den schmalen Pfad ab, der zur alten Bundesstraße führt. Hier links und wieder rechts (Am Grebenberg) steigen Sie über die Besiedlung hinaus bis zum ersten Querweg, dem Sie rechts folgen. Der von Kirsch- und Walnussbäumen gesäumte Weg ⛩ fällt wieder zu einer T-Kreuzung hin ab. Dort gehen Sie links bis zu einer Verzweigung an einer ⛩ Pausenbank.

Wieder geht es rechts in den Hang bis an eine Kreuzung mit einer Teerstraße. Dieser folgen Sie nach links, bis der Teer endet, und biegen dort rechts in den Hangweg nach Mariaspring ab (kein Wegweiser).

Der Feldweg setzt sich in der Kalkmühlenstraße fort und erreicht die Straße Rauschenwasser, an der Sie links zur 🚌 Bushaltestelle „Eddingehausen, **Mariaspring**" (werktags 11 x über Weende nach Göttingen Bf.) gelangen. Gegenüber rauscht aus breitem Spalt im Buntsandstein das Rauschenwasser in einen Quellteich. Einst war das wilde, von Treppenwegen durchzogene Gelände beliebtes Ausflugsziel für Göttinger Studierende.

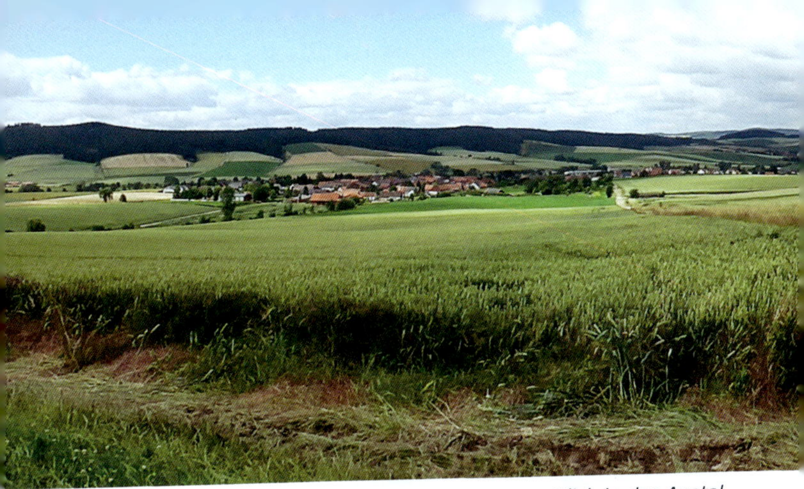

Blick in das Auetal

Danach wird eine Fahrstraße überquert. Links folgen Sie ihr etwa 200 m und biegen dort rechts in die Siedlungsstraße Hellerbreite. Oberhalb, jetzt deutlich vom Abzweig zu sehen, steht die Burg Plesse oder Plessburg, die vom Leinetal aus schon auszumachen war.

Bis auf die Höhe (bevor die Straße wieder abfällt) folgen Sie der Hellerbreite (vier links abgehende Wohnstraßen haben Sie bereits außer Acht gelassen) und biegen jetzt links aufwärts ein. An einem letzten Haus endet die Straße. Geradeaus folgen Sie dem Fußpfad durch Unterholz ❻. An einem Querweg mit ⩩ Pausenbank gehen Sie geradeaus weiter auf ordentlichem Feldweg.

Als Balkon zum Leinetal gleicht der nachfolgende, aussichtsreiche Hangweg dem bereits zurückgelegten Weg am Wieter. Unterhalb breitet sich der Flecken Bovenden aus.

Wieder orientieren Sie sich am Waldrand. In den Wald oder in das Tal führende Wege werden ignoriert. Ein weiteres querendes Teersträßchen wird überschritten. Knapp 400 m weiter biegt der Weg links in einen kleinen Taleinschnitt ab. Hier gehen Sie nicht zum Waldrand hinauf, sondern gleich rechts heraus, am Hochsitz vorbei zwischen Feld und Wiese weiter. Bovenden haben Sie hinter sich gelassen. Der Göttinger Ortsteil Weende liegt nun unterhalb.

Der Weg biegt bald danach nach rechts und führt den Hang hinunter an einen Radweg am Ortsrand von Weende. Sie gehen 100 m nach links zu einer Kreuzung und biegen dort rechts in das Siedlungsgebiet (**Tobias-Meyer-Weg**) ab. Die Querstraße überschreiten Sie und folgen dem beginnenden Fußweg (**Konrat-Ziegler-Weg**).

Unterhalb des Spielplatzes gehen Sie links über den Parkplatz und weiter geradeaus in den **Adolf-Ellissen-Weg**. Am Ende nehmen Sie rechts den Fußweg und gehen an der Verzweigung links bis an eine Fahrstraße. Hier gehen Sie rechts und an der Ortsfeuerwehr Weende wieder links in die **Ernst-Fahlbusch-Straße**, die durch Sportplatzgelände und Schulgelände führt .

St.-Jacobi-Kirche

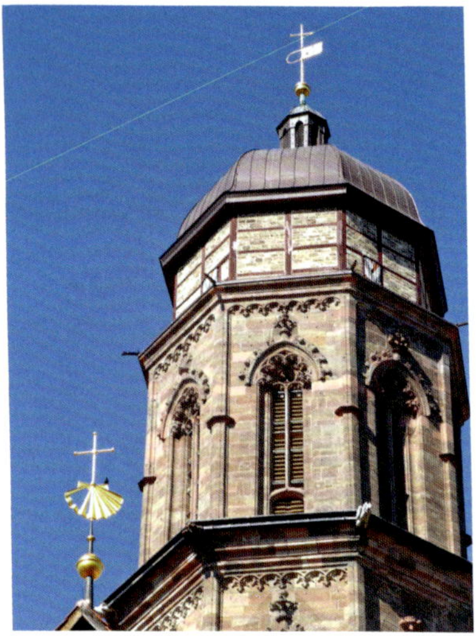

An der Kreuzung mit der Bushaltestelle Festhalle gehen Sie noch geradeaus weiter, biegen aber nach dem ersten Wohnblock rechter Hand rechts in den Fußweg ab, der entlang des kleinen Baches Weender Spring führt. Er erreicht die alte B3 (Hannoversche Straße) am Hotel/Restaurant Weender Hof (Göttingen).

Weiter geht es links bis zur Ampel und dort rechts in die Karl-Grüneklee-Straße. Von dieser biegen Sie aber sofort wieder links in den **Klosterweg** ab, der zum ehemaligen Augustinerinnenkloster führt, das nach einer ersten Gründung in Nikolausberg hierhergezogen ist (Nikolausberg). Große Teile des Klosterparks sind heute Gewerbegebiet. In einem erhaltenen kleineren Teil des Parkgeländes stehen noch einige barocke ehemalige Klostergebäude, die zu Wohnzwecken umgebaut worden sind ❼.

Sie gehen zurück zur Durchgangsstraße und dort nach rechts über den Bach und gleich links in den Uferweg (Fußweg), der einige romantische Winkel im alten Weende durchstreift. Geradeaus über die Mittelstraße kommen Sie an die Straße Obere Mühle und gehen rechts bis zu einer Kreuzung. Von dort laufen Sie links auf die barocke Saalkirche St. Petri zu. Es ist Weendes ältestes Gebäude (31. Juli-25. Sep Sa 15:00-18:30).

Sie folgen jetzt rechts der Petrikirchstraße und überqueren nach 450 m die breite Straße An der Lutter BANK. Ohne Richtungswechsel führt die Hermann-Rein-Straße und ab der Studentensiedlung ein verlängernder Fußweg bis an die vierspurige Robert-Koch-Straße. Bis zur zweiten Ampel geht es an ihr entlang

(Radweg) und dann rechts in den Christophorusweg. An der Querbebauung biegen Sie links in die Goßlerstraße, der Sie bis über den querenden Kreuzbergring hinweg folgen.

Dann aber Achtung! Gleich nach dem Kindergarten rechter Hand (gelb gestrichenes Haus mit Fachwerkaufbau) zweigen Sie rechts in den Fußweg zum Universitätsgelände hin ab. Vor dem modernen Mehrzweckgebäude biegen Sie links ein und an der nächsten Ecke rechts in den zentralen Campus. Achten Sie hier auf das Denkmal der Göttinger Sieben rechter Hand (☞ Göttingen).

Sie queren den Campus diagonal und biegen an der Staats- und Unibibliothek links ein. Voraus ist bereits der Turm von St. Jacobi zu sehen. Zur querenden Wallstraße (Nikolausberger Weg) gehen Sie hoch und überqueren sie an der Ampelanlage. Geradeaus passieren Sie die alten Wallanlagen, das alte Audimax der Universität (heute Museum für Archäologie und Kunst) und erreichen über die Weender Straße schließlich den Jacobikirchhof.

Etappe 27: Göttingen – Kirchgandern/Arenshausen

24,9 km, 7 Std., ↑ 465 m, ↓ 418 m, ⇧ 148-395 m

0,0 km	⇧ 155 m	Göttingen, St. Jacobi
4,7 km	⇧ 190 m	Göttingen, Geismar
6,5 km	⇧ 230 m	Diemardener Warte
10,2 km	⇧ 205 m	Reinhausen, St. Christophorus
16,2 km	⇧ 333 m	Lichtenhagen
18,5 km	⇧ 395 m	Rohrberg, höchster Punkt
21,1 km	⇧ 326 m	Kreuzung mit dem Pilgerweg Loccum – Volkenroda
23,7 km	⇧ 203 m	Kirchgandern Sühnekreuz (), Arenshausen
24,9 km	⇧ 200 m	Kirchgandern, Abzweig Arenshausen (280)

Nach Süden hin verlassen Sie Göttingen über den Diemardener Warteturm, den einzigen von ehemals elf Wachttürmen an der Göttinger Landwehr, der vollständig erhalten ist. In Reinhausen erklimmen Sie den Kirchberg, um die romanische Klosterkirche St. Christophorus zu besuchen, bevor Sie dann durch den Reinhäuser Wald gemächlich nach Lichtenhagen hin ansteigen. Das Angerdorf Lichtenhagen ist schon Grenzort an der ehemaligen innerdeutschen Grenze, die wenig weiter dann überschritten wird. Sie orientieren sich am Grenzstreifen, dem heutigen Grünen Band, und wandern bei bester Aussicht bis nach Kirchgandern im Leinetal.

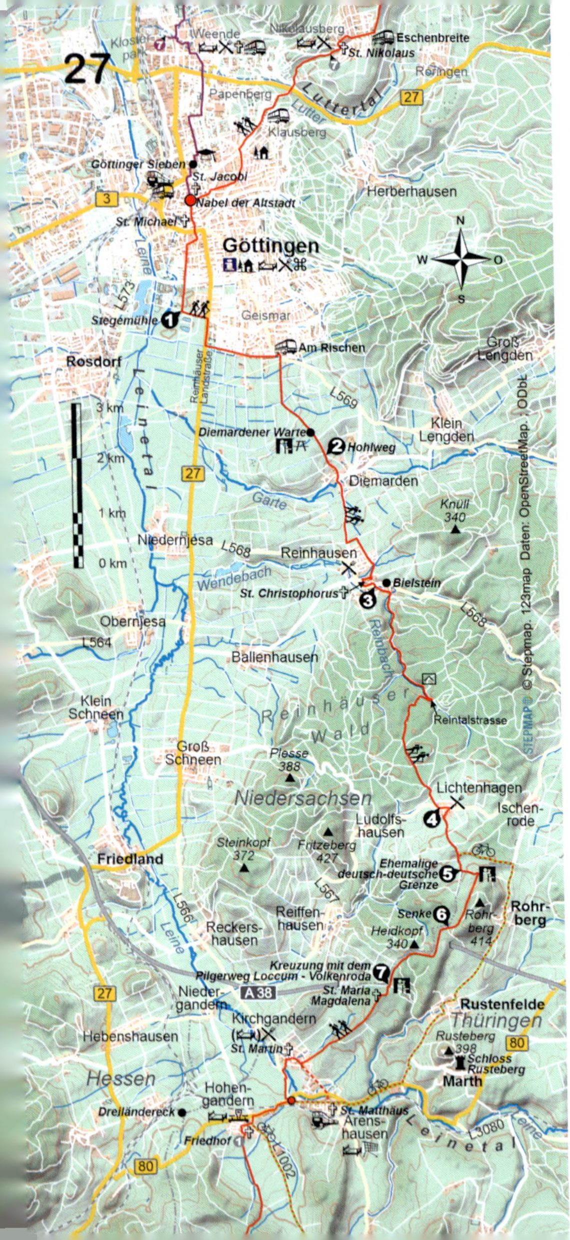

Der Weender Straße folgen Sie nach Süden, passieren das **Alte Rathaus** am Markt mit dem berühmten **Gänseliesel-Brunnen** und dann den Kornmarkt.

Achten Sie danach auf die **katholische Kirche St. Michael** rechter Hand. Am Straßenende gehen Sie geradeaus über den Wöhlerplatz und die querende Parkanlage (Wall) zum Fußgängertunnel, mit dem Sie die breite Bürgerstraße unterqueren, und 150 m weiter treffen Sie auf den Walkemühlenweg.

Rechts folgen Sie ihm bis zur Straßenkreuzung und biegen dort links in die Lotzestraße ein. Sie folgen ihr und dem sich an der Kreuzung mit der Stettiner Straße geradeaus anschließenden Schotterweg weiter durch die Südstadt nach Süden, bis es nach 1,3 km vor dem Zaun der Wassergewinnungsanlage (Stegemühle) ❶ in den Leinewiesen nicht mehr geradeaus weitergeht.

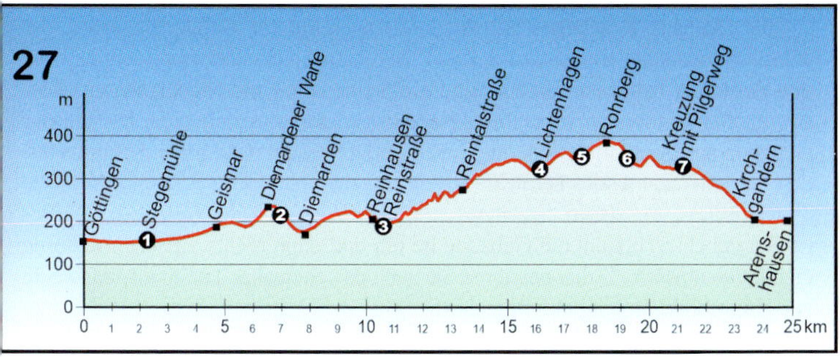

Hier biegen Sie links in die Kiesseestraße ab, laufen bis zur querenden Reinhäuser Landstraße und gehen rechts an dieser entlang. An einem letzten Haus rechter Hand biegen Sie links an den Siedlungsrand von Göttingens südlichstem Stadtteil Geismar in die Straße **Am Rischen** ab. Etwa 1,5 km weiter erreichen Sie an der Bushaltestelle „Am Rischen" die Hauptstraße, die hier zur Duderstädter Landstraße wird. (100 m links herunter ist die Bushaltestelle „Kurmainzer Weg" zu finden.) Sie folgen der Straße etwa 100 m nach rechts und weichen direkt vor der Linkskurve geradeaus in den Wirtschaftsweg ab.

Es beginnt ein aussichtsreicher, von Obstbäumen gesäumter Weg in der Osthangterrasse des Leinegrabens, der bald an einer Kreuzung geradeaus zur **Diemardener Warte** hinaufsteigt und zum Gartetal hin wieder abfällt.

Kurz vor Diemarden ist der nach links führende Wirtschaftsweg als Privatweg gekennzeichnet. Sie weichen hier halb rechts in den Hohlweg ❷ aus. Es ist ein erhaltenes Teilstück einer Heer- und Handelsstraße. Der Weg führt an eine Siedlungsstraße (Schulstraße) in **Diemarden**. Geradeaus und über eine Kreuzung hinweg gehen Sie bis zur Ortsdurchgangsstraße. Rechts folgen Sie dieser (Reinhäuser Straße), überqueren das Flüsschen Garte und wandern auf dem Radweg bis kurz vor **Reinhausen**.

Schon mit Sicht auf die Ortschaft, da wo der Radweg sich kurz von der Straße entfernt (es steht hier ein kleines Bänkchen), biegen Sie links in den Feldweg und auf Höhe des rechter Hand sichtbaren Siedlungsrands wieder rechts in einen Fußpfad ab, der bald als Heckenweg zwischen den Gartenseiten zweier Siedlungsteile entlangführt. Am Ende gehen Sie geradeaus über eine Querstraße hinweg in ein kleines Bachtal und folgen der beginnenden Teerstraße wieder aufwärts zur Domäne Reinhausen.

Die **Domäne Reinhausen** ist ein denkmalgeschützter Gebäudekomplex, der auf ein Benediktinerkonvent zurückgeht. Bereits nach der Reformation ging er in den Besitz der Landesherren über und wird heute vom Land Niedersachsen inklusive großer Ländereien verpachtet. Neben der Landwirtschaft dient ein Teil der Gebäude auch der Umweltbildung. Insbesondere Kinder- und Jugendgruppen finden hier ein spannendes Lernfeld.

Sie gehen rechts um die Gebäude herum und dann rechts zwischen weiteren Gebäuden abwärts. Dabei passieren Sie auch das ehemalige Forsthaus, das heute zur Umweltbildungseinrichtung gehört.

Unterhalb des Forsthauses biegen Sie links Richtung Friedhof und Kirche in den Hang ab (Informationstafel zum Kirchberg). Entlang einer hohen Klostermauer und einer Siedlung erreichen Sie die romanische **St.-Christophorus-Kirche**, die auf einem Felssporn oberhalb von Reinhausen liegt.

✝ Im Ursprung ist dies die Klosterkirche des Benediktinerkonvents aus dem 11. Jh. Im Innern sind noch Fresken aus der Zeit um 1400 mit Motiven der Christophoruslegende zu sehen. Neben dem Flügelaltar von 1498, verschiedenen Steinbildwerken und Grabdenkmalen ist eine romanische Christophorusplastik im Chor aufgestellt. Über dem Eingang zur Sakristei zeigt der Rest eines Flügelaltars von 1507 als Hauptfigur Jakobus Major.

Kirche: täglich 9:00-17:00

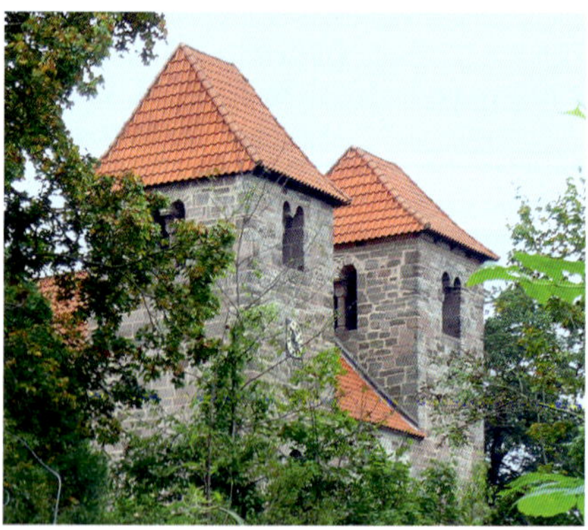

Klosterkirche St. Christophorus in Reinhausen

Etwa 50 m vor der Kirche biegt der Weg rechts (an einer Garage mit pflanzenbewachsenem Dach) in einen schmalen Treppenweg ab, der zur Talstraße führt. (Achtung, Rutschgefahr!) Bis zur Mitte des 19. Jh. waren dieser und zwei weitere in den Fels gehauene Treppenwege die einzigen Zugangswege zum Klosterkomplex. An der Hauptstraße geht es nach links bis zum Abzweig der Reinstraße ❸, in die Sie einbiegen.

☺ Wenn Sie am Lindenplatz nicht in die Reinstraße abbiegen, sondern noch 200 m weiter der Hauptstraße folgen, erhebt sich linker Hand der sogenannte **Bielstein**. Der Fels enthält zahlreiche Bearbeitungen aus dem Mittelalter wie Rundbogennischen und Wetzrillen und – besonders deutlich zu sehen – zwei dicht beieinanderstehende **Scheibenkreuze** unterschiedlicher Größe. Forscherinnen und Forscher folgern aus den Gravuren, dass der Bielstein vormals eine sakrale Bedeutung hatte. 80 m weiter kommen Sie dann rechts über die Reintalstraße zurück zum Weg.

An der T-Kreuzung folgen Sie dann rechts der Reintalstraße. Das Schützenhaus mit der Gaststätte Artemis (Di-Sa 17:00-23:00, So 11:30-22:00) ist das letzte Haus von Reinhausen. Sie wandern nun im schmalen, eng vom Wald begrenzten Wiesental (Reintal) immer auf dem Hauptweg sanft aufwärts.

Dann verschwinden auch die Wiesen, links zweigt ein Weg Richtung Sieboldtal ab. Sie gehen aber geradeaus weiter. An einer Gabelung zweier gleichwertiger Wege ohne Wegweiser gehen Sie halb rechts weiter und stoßen an einer kleinen Lichtung auf eine Schutzhütte.

Hier wird ein Abzweig links Richtung Waldschlösschen und Hurkutstein ignoriert. Etwas oberhalb, nur 100 m nach der Schutzhütte, biegen Sie rechts vom Talweg in einen breiten Forstweg ab. Kurz nach dem Scheitelpunkt des Weges gibt es wieder Wegweiser und Informationstafeln zum Reinhäuser Wald. Geradeaus folgen Sie der Beschilderung nach **Lichtenhagen**.

Im Ort biegen Sie links in die Mahlmannstraße ab ❹. Entlang des Dorfangers, auf dem das Feuerwehrhaus mit Löschteich und die Kirche stehen, erreichen Sie das Gasthaus Wollenweber.

Gasthaus Wollenweber, Mahlmannstraße 13, ☏ 055 92/427, Sa/So 11:00-20:00, zu allen anderen Zeiten nach vorheriger Absprache oder Sie klingeln einfach. Wenn jemand da ist, wird auch geöffnet. Weithin bekannt ist der Eichsfelder Gasthof als ehemalige Hausschlachterei für seine Rippchen, aber auch für Eichsfelder Stracke und Blase (☞ Essen und Trinken).

Oberhalb der Gasstätte biegen Sie rechts in die Hugo-Donder-Straße ein und gehen an der Kreuzung links über den Försterberg aus dem Dorf hinaus. Über offene Höhen und dann durch Wald gelangen Sie zu einem Abzweig. Der Radwegweiser zeigt links.

Radfahrerinnen und Radfahrern sei diese Route empfohlen, denn es gibt voraus schwierig zu fahrende bis unpassierbare Passagen. Der Radweg führt Sie an eine Straße, der Sie rechts über Rohrberg und Rustenfelde an die B80 im

Leinetal folgen. Auch hier fahren Sie rechts. Am Ortseingang von Arenshausen biegen Sie links in die Halle-Kasseler-Straße und erreichen über den Radweg immer geradeaus wieder den Pilgerweg.

Sie gehen geradeaus Richtung Rohrberg und Reiffenhausen, 250 m weiter aber dann links, durch die Fruchthecken hindurch Richtung **Rohrberg.** (Die ehemalige deutsch-deutsche Grenze ❺ wird hier überschritten.)

Kurz vor dem Waldrand biegen Sie scharf rechts in den anfangs noch ansteigenden, dann aber hangparallelen Weg am Rohrberg (Grünes Band) ein.

An einem Forstwendeplatz mit Pausenbank geht es geradeaus und wieder abwärts und am nächsten Wegweiser dann rechts aus dem Wald hinaus in das Wiesenband. In der Senke ❻ wird ein links abzweigender Schotterweg ignoriert.

Links herüber ist der imposante **Rusteberg** zum ersten Mal zu sehen. Auf dem kegelförmigen, hoch über dem Leinetal aufragenden Berggipfel befand sich einst der kurmainzische Verwaltungssitz des Eichsfeldes (Burgruine) an einer bedeutenden mittelalterlichen Straße über Arenshausen und Uder in das Eichsfeld. Zu sehen ist außerdem in der Südostflanke des Kegelberges das Mitte des 18. Jh. errichtete Schloss Rusteberg, das heute von einer Fachklinik für Menschen mit Drogen-, Alkohol-, und Medikamentenproblemen genutzt wird.

Ihr Weg folgt weiter dem Grenzstreifen. Halten Sie sich an den rechten Rand

Grünes Band am Rohrberg

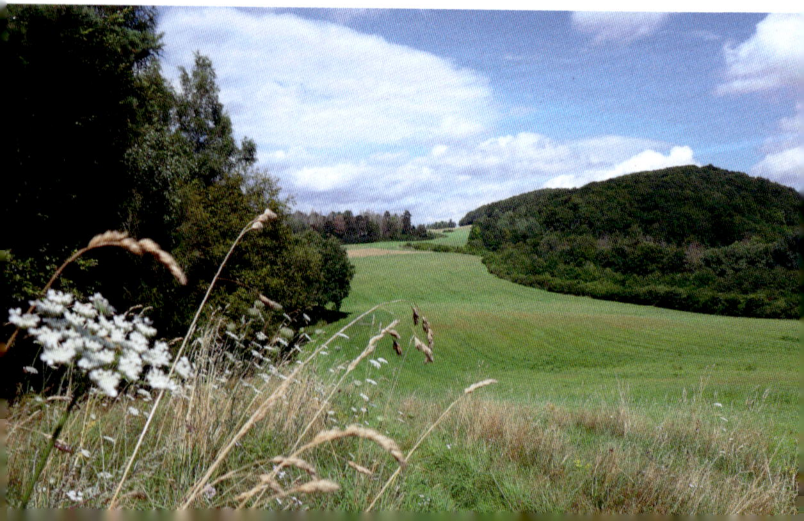

der blütenreichen Wiesen. Die A38 wird hier, ohne dass es offensichtlich wird, überschritten. Der sogenannte Heidkopftunnel durchsticht in zwei Röhren mit einer Länge von 1.724 m den Berg.

An einem Hochsitz auf einer Anhöhe geht es geradeaus weiter durch ein Mischgebiet mit jungem Waldaufwuchs. Lassen Sie sich durch abzweigende Wege nicht irritieren. Sie erreichen dann einen querenden, zweispurigen Plattenweg (Kolonnenweg). Hier quert der Pilgerweg Loccum – Volkenroda ⛩ ❼. Der rund 300 km lange Weg verbindet die ehemaligen Zisterzienserklöster Loccum in Niedersachsen und Volkenroda in Thüringen.

Sie folgen dem Plattenweg für etwa 40 m nach rechts und biegen dann links wieder ab (Richtung Kapelle).

Hier treffen Sie das erste Mal auf die Markierung des Eichsfeld-Rundwanderwegs. Das hier zur Markierung verwendete, in Rot gehaltene sechsspeichige **Mainzer Rad** wird in den nächsten Tagen auch für Sie wegweisend sein. Viele Gemeinden, auch im Eichsfeld, die unter dem Einfluss des historischen Kurfürstentums und Erzbistums Mainz standen, tragen das Symbol bis heute im Wappen.

Nach 170 m können Sie Arenshausen im Leinetal liegen sehen. An dieser Stelle biegen Sie rechts in den Wald zur **Fachwerkkapelle St. Maria Magdalena** ab (Toilette, überdachte ⛩ Pausenbänke). Sie steht am Ziel eines Stationswegs, dem Sie nun vom Portal der Kapelle geradeaus hinunter nach Kirchgandern folgen. Sie erreichen das parallele Sträßchen kurz an einer Informationstafel zur ehemaligen innerdeutschen Grenze und verlassen es gleich wieder geradeaus über einen Feldweg. Im Abstieg haben Sie Sicht bis zur Burg Hanstein in den Bergen am anderen Leineufer.

Kirchgandern erreichen Sie über die Straße Am Kahlenberg an einer Straßenkreuzung mit Sühnekreuz und Altarstein.

↳ Links kämen Sie auf kürzestem Weg nach Arenshausen. Über die Halle Kasseler-Straße finden Sie zum Pilgerweg zurück.

Arenshausen 🛏 ✕ 🛒 🚆 ✉ 37318, ✆ 03 60 81

🛏 **Pension Seeliger**, Thomas-Müntzer-Str. 4, ☎ 679 85, 📱 01 52/06 27 48 50, ✉ marita-seeliger@t-online.de, 1 Zimmer, € 25 p. P., F € 5, ➲ 1 km, ☞ Wegbeschreibung

🛒 Eine Einkaufsmöglichkeit (Netto) befindet sich im Gewerbegebiet Arenshausen

🚆 Arenshausen hat einen Bahnhof, von dem alle zwei Stunden eine Regionalbahn Richtung Witzenhausen bzw. Heilbad-Heiligenstadt fährt.

Ihr Weg führt aber rechts herunter. Sie kommen am 🛏 ✕ Gasthaus zum Goldenen Löwen vorbei und erreichen eine weitere Straßenkreuzung. Rechts ist die Straße Richtung Göttingen ausgeschildert. Über diese Straße kämen Sie auch zum Dorfkrug und zur kath. Kirche St. Martin.

Kirchgandern (🛏) ✕ 🍷 ✝ ✉ 37318, ✆ 03 60 81

(🛏) ✕ **Gasthaus zum Goldenen Löwen**, Heiligenstädter Straße 17, ☎ 613 84, ✉ pgoldenerloewe@aol.com, 🚪 Sa/So ab 17:00, Übernachtungen nach Absprache und nur wenn es gerade passt, Preise auf Anfrage, ➲ am Weg

✕ 🍷 **Dorfkrug**, Frau Sabine Kastner, Besenhäuser Str. 8, ☎ 614 37, ✉ dorfkrug.kirchgandern@web.de, 💻 www.zum-dorfkrug-kirchgandern.de, 🚪 Café, Bistro Mo-Mi 15:00-18:00, Fr-So 15:00-20:00, Getränke, kleine und feine Gerichte, Eis, Kaffee, Kuchen, ➲ 140 m

Kirchgandern ist ein schmuckes Fachwerkdorf, das Wohlstand ausstrahlt. „Die Menschen im Eichsfeld haben immer schon zuerst in das Eigenheim investiert und andere Vergnügungen hintenangestellt“, erklärt die Wirtin vom Dorfkrug das Erscheinungsbild. Besonders schöne Häuser sind auf dem Kirchberg, rund um die aus dem 13. Jh. erhaltene St.-Martin-Kirche zu sehen.

Ihr Weg führt hier links und dann halb rechts hinter die Häuser zu einem Spielplatz. Überqueren Sie den Spielplatz nach rechts und gehen Sie an der Querstraße links bis zur hier noch ganz jungen Leine. Sie überqueren den Fluss auf der Feldgrabenbrücke und laufen dahinter links erst auf einem Schotterweg, dann auf dem Radweg entlang einer Straße bis über die querende B80 hinweg, wo die Etappe endet.

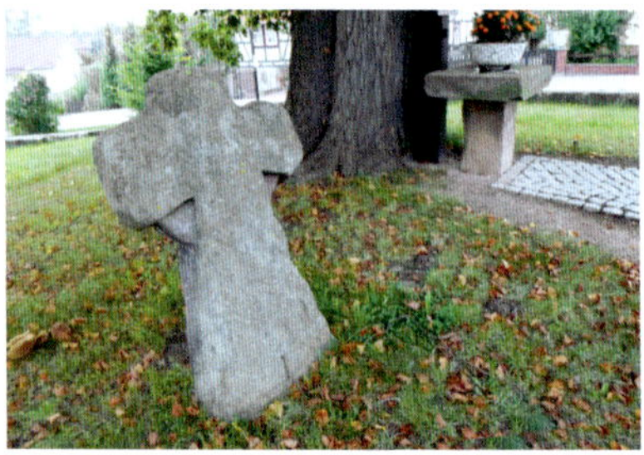

Sühnekreuz und Altarstein in Kirchgandern

☺ Nach rechts (schon auf der ☞ nächsten Etappe) finden Sie eine weitere Unterkunft.

Hohengandern 🛏 🍷 ⛺ ✝ ✉ 37318, ✆ 03 60 81

🛏 **Pension Eic**, Halle-Kasseler-Straße 100 b, ☎ 03 60 83/420 68, 📱 01 71/313 46 59, ✉ preiswolfgang@icloud.com, ÜF EZ € 50, DZ € 80, ➲ am Weg

Etappe 28: Kirchgandern – Asbach

17,6 km, 6 Std., ↑ 582 m, ↓ 524 m, ⇧ 150-483 m

0,0 km	⇧ 200 m	Kirchgandern, Abzweig Arenshausen (B80)
1,3 km	⇧ 220 m	Hohengandern, Kirche
5,0 km	⇧ 315 m	Bornhagen
5,4 km	⇧ 374 m	Rimbach/Hanstein
7,9 km	⇧ 445 m	Teufelskanzel
10,2 km	⇧ 233 m	Pfeillietenhütte
12,3 km	⇧ 150 m	Wahlhausen
13,2 km	⇧ 155 m	Wahlhausen, Grenze, Bad Sooden-Allendorf
15,8 km	⇧ 281 m	Sickenberg
17,6 km	⇧ 260 m	Asbach

Sie verlassen heute die Leine über den zwei Flusssysteme scheidenden Bergrücken (Höheberg). Zur Werra fällt er in steilen Wänden ab. Sie passieren die malerisch gelegene Burgruine Hanstein, die über beide Täler wacht. Hufeisenförmig krümmt sich der Lauf der Werra, auf die Sie von der Teufelskanzel hinabblicken, bevor Sie zum Ufer hinabsteigen. So wie der Weg seit Hannover der Leine gefolgt ist, gibt nun die Werra die Richtung vor. Wieder geht es aber nicht direkt am Fluss entlang, sondern über die begleitenden Höhen, heute noch in die Eichsfelder Grenzdörfer Sickenberg und Asbach.

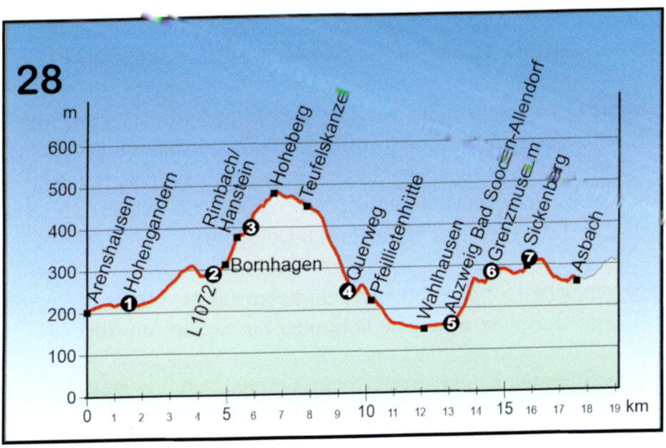

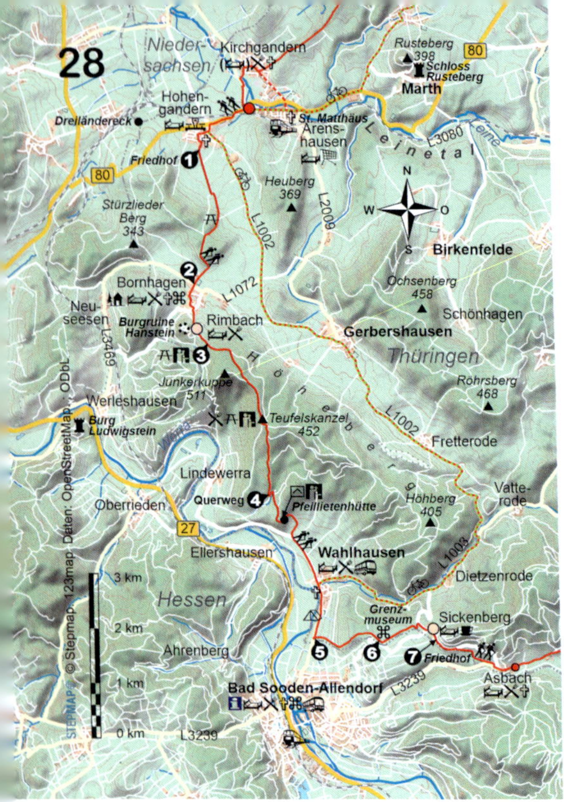

Der Weg folgt dem Eichsfeld-Rundwanderweg. An der Teufelskanzel jedoch wird eine abkürzende Wegführung bevorzugt, die vom Rundwanderweg abweicht. Aufgrund des begrenzten Bettenangebots am Zielort sollten Sie unbedingt vorbuchen und eventuell die Ausweichmöglichkeiten in Wahlhausen und Bad Sooden-Allendorf in Ihre Planungen miteinbeziehen.

Sie folgen der Straße nach Hohengandern. An der Ampelkreuzung am Ortseingang (linker Hand steht ein Seniorenheim) biegen Sie links von der Bundesstraße ab.

Mit dem Rad bleiben Sie nun auf dieser Straße, die sich als Gerbershäuser Straße (L1002) entpuppt und folgen ihr über Gerbershausen hinaus bis an die L1003. Dort fahren Sie rechts im Tal der Walse nach Wahlhausen. Ab Wahlhausen empfiehlt es sich, den Werratal-Radweg zu nutzen. Er führt über Bad Sooden-Allendorf, Eschwege und Treffurt nach Creuzburg.

Sie biegen nach 150 m rechts von der Gerbershäuser Straße in die Straße Am Bache ab. Am Dorfplatz gehen Sie links über die Straße Am Anger zur Kirche.

Wer einkaufen möchte (Bäckerei und kleines Lebensmittelsortiment), kann bereits vor der Kirche links abbiegen und geht an der Kreuzung noch ein paar Meter geradeaus.

Der Pilgerweg biegt erst nach der Kirche links und gleich wieder rechts in die Kirchstraße ab, der Sie am Friedhof ❶ vorbei zum Dorf hinaus in die Weite der schönen Feldflur folgen. An einer Verzweigung gehen Sie links und gleich wieder rechts in die alte Richtung. Im steiler werdenden Anstieg steht eine überdachte Pausenbank am Weg.

Kurz danach ignorieren Sie den links abzweigenden Weg und erreichen an einer Zwischenhöhe ein Wegdreieck. (Hier steht ein rostiger Strommast.) Biegen Sie hier links vom Hauptweg ab.

Auf der Höhe gibt es eine Art Wendeplatz (möglicherweise ein Holzlagerplatz). Sie gehen geradeaus wieder abwärts, nun mit Sicht nach Bornhagen und zur Burg Hanstein. Unten folgen Sie dem Querweg rechts nach Bornhagen und weiter geradeaus dem Bauernweg ❷ wieder aufwärts in die Ortsmitte mit dem Klausenhof, Museum und Kirche.

Achtung: Achten Sie in Bornhagen auf die richtige Markierung. Hier quert die Alte Heidenstraße, der Pilgerweg von Leipzig über Kassel und durch das Sauerland nach Köln.

Bornhagen/Rimbach ⌘ 37318, 03 60 81

Klausenhof (historisches Gasthaus), Friedensstraße 28, 614 22,
info@klausenhof.de, www.klausenhof.de,
Ü EZ ab € 75, DZ ab € 90, Heuherberge mit eigenem Schlafsack € 15 p. P., Pilgerzimmer EZ € 30, DZ € 40, F € 15, unbedingt vorbuchen, an den Ruhetagen (Mo-Mi) kann es auch sein, dass niemand da ist, am Weg.

Burg Hanstein
♦ März-Okt Mo-So 10:00-18:00, Nov nur bis 16:00, Dez-Feb nur an Wochenenden und Fei 10:00-16:00, Führungen auf Anfrage; Gemeinde Bornhagen: 613 11, Kasse Burg Hanstein: 678 56

⌘ **Museum Klausenhof** (gehört zum Gasthaus). Wurst- und Hausschlachtemuseum, Eichsfelder Tradition
♦ 614 22, nach Absprache

Vom Klausenhof geht es rechts zur Kirche und dort links steil aufwärts nach Rimbach (Fußweg zum Hanstein). An der Gabelung ist rechts ein Abstecher zur **Burgruine Hanstein** möglich (270 m). Der Ausblick vom Burgfried tief hinab ins Werra- sowie in das obere Leinetal gilt als eine der schönsten Rundumsichten im Eichsfeld.

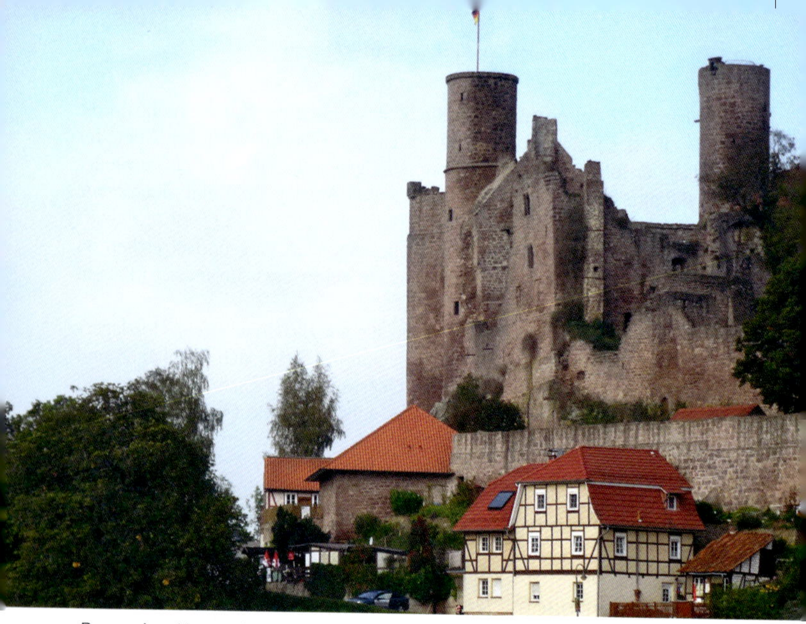

Burgruine Hanstein

Geradeaus folgt der Pilgerweg dem Höhenrücken (vorbei am 🛏 ✕ Hotel Zweiburgenblick, erst ab zwei Übernachtungen buchbar) zu einem der schönsten Aussichtspunkte mit Blick auf die Burg. Im Sonnenhang des Burgbergs ist nun auch das Dorf Rimbach zu sehen. Es entwickelte sich im Dienste derer zu Hanstein. Die hübsche katholische Kirche stammt aus dem 14. Jh., der auffällige Fachwerkdoppelturm aus sehr viel jüngerer Zeit.

Von den Parkplätzen geht es weiter hoch zu einem Wiesenplatz mit Wegweisern ❸. Sie wandern Richtung Teufelskanzel (markiert ist nun auch auffällig mit dem weißen T). Halb links steigen Sie zu einer Gabelung im Wald auf. Hier sind zwei Varianten möglich: Der Eichsfeld-Rundwanderweg bleibt hier links im Hang. Schönere Aussichten in das Werratal und kurzweilige Pfade bietet der Weg, der rechts zum nahen Kamm hinaufführt (T).

Auf dem Kammweg bietet sich nach einer Weile eine weitere Variante an. Diesmal zeigt die T-Markierung in den Hang. Steigen Sie aber wieder rechts zur Höhe auf, finden Sie einen wunderbaren Rastplatz mit Aussicht zur Werraschleife und zur Burg Ludwigstein und erreichen wenig weiter die sagenumwobene **Teufelskanzel** in 452 m Höhe, von der die hufeisenförmige Biegung der Werra bei passendem Wetter selbstverständlich auch zu sehen ist.

Burg Ludwigstein wurde ab 1415 vom hessischen Landgraf Ludwig I. zum Schutz der Grenze gegenüber der kurmainzischen Burg Hanstein erbaut. 1908 entdeckte die Wandervogelbewegung die bereits dem Verfall preisgegebene, leer stehende Burg als romantisches Ziel. 1920 konnte sie erworben und zur Jugendburg ausgebaut werden. Bis heute ist sie Treffpunkt unterschiedlichster Jugendvereinigungen, aber auch Ziel von Klassenfahrten etc.

Berghütte Teufelskanzel, 03 60 81/612 37,
April-Okt täglich 12:00-17:00, Nov-März nur Sa/So

Der Pilgerweg weicht hier abkürzend vom Eichsfeld-Rundwanderweg ab!

An der Gaststätte laufen Sie rechts vorbei und gleich dahinter links abwärts zu einer Wegkreuzung. Hier folgen Sie rechts dem breiten Waldwirtschaftsweg Richtung Wahlhausen. Aber Achtung! Bereits nach 150 m biegen Sie halb rechts in einen wenig genutzten, aber eindeutig beschilderten Waldweg ab. Hier finden Sie auch den Hinweis BSA (Bad Sooden-Allendorf).

Es folgt ein langer Abstieg ins Werratal. Sie erreichen schließlich einen breiten Querweg ❹ in einem Nebental, dem Sie links, nun auch wieder auf dem Eichsfeld-Rundwanderweg, folgen.

Nach 50 m stehen an einer Teichanlage weitere Wegweiser. Sie folgen dem hier nach rechts biegenden, breiten Weg zur Pfeillietenhütte, einer besonders gut ausgebauten Schutzhütte. Der Blick geht über Wahlhausen an der Werra nach Bad Sooden-Allendorf. Im Bogen erreicht der Weg die Talstraße, der Sie links nach Wahlhausen folgen.

Wahlhausen 37318, 03 60 87

Falk Gastrock-Mey, Kreisstr. 35, 90 160 oder 986 76,
kontakt@gastrock-mey.de, www.gastrock-mey.de, FeWo und Zimmer,
ÜF EZ ab € 27, DZ ab € 44, € 4, bett+bike-Service,
am Weg, gegenüber der Kirche

Camping-Oase Wahlhausen, 986 71, camping-oase@web.de,
www.camping-oase.de, ganzjährig, März-Okt Brötchenservice, Gaststätte und Rezeption Ostern-Okt 14:00-18:00, Ü Zelt € 9,50, € 6 p. P., am Weg

Pias Radlerrast, Kreisstr. 16, 97 99 17, piasradlerrast.com,
Sa/So ab 12:00 (in der Hochsaison auch Fr), Nov-März meist geschlossen (aktuelle Öffnungszeiten auf der Homepage), am Weg

Busse verkehren etwa alle zwei Stunden (außer Sa) nach Bad Sooden-Allendorf Bf., meist jedoch als Rufbus, www.fahrplan.guru.

✝ Die evangelische **Barockkirche zu Wahlhausen** wurde 1718 vom Adelsgeschlecht derer von Hanstein gestiftet und zeitweilig von diesem auch als Begräbnisstätte genutzt. Nach dem Zweiten Weltkrieg und der Enteignung und Vertreibung der Familie von Hanstein in den Westen ergab sich bis 1989 ein stark reparaturbedürftiger Zustand, der heute behoben ist. Die Geschichte finden Sie auf der Webseite der Gemeinde: 💻 wahlhausen.de → Kirche. Hinter der Kirche gibt es einen schönen ⛩ Picknickplatz am Werraufer.

🚪 April-Okt Mi 15:00-16:00, Sa/So 14:30-16:30, Nov-April nur Sa/So.
Gruppen (auch kleine) können außerhalb dieser Zeit gerne Sonderöffnungszeiten erfragen: ☎ 986 75 und 986 58 und 986 29 und 184 10

Nach weiteren 900 m entlang der Straße treffen Sie auf die thüringisch-hessische Grenze ❺. Ihr Weg führt vorher links über den heute ergrünten ehemaligen Kolonnenweg zur Gedenkstätte und zum Grenzmuseum Schifflersgrund.

Pilger auf dem Kolonnenweg

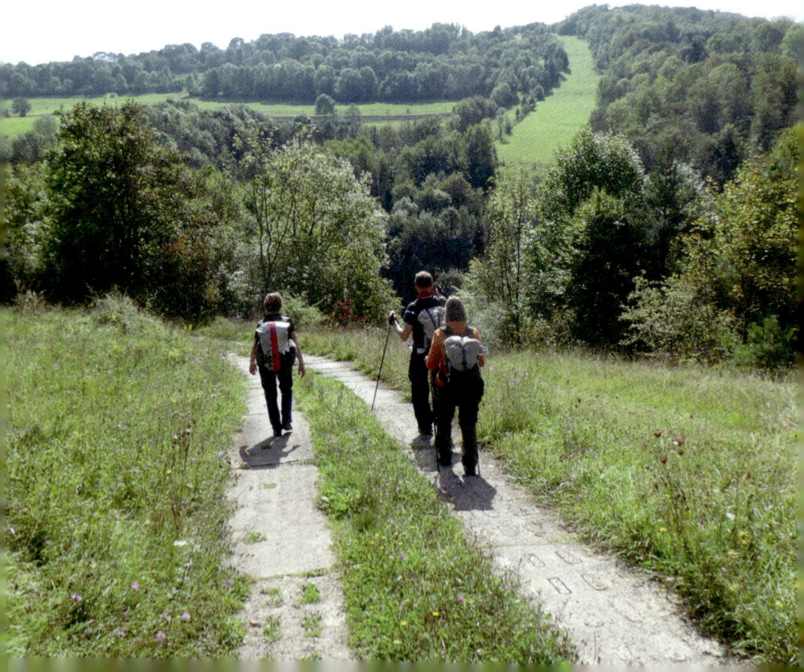

Ein Abstecher könnte vorher in die uralte Salz- und Fachwerkstadt Bad Sooden-Allendorf führen. Nur 1,5 km sind es von der Grenze bis zum Markt in Allendorf. Folgen Sie einfach der Straße geradeaus.

Bad Sooden-Allendorf

37242, 056 52

Stadt Bad Sooden-Allendorf, Stadtmarketing/Tourist-Information, Landgraf-Philipp-Platz 1-2, OT Bad Sooden, 95 87, touristinfo@bad-sooden-allendorf.de, www.bad-sooden-allendorf.de, Mo-Fr 10:00-16:00, Sa 9:00-12:00, 2,2 km

Hotel Werratal Restaurant Pelikan, Kirchstr. 62, OT Allendorf, 20 57, pelikan@hotel-werratal.de, www.hotel-werratal.com, ÜF EZ € 75,90, DZ ab € 85,90, 1,5 km, am Marktplatz

♦ **Klosterschänke**, Am Tor 3, OT Bad Sooden, 23 88, info@klosterschaenke-bsa.de, www.klosterschaenke-bsa.de, ÜF EZ € 47,50, DZ € 85, am Salzmuseum, 2,1 km

Haus Johanna, Bismarckstraße 6, OT Bad Sooden, 23 32, granzow@haus-johanna.de, haus-johanna.de, Ü EZ € 39, DZ € 70, F möglich, Preis auf Anfrage, 2,3 km

Ein breites Speisenangebot finden Sie am Marktplatz Allendorf.

Größere Verbrauchermärkte gibt es in Sooden, ganz in der Nähe des Bahnhofs, 800 m vom Marktplatz Allendorf. In Allendorf befindet sich am Markt ein kleinerer Supermarkt. Bäcker und Metzger finden Sie in der Altstadt.

Göttingen

Wahlhausen

Taxi Emil Steinfeld, Inh. Fritz Ullrich Treppner, 25 68 und 46 46

Eine erste Erwähnung fand die Stadt bereits Ende des 8. Jh. Sie besteht aus den Ortsteilen Bad Sooden, das am Westufer der Werra liegt, und Allendorf am Ostufer.

Bis zum Jahr 1906 wurde die Saline in Sooden zur Salzgewinnung genutzt. Um die Saline entstanden die Arbeiterhäuser, während die reichen Eigentümerfamilien sich ihre schönen Häuser in Allendorf bauten. Heute ist Bad Sooden-Allendorf Salzkurort, mit den Kuranlagen in Sooden.

☺ Falls Ihnen nach einer Übernachtung in Bad Sooden-Allendorf die nachfolgende Etappe zu lang wird, könnten Sie auf kürzestem Wege über das winzige Sträßchen im Alten-Hainsbach-Tal (Asbacher Landstraße/L3239) nach Asbach kommen (3,9 km).

Am Grenzmuseum ❻ folgen Sie weiter geradeaus dem Kolonnenweg Richtung Sickenberg bis an eine Straße. Sie folgen ihr rechts in das schöne Höhendorf.

Sickenberg

37318, 03 60 87

Cristina Bauer, Sickenberg 9, OT Sickenberg, ☏ 976 96, info@hof-sickenberg.de, www.hof-sickenberg.de, Ferienzimmer ÜF EZ € 60, DZ € 85, Abendessen auf Anfrage, Hofcafé Ende März-4. Advent Sa/So 14:00-18:00, am Weg

⌘ ♦ **Grenzmuseum Schifflersgrund.** Gedenkstätte, Mahnmal, Lernort Platz der Wiedervereinigung 1, www.grenzmuseum.de, ☏ 984 09, Mo-So 10:00-17:00

Im wieder beginnenden Anstieg nach dem Hofcafé können Sie die Serpentinen der Straße abkürzen. Auf der Höhe liegt der Friedhof ❼ (Trinkwasser) und die Straße wird wieder erreicht. 500 m weiter taucht Asbach unten im Tal auf. Hier biegen Sie rechts in den Grenzweg, der als Feldweg hinunterführt.

In Asbach folgen Sie entweder links der Straße oder geradeaus dem Grenzweg in das Unterdorf zur Uraltschmiede.

Asbach

37318, 03 60 87

Zur Schmiede, Dorfstraße 21, OT Asbach, ☏ 900 74, 01 72/211 45 38, a.klampfl@t-online.de, www.asbach-uraltschmiede.de, 3 FeWo/Ferienhäuser für je 3-4 Pers., Ü EZ € 65, DZ € 75, DBZ € 85, VBZ € 95, F und Abendessen möglich, Restaurant Fr-So 11:00-20:00, am Weg

✞ Die **Versöhnungskirche** in Asbach ist die dritte Kirche an dieser Stelle. Die erste wurde 1581 gebaut. Noch zu DDR-Zeiten wurde der bestehende Bau aufwendig restauriert und 1978 neu eingeweiht.

Die beiden früher selbständigen Gemeinden Asbach und Sickenberg gehören nicht zum klassischen Eichsfeld. Es waren hessische Dörfer, die 1945 im Zuge der Grenzbereinigungen in die sowjetische Besatzungszone eingegliedert wurden und somit zu Thüringen kamen. Beide Dörfer lagen während der DDR-Zeit im Sperrgebiet, das heißt in der besonders intensiv kontrollierten 3-km-Zone vor dem Grenzzaun, und gehörten damit zu den besonders benachteiligten Gebieten, die keinerlei Chancen auf Entwicklung hatten. Weitergehende Informationen bekommen Sie im Grenzmuseum Schifflersgrund.

Etappe 29: Asbach – Hülfensberg/Döringsdorf

20,5 km, 7 Std., 810 m, 626 m, 295-543 m

0,0 km	260 m	Asbach
2,3 km	380 m	Altenstein
6,2 km	543 m	Uhlenkopf (Gobert)
8,5 km	502 m	Volkeroder Aussicht
9,6 km	499 m	Gleitschirm-Startplatz
12,0 km	320 m	Kella
14,4 km	372 m	Abzweig Greifenstein
18,0 km	195 m	Großtöpfer
20,2 km	442 m	Hülfensberg
20,5 km	335 m	Döringsdorf

Im Süden von Asbach erstreckt sich der aus Muschelkalk gebildete Gebirgszug Gobert als Grenzkamm. Der erosionsanfällige Kalkberg bricht zum Werratal hin wieder in steilen Stufen ab. Ihr Weg folgt dem Grenzstreifen über weite Strecken auf dem ehemaligen Kolonnenweg, der hier oben bequem, fast eben verläuft und zudem durch die reiche Kalkflora sowie durch häufige atemberaubende Aussichten besticht. Zum Ort Kella geht es steil hinab und weiter um den Schlossberg herum nach Großtöpfer. Zuletzt steht Ihnen dann noch der anstrengende Aufstieg zum Gipfel des Hülfensbergs bevor, bevor es nach Döringsdorf geht.

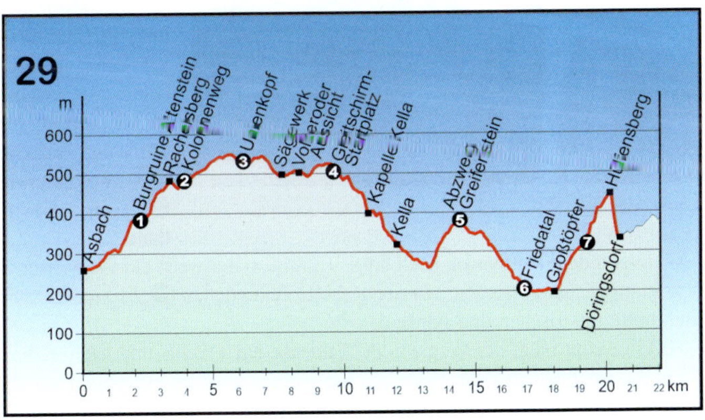

Die Dorfstraße in Asbach endet an einem Wendehammer. Geradeaus steigen Sie auf dem Schotterweg im Tal sanft zu einer Gabelung auf. Hier nehmen Sie den rechten Weg Richtung Altenstein durch das schmaler werdende Tal. Einen Abzweig zum Iberg ignorieren Sie und erreichen schließlich eine Wegkreuzung auf einem Pass vor einer Streuobstwiese.

Nur 200 m rechts herüber steht die **Burgruine Altenstein** ❶ mit herrlicher Aussicht in das Alte-Hainsbach-Tal, in dem das Dörfchen Asbach liegt (Picknickplatz mit soliden Schutzhütten, Tische und Bänke, Wasserzapfstelle). Den kleinen Schlenker sollten Sie nicht auslassen.

Der Pilgerweg folgt am Abzweig zur Ruine der Markierung Mainzer Rad (und zunächst auch X5) vom Pass nach links und nach wenigen Schritten rechts abzweigend steiler aufwärts zu einer Forststraße. Auf ihr steigen Sie rechts im Steilhang des Rachelsbergs weiter an. Im Buchenwald sind hier häufig in freier Natur selten gewordene Eiben zu sehen.

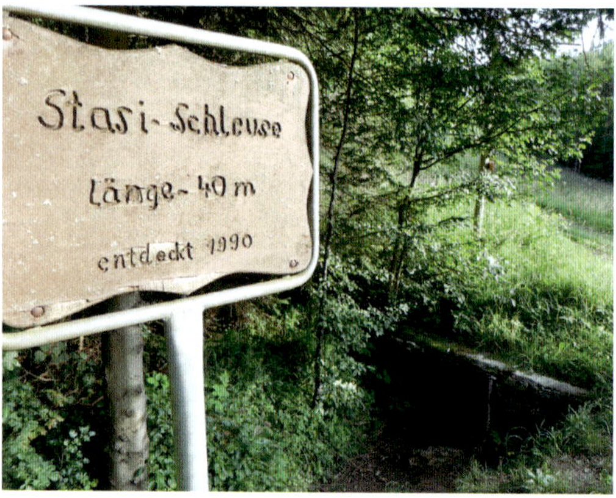

Stasischleuse

An einer weiteren Passhöhe treffen Sie auf eine Kreuzung. Sie gehen rechts Richtung Premiumweg Hessische Schweiz P4 (gelber Pfeil und Mainzer Rad). Der zweispurige Plattenweg führt in einer Senke auf einen ebensolchen. Sie steigen rechts wieder aufwärts und erreichen den Kolonnenweg ❷ am Grünen Band.

Sie folgen dem Plattenweg nach links. 1,2 km weiter weist ein Wegweiser auf einen möglichen Abstecher zur Schutzhütte Antenne hin (➲ 230 m, solide Schutzhütte mit Tischen und Bänken).

100 m weiter biegt der Weg an der Waldecke nach rechts und nach weiteren 200 m wieder links über die Höhe ab. Sie bleiben auch im Folgenden auf dem Plattenweg am Grenzstreifen. Es folgt ein Abzweig zum Aussichtspunkt **Uhlenkopf** ❸.

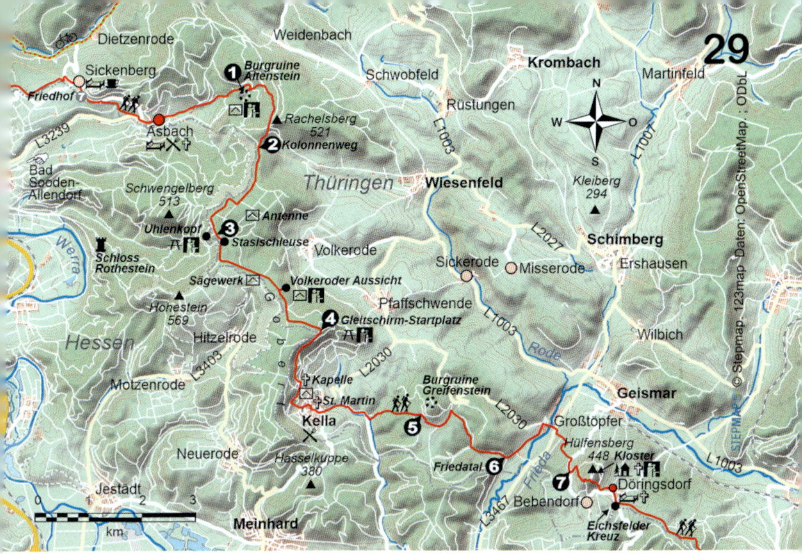

↳ Der Aussichtspunkt **Uhlenkopf** liegt nur 120 m vom Weg hinter einem kleinen Eschenwäldchen. Die Sicht von der Steilkante in das Werratal über Bad Sooden-Allendorf ist einzigartig. Nahegerückt erscheint der Doppelgipfel des lang gestreckten Hohen Meißners. Obwohl er rund 13 km entfernt liegt, dominiert er das Panorama. Im Blickfeld liegt nun auch das **Schloss Rothestein**, eine modernere neogotische Wohnanlage, die seit 1891 am Platz einer verfallenen Burg privat errichtet wurde.

An der nächsten Ecke biegt der Kolonnenweg nach rechts. Hier gibt es den Hinweis auf eine **Stasischleuse**, die 1990 entdeckt wurde. Auf einer Länge von 40 m führt ein Betonrohr unter der ehemaligen Grenzbefestigung hindurch nach Westen.

Sie bleiben in Thüringen und auf dem Plattenweg. Die folgende einfache ⌂ Schutzhütte heißt Sägewerk, benannt nach dem Betrieb, der hier bis 1930 existierte. Ein weiterer Abzweig links führt zur ⌂ Schutzhütte **Volkeroder Aussicht**. Auch hier haben Sie großartige Aussicht von einer Schutzhütte.

1,3 km weiter führt der Grenzweg wieder an die steile Abbruchkante. Ein **Gleitschirmstartplatz** ❹ mit hervorragender Sicht zum Talort Kella ist hier eingerichtet. Links herüber ist der kegelförmige Schlossberg mit der im Wald versteckten Ruine der Burg Greifenstein zu sehen. Auch der Hülfensberg liegt gleich dahinter.

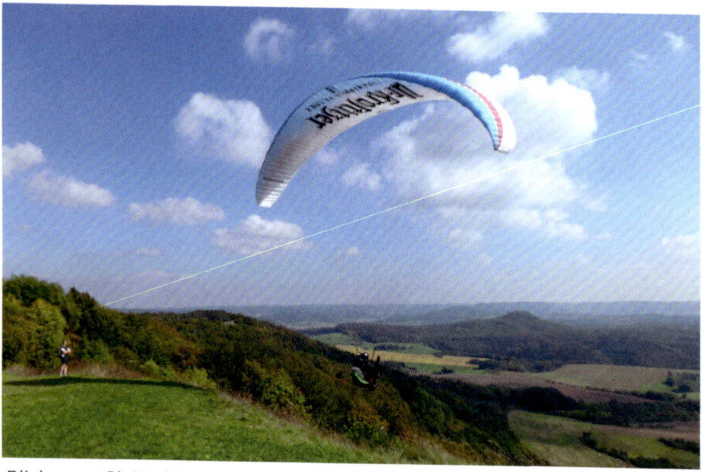

Blick vom Gleitschirmstartplatz zum Schloss- und Hülfensberg

Sie gehen rechts an der Startkante entlang zur Waldecke. Hier beginnt ein schmaler Pfad (der linke der beiden Wege), der anfangs in sehr steilen Serpentinen abwärtsführt. Für die Paragliderinnen und Paraglider ist es der (ein) Aufstieg. An einem breiteren Querweg gehen Sie rechts. Abzweigende Wege werden ignoriert. Sie treffen auf einem Stationsweg zunächst an einen Bildstock und dann an eine Kapelle ⛪. Vor der Kapelle geht es rechts über den Plattenweg. Nach 250 m folgt eine solide ⌂ Schutzhütte am Weg. Nach weiteren 250 m, in einer Senke, zeigt der Wegweiser X5 Ihnen den Weg links Richtung Kella, Ruine Greifenstein und Hülfensberg. Über einen mit Geländer versehenen, schmalen Pfad erreichen Sie den Ort **Kella** an der Roostengasse. Sie gehen links bis zur 1854 erbauten ✝ **St.-Martin-Kirche**. Der neben der Kirche frei stehende Glockenturm ist für viele Kirchen im Eichsfeld typisch.

↳ Sie erreichen eine Einkehr, wenn Sie an der Roostengasse rechts zum Kreisverkehr gehen und dort der Straße Am Hopfenberg zur Gaststätte folgen.

✕ **Gaststätte Silberklippe,** Am Hopfenberg 15, ☎ 03 60 82/900 85, 🚪 Mi, Fr ab 17:00, So ab 10:00, wer außerhalb der Öffnungszeiten etwas essen und/oder trinken will, darf gerne anklingeln, falls jemand zu Hause ist, wird man bedient, ➲ 400 m

Vor der Kirche gehen Sie rechts (zweimal) abwärts an den Roostengraben, dort links zur Eschweger Landstraße und auf dieser 100 m nach rechts. Jetzt biegen Sie links in die Vietsgasse ein. An der nach wenigen Metern folgenden Gabelung nehmen Sie rechts den Talweg, der zum Feldweg wird und im schmalen Wiesental aus dem Dorf hinausleitet und in ein Talsträßchen mündet. Diesem folgen Sie nach rechts bis nach einer Rechtskurve kurz vor einer Bachbrücke. Hier biegen zwei Feldwege links ab. Sie nehmen den zweiten der beiden. Die Markierungen sind auch weiter X5 und das Mainzer Rad.

Der Weg biegt linksherum. Einen rechts abgehenden Weg ignorieren Sie. Dann biegen Sie rechts in einen aufwärtsführenden Waldrandweg ein. Nach kurzem Anstieg treffen Sie auf einen breiten Waldwirtschaftsweg. Sie folgen ihm rechts, kommen aus dem Wald hinaus und haben weite Sicht.

Mainzer Rad und auch X5 weisen bald in einen Weg links in den Wald ❺; sie wollen noch zur Burgruine Greifenstein hinauf. Der Pilgerweg führt hier weiter geradeaus durch das offene Land. Im Linksbogen geht es ein Stück um den Burgberg herum. (Dabei bleibt ein von rechts einmündender Weg unbeachtet.)

Wenn rechter Hand ein Wäldchen am Wegrand auftaucht, geben Sie acht! 50 m weiter biegen zwei Wege rechts in den Busch ab. Sie führen beide zum selben Ziel, einer links vom nur leicht eingefurchten Tal und einer rechts. Durch Rodung und Neupflanzung fand ich den Einstieg 2021 nicht ganz so eindeutig vor. Die Markierungen durch das Mainzer Rad und den Weg X5 machen es aber eindeutig. Sie nehmen den rechten der beiden Wege am Talgraben entlang.

Nach etwa 1 km landen Sie in einem Quertal. Links folgen Sie jetzt einem breiten Forstweg bis auf einen geteerten Weg. Dieser führt Sie links im breiten Tal des Baches Frieda ❻ nach **Großtöpfer**.

Bereits am Friedhof gibt es die Gelegenheit, die Wasservorräte noch einmal aufzufüllen. Auch in der evangelischen Radfahrerkirche Der gute Hirte stehen ein paar Wasserflaschen für Durstige bereit. Toiletten sind im Pfarrhaus gegenüber geöffnet. Ein freundlicher Empfang!

St.-Stephanus-Kirche in Döringsdorf

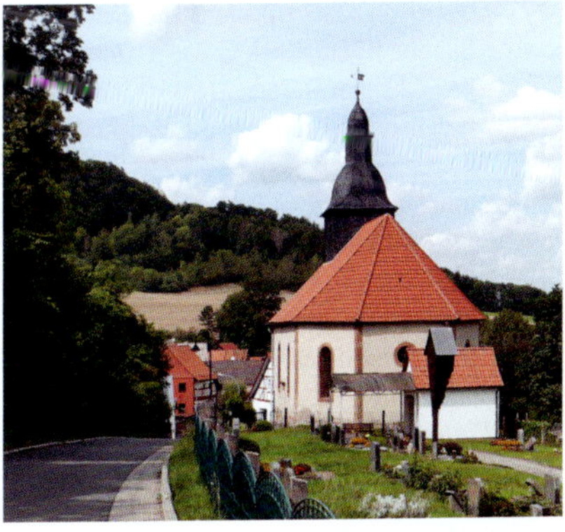

Nach der Kirche geht es rechts über das Flüsschen Frieda hinüber zur Fahrstraße (L1007), die Sie geradeaus überqueren, um dann dem beginnenden Feldweg bergan zu folgen. Nach dem Eisenbahntunnel (stillgelegte Bahnstrecke) steigen Sie weiter geradeaus zu einer von Geismar kommenden Straße an. Rechts folgen Sie ihr bis in die nächste Kurve (Leitplanke endet linker Hand). 30 m weiter biegen Sie links in den Waldrandweg ❼ (Wegweiser: Hülfensberg, Prozessionsweg und Mainzer Rad) ab und an einer Waldwiese rechts aufwärts in den Wald. Jetzt bleiben Sie auf dem breiteren, in guter Neigung aufwärtsführenden Weg. Links abzweigende Wege ignorieren Sie. Am Abzweig Bebendorf gehen Sie allerdings dann links weiter aufwärts. Der Weg biegt wieder rechts und erreicht 150 m weiter den Abzweig Döringsdorf.

Links sind es nun nur noch 160 m (und 20 Höhenmeter) bis zum Gipfel.

Rechts setzen Sie Ihren Weg fort. Der Pfad Richtung Döringsdorf mündet an einem Teersträßchen. Hier gehen Sie rechts und an der Verzweigung links die Enge Gasse hinunter.

Hülfensberg/Döringsdorf (Geismar)

37308, 03 60 82

Gemeinschaft der Franziskaner, Hülfensberg 1, **Bebendorf**, ☏ 455 00, info@huelfensberg.de, www.huelfensberg.de. Im Franziskanerkloster stehen Pilgerinnen und Pilgern Betten nach Voranmeldung zur Verfügung, Preise auf Anfrage. Pilgernde mit Isomatte und Schlafsack können gegen eine Spende übernachten, Voranmeldung erbeten. Sie müssen damit rechnen, dass die Betten aufgrund von häufigen Veranstaltungen belegt sind.

Simone König, Enge Gasse 1, **Döringsdorf**, ☏ 421 40, FeWo für max. 7 Pers., Ü Preise auf Anfrage, Versorgung mit Lebensmitteln möglich, bitte unbedingt rechtzeitig anmelden, am Weg

In einmaliger Lage stehen auf dem Gipfel des fast vollständig bewaldeten Hülfensbergs (ursprünglich Stuffenberg) das Franziskanerkloster, die Erlöserkirche St. Salvator sowie die Bonifatiuskapelle. An einer nach Norden hin offenen Plattform erinnert ein weithin sichtbares Holzkreuz an den Paderborner Bekennerbischof Dr. Konrad Martin (der Förderer des Klosters stammt aus Geismar). Auch nach Süden hin gibt es zwei Aussichtskanzeln. Die vielen Tische und Bänke, die unter Bäumen vor der Kirche stehen, zeugen von der ungebrochenen Bedeutung des Hülfensbergs als Wallfahrts- und Pilgerstätte. Im Mittelpunkt der Verehrung steht das romanische Christusbild, genannt „Der Gehülfe“, das in der Wallfahrtskirche hängt. Aber auch das Andenken an das missionarische Wirken des hl. Bonifatius (um 672-754), den frühesten Wegbereiter des Christentums im Eichsfeld, wird hier wachgehalten. So heißt es über ihn: „... also ist er auch über die Werra in das Eichßfeld gerathen / den auff einem hohen Berg berühmten Abgott Stufo / daher der Orth Stuffensberg genandt / zu vertilgen ... Es hat aber der Heilige Mann an die Stelle eine Capell zur Ehre unseres Heilands oder Salvatoris auffgericht ...“. Bei Grabungen wurden auf dem Hülfensberg vorgeschichtliche Grabstellen und Urnen gefunden. Vermutet wird, dass es hier bereits in vorchristlicher Zeit einen Kultplatz gab.

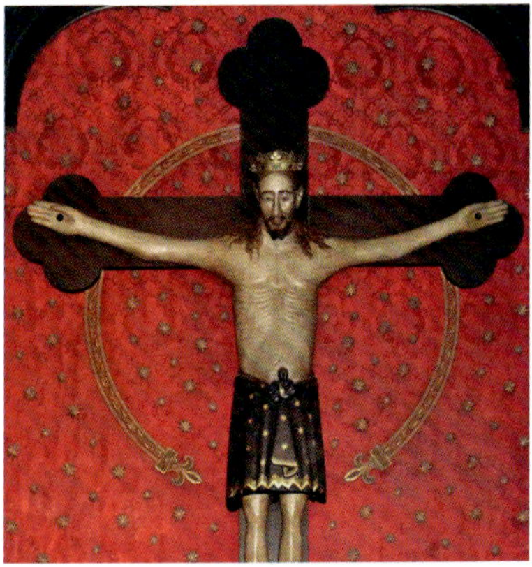

Das romanische Christusbild „Der Gehülfe“

Etappe 30: Döringsdorf – Treffurt

14,7 km, 5 Std., ↑ 447 m, ↓ 684 m, ⇧ 188-491 m

0,0 km	⇧ 325 m	Döringsdorf
4,3 km	⇧ 485 m	Plesseturm
8,3 km	⇧ 342 m	Gatterbachtal, Katharinenberg
9,2 km	⇧ 450 m	Höhe Auf der Delle
13,0 km	⇧ 240 m	Holdrabachtal (Haselsbach)
14,0 km	⇧ 286 m	Normannstein
14,7 km	⇧ 188 m	Treffurt, Markt BANK

Wieder weist der Kolonnenweg am Grünen Band den Weg. Er ist heute von steilen Auf- und Abstiegen geprägt, bietet aber auch weiterhin wundervolle Aussichten in die thüringische und hessische Bergwelt. Zuletzt erreichen Sie die hoch über dem Werratal thronende, gut erhaltene romanische Burg Normannstein, von der Sie dann in das hübsche Fachwerkstädtchen Treffurt hinunterspazieren.

Am Querweg im Dorfgrund gehen Sie rechts zur katholischen St.-Stephanus-Kirche und am Ortsausgang biegen Sie links in den Kolonnenweg.

↬ Wenn Sie am Abzweig des Kolonnenweges nur etwa 70 m der Straße nach Hessen hineinfolgen würden, kämen Sie zum **Eichsfelder Kreuz**. Eichsfelder Bürgerinnen und Bürger, die im Westen wohnten, haben es 1980 in Sichtweite des Hülfensbergs dicht an dem Grenzpfosten aufgestellt. Es diente als Ziel einer Ersatzwallfahrt, da der Hülfensberg während der DDR-Zeit nicht zugänglich war. Die Unzugänglichkeit galt im Übrigen auch für die Menschen Ostdeutschlands. Aufgrund seiner Lage im Sperrbezirk war der Hülfensberg für die allermeisten nicht zugänglich.

An einer Verzweigung gehen Sie geradeaus Richtung Plesse. Nach einem Steilstück im Wald wird der Weg wieder bequemer. Er führt jetzt wieder am Wiesenstreifen entlang und erreicht einen Abzweig Richtung Plesse. Sie könnten geradeaus dem Kolonnenweg folgen, doch zur Abwechslung sollten Sie sich hier rechts den herrlichen Ausblick vom **Plesseturm** ❶ gönnen.

Vom Turm folgen Sie links dem Premiumweg Plesse P5 Richtung Elfengrund (vom Turm zurückkommend rechts). Nach etwa 900 m biegen Sie mit dem Premiumweg links vom breiten Weg ab, gehen durch ein Waldstück zurück nach Thüringen und zum Kolonnenweg. Dort geht es rechts weiter.Schließlich fällt der Weg sehr steil in das **Gatterbachtal** ab.

Gegenüber überblicken Sie das Grüne Band, das sich wieder steil zur Höhe zieht. Dem letzten Steilstück weicht der Plattenweg aus, biegt links in den Hang und erreicht die Talstraße ❷. Hier gehen Sie nach rechts, etwa 150 m die Straße abwärts, und biegen dann wieder links in den Grenzweg ein. Diesmal führt er in Serpentinen aufwärts.

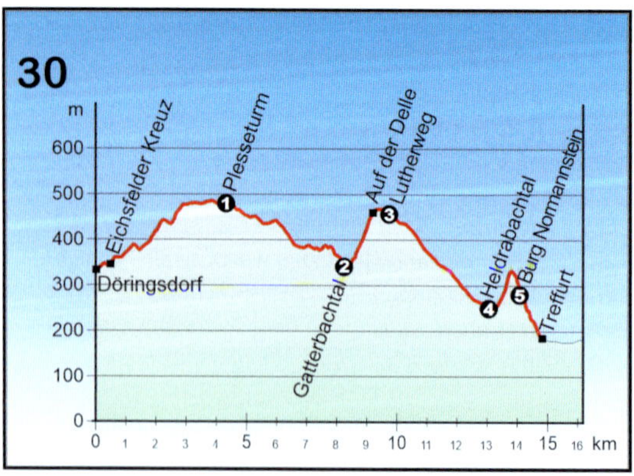

Auf der erreichten Höhe lädt eine Ruhebank dazu ein, zu verweilen und den rückwärtigen Ausblick über Katharinenberg zu genießen.

Geradeaus setzen Sie den Weg über die schöne Höhe fort. Ein Abstecher zu einem **historischen Wachtturm** ist möglich. Über ein von links

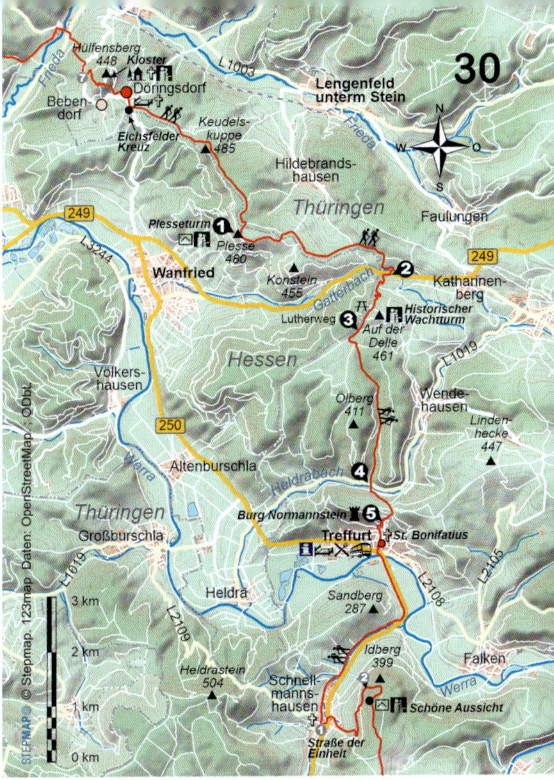

kommendes Sträßchen erreicht der Lutherweg ❸ den Kolonnenweg. Sie gehen geradeaus weiter, achten aber knapp 300 m weiter auf die Markierungen. Sie biegen dort gemeinsam mit dem Lutherweg (und anderen) links vom Plattenweg Richtung Normannstein ab.

An einem Querweg (nach 200 m) gehen Sie mit den übrigen Markierungen geradeaus in den Wald und auf teils nicht so eindeutigem Weg stetig abwärts bis in das querende **Heldrabachtal** ❹ (auch Haselsbach). Die Talstraße überqueren Sie geradeaus und steigen am Waldrand im jenseitigen Hang halb links über die alte Zufahrtsstraße (heute Waldweg) Richtung Burg Normannstein hinauf.

Auf der Höhe spazieren Sie geradeaus an der Kirschplantage der Stadt vorbei über die Kreuzung hinweg und erreichen eine Straße, der Sie zur Burg **Normannstein** hinab folgen. Gehen Sie rechts um die Burg herum.

Vom Aufgang zur ✕ Gaststätte folgen Sie dem Serpentinenweg ❺ (mit Geländer) abwärts bis auf eine Teerstraße. Ohne Richtungswechsel gehen Sie weiter abwärts bis zur querenden Brunnenstraße/Pilgrimweg und dort links zur katholischen Kirche St. Marien, davor aber rechts die Kirchstraße (Pflasterstraße) abwärts zur evangelischen **Stadtkirche St. Bonifatius**. Mit der weiter abwärtsführenden Rathausstraße queren Sie die Puschkinstraße i und erreichen den Marktplatz mit dem vielleicht schönsten der 250 Fachwerkbauten Treffurts, dem Alten Rathaus ✕ ☕ BANK.

Treffurt

99830, 03 69 23

Tourist-Information Treffurt, Puschkinstr. 3 (Bürgerhaus), 515 42, info@treffurt.de, www.treffurt.de, Mo, Mi-Fr 10:00-15:00, Di 10:00-18:00, gegenüber befindet sich ein Info-Punkt mit Toiletten und abschließbaren Fahrradboxen, am Weg.

Hotel Waldblick, Heidewickchen 14, 804 88, info@waldblick-treffurt.de, www.waldblick-treffurt.de, 8 Zimmer, Ü EZ € 77, DZ € 97, F € 10,50, auf Anfrage, 760 m

Fam. Seelig, Hessische Straße 40, 01 70/148 08 32, www.fewocom.de, 2 FeWo, 1 Ferienzimmer, für eine Nacht buchbar, FeWo ab € 45, DZ ab € 40, am Weg

♦ **Anita Wittig**, Weiherstraße 4, 507 47, 01 60/550 36 52, wittig@tiscam.de, www.pension-weiherstrasse.de, 1 DZ, 1 EZ, Ü EZ € 33, DZ € 48, F € 7,50, Garage, 420 m

Restaurant Ratskeller Treffurt – Ristorante Pizzeria La Taverna, Rathausstraße 12, 83 88 84, Mi-So ab 18:00, Do-So auch 12:00-14:30, im Sommer auch Mo

In Treffurt besteht Busanschluss über Schnellmannshausen und Creuzburg nach Eisenach sowie nach Eschwege. Fahrpläne der betreffenden Linien 75, 76 und 78 finden Sie unter www.kvg-eisenach.de. Die Haltestellen befinden sich an der B250 im Werratal.

Die **Burg Normannstein** wurde im 11. Jh. zum Schutz der drei Furten über die Werra bei Trifurte (heute Treffurt) erbaut. Da sie über die Jahrhunderte weder zerstört noch entscheidend baulich verändert wurde, gilt sie als vortreffliches Zeugnis einer mittelalterlichen, überwiegend romanischen Burganlage.

Burgbesichtigung während der Öffnungszeiten der Gaststätte So 11:00-17:00

Burgschänke, 03 69 23/82 59 09, info@ritterburg-normannstein.de, So 11:00-17:00

Die **Evangelische Stadtkirche St. Bonifatius** soll auf eine Gründung des heiligen Bonifatius zurückgehen und wäre damit im Ursprung älter als die meisten Kirchengründungen in Germanien. Bonifatius (geb. 673, gestorben 754 oder 755) hat einen hohen Bekanntheitsgrad als christlicher Missionar, Kirchenreformer des Frankenreichs, Bischof von Mainz und Utrecht sowie Gründer einiger Klöster erreicht. Der heutige, als Denkmal geschützte Kirchenbau stammt aus dem 13. Jh.

♦ **evangelische Kirchengemeinde**, Kirchplatz 5, 803 59, Kirche tagsüber geöffnet

Treffurt entwickelte sich am Kreuzungspunkt zweier Handelsstraßen. Erste urkundliche Erwähnung fand der Ort Trifurte, an dem es drei Werraübergänge gab, im Jahr 1104. Treffurt gehört bereits zum Wartburgkreis und liegt am Rande des Eichsfeldes.

Etappe 31: Treffurt – Hörschel (Eisenach)

22,5 km, 7 Std., ↑ 468 m, ↓ 457 m, ⇧ 173-442 m

0,0 km	⇧ 188 m	Treffurt, Markt
4,6 km	⇧ 219 m	Schnellmannshausen
7,3 km	⇧ 425 m	Schöne Aussicht
10,1 km	⇧ 351 m	Scherbda
14,0 km	⇧ 346 m	Wisch
15,3 km	⇧ 214 m	Creuzburg, Markt

Ende der Via Scandinavica

15,9 km	⇧ 197 m	Liboriuskapelle
20,3 km	⇧ 196 m	Spichra
22,5 km	⇧ 199 m	Hörschel (Eisenach)

In Treffurt überqueren Sie die Werra, um eine weite Flussschleife durch ein nach Süden gerichtetes Nebental und die begleitenden Berge abzukürzen. Nach einem weiteren, herrlichen Höhenweg und einem imposanten Ausblick in die Wartburgregion erreichen Sie in Creuzburg erneut das Ufer. Dem Flusslauf entgegen wandern Sie noch bis in den Hang des Thüringer Waldes.

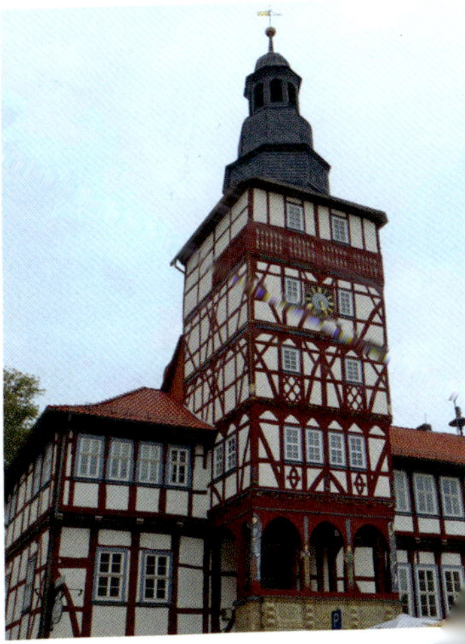

Das Alte Rathaus in Treff

Sie folgen der Rathausstraße abwärts zur querenden Hessische Straße, gehen rechts und biegen wenig weiter links in die zum Werraufer hinabführende Ziddelstraße. Auf der Straßenbrücke wird die Werra überquert. Jenseits folgen Sie dem

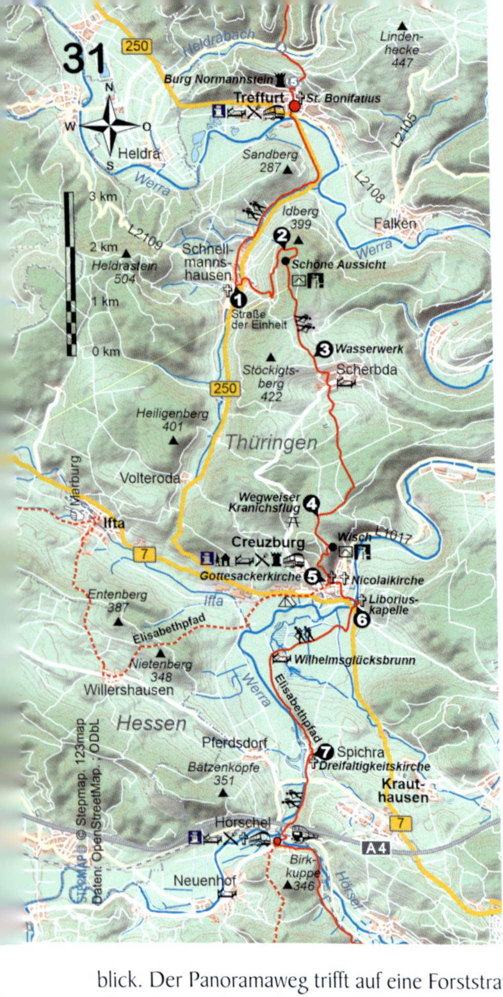

Radweg entlang der B250 Richtung Schnellmannshausen. Nach einer deutlichen Rechtskurve der Straße teilt der Weg sich. Links folgt er dem Lauf der Werra Richtung Falken. Sie gehen hier rechts, in der Nähe der Bundesstraße bleibend, nach **Schnellmannshausen**, das auf der Alten Poststraße durchlaufen wird.

Unterhalb der Kirche biegen Sie links in die Straße der Einheit ❶ ab und an der Bundesstraße gehen Sie wieder links, etwa 120 m in die vorherige Richtung zurück am ehemaligen Gasthof zum Heldrastein vorbei (🚌 ☞ Treffurt).

50 m weiter biegen Sie rechts in die Pflasterstraße Zum Vogelborn ein. Am Dorfrand steigen Sie geradeaus auf dem Feldweg den Hang hinauf. Ihr Weg zielt auf den Taleinschnitt am Waldrand.

Dort beginnt ein breiterer, befestigter Weg, der scharf nach links abbiegt und zunächst am Waldrand bleibt. Ein Wegweiser zeigt hier Richtung Schöne Aussicht und Werrablick. Der Panoramaweg trifft auf eine Forststraße. Hier biegen Sie rechts ab, weichen aber in der nächsten Rechtskurve links wieder davon ab.

Der Weg biegt schließlich rechts ein Stück weit um einen Bergrücken herum. Jetzt geben Sie acht! Ein Wegweiser zeigt hier rechts in eine wenig belaufene Fahrspur ❷, die zur nahen Höhe führt. Fast oben ist noch einmal links von der hneise abweichend, eine Böschung hinauf, auf einen Forstweg markiert. Hier en Sie rechts und biegen 20 m weiter rechts ein. Dieser Weg bringt Sie nun zur **Schönen Aussicht,** an der eine solide Schutzhütte mit Tischen und Bänken steht. Nahebei gibt es eine Toilette. Die Aussicht geht über Schnellmannshausen zum 504 m hohen Heldrastein. Sie folgen dem eingeschlagenen Weg nun weiter über die schöne Bergkuppe.

Genießen Sie den hier vorherrschenden, seltenen Eichen-Hainbuchenwald. Er ist relativ licht, mit Weißdorn und allerlei Kraut unterwachsen. Auch Eschen sind eingestreut – eine faszinierende Waldpersönlichkeit. Der Hambacher Forst war auch so einer. Zum größten Teil ist er heute leider dem Braunkohletagebau zum Opfer gefallen.

Bereits nach nur 15 Minuten treffen Sie auf einen breiten Querweg. Rechts führt er aus dem Wald hinaus in offenes Brach- und Wiesenland.

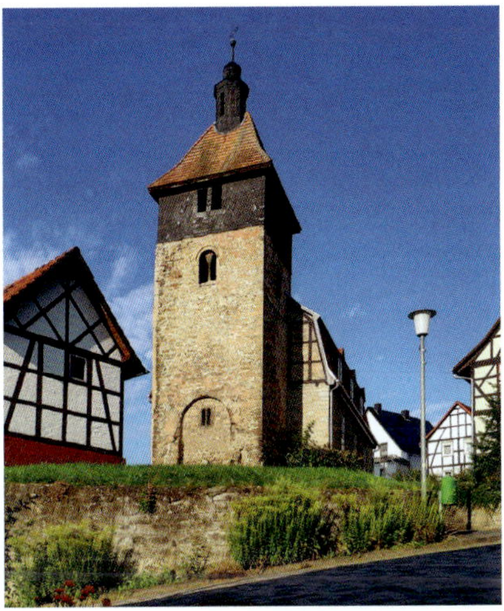

Die Kirche von Schnellmannshausen hat einen romanischen Turm

Die Landschaft hat sich deutlich verändert. Die Schichtstufen des Werraberglandes mit seinen steilen Abbruchkanten sind lang gezogenen, flach wirkenden Höhenrücken gewichen. Voraus wölben sich in zunehmend höher werdenden Rundungen die Gipfel des Thüringer Waldes. Die höchste Erhebung, der Große Inselsberg, ist an seinen Gipfelbauten gut zu erkennen. Sie geraten nun in eine Kalkmagerwiesenlandschaft.

Der Weg steigt noch einmal leicht an. Am Wasserwerk ❸ gehen Sie geradeaus über den breiten Schotterweg hinweg und durch einen Hohlweg abwärts nach **Scherbda**. An der Kreuzung folgen Sie geradeaus der Straße Stöckigt, erreichen die querende Lindenstraße und gehen rechts weiter abwärts zu einer Fahrstraße.

Lothar Ebel, Schäfergasse 2a/Ecke Stöckigt, ☏ 03 69 26/908 41, nach Voranmeldung Übernachtung im Gartenhaus, DZ/Dusche, Abendessen und Frühstück auf Wunsch nach Voranmeldung, Preise auf Anfrage, für 2 bis max. 3 Pers., ➲ am Weg

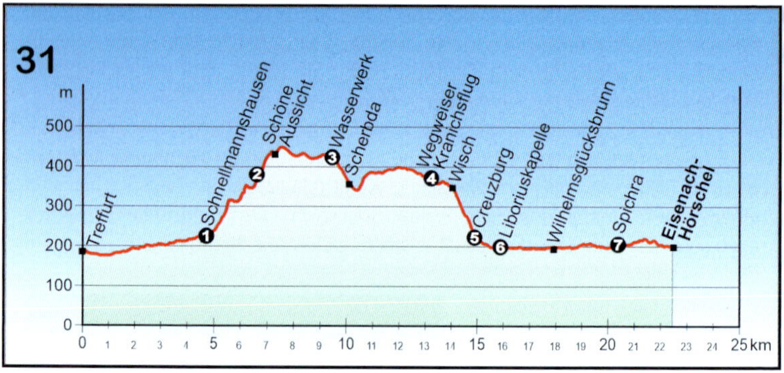

Sie gehen links und biegen nach 30 m rechts Richtung Creuzburg wieder ab. Nach der Talsenke steigt der Weg (geteerte Straße) wieder an und durchzieht einen Waldstreifen mit der **Stadtbergbuche**. Fast auf der Höhe ignorieren Sie einen rechts abzweigenden Weg, gehen weiter zur Höhe und dort geradeaus bis an eine Kreuzung. Hier folgen Sie geradeaus dem linken der zwei weiterführenden Wege (Markierungen auch rotes Quadrat und roter Punkt). Sie passieren ein Feuchtbiotop und erreichen etwas weiter einen breiten Querweg. Diesem folgen Sie nach rechts (rotes Quadrat). Sie kommen zum Wegweiser Kranichsflug ⛩ ❹.

Dem hier querenden Weg folgen Sie nun nach links bis an eine Gabelung. Der Hauptweg (rotes Quadrat) biegt rechtsherum, Sie aber gehen hier geradeaus zur Schutzhütte **Wisch**. Diese Weite, dieser Blick über das Werratal zum Thüringer Wald bleibt unübertroffen. Die Aussicht bildet den denkbar schönsten Abschluss dieses Weges. Deutlich erhebt sich die Wartburg aus dem Grün. Markanter Fixpunkt ist auch die 80 m hohe und 736 m lange Werratalbrücke der Autobahn bei Hörschel.

Sie können hier am Rand der Blumenwiese vorsichtig abwärts zum unten verlaufenden Hauptweg zurückgehen. Großflächig ist ein Schutzgebiet, auf das mehrere Tafeln hinweisen, eingerichtet. Allein 20 Orchideenarten sind hier im Muschelkalk der Creuzburger Werratalhänge beheimatet. Das bleibt im Juni auch dem Laien nicht verborgen. Kurz nach dem Rastplatz Schulberg biegen Sie links in einen Pfad, der zum Friedhof mit der **Gottesackerkirche** ❺ (älteste Kirche der Stadt, heute Ausstellungsraum) führt. Der Pfad leitet Sie an der Kirche vorbei und biegt wieder nach links ab. Treppenanlagen führen bei schönem Blick zur **Creuzburg** in die Stadt. Durch ein **Renaissanceportal** betreten Sie die **Kasseler Straße**. Ihr folgen Sie links zum Markt mit der ev.-luth. Nicolaikirche.

An der Kasseler Straße trifft die Via Scandinavica auf den von Eisenach aus markierten Elisabethpfad, der gleichzeitig auch Weg der Jakobspilgerinnen und Jakobspilger von Eisenach über Marburg nach Köln ist.

Pilgernde aus dem hohen Norden, die auf dem Weg nach Santiago de Compostela sind, werden allerdings kaum auf einen streng nach Westen gerichteten Weg wechseln wollen. Den konsequenten Anschluss finden diese in Hörschel oder Eisenach. Sie gehen weiter über Vacha, Würzburg und Ulm nach Konstanz. Um Sie an diesen Weg zu bringen, habe ich die Schlussetappe bis Hörschel (Eisenach) verlängert.

Elisabethpfad von Eisenach bis Marburg, Thorsten Hoyer, Conrad Stein Verlag, Band 255, ISBN 978-3-86686-560-0, € 9,90

Creuzburg

99831, 03 69 26

Tourist-Information und Museum Creuzburg, Auf der Burg Creuzburg, 980 47, tourismus@creuzburg.de, www.creuzburg-online.de, Mo, Di, Do, Fr 10:00-12:00, zusätzlich Di 14:00-17:00, Do 15:00-18:00, 220 m

Ev.-luth. Pfarramt, Klosterstr. 12, 824 59, creuzburg@kirchenkreis-eisenach.de, 6 Matratzen, Schlafsack erforderlich, Ü € 5, 120 m

Restaurant und Pension Klostergarten, Klosterstr. 34, 903 00, info@klostergarten-creuzburg.de, www.klostergarten-creuzburg.de, 19 Betten, Ü EZ ab € 25, DZ ab € 40, F € 7, Unterstellmöglichkeit, 400 m

◆ **Stiftsgut Wilhelmsglücksbrunn**, Biohotel, Restaurant, Café, 710 03 20 oder 710 03 25, biohotel@wilhelmsgluecksbrunn.de, www.wilhelmsgluecksbrunn.de, ÜF EZ € 69,50, DZ € 90, am Weg, 3,1 km hinter Creuzburg

◆ **Alte Posthalterei GmbH**, Plan 1, 60 14, info@c-hap.de, www.c-hap.de, 9 Betten, Ü Preise auf Anfrage, am Weg (Markt)

Haus Kühmstädt, Michael-Praetorius-Platz 5, 823 34, haus.kuehmstaedt@t-online.de, 3 DZ, Preise auf Anfrage, Abstellmöglichkeiten, 100 m

◆ **Zimmervermietung Böttger**, Plan 8, 823 74 und 718 06, 01 62/794 62 47, fewo-creuzburg@gmx.de, ÜF Preise auf Anfrage, Unterstellmöglichkeiten, 40 m

◆ **Zimmervermietung und Pension Haus Reinhard**, Burgstraße 3, 906 58, 01 74/335 90 67, haus.reinhardt@creuzburg-online.de, ÜF Preise auf Anfrage, 50 m

Werratal Camping, ☏ 724 64, 01 71/142 51 96, info@werratal-tours.de, www.werratal-tours.de, Ü Zelt € 4, € 4,50 p. P., € 1, Verleih, Mai-Sep, 1,2 km

Von „Creuzburg, Markt“ fahren Busse 2-3 x pro Stunde zum Busbahnhof am Bf. Eisenach.

Die **ev.-luth. Nicolaikirche** stammt aus dem Anfang des 13. Jh. Sie ist mehrfach abgebrannt und hat auch im Zweiten Weltkrieg stark gelitten, wurde aber 1968 wiederaufgebaut. Sie zeigt sich heute mit romanischem Chor und einem modernen Kirchenschiff mit Zeltdach. Der Turm stammt aus dem 15. Jh.

♦ täglich 9:00-18:00

Die **Liboriuskapelle** steht am weiteren Weg nach Hörschel auf der alten Werrabrücke. Die Brücke stammt noch aus dem 13. Jh. Die Kapelle wurde 1499 zu Ehren des heiligen Liborius errichtet. Liborius war ein Zeitgenosse und Freund des heiligen Martin von Tour und Bischof von Le Mans. Im 4. Jh. war er maßgeblich an der Verbreitung des Christentums in Gallien beteiligt. Er gilt als Heiliger gegen Steinleiden und so zog die Kapelle viele Pilgerinnen und Pilger an, was der Stadt Einnahmen brachte. Bedeutung hat die Kapelle heute wegen ihrer Wandmalereien, die, so wird angenommen, vom Baumeister selbst, einem Conrad Strebel oder Stebel aus Rotenburg an der Fulda, stammen. Sie sind leider nur unvollständige erhalten und zeigen Szenen aus dem Leben der heiligen Elisabeth von Thüringen und der Passion Christi.

♦ Juni bis zum Reformationstag ca. 10:00-18:00

Die **Creuzburg**, die namengebend für den Ort wurde, war eine der Residenzen des thüringischen Adelsgeschlechts der Ludowinger. Die ungarische Königstochter und später heiliggesprochene Elizabeth von Thüringen wurde mit einem Ludowinger (Ludwig IV.) verheiratet. Sie lebte sowohl auf der Wartburg in Eisenach als auch der Creuzburg sowie weiteren Residenzen der Familie.

Am Markt, vor der **Nikolaikirche**, biegen Sie rechts ein und folgen der Fahrstraße nach Süden bis knapp vor die Auffahrt zur B7. Hier biegen Sie links in die Eisenacher Straße und gleich wieder rechts in einen Fußweg ab, der nun geradeaus zur alten Werrabrücke ❻ führt.

Sie überqueren die Werra, besichtigen die Liboriuskapelle und biegen danach rechts in den Werratal-Radweg ein. Er ist Richtung Hörschel deutlich ausgeschildert. An einem Querweg geht es rechts weiter zu einer Kreuzung. Der Elisabethpfad ist an der folgenden Verzweigung rechts, vom Radweg abweichend, markiert. Wesentlich kürzer gehen Sie auf dem Radweg geradeaus nach **Wilhelmsglücksbrunn** 🛏 ✕ ☕. Bis 1846 wurde auf dem heutigen Landgut eine Saline betrieben.

Der Radweg und auch wieder der Elisabethpfad führen weiter nach **Spichra ❼.** Hier bekommen Sie in der ✝ Dreifaltigkeitskirche einen ⦿ Pilgerstempel (im Nebenraum). Sie folgen weiter der Dorfstraße und biegen dann links in die Fahrstraße ab.

Am Ortsausgang geht es halb rechts an das Ufer der Werra. Die hohe Autobahnbrücke, die Landstraße und die Bahn werden unterquert und dann ist die Rennsteigstraße erreicht. Sie biegen rechts ein, überqueren die Hörsel, die hier in die Werra mündet, und sehen an der Kirche das 🛏 ✕ Gasthaus Tor zum Rennsteig. An der Kirche vorbei wird das durch seinen Turm markante **Rennsteighaus** ℹ erreicht. Hier beginnt der berühmte Thüringer Rennsteig, einer der beliebtesten Weitwanderwege in Deutschland.

📖 **Rennsteig von Hörschel nach Blankenstein,** Thorsten Hoyer, Conrad Stein Verlag, Band 113, ISBN 978-3-86686-734-5, € 12,90

Die Straße aber führt weiter nach Neuenhof 🛏 ✕. Nach Eisenach biegen Sie hier scharf links in die Mühlstraße ein 🛏.

Blühender Hain-Wachtelweizen

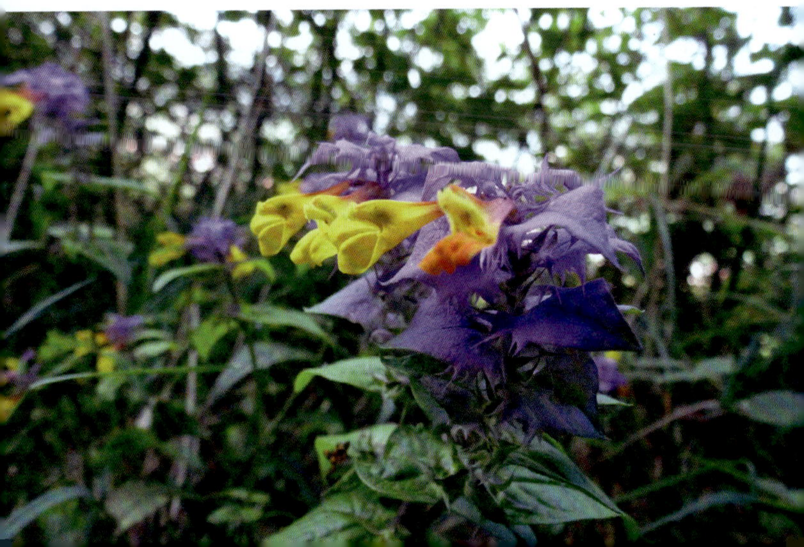

Hörschel (Eisenach) 99817, 03 69 28

Gasthaus Tor zum Rennsteig, Unterstr. 2-4, 926 99, 01 75/482 43 87, Gaststätte: 906 05, info@rennsteig-beginn.de, www.rennsteig-beginn.de, 26 Betten, ÜF Preise auf Anfrage, am Weg

Christel Bindel, Mühlstr. 34, 902 76, 01 62/898 53 89, rennsteigbindel@web.de, www.rennsteigbindel.de, 2 Betten, ÜF EZ € 40, DZ € 60, Grillplatz, 350 m, am Weg nach Eisenach

Weitere Übernachtungsmöglichkeiten gibt es im **OT Neuenhof**:

Landhotel Zur guten Quelle, Hörscheler Str. 14, 903 75, info@landhotel-gute-quelle.de, www.landhotel-gute-quelle.de, ÜF DZ ab € 85, 1,4 km

Pension am Rennsteig, Eisenacher Weg 19, 904 55, 01 71/676 77 15, info@pension-am-rennsteig.de, www.pension-am-rennsteig.de, Ü EZ € 40, DZ € 55, DBZ € 70, € 8, Außenpool, 1,4 km

Treffurt

Hörschel hat einen Bahnhof an der Regionalbahnstrecke Eisenach – Bebra.

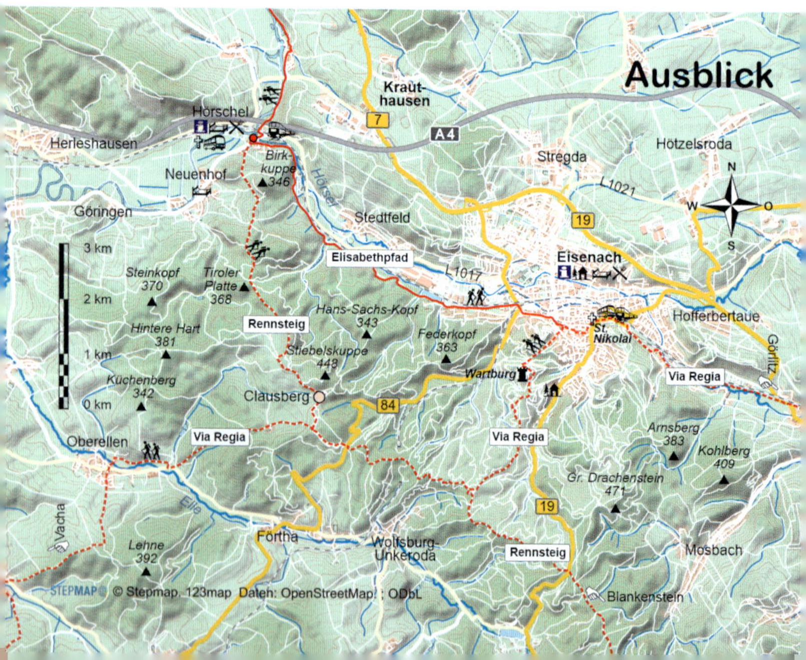

Ausblick auf weitere Wegmöglichkeiten

Wer auf kürzestem Weg an den nach Süden weiterführenden Pilgerweg gelangen will, folgt dem gut markierten Rennsteig vom Rennsteighaus über die Brautgasse. Nach rund 6 km, kurz nachdem die Siedlung Clausberg passiert ist, finden Sie den Abzweig des Ökumenischen Pilgerwegs Görlitz – Vacha (rechts Richtung Hütschhof). Dann sind es nur noch rund 25 km bis Vacha.

📖 **Via Regia** *Pilgerweg von Görlitz nach Vacha*, Thorsten Hoyer, Conrad Stein Verlag, Band 288, ISBN 978-3-86686-631-7, € 14,90

Wer Eisenach nicht auslassen will, folgt dem Elisabethpfad über die Mühlstraße nach Eisenach (8 km, kleines Sträßchen, parallel zur Bahnlinie im Hörseltal, die Bahnlinie und den Fluss nicht überqueren). Am Markt in Eisenach ℹ treffen Sie auf den Pilgerweg Görlitz – Vacha.

Eisenach

✉ 99817, ✆ 036 91

ℹ **Tourist-Information**, Markt 24 (im Stadtschloss), ☎ 792 30, info@eisenach.info, www.eisenach.info, Mo-Fr 10:00-17:00, Zimmervermittlung, umfangreiches Informationsmaterial, Wanderkarten etc. auch zu den Pilgerwegen

Ev.-luth. Diakonissenmutterhaus, Karlsplatz 27/31, ☎ 26 00, www.diako-thueringen.de → Angebote → Pilgerherberge, 8 Betten, Leinenschlafsack erforderlich, gegen Spende, Einlass ab 16:00, neben der St.-Nikolai-Kirche, zentral

Jugendherberge Artur Becker, Mariental 24, ☎ 74 32 59, jh-eisenach@djh-thueringen.de, www.eisenach.jugendherberge.de, ÜF ab € 23,90, Check-in 15:00-18:00, 1,7 km vom Markt im Mariental

Wanderherberge „Am Storchenturm", Georgenstraße 43a, ☎ 73 32 63, www.gasthof-am-storchenturm.de, 24 Betten, Ü EZ ab € 35, DZ € 50, MBZ € 25 p. P., zentral

✝ **Romanische St.-Nikolai-Kirche**: Der gotische Schnitzaltar, der die Grablegung Christi zeigt, entstammt der Saalfelder Schule. Dem Hauptmotiv zur Seite stehen der Bischof Nikolaus und der Apostel Jakobus.

Eisenach hat einen Bahnhof für den Fern- und Nahverkehr. Gegenüber befindet sich der Busbahnhof (☞ Treffurt und Creuzburg).

📖 **Jakobsweg von der Rhön an die Donau,** Martin Simon, Conrad Stein Verlag, Band 235, ISBN 978-3-86686-768-0, neu 2023

- **Jakobsweg Nürnberg – Konstanz**, Karin Gudop, Conrad Stein Verlag, Band 142, ISBN 978-3-86686-747-5, € 16,90
- **Jakobsweg Tillyschanz – Rothenburg ob der Tauber**, Karin Gudop, Conrad Stein Verlag, Band 487, ISBN 978-3-86686-738-3, neu im Frühjahr 2023

Buen Camino!

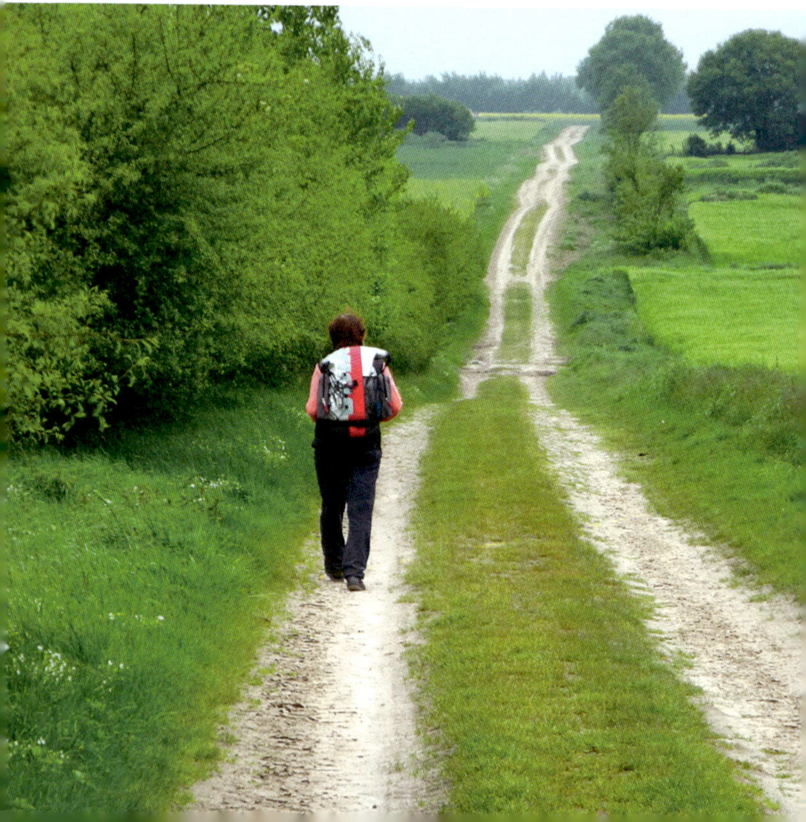

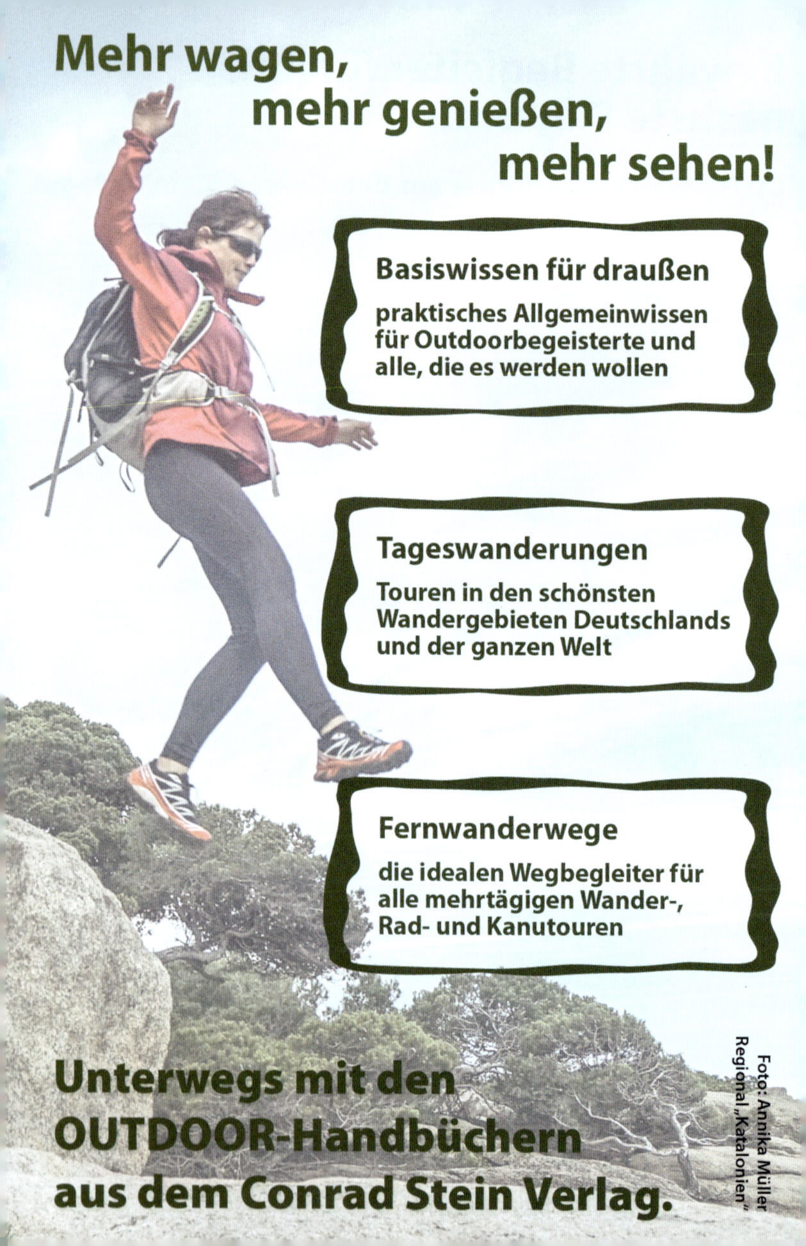

Foto: Annika Müller
Regional „Katalonien"

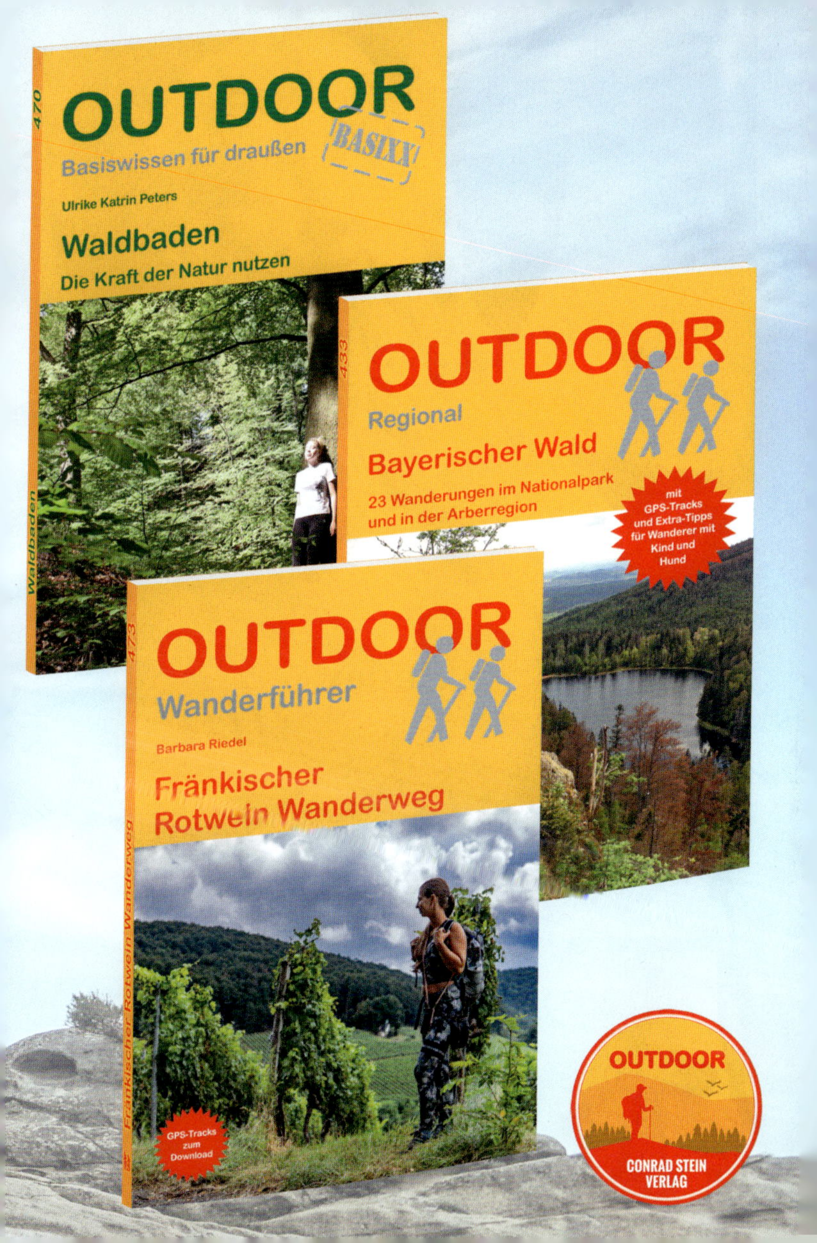

OUTDOOR
470
BASIXX
Basiswissen für draußen
Ulrike Katrin Peters
Waldbaden
Die Kraft der Natur nutzen
Waldbaden
OUTDOOR
433
Regional
Bayerischer Wald
23 Wanderungen im Nationalpark und in der Arberregion
mit GPS-Tracks und Extra-Tipps für Wanderer mit Kind und Hund
OUTDOOR
473
Wanderführer
Barbara Riedel
Fränkischer Rotwein Wanderweg
Fränkischer Rotwein Wanderweg
GPS-Tracks zum Download
OUTDOOR
CONRAD STEIN VERLAG

Index

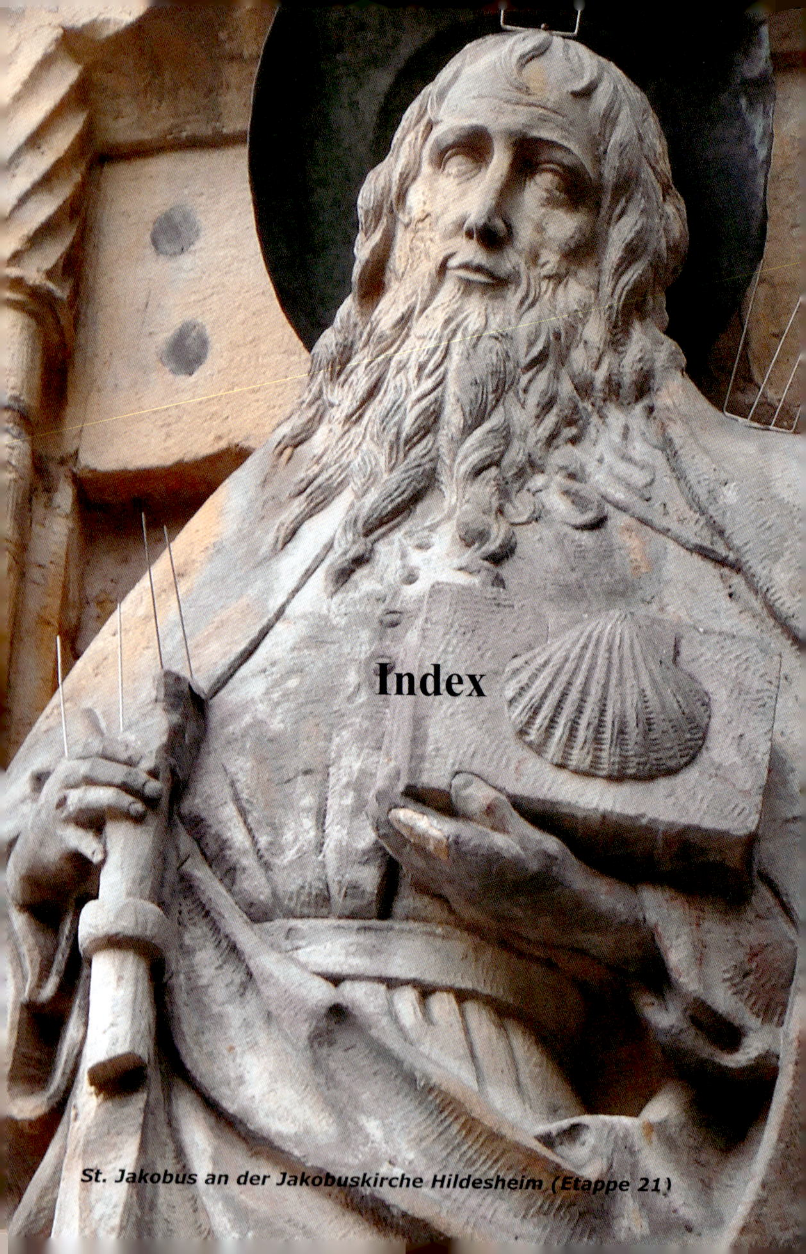

St. Jakobus an der Jakobuskirche Hildesheim (Etappe 21)

M

N

O

P

R

S

T

W